SHANGSHI XINTUO

SHOUTUOREN XINYI YIWU YANJIU

商事信托

受托人信义义务研究

刘　真／著

法律出版社 LAW PRESS · CHINA

北京

图书在版编目（CIP）数据

商事信托受托人信义义务研究 / 刘真著. -- 北京 : 法律出版社, 2024. -- ISBN 978 - 7 - 5197 - 9617 - 4

Ⅰ. D922.282.4

中国国家版本馆 CIP 数据核字第 2024EA6459 号

商事信托受托人信义义务研究
SHANGSHI XINTUO SHOUTUOREN XINYI YIWU YANJIU

刘　真　著

责任编辑 王　珊
装帧设计 臧晓飞

出版发行 法律出版社
编辑统筹 学术 · 对外出版分社
责任校对 王　丰　郭艳萍
责任印制 胡晓雅　宋万春
经　　销 新华书店

开本 710 毫米 × 1000 毫米　1/16
印张 21.5　**字数** 306 千
版本 2024 年 11 月第 1 版
印次 2024 年 11 月第 1 次印刷
印刷 北京新生代彩印制版有限公司

地址:北京市丰台区莲花池西里 7 号(100073)
网址:www.lawpress.com.cn
投稿邮箱:info@lawpress.com.cn
举报盗版邮箱:jbwq@lawpress.com.cn
销售电话:010 - 83938349
客服电话:010 - 83938350
咨询电话:010 - 63939796

书号:ISBN 978 - 7 - 5197 - 9617 - 4　**定价**:88.00 元

凡购买本社图书,如有印装错误,我社负责退换。电话:010 - 83938349

序　言

刘真博士所著《商事信托受托人信义义务研究》一书即将付梓，这是在其博士论文基础之上完成的一部学术专著。我作为作者的博士生导师甚为欣慰，为其四年多来围绕这一主题潜心钻研取得了有价值的成果、为其写作能力渐趋成熟和独立思考习惯的养成而欣慰，更为从她的研究过程中看到青年学者在商法理论研究的道路上踏踏实实的探索而欣慰。

我曾担任中国商法学研究会信托法专业委员会主任，多年担任国内一家大型信托公司的独立董事，多次举办信托法理论与实务学术研讨会，主编出版相关文集，参加海内外信托法学术会议并发表论文，应该说对信托法理论和实务的研究情有独钟，但在这一领域的研究建树阙如，始终感觉对信托法精髓的领悟如隔纱隐。近20年来，我指导的多位研究生博士论文选题在信托法领域，在与他们从论文选题到文章构思、写作、修改的各个环节的交流中，教学相长，帮助我从商法的角度思考信托法的制度价值。借为本书作序之际，谈一点自己的认知与思考，也借此评析本书的研究特点和理论贡献所在。

一

当下流行于大陆法系与英美法系的“信托”一词的法律用语，其渊源可以追溯到罗马法。而作为一种制度分野，其是19世纪中叶两大法系商法发展模式的差异性选择的结果。面对相同或相似的法律关系结构，英美法系选择了构建商事信托制度，大陆法系尤其是德国法，选择了构建商事行纪制度。今天，当大陆法系普遍接纳和引入英美法系的商事信托制度时，我们从中可以借鉴到什么？尤其是能否启发我们从社会经济发展的历史演变中探寻到商法发展的规律?

我在2023年与丁凤玲博士合作出版的《商行为论》一书中曾经说过,人类社会每一次进步都直接或间接展现了商行为创新的成就。商行为的创新改变了经济存在和发展的方式,进而推动了社会的变革。

近现代商业的发展经历了三次经济形态重心的转变,即制造业、贸易和金融。每一次转变都形成了相应的商业法律的制度需求。产业经济时期,商事法律的重心是以物为关注重点的权利义务关系;贸易经济时期,商事法律的重心是以债为关注重点的权利义务关系;金融经济时期,商事法律的重心是以信用为关注重点的权利义务关系。正是经济生产方式的变革推动了商行为的发展,形成了不同时期商事法律的制度特点和格局,每一类商行为的出现都标志着新经济形态的成熟和稳定。因此,只有在商业发展的历史背景之下,我们才能够更好地理解不同时期商主体、商行为、商事交易标的物等基本要素构成的商法规则的演变和差异,才能寻找到商法发展的规律和价值所在,才能更好地理解信托在现代商法中的独特性和制度价值。

二

信托,由哪里来又将往哪里去?商事信托何以在金融经济时代一枝独秀?为什么商事信托的本质是商行为,是一项以义务和责任为重心的特殊法律制度?中国民商法学界对于这一问题的认知并不统一。

主流观点认为信托来自英美法系的衡平法,它不是大陆法系的固有规则,然而这种观点仅仅是信托制度的现实反映,并不能客观反映历史的真实。

在英国法律史中,有一种观点认为,起源于罗马法的信托概念在英国复兴于中世纪的"用益制",是人们为规避封建法律对财产转移的限制,实现家庭财产的跨代移转,借用先人的法律用语和行为方式而创造的一种财产处分方式。究其实质,当时的信托只是一种将信用融入了管理理念的财产"赠与"规则。工业革命之后,出现了作为新型财富增值方式的"跨国贸易"和作为新型财产形态的"资本",前者是基于人的信任关系而建立的一种行为方式，后者是基于人的信任关系而建构的一种虚拟财产。为适应其新型财富增长的制度需求，信托被引入商业经营中。从18世纪中叶到19世纪上半叶，伴随着以金融业兴起为依托的英国海外贸易和投资的蓬勃发展，以贸易和投资媒介为主业的新型组织体及行为方式相应诞生，信托便成为其经营方式之一，尤其是成为商事金融的主要经营方式。英国于1863年成立了历史上第一家信托投资公司，从此出现了以信托为唯一经营方式的行业，商事信托制度亦应运而生。不过，在相当一段时间内，信托属于民商事习惯和惯例，1925年英国颁布了《受托人法》(Trustee Act 1925)，这被公认为英国信托法体系完善的重要标志。

美国于独立战争之后引入了英国的民商事信托并予以大力发展，尤其在商事金融领域更为成熟。今天当谈到商事信托的历史功绩，人们更多地推崇美国的制度创新，各种金融活动的具体类型都可以归结到商事信托的范畴之中，包括不动产投资信托、特殊目的信托、信托型共同基金、信托契据、金融资产证券化等。现行美国法律框架下，信托制度已经成为诸多财产制度中唯一可以连接和沟通资本市场、货币市场和产业市场的制度。可以说，没有商事信托就没有美国的现代金融。当然，20世纪以来美国社会经历的每次金融风险都与信托泛滥和规则漏洞不无关联。

由于现代德国民商法中没有信托立法和信托制度，我们则以为信托是英美法律传统所独有，其实不然。作为古罗马法中出现过的一个概念，信托在中世纪时期被日耳曼法继受。近代罗马法复兴之后，信托行为的理念一度在大陆法系国家流行，曾经渗入大陆法系的许多行为规则之中，如信托法律形式被广泛融入了权利能力财团、遗嘱执行、遗嘱负担、投资公司、股东投票权委托、股权托管、间接代理、所有权担保转让、担保让与、担保土地债务、无权利能力财团托管、破产和解等规则中。并且，关于信托的研究也颇为发达，在理论上，信托概念被细分为狭义信托和广义信托、他益信托和自益信托、管理信托和担保信托、单方信托和双方信托、公开信托和隐名信托以及全权信托、授权信托和代理信托等。然而19世纪下半叶的德国,无论是《商法典》编纂还是《民法典》编纂,信托都没有能走向体系化和制度化,没有能融入民商法典之中,更没有形成单独立法,始终停留在碎片化习惯和理念阶段。以萨维尼为代表的一批德国民商法学家始终坚持认为信托只是罗马法时代的一种法律行为,他们在构建德国民商法理论体系时完全忽略了信托行为的独特性和制度价值。在商事领域,信托被行纪所取代;在民事领域,信托被委托所取代。这为大陆法系民商法的历史演变留下了一堆疑惑。

在大陆法系商法中,信托是一个需要与行纪予以辨析的概念。在19世纪下半叶,随着德国《商法典》和《民法典》的相继诞生,信托概念日渐成为被近代民商法发展所忽略的一个法律史上的用语。

20世纪80年代,我在学习和研究德国商法时接触到"行纪"这一概念。在德国《商法典》中,行纪规则由"行纪商"和"行纪商行为"这两部分构成。德国民法中没有行纪这一概念,有一部分德国学者为了填补这一立法盲区,主张行纪行为属于民法上的委任行为。然而行纪行为在德国《民法典》编撰之前已经存在了几个世纪,德国商法学家史密特先生在其所著《德国行纪行为史》一书中考证认为,欧洲中世纪时期就已经出现行纪行为,它是当时对推动欧洲中部地区商业发展有重要影响的习惯和惯例,而其发展的黄金时代是19世纪中叶,是德国工业发展所推动的海外贸易繁荣的产物,并以德国1861年《商法典》颁布为重要标志。这与商事信托在英国发展的历史过程极其相似。不过,为什么德国商法的发展没有选择商事信托而是选择商事行纪。德国是先有《商法典》后有《民法典》,为什么德国《民法典》编撰时不仅没有接纳信托概念,也没有对行纪这一已经存在于《商法典》中的概念作出民法上的相关表达,没有像民事代理与商事代理、民事居间与商事居间、民事合伙与商事合伙等相关概念一样在民商法典中作出对应性的法律概念表达,这确实给研究德国民商法的学者留下了一大疑惑。当时德国的民法理论热衷于代理权理论和规则的创造,热衷于绝对权与相对权、一物一权等民法理论完美逻辑体系的设计,对影响民法理论体系构建的其他难以容纳的规则，如股权、行纪等商事活动中独有的行为采取立法回避的方式阻却于《民法典》之外。当然，如果不是一种巧合，可以认为，19世纪下半叶社会转型过程中，民商区分的法律理念已经在大陆法系和英美法系中形成了共识，行纪与信托这两种法律行为方式都自觉或不自觉地被确认为最能适应商事活动需求的行为方式。德国的这一做法对后来大陆法系各国私法体系的构建影响深远。1986年我国颁布的《民法通则》（已失效）就没有引入行纪制度，"行纪"一词相当长一段时期内在中国法律词典中是颇为陌生的。20世纪80年代中后期，随着英美法理论逐渐向中国输入，"信托"一词成为理论和实践中颇为时尚的一个用语。当时，中国出现了一批信托公司，但"信托"这个词在传统的民法理论和当时的《民法通则》中是找不到的。当时法学研究中流行的观点认为信托就是大陆法系的商事行纪制度，90年代初，我在写《德国商法》一书时也有意无意地将这两个概念相互替代，不做区分的使用。随着对商法制度研究的深入，在考察大陆法系和英美法系近代商业发展的特点时，我逐渐对这两个概念的差异产生了一点觉悟，始终抱有应予以厘清的渴望。今天当我在比较这两个概念时，我似乎感觉到以信义义务和信义责任为重心的信托制度，在19世纪大陆法系极力推崇权利重心的民商法理念下，很难产生理论的自洽。

前面说过，近现代商法经历了经济发展的三个时期，德国《商法典》是有关产业经济和贸易经济的法律，所以当时的商人和商行为既包括生产制造商也包括买卖商。现代商法是金融经济的产物，是一个以信用为基础的经济形态的制度需求。这一时期商行为的一个重要方式就是信托。仔细分析可以发现，基于经济形态制度需求的不同，大陆法系的行纪制度与英美法系的信托制度，两者之间存在实质性的差异。首先，行纪是行纪人基于委托人的指令，以自己的名义从事的一种行为；信托是信托受托人基于委托人的信任，以自己的名义实施的一种行为。行纪人不具有行为的主动性，信托受托人更具有行为的主动性；行纪关注财产能力，信托关注信用能力；行纪基于权利关系，信托基于信义关系。行纪人履行更多的是合同义务，信托受托人履行更多的是法定义务。其次，现代商事金融的特点是：金融本身既可以是法律关系的主体，如资本结合所建立的公司或基金，也可以是法律关系的客体，即交易的标的物，还可以是以商行为表现出来的法律关系的内容，即权利义务关系，如投资、信托等特定金融行为下的权利义务。这种法律关系三要素融为一体、互换角色的规则存在方式，突破了传统私法中法律关系三要素相对独立的规则构建方式，形成了现代商法与传统私法在理念和原理上的实质性区别。可以说，行纪仅仅反映了传统的商事法律关系，信托则展现了现代商事法律关系。再次，金融时代商法的理念和价值导向是从以权利为中心向以义务为中心转变。传统商事法律以私权为中心，强调权利的绝对保护，义务仅仅是相应权利的产物；不享受具体的权利，就不承担具体的义务。现代商事法律，更多关注私权的公共义务，强调义务的绝对性、普遍性、不特定性和非对应性，强调义务的不可豁免性。以义务为中心，更关注的是义务主体的公共信用。形成这种差异的主要原因是，产业经济时代的商行为权利义务主体常常是确定的、对应的、特定的，金融经济时代的商行为，权利义务主体更多是一方作为金融商人是确定的，而另一方作为金融消费者多是不确定的，尤其金融商行为所构建的权利义务的内容更具有投机性和风险性，其结果具有不确定性和不可预见性。可以说，行纪仅仅反映了传统商法理念和价值导向，信托则展现了现代商法理念和价值导向。最后，商行为以营利为目的，传统商行为建立的基础是为了自己的利益；现代商行为同样以营利为目的，但建立的基础更偏重他人利益的最大化，不得损害和牺牲他人利益来实现自己的利益。这不仅仅是一种法定义务，更是一种道义义务和价值导向。这不是商人的品格成熟的结果，而是实体经济向虚拟经济转型、商人从对自己产品的依赖向对客户信用的依赖这一生产方式转型的必然结果。这也许是行纪与信托规则差异的本源。

正是基于这一思考，我们可以认为，行纪商行为是产业经济的产物，信托商行为是金融经济的产物；我们不难理解为什么大陆法系的繁荣主要是在商事产业时代和贸易时代，而英美法系的繁荣可以延续到商事金融时代;我们还可以回应,为什么19世纪商事法律的转型以大陆法系为中心,20世纪商事法律的转型以英美法系为中心?我们能够从信托制度的历史走向寻找到制度差异的根源,这就是产业经济向金融经济转型的时代趋势,是经济转型的制度需求之结果。

上述这些也许是当年德国抛弃信托概念构建行纪制度的理论缘由。但是,步入商事金融时代的20世纪,以信义义务和信义责任为重心的信托规则构建,已成为新时代的制度需求,权利为重心向义务为重心的法律理念的转变,成为现代商事法律的时代特点和发展方向。也许正基于此,当代大陆法系国家积极引入信托法律制度,则成为情理之中的制度需求。

三

20世纪80年代"信托"一词被引入我国的经济活动,尤其是金融活动,人们对信托概念的内涵和外延的认知是不清晰的,当时的信托不是一个法律概念,更不是一项制度规则,信托更多地被视为一项金融产品。直至今天,关于信托概念的内涵和外延、信托的属性和功能、信托的法律本质和制度价值等,我们在理论研究方面依然存在很大的争议,在制度和规则构建方面依然存在大量的空白。刘真这本书一定程度上回应了这些争议,填补了相关研究的空白。

本书重点回应了以下几个基本理论问题:

首先,商事信托一种商行为。

何为信托?是一项产品、一类组织、一个行业、一种行为?或许兼而有之?彼此之间是否存在内在联系,逻辑起点在哪里?规则的原点,立法的重心在何处?在我国民众的习惯认知中,"信托"一词更多从商事信托的角度使用,被认为是一种金融投资产品,和银行理财产品无异;信托公司则是经营此种产品的专业组织,是与银行具有同等性质的金融机构。人们更多地从产业的角度理解信托的经济属性,从行业的角度划分信托的经济功能,较少从法律的角度探讨信托的制度本质。由此,制定于2001年的信托制度的基本法律规范——《中华人民共和国信托法》,表面上是民商事行为法,但规定过于原则而不具体,无法满足已长期存在的信托业的规范需求,更遑论民商事信托的推进,严格说来,其更适合定位于一部行业监管法,而非民商事行为法。

自商业社会形成以来,人们以行为方式创造了行业的划分。如代理行为构建了贸易代理业,行纪行为构建了行纪业,保险行为构建了保险业,存储行为构建了银行业。在行为向行业转变的过程中,行为的标准化、格式化和规范化是实现这种转变的媒介。这种标准化、格式化的商业行为,大陆法系以商法典的方式确认其是一种商行为。在德国《商法典》和德国《民法典》编撰之前,法学家们认为信托与代理、行纪、保险等一样,都是一种法律行为。德国《商法典》排除了信托,将其他诸多法律行为确认为商行为。今天,无论德国还是引入信托制度的大陆法系其他国家,都在肯定信托具有民事法律行为属性的同时,将其视为一种商行为。在英美法系国家,虽然立法上没有民商区分,但将信托业视为一种以营利为目的的产业时,信托行为更多被认为是商行为,更多被称为商事信托,以此区别于民事法律中的信托行为。

对蕴含在商事信托这一特殊概念之下的财产、行业、行为之间的逻辑联系和法律关系等涉及信托法的基本理论问题,我们以往的研究极其贫乏,对此,刘真在本书做出了有益的探索。

本书认为,关于信托的社会认知和立法格局与我国快速发展的信托实践存在理论与制度上的巨大偏差。作者认为中国信托业的发展实际上是一种商事信托行为的繁荣,是信托商行为的普及,是现代金融活动的法律创造。她在本书中从金融商行为入手推导商事活动中信托行为的商行为属性。

本书认为,在商业发展的历史长河中,金融始终与商行为结伴而生、结伴而行。在现代经济中,金融不仅仅是商事交易的工具,还是商事交易的对象或标的,出现了金融产品化。而金融产品的核心内容是商事信用。商事信用制度奠定了现代金融的四大特征:第一,金融的相对独立性;第二,金融的创新性;第三,金融的风险性;第四,金融行为主体的广泛性。本书认为,我国商事信托基本以金融信托的形式存在,具备上述金融商行为的所有特征。同时,信托作为一种法律行为,虽然中世纪之后,最初以个人信托或无偿信托的形式重现于英国,但一旦被引入商业领域,便构成了商事信托行为。传到美国后,主要在商事领域被广泛使用,正是商事信托行为的规范化、标准化,逐渐形成了商事信托制度,即一种商行为制度。本书认为,信托产品化、主体化、产业化等,都是信托行为的标准化、格式化、规范化的结果,是信托商行为化的产物,反映了现代商法主客体互为兼容的特征。由此,本书认为:防范商事信托中的金融风险,丰富商事信托产品,培育商事信托经营者,繁荣信托行业,重点在于实现信托商行为的规范化;只有完善信托商行为立法才能真正构建中国信托法制体系。

其次,商事信托的制度价值在义务构建。

本书认为,信义义务是一个古老的法律概念,起源于英美信托文化,对中国读者来说比较陌生,学术界对信义义务的研究并不充分,因此,对信义义务的研究不仅不过时,反而随着我国资管产业的发展更显重要。"信义义务"这一名词引入中国并非基于信托法,而是基于公司法,由于公司法研究比信托法更早,中国读者往往在公司法的研究中更常见到信义义务,例如经常谈论的董事、高管乃至大股东的信义义务。本书以比较的视角,分析了信义义务在商事领域中的不同规范表述以及运用,创新性地将信义义务进行了横向比较,将公司法中的信义义务与信托法中的信义义务进行对比研究,总结出两者在立法及实践中的差异;不局限于关注某一领域的信义义务规范,可以让读者充分了解信义义务在不同商事规范中的运用,从而更加深入地理解信义义务的内涵及适用。

另外,本书还将司法实践中涉及信义义务的相关案例进行了归纳总结。由于我国信托立法语言的抽象性和概括性,无论是信托产品的投资者还是作为受托人的金融机构,其对于信义义务都是难以准确把握的,但一旦发生了信托法律纠纷,法院仍然需要根据受托人是否违反信义义务来判定受托人是否要承担责任。因此,对司法实践中的认定标准和立法语言进行比较,可以让信义义务更加具象化。当然,由于样本的有限性,今后的研究还需要抽取更多的相关案例进行不断更新。

本书认为,信托制度的核心和价值在于信义义务规则体系的构建。这一观点某种程度上揭示了现代商法的时代特点,这就是商事金融时代,商法制度关注的重心已经实现了从商人权利的保护转向商人义务和责任的履行。

最后,民商区分是信托制度的必然选择。

本书从商事行为和民事行为的角度区分了商事信托和民事信托,反思了我国《信托法》对信托分类的瑕疵,认为应当将私益信托按照信托行为的不同属性划分为商事信托和民事信托,这种划分可以有效界定受托人在不同信托类型中的义务标准,不仅有利于民事信托的发展,使得民事信托中的受托人仅承担符合民事标准的义务,而让商事信托中的受托人承担符合商业标准的商事义务,这样既有利于保护商事信托的受益人,也有利于提升商事信托以及整个资产管理行业的信誉和形象。

本书提出明确观点,商事信托发展于英美,但后来被大陆法系国家纷纷借鉴和引进,发展为大陆法系的商事信托制度,当今多数国家直接将信托作为一种金融工具。虽然英美法系并没有将信托划分为民事信托和商事信托,但是按受托人是有偿与无偿,是专业型与非专业型作了划分。"民商"概念属于大陆法系的基本概念,大陆法系通常将信托视为一种特殊的商行为。我国《信托法》第3条将信托行为分为民事、营业和公益三类,前两类被称为私益信托,与公益信托相对,我国对私益信托的划分并非按照同一标准,建议参照大陆法系"民商"区分的标准,将私益信托分为民事信托和商事信托。信托制度在民事领域和商事领域的运用以及特点呈现出较大区别,《信托法》应成为商事信托行为的基本立法,除了确定信托规则结构与民事信托相同,更应关注商事信托的特殊性,对商事信托法律关系应设定专门的规范。这一观点与我多次在不同场合提到的民商分立立法模式一致。商事领域已经制定了《公司法》《证券法》《票据法》《保险法》《企业破产法》等一系列与商主体和商行为有关的单行立法,而处于如此重要位置的商事信托却仍然与民事信托混同地被规范在立法语言略显粗糙的《信托法》中,这不能不说是一种立法的缺失。因此,刘真在本书末尾提出的立法建议及对此做出的理论论证是非常有价值的。

在与刘真博士从选题到成稿的多次讨论中,我深知这一选题研究的艰辛。虽然信托法属于民商法研究中的一个小众领域,信义义务亦非热点,但确为现代商法研究的难点。本书所涉相关内容还需要继续深入研究。既然选择了这个研究领域,就要努力坚持下去,兴趣、毅力和决心是一个优秀学术研究者的必要品质。期望刘真博士能够在商事信托领域继续探索不断前行。

本书是刘真博士前期研究的见证,祝愿本书能够顺利出版!

范　健*

2024 年春节于南京

* 南京大学法学院、澳门科技大学法学院教授、博士生导师。

目　录

引　言

本书以商事信托受托人信义义务为研究对象,其中特别关注两个研究重点:“商事信托”和“信义义务”。

信托,作为一种法律行为,以个人信托或无偿信托的形式,起源于英国,传到美国后,被引入商事领域,逐渐形成了商事信托制度。虽然商事信托发展于英美,但很快被大陆法系国家借鉴和引进,发展为大陆法系的商事信托制度,更多国家直接将信托作为一种金融工具。英美法系并没有将信托划分为民事信托和商事信托,但是按受托人是有偿与无偿、专业型与非专业型作了划分。“民商”概念属于大陆法系的基本概念,大陆法系通常将信托视为一种特殊的商行为。我国《信托法》第 3 条将信托行为分为民事、营业和公益三类,前两类被称为私益信托,与公益信托相对,我国对私益信托的划分并非按照同一标准,建议参照大陆法系“民商”的划分标准,将私益信托分为民事信托以及商事信托。信托制度在民事领域和商事领域的运用以及特点呈现出较大区别,《信托法》作为基本信托立法,除了以民事信托作为基础来确定信托基本制度以外,还应关注商事信托的特殊性,对商事信托应设定专门的规范。

本书对商事信托与民事信托的概念作出了界分,并分析了信义义务在商事信托与民事信托中的区别。我国信托立法并未对民事信托与商事信托进行区分,也未区分两者的信义义务标准,如按照平均、统一的标准适用,会导致民事信托受托人承担的信义义务标准过高,相反商事信托受托人承担的过低。英美信托法中对于个人受托人的谨慎义务判断按照“谨慎人标准”,对于受托人为专业机构的按照“谨慎投资者标准”,谨慎投资者标准要明显高于谨慎人标准。鉴于民事信托和商事信托分别属于民事领域和商事领域,对受托人履行的谨慎义务应按照民事义务标准和商事义务标准来判断。

信义义务是信托制度的核心,我国《信托法》并未将“信义义务”概念化、法定化,信托学说将《信托法》第25条之规定解释为对受托人信义义务的规定。《信托法》以及相关法律法规将“诚实、信用”作为对应“忠实义务”的立法术语,极易造成“忠实义务”与民法中“诚实信用”原则混淆。本书第一章重点比较了信托关系中的受托人义务与其他相似民商事法律关系中的受托人义务的区别,分析了信义义务在我国民商事法律体系中的定位。为了避免将信义义务同其他法律义务混淆,本书建议《信托法》第25条明确提出受托人的信义义务概念,采用明确的术语表述“忠实义务”以及“谨慎义务”。

信义义务产生于信义关系,在商事领域运用广泛,目前学界对于信义义务的研究,一般限于某个领域,缺乏对信义义务的横向比较。本书第三章重点将商事信托中的信义义务与公司法领域和基金法律关系中的信义义务进行比较,以发现其共性和特殊性。鉴于信义义务在《信托法》、《公司法》以及《证券投资基金法》中存在不同表达,建议《信托法》在修订时注意与其他相关法律在立法语言上的协调。

信义义务规范的模糊性给司法审判造成了一定的困难,经过多年审判经验的累积,司法实践已注意到商事信托中的信义义务标准要高于民事信托,以及认为不同类型的商事信托中的受托人信义义务标准有所差异。本书第四章着重研究了司法实践中对受托人违反信义义务的认定,认为司法实践对信义义务的释义具有促进作用。在信义义务相关立法缺失的情况下,法院只能依据经验和法理进行裁量,导致各地裁判产生差异。我国商事信托自2001年《信托法》实施以来,经历了20余年的发展,成为我国金融业的重要支柱,而其发展与立法的滞后已是当前所面临的主要问题。因此,我国信托立法需要在充分总结商事信托纠纷审判实践的基础上,对商事信托受托人信义义务规范作出规定,特别应对受托人谨慎义务的标准作出细化规定,并针对不同类型商事信托的受托人义务进行类型化规范。由于受托人与受益人之间信息严重不对称等突出特征，在商事信托专门规范中，为了保证受托人信义义务的履行，应建立完善的信息披露制度，尤其是受托人被动披露信息的机制；鉴于商事信托中受益人的集合性特征，为充分发挥利益相关者——受益人的监督作用，让信义义务规范变成“活规则”，还应完善受益人大会的相关制度。

绪　论

一、选题背景

在信托数百年的发展历史中,英美法系已经逐渐形成了以信义义务制度为核心的一系列规范制度。信义义务制度是信托制度的核心,由于受托人掌握了信托财产的管理和处置权限,受益人容易遭受受托人滥用自由裁量权的侵害,因此法律对受托人施加了信义义务。同其他大陆法系国家一样,我国引进信托制度主要是为了将信托作为一种金融工具来发展金融业,制定《信托法》是为了规范实践中已经存在的信托营业行为;当信托制度作为一种"工具"被引进时,信义义务却并未作为信托法的核心制度而受到应有的重视。

由于民事信托在我国并未得到实质意义上的发展,普通民众对信托制度并不熟悉,而商事信托的委托人的门槛又有合格投资者的限制,因此信托制度尚未作为一种法律制度被人们所熟知,而只是作为一种投资工具和少数投资者产生联系;在"刚性兑付"盛行的时期,无论是信托公司,还是信托从业人员,抑或信托投资者,都长期忽视信义义务,委托人只在乎其所购买的信托产品能否到期按约进行兑付,即只要受托人履行兑付的承诺,而对其在信托过程中是否履行了信义义务则在所不问。在"刚性兑付"打破之后,信托关系各方才开始重视信义义务,受托人的信义义务是否履行成为判定责任的关键。

信义义务最先是在 1992 年我国内地与香港联合交易所有限公司(以下简称香港联交所)谈判内地公司赴港发行 H 股事宜时,香港联交所提出,为了保护香港地区投资者的权益,内地法律应对公司董事的信义义务予以明确规定,于是当时负责起草《股份有限公司规范意见》

(已失效)的内地专家学者在该意见的第62条中拟订了董事的诚信和勤勉义务,但由于没有明确称之为"信义义务",致香港联交所不能确定第62条中该规定的准确含义。于是,原国家经济体制改革委员会在其1993年所发布的《关于〈股份有限公司规范意见〉和〈关于到香港上市的公司执行《股份有限公司规范意见》的补充规定〉》中,明确规定了上述第62条中的诚信责任,与香港法律中的诚信责任(fiduciary duty)具有类似的含义。[①] 可见,在缺乏相关历史传统和理论研究的基础上,信义义务是为了融入国际商事交往和金融交易的一种被动选择,以致信义义务在立法上并未得到应有的重视,在实践中也处于长期虚置的状态。

我国信托立法对于"信义义务"概念并未明确界定,虽然理论界认为《信托法》第25条是关于受托人信义义务的规定,但对于"信义义务"这种基本概念,信托立法应当清楚明确地予以界定,对其法律属性、内容、认定标准等进行规范。在《信托法》颁布之前,我国信托业已经存在,但信托业只是有了"信托"之名,而并无信托之实,并未发挥信托的功能。随着《信托法》的颁布,信托在我国开始有了法律保障,受托人的行为也正式受到了法律的规范;此后,作为当时的监管机构的中国银行业监督管理委员会(简称银监会)也颁布了"新两规",信托业迎来了其黄金发展的十年,成为金融行业中排名第二的行业。现代意义上的商事信托已经脱离了民事信托中委托人对受托人的人格信任这种传统模式——传统的民事信托带有明显的道德成分,基于委托人对受托人的品德和忠诚度的信任,早期的民事信托是无偿的,并且受托人并无太多自由裁量权;而在商事领域,各主体之间不存在天然的"信任"一说,只有基于各种法律制度的保障,与其说委托人是对受托人的信任而建立信托,倒不如说是对信托法律制度的信任而建立信托。面对我国目前信托业的"信任危机""信用危机",在"刚性兑付"打破之后,信托业如何通过提升自己的行业形象来吸引投资者?最有效的办法就

---

① 参见王涌:《信义义务是私募基金业发展的"牛鼻子"》,载《清华金融评论》2019年第3期。

是:严守自己的信用,严格履行信义义务,在违反信义义务时勇于承担责任。

在搜索信托纠纷案件时发现,民事信托案件数量极少,而营业信托纠纷案件在“刚性兑付”被打破之后激增,在缺乏法律规定的情形下,对于如何认定其中的责任,以及如何运用商事思维审理商事信托纠纷案件,我国司法机构颇感困难。另外,对于案件的定性,司法实践中亦颇混乱,有些实质上属于信托纠纷的案件却被定性为委托理财纠纷,在财产管理关系中出现的委托、代理或者行纪和信托产生了混淆,法官在裁判案件时也会出现不同的判断。在财产管理活动日益频繁和民众参与程度越来越深的金融社会化时代,法律对这类法律行为性质之界定的不清晰,将会进一步加剧财产乱象。

受托人的义务在不同的法律关系中是不同的,只有信义关系中的受托人才具有信义义务,因此对于信义关系的认定尤为重要,这是施加信义义务的关键。并非所有的关系都可以施加信义义务,信义关系也不能无限扩张,故有必要对商事领域中的“信义关系”作出界定,将属于信托关系的资产管理法律关系都作为信托关系来认定,对受托人统一适用信义义务的规范,防止因受托人之监管部门的不同而产生法律漏洞。

我国《信托法》作为信托法律关系的基本法律,虽然将信托分为民事信托和营业信托,但由于二者并未按照“民商二分”来划分,故其分类并非在一个层次上;并且,信托在民商事领域很多方面的运用中都具有差异性,故其信义义务也应有所区分,但目前的《信托法》却并未对两者进行区分。虽然我国对于信托业有大量的监管法规,但比较分散,且立法层级不高;如果说 20 年前不具备规范信托业的条件,那么今天则完全具备对信托业专门立法的条件。因此,有必要针对商事信托的相关规范进行单独立法,特别是对受托人信义义务的规范以及相关保障机制。

信义义务是一种特殊的、独立的义务,其到底是法定义务还是合同义务?当事人能否对信义义务进行约定免除?如何将信托义务类型化、具体化、法律化?是否应区分我国商事信托义务与民事信托义务?

对于这些问题，信托法学者已经予以重视并有所讨论，但论证还并不系统和充分。鉴于此，对于信义义务的研究还有必要继续加深，本书即拟将商事信托中的信义义务作为研究对象，以期能给未来信托立法提供一些参考和素材。

二、文献综述

总体来说，关于信义义务以及信义关系方面的文献，英美法系的作者论述较多；我国信托法学者近年来研究的重点，也开始转向了信义义务的属性、我国信托业对信托本质的异化，以及如何在大资管背景下对实质上属于信托关系的法律关系进行统一监管，即在金融业中以行为监管取代机构监管；研究更注重对国外理论的引进以及集中于国内商事信托的现实问题。因为我国信托立法的不足，国内学者研究的结果都是以一种立法论的方式来给立法者提供相关立法建议的。

英美法系学者在对"信托"的定义中主要突出受托人的义务：英国信托法学者亚瑟·安德希尔(Arthur Underhill)认为信托是一种在衡平法上约束受托人的义务，该义务要求受托人为受益人的利益处理受托人所控制的财产，受益人可以要求受托人强制执行该义务。安德希尔也把信托视作一项基于明示或者法院推定而产生的衡平法上的义务，义务人称为"受托人"。美国信托法学者勃格特(George T. Bogart)认为信托为当事人之间的一种受信关系，受托人享有财产的所有权，同时负有在衡平法上为受益人的利益管理和处分该财产的义务；信托通常被看作受托人所应当承担的义务，一种基于信任而产生的义务，受托人之所以有义务忠实地管理、使用信托财产，是因为他必须满足这种信赖。日本学者新井诚认为，由于信托制度赋予了受托人广泛的自由裁量权，为了达到平衡，必须让受托人为了受益人的最大利益而承担严格的义务和责任。日本是大陆法系国家中信托立法较为完善的，引进信托制度也主要为了发展商事信托，因此日本的情况和我国有相似之处。日本旧《信托法》被称为"受托人规制法"，主要是对受托人的行为进行规范，受托人的法律地位不是由权利或许可权，而是以义务或责任为核心构筑起来的。因此，无论英美法系还是大陆法系，对于信托的定义或者立法都是以受托人信义义务为核心的,信义义务是信托法制的基础。我国《信托法》对“信托”的定义并未突出信托的本质,也未明确提出信义义务,未规定信义义务的内容,说明我国《信托法》对信义义务有所忽视。

以义务作为区分,信托与其他容易产生混淆的民事制度和商事制度是有明显区别的,虽然其概念间的外在表现形式有很多类似的地方——例如在商事领域,信托与行纪就容易混同。我国理论界曾经长期认为行纪合同就是信托合同,实务中很多行纪业务也都是以“信托商店”名义来开展的。行纪是大陆法系民商法上的一种代客买卖的设计,但行纪人并未享有与信托受托人一样的权限,例如并未享有所处理的财产的所有权,也没有与信托受托人一样的对信托财产的广泛的处置权——由于权限的不同,其相对的义务差异就较大,受托人的信托义务要远高于行纪人。尽管国内很多论文都分析过信托与行纪、代理的区别,却并未将信义义务与其他民商事制度中的受托人义务进行横向比较。

信托在我国商事领域的运用最为广泛,最早研究信义义务的是公司法领域,因此,公司法学者对于信义义务的研究要早于信托法学者。朱小川博士在其专著中对于我国营业信托中的受托人信用进行了专门研究。商事信托中的受托人是金融机构,金融机构的信义义务是否履行会影响其信用高低,受托人的信用已经从道德范畴进入法律范畴上来考量,因此信托机构应加强对信用风险的防范,完善其治理结构,严格履行信义义务。

英美法系中的信义义务,是自 18 世纪、19 世纪由英国衡平法院的若干判例总结衍生而成的受托人所必须承担的义务,故其范围内容也不如其他制定法义务那般清晰明确;而移植信托法的其他国家,特别是大陆法系国家,由于没有英国的传统和历史,很难总结出信义义务到底为何。李晓云博士认为,信义义务中的注意义务和忠实义务都体现了信托制度所追求的衡平理念。公司法制度也吸收了这种衡平思想的理念,最终确立了董事的信义义务。公司董事的信义义务,在很大程度上就是对信托受托人信义义务的直接借鉴,信托制度的精神理念影响和改变了公司法的基础。公司法领域虽有很多论文研究了信义义务,但未对公司法中的信义义务与商事信托中的信义义务进行对比,分析出两者的差异。

关于信义义务的属性,虽然其很多都是以合同形式呈现的,但学术界主流观点还是认为其属于法定义务,例如赵磊教授、潘玉萍教授等都认为,受托人义务属于法定义务。因为信托财产与受益人利益基本处于裸露状态,所以法律为受托人施加了信义义务,如果信义义务是合同义务,允许合同随意排除信义义务,则信托制度的基础就不复存在,受益人的权益将处于非常危险的境地。道德风险是信托义务存在的根本原因,但很少有学者从商事信托实践的特殊性,即商事信托合同是由受托人提供的模板,受托人处于信息优势地位,委托人无法更改合同,商事信托合同并非双方充分协商的产物等方面出发来进行分析。在被动管理型信托中,信义义务被视为是任意性的规则,当事人可以在信托合同中对受托人义务标准进行降低或者排除,这是因为在"通道业务"中,信托的本质是"异化的",委托人控制信托的管理,其不会遭到受托人滥用权力的侵害。但我国商事信托实践中认可"通道"信托的合法性,因此,既然受托人选择了担任受托人,就必须承担最低的商事义务,不能随意降低义务标准。李建伟教授等也关注了不同信托类型的信义义务标准,但并未对此作出系统性阐述。香港中文大学的信托法教授斯蒂芬·加拉赫(Steven Gallagher)认为,受托人职位的信义性质使受托人经常被赋予比其他受信人更高的行为标准,故体现为"忠诚地、善意地"这类术语,以及负有将信托利益置于受托人自己利益之前的压倒性义务。在英美法系信托论文中,很多学者都提到了受托人如果是专业的,就应履行比普通人更高的注意义务,但忠实义务在任何信托中都是一样的,只是在商事信托中,需要一些机制来保障忠实义务的履行。我国信托实践主要体现在对信托财产的投资上,但我国并未规定受托人的投资规则,因此,司法实践中,法院对于受托人是否履行了谨慎义务难以判断。南京大学的唐建辉博士认为,我国信托立法可以借鉴美国模式,建立受托人投资的相关规则。无论传统信托法还是现代信托法,核心均在于规范受托人管理信托的具体行为,尤其是要防范受托人不当投资行为给信托财产所带来的风险。我国《信托法》中对受托人投资的原则性的规定,在实践中缺乏可操作性。

"刚性兑付"打破后,法院所受理的营业信托纠纷案件激增,而在缺乏立法指导的情况下,法院难以把握违反信托义务的判断标准,故极大程度地依赖于监管机构的认定。实践中出现了信托公司违规操作而损害投资者利益的大量事件,导致了信托业出现了诚信危机。我国信托法学者普遍认为,我国《信托法》的立法体例无法满足目前民商事信托的发展。在信托立法体系方面,很多国家都有专门的受托人法,大陆法系的日本专门制定了《信托法》与《信托业法》。华东政法大学的季奎明教授认为,我国信托业主要依据《信托法》的原则性规定,以及由原银监会颁布的规范性文件,但实际上从事受托人角色的远不止信托机构,采取由各个监管部门颁布规定来规范信托业的行为,明显是以机构监管代替行为监管,因此应尽快制定我国的《信托业法》或者专门的商事信托受托人法,从整体上统一对受托人的信义义务进行规范立法。

三、希望解决的问题

本书以商事信托中受托人的信义义务为研究对象,其中有两个概念需要着重阐述,一是"商事信托"的概念,二是"信义义务"的概念,以及需要论证信义义务在商事信托中的特殊性;由此,再对我国目前信托立法提出相关建议。

鉴于我国《信托法》在信义义务规范上的模糊、但又有大量案例需要法院对商事信托中受托人是否违反信义义务进行裁判的实际现状,本书在立法不足的情况下,整理和归纳目前的营业信托纠纷,从实践角度分析我国商事信托的特点,以及营业信托纠纷司法审判中的问题和难点。

立法具有滞后性,当法律规定无法满足现实需要的时候,应对法律作修改,《信托法》自 2001 年颁布实施后尚未有过修改,也未出台相关司法解释,故学界和实务界对"修改"的呼声很高。而《信托法》修订时,要总结司法实践中出现的问题。在"刚性兑付"打破之后,委托人、受益人只有证明受托人违反信义义务或者合同中所约定的其他义务,才能够主张权益,因此信义义务规范是商事信托中委托人、受托人维护自身权益的关键。但由于目前立法在信义义务规范上的模糊,对"信义义务"基本概念的缺失,以及对信义义务法定属性认定不足、没有区分认定信义义务在商事信托和民事信托中的标准,导致司法裁判的不统一、对商事信托受益人保护的不力。我国信托立法的模式无法满足现今商事信托的发展和对受益人权益的保护,故修法势在必行。

本书通过对"信义义务"概念及其法律属性、商事信托特点、信义义务在民事信托和商事信托中的运用,以及信义义务在其他商事领域中不同特点进行分析,希望能对日后的信托立法有所裨益。

四、研究方法

(一)比较法研究方法

信托制度起源于英国,对于我国来说属于"舶来品",因此,本书研究信义义务制度和信托制度离不开比较法。因为很多大陆法系国家也引进了信托制度,例如发展较为成熟的日本,所以除了需要对英美法系信托制度进行研究外,本书还会对大陆法系国家的信托制度和信义义务规范进行研究和借鉴。但是信托相关法律制度的引进,不能仅限于照搬法律条文,在借鉴他国成熟立法的基础上,要结合我国商事信托发展的特殊性进行本土化。比较法作为法学的一种科学方法,可以帮助我们更好地认识本国的法律、法律原则、规则,且世界上种种法律体系能够提供更多的,在它们分别发展中形成的丰富多彩的解决方法,比较法研究有助于在认识过程中发现更好的解决方法。

(二)历史研究法

了解一个制度的现在离不开了解其历史源头,尤其是对一种源自外国的制度,更需要了解其历史根源。历史分析方法是信托法研究中的重要方法之一。本书采用历史研究法来着重研究信义义务的起源及其随着商事信托的发展而产生的变化。一种法律制度与经济、文化、社会制度有着密切的关系,且非一成不变,因此,需要从不同历史时期及其学说中探求其存在的价值。

(三)案例分析法

鉴于本书所研究的是商事信托中的信义义务,而立法层面却对之规范欠缺,因此研究需要结合司法案例来进行。借助案例分析法,一则对我国营业信托纠纷的问题作出总结分析,以归纳出其特征及司法实践对于商事信托义务的认定情况;二则选取英美法系和大陆法系典型国家的部分案例,总结出该国对于信托义务的认定及标准,以将抽象的信托义务具体化、类型化,并供我国日后在立法时予以借鉴。

第一章　信义义务在我国民商法律体系中的定位

随着我国《信托法》的实施，信托制度正式被我国法律所承认。信托制度属于“舶来品”，我国引进信托制度的初衷是为了规范事实上已经存在的信托业。信托制度被大陆法系国家和地区引进的目的大多是为了发展金融，在《信托法》制定之前，我国以“信托”为名的公司也长期存在于商事实践中，但时至今日，信托制度到底是一种特殊的法律制度，抑或一种金融工具仍被混淆。信托制度的引进和实施并非制定一部《信托法》就可以完全实现，信托制度是一种英美法系特有的法律制度，被誉为英国法中最独特的贡献和最伟大的成就。英美法系信托制度建立在一整套法律理念和原则之上，其中最重要的是信义义务规则。

我国立法上虽然引进了信托制度，但对于信义义务制度并未给予其同等对待，并未将“信义义务”概念化、法定化，甚至很多信托从业人员对于“信义义务”为何都非常陌生。信义义务作为一种特殊的义务，在我国民商法律体系中也处于模糊地位，经常同其他民商事法律制度中的义务混淆。我国是制定法国家，在适用一项源于外国的法律制度时，本就面临着在本国找不到对应法律传统的困难，再加上相关立法对于引进制度规定的模糊性、抽象性，给法院审理相关案件造成了一定困难。

信托制度起源于民事领域，后来在商事领域大放异彩，因此，虽同为信托，基于民商制度的区分，信托制度在民事领域和商事领域的适用呈现出不同的特征。本书以商事信托中的信义义务为研究对象，以英美法系中的信义义务理论和学说为基础，立足于我国的法律体系和信托实践,将信义义务与我国民商制度下的其他近似制度进行分析和对比,分析其特殊性,将其与其他法律制度进行区分,避免在适用时产生混乱。

第一节　信义义务的源起及概念辨析

在研究一项来源于外国的法律制度时,首先应从比较法的视角探究其起源,研究信托制度的学者容易走入两个极端,有的认为信托制度属于衡平法语境下"毫无意义的古董",而有的将这一制度上升到一种法律崇拜。① 信托制度是英美法系一项独特的法律制度,而正是这一制度的特殊性和历史渊源,给大陆法系国家和地区引进信托制度造成了极大困难,但我国已经引进了这一制度,就不能将其"束之高阁",应加以利用。两大法系关于财产属性方面的障碍并非本书的研究重点,本书主要从受托人信义义务这一角度,分析信义义务的起源、概念以及与其他相似法律制度的区别,找到信义义务在民商法律适用中的区别,以期给我国商事信托实践和司法裁判一些参考。

一、关于"信义义务"的语义考察

"信义义务"一词并非我国固有词汇,来源于英美法系的"fiduciary duty"或"fiduciary obligation",中文文献中的翻译有"信义义务""信托义务""信赖义务""忠实义务"等,"fiduciary"一词被翻译为"受信人、受托人","fiduciary relationship"对应的是"信义关系、信托关系"。从词源来讲,受信人的范围要比信托法中的受托人宽泛一些,一般来说,受信人在狭义的信托法律关系(trust legal relations),即信托法调整的法律关系里叫作受托人(trustee),而受信人在广义的信义关系中运用,不仅指信托受托人,公司法中的董事、资产管理法律关系中的管理人等也被视为受信人。

---

① 参见[德]海因·克茨:《英美信托与德国信托的比较法研究》,白媛媛译,法律出版社 2021 年版,第 1 ~3 页。

根据《布莱克法律词典》的解释，"fiduciary"一词起源于罗马法，作为名词时指受托人或者受信人，当受托人承诺为了他人的利益担任受托人这一身份时，即包含他人的信赖与信任，行为时应具有审慎的善意与诚实；而作为形容词时，指具有信托之特性和特点，与信托相类似的、相关的或者建立在信托或者信任基础上的"；"fiduciary duty"一词的解释为"为他人之利益，将个人利益置于他人利益之下的义务，这是法律所意旨的最高标准的义务"①。根据《朗文法律词典》的解释，"fiduciary"一词用于形容信托关系，或者包含信任的关系。②

根据《拉丁法律词典》的释义，"fiduciary"一词的拉丁文是"fiducia"，即"信心、信任、依赖"的意思，也可以表示基于信任或信赖的关系；也指处于信托或者对他人有责任地位的人，如信托中的受托人。"fiduciary"的拉丁词根为"fides"，即信任、信赖、信用、诚实、诚信、信托的意思。③

根据《元照英美法词典》的释义，"fiduciary"一词作为名词的意思是"受托人——源自罗马法，指受托人及其他类似于信任关系的受信任者。受托人应恪尽诚信勤勉之责，为委托人的利益处理有关信托事务，且须达到法律或合同所要求的标准"；作为形容词的意思是"受信任的、信用的、信托的"，并且，《元照英美法词典》还有关于拉丁词根是"fides"的词组，即拉丁文著名法谚"fides servanda est"的解释，即"诚实信用，必须严守"，例如受托人不得有负委托人的信任。④

我国主流文献对"fiduciary"一词的翻译为"信义"，"信义"由"信"和"义"组成，根据《古代汉语词典》的解释，"信"属于会意字，金文是由人和口左右两部分组成，表示人说的话应当是真实的；又写作左"言"右"心"，表示言为心声，心口如一；作为动词时，"信"的意思是

---

① Henry Campbell Black, *Blacks Law Dictionary*, 4th edition revised, West Publishing, 1975, p. 829.

② 参见[英]L. B. 科尔森：《朗文法律词典》（第6版），法律出版社2003年版，第175～176页。

③ 参见[美]拉扎尔·伊曼纽尔：《拉丁法律词典》，魏玉娃译，商务印书馆2012年版，第81页。

④ 参见《元照英美法词典》，北京大学出版社2013年版，第549～550页。

“信用、守信”,《老子》第六十三章的“夫轻诺必寡信”就是这一意思;作为形容词,指“言语真实,诚实”,《论语·学而》中的“与朋友交,而不信乎”就是这一意思。“义”作为形容词有“善、美”的意思;作为名词指“公正,合乎正义的道德、行为或道理;正义的事,应做的事”,例如《左传·隐公元年》中的“多行不义,必自毙”。[①] 根据《现代汉语词典》,“信”的解释为“诚信、不欺骗”,常见的词汇包括“信用、信任、信誉、信念”等;“义”的解释为“公正合宜的道理或行动;人与人之间的情谊”,常见的词汇包括“义气、背信弃义、义不容辞”等。[②] 可以看出,虽然“信义义务”一词对大众来说较为陌生,但“信”和“义”在我国属于古老而传统的词汇,大家对其并不陌生,由于我国法律体系中并无直接对应“fiduciary duty”的制度,采用“信义义务”来翻译,从词义上符合“信达雅”的标准。

从上述外文法律词典的释义来看,“fiduciary”一词发源于罗马法,是一个古老的法律词汇,可以作为名词,代表受信人,也可以作为形容词,“信义义务”一词包括“fiduciary”和“duty”两个单词,即作为受信人应承担的义务。

二、信义义务的起源

信托义务、信义义务[③]是英美法系中最难以捉摸的概念之一,因此,探其内涵和外延,准确领悟其含义,了解其历史发展显得至关重要。现代信托源于英国衡平法,信托法是衡平法的产物,[④]信义义务也自然起源于衡平法。衡平法是信托之母,衡平法的灵魂和核心是衡平法义

---

① 参见《古代汉语字典》(第2版),商务印书馆2014年版,第1021~1022、1096~1097页。

② 参见崇文书局辞书出版中心编:《现代汉语词典》,崇文书局2018年版,第999~1000、1058~1059页。

③ 本书的信托义务、信义义务对应的英文是“fiduciary duty”,属于中文的不同翻译。

④ 参见[美]安德鲁·S.戈尔德、保罗·B.米勒编著:《信义法的法理基础》,林少伟、赵吟译,法律出版社2020年版,第300页。

务,即信义义务。准确理解衡平法的精神实质,是理解信义义务的前提。[①] 大陆法系将法划分为私法和公法,私法是涉及法律上有平等地位的人之间的法律关系,而公法调整的是处于上下级关系中的人的法律关系。[②] 同大陆法系不同,英国法历史上并未有公法与私法的区分,分为普通法(common law)和衡平法(equity),衡平法提供的一系列救济以及形成了早期受托人信义义务的来源,当受托人违反信义义务时,只有衡平法可以给受益人提供救济,衡平法院在人们滥用信任的情况下给予救济。信义义务理论的发展离不开衡平法,衡平法法院的判例和法官说理,为信义义务的发展提供了助益。早期的衡平法大法官主要依据"良心""公正"等抽象原则进行裁决,但随着衡平法的发展,基于立法和商事惯例形成的具体规则渐渐地取代了大法官基于公平等一系列原则的自由裁量权,"信托"(trust)和"信任"(confidence)等既定术语取代了早期不精确的词语。著名学者约翰·塞尔敦(John Selden)曾对衡平法的不确定性提出了犀利批评,其认为衡平法是根据大法官的良心来判案,而大法官是人,其良心的尺度可能在不同案件中有所不同,正义也如此,但人们需要对法律有预期。[③] 信义义务是信托制度的核心概念,信托关系的主体需要对信义义务有明确的预期,才能预测其法律行为的后果。"受信人"(fiduciary)一词被用于广义的信托法律关系中,指一个人有义务像信托受托人一样行事。[④] 例如,在公司法律关系中,董事扮演着类似受托人的角色,与受托人一样,董事本身并不拥有任何财产权益,但被赋予为他人利益而使用他人财产的权力,董事拥有管理公司的自由裁量权,因此,理应受到信托原则和信义义务的约束。

信托制度传到美国后,美国法院的判例对信义义务理论的发展也

---

① 参见汪其昌:《谈判力——信托制度的形成与应用》,上海远东出版社 2012 年版,第 209 ~ 211 页。

② 参见[德]拉德布鲁赫:《法学导论》,米健译,商务印书馆 2013 年版,第 86 页。

③ See J. Selden, *Table Talk*; quoted in Michael Evans, R. Ian Jack (eds.), Sources of English Legal and Constitutional History, Butterworths, 1984, p. 223 - 224.

④ See Sealy, *Fiduciary Relationships*, Cambridge University Press, 1962, p. 69 - 72.

起到了极大推动作用，其中较为典型的是大法官本杰明·卡多佐(Benjamin Cardozo)在梅恩哈德诉鲑鱼案(Meinhard v. Salmon)中对“信义义务”概念的描述。卡多佐法官认为，在日常生活中，许多行为都是被允许的，例如公平交易行为，但在信托关系中却是被禁止的。受托人必须遵守比市场上其他人更严格的道德规范。不仅仅是诚实，还要遵守特定的行为规范，这也慢慢发展成一套根深蒂固的规则。当有人请求降低忠实义务的标准时，衡平法院在坚守信托义务的严格程度方面毫不妥协。只有这样，受托人的行为准则才会高于其他行为人。①

早期英美法系学者及法官对于信义义务，尤其忠实义务的要求非常严格，随着商业的发展，对经济效益的追求，逐渐降低了其对信义义务的标准，有人认为这是间接导致了金融危机，是造成金融投资者损害的根源。美国首席大法官哈伦·菲斯克·斯通(Harlan Fiske Stone)在1934年的一次演讲中谈到，金融时代的历史在被后人书写时，其主要错误都将归咎于没有遵守信义原则(fiduciary principle)，即“一个人不能为两个主人服务”(A man cannot serve two masters)这一古老的教条。信义义务与其他义务不同，其具有特殊性，是由衡平法出于正义而强加的，②正是由于信义义务是衡平法出于正义而赋予受托人的，故其特征中具有不能通过契约而否定的强制核心(mandatory core)③。在信托进入商业领域之前，只有道德水平较高的人才能担任受托人，受托职责常常是无偿的，甚至是充满荣誉的，这也是信托制度在民事领域和商事领域适用中的区别所在。

信义义务的起源与发展深受宗教的影响，历史学家考察显示，信托理念的起源可以追溯到约公元前1776年古巴比伦的《汉谟拉比法典》。在《汉谟拉比法典》中可以找到规范管理受托财产的代理人行为的规则，这说明人类成文法历史上一开始就有了对信托的考虑。与

---

① See Meinhard v. Salmon, 164 N. E. 545, at 546 (N. Y. 1928).

② 参见[英]道恩·奥利弗：《共同价值与公私划分》，时磊译，中国人民大学出版社2017年版，第203页。

③ See Robert H. Sitkoff, *The Economic Structure of Fiduciary Law*, Boston University Law Review 1039, 1047(2011).

《汉谟拉比法典》一样,很多古代法中都可以发现关于对受托财产的保管、善意(good faith)和信任(trust)的迹象。[①] 在犹太教—基督教传统中,信托原则可以追溯到《旧约》和《新约》,例如,法院将忠诚的信托义务与圣经原则联系起来,即任何人都不能为两位主人服务。信托原则不仅是西方社会的传统,在东方文化中也可以溯源,例如,孔子每日自省三个问题中的一个问题就是:在代表他人行事时,我是否一直"忠于他们的利益"? 在英美法系早期判例中,"fiduciary"一词被用来指代宗教授职仪式上的忠诚,而真正开始作为信托、信任的含义使用是在温切斯特主教诉骑士案(Bishop of Winchester v. Knight)中,这个案子第一次使用"fiduciary"一词来指代宽泛意义上的受信人。[②] 另外,由于衡平法早期的大法官都是神职人员,早期衡平法也极度依赖教会法。[③] 可以说,宗教中的忠实、忠诚等精神内涵赋予了信义义务不同于其他法律义务的特点。

三、信义义务的法律属性

信义义务理论通说认为,信义义务包含忠实义务以及注意义务(又称勤勉义务、谨慎义务)两大部分。目前,由于我国立法并未将"信义义务"概念化以及法定化,信义义务在司法实践中的适用主要依靠法官运用信义义务理论对相关立法进行解释,容易出现两种情况:一是将受托人的任何义务,包括法定义务以及合同义务,都称作信义义务,只要是受托人违反了义务,就认为受托人违反了信义义务;二是直接将信义义务等同于合同义务,对受托人的义务只看信托合同的约定,只有当受托人违反了合同约定的具体的义务时,才认为受托人违反了信义义务,对于信托立法规定的抽象的信义义务,并不去解释和适用。除了

① See Joseph F. Johnston, Jr., *Natural Law and the Fiduciary Duties of Business Managers*, 8 J. MKTS & MORALITY 27, 29 (2005).

② See Tara Helfman, *Land Ownership and the Origin of Fiduciary Duty*, 41 Real Prop. Prob. & TR. J. 651, 654 (2006-2007).

③ 参见[美]安德鲁·S. 戈尔德、保罗·B. 米勒编著:《信义法的法理基础》,林少伟、赵吟译,法律出版社2020年版,第303页。

司法实践中存在对信义义务的不同解释，理论界和实务界也存在不同认识，因此，信义义务的法律属性问题是理解信义义务不得不讨论的议题。

关于信义义务的法律属性，主要有两种观点。第一种观点是契约论，即合同主义立场，认为受托人履行何种信托义务是双方合意的结果，因此，信托合同中可以约定高于信托法的信义义务，也可以将信义义务的标准降低，甚至排除，这完全取决于当事人之间的约定。第二种观点是法定义务论，也称之为反合同立场，认为信义义务是强制性的，当事人不能在合同中对受托人信义义务标准进行降低或者排除。

（一）信义义务的合同属性

很多英美法系学者认为信托法不仅具有财产法属性，更具有合同属性，将信义义务看作一种合同义务，这一观点主张：信义义务不具有特殊性，没有道德属性；信义义务只不过是合同法领域的内容，应遵循契约自由原则。① 形成这一观点的历史原因是，很多国家的信托法明确规定信托的设立需要书面形式，由此，遗嘱和合同成了主要的信托文件形式。在民事信托中，采用遗嘱方式设立信托较为普遍，对于商事信托，其成立必须有信托合同，需要双方基于书面合同的合意。除了英国等少数国家和地区的民事信托较为发达以外，其他移植信托制度的国家和地区主要是为了发展商事信托，民事信托实践较少，因此，商事信托似乎构成了信托的全部内容。基于这种事实状态，不少学者将信托法律关系视为一种纯粹合同关系，他们认为不仅信托各方主体的权利义务主要通过合同予以确定，而且产生纠纷时，法院也一般根据信托合同的约定来进行裁决。英国著名信托法学者梅特兰认为，信托源于一种成为协议的东西，且信托本质上是一种义务，一种合同义务，虽然大家一般不这样称呼。② 美国学者兰贝恩认为，尽管人们不断强调信义义务的神圣性，但不可否认信义义务规则是集合信托关系各方达成的

---

① 参见［美］约翰·H. 兰贝恩：《信托法的合同基础》，何美欢译，载《清华法学》第4辑，清华大学出版社2004年版。

② See Frederic W. Maitland, *Equity: A Course of Lectures* (John Brunyate rev. ed., 2d ed. 1936) (A. H. Chaytor & W. J. Whittaker eds., 1st ed., 1909).

共识,信托法设定的法定义务实际上是一种标准合同,信托义务的核心是忠实义务和谨慎义务,需要信托关系各方在信托合同中明示或者暗示地予以规定。当信托运用到商业领域时,例如,美国资本市场较为发达,很多投资通过信托基金的形式投入公司融资、抵押贷款等领域,而契约是商业交往的基础,因此,信托用于商业领域时,其合同属性是显而易见的,并且大陆法系是移植的信托制度,缺少信托传统,信托法制不健全,对于信托的很多安排主要通过合同来规定。①

而反对合同论的观点主要认为,首先,在英美法系中,信托关系的成立可能直接源自法院的判决,并不存在合意。根据合同理论,无偿的承诺是不可执行的,但在无偿信托中,信义义务依然是可以执行的。其次,在个人无偿信托中,委托人与受托人可能是口头约定,信托合同并非信托关系成立的必要条件。即使委托人和受托人建立了信托合同,合同对受托人义务的约定也不可能详尽,民事信托中,很多信托文件只是明确了委托人建立信托的意图,受托人愿意接受受托职责,受托人义务需要结合法律的规定来予以确定。在有信托法的国家中,信义义务已经成为受托人的行为标准,基本模式已经基本成型,单独的信托合同除非对受托人有特别的要求,或者需要将抽象的信义义务具体化,否则,无须在合同中约定信义义务的概念、内容、标准等。信义义务的存在是为了弥补合同的不完备性,另外,信义义务包括忠实义务的规定,具有道德属性,合同不能约定将信义义务排除,因此,信义义务的性质并非合同性质。再次,从举证责任的角度,一般证明相对方违约的,需要主张一方提供证据,但委托人、受益人主张受托人违反信义义务的,只需要提供初步证明,由受托人来证明其并未违反信义义务。最后,最重要的一点是,信义义务具有利他性,要求受托人为了他人利益而行为,但合同中的权利义务是双向的,讲究公平性。一些个人无偿信托中,即使受托人无偿提供受托服务,没有任何报酬,也要承担信义义务,当然主要是忠实义务。因此,信义义务是高于市场平均道德标准的一

① See John H. Langbein, *The Contractarian Basis of the Law of Trusts*, The Yale Law Journal, Vol. 105, No. 3 (1995).

种更高道德标准,将信义义务等同于合同义务,将会使信义义务的标准降低。①

我国《信托法》规定信托的成立可以通过合同、遗嘱或其他方式。在我国信托实践中,通过遗嘱设定民事信托的案例较少,并且,我国信托实践主要以商事信托为主,因此,实践中信托设立的形式主要是合同。然而,信托和信托合同是两个概念,信托合同成立时信托成立,但只有信托财产从委托人处转移至受托人处时,或者办理了信托财产登记手续时,信托才生效,因此,信托不完全等同于信托合同。信托合同成立后,委托人有转移信托财产的义务,受托人有接受信托财产的义务。如信托财产没有转移,或者没有登记,则信托不生效,信托合同中约定的受托人的信义义务,由于信托未生效,受托人可以不予履行。②

总体来讲,信义义务具有合同属性,尤其在商事信托中,对于受托人的行为标准、投资方向等都在信托合同中予以详细规定,信托合同甚至可以超越信义义务立法的规定,但在集合资金信托这种投资类信托中,信托合同是由信托公司一方提供的格式模板,受托人并不会将己方义务标准提高,反而会将义务标准降低,甚至排除自己的责任。商事合同为了追求效率,往往使用格式合同,减少协商时间,这种追求效率的行为也增加了投资者的风险,因此,如果将信义义务完全合同化,则不利于保护投资者权益,使得投资者更容易遭受由于信息不对称而带来的风险。因此,无论是民事信托还是商事信托,现代信义关系的产生主要来源于双方合意,合同形式确定受托人义务是主流。信义关系本身的道德属性首先超越了合同关系,因此,信义义务是一种超出约定义务的法定义务。③ 信义义务具有合同属性,但不仅具有合同属性。

(二)信义义务的法定性

无论是个人信托,还是商事信托,对于受益人权益的保护都是信义

---

① 参见范世乾:《信义义务的概念》,载《湖北大学学报(哲学社会科学版)》2012 年第 1 期。

② 参见楼建波:《区分信托合同与信托:昆山纯高案的另一种说理路径》,载《社会科学》2020 年第 11 期。

③ See Frank H. Easterbrook & Daniel R. Fischel, *The Economic Structure of Corporate Law*, Harvard University Press, 1996, p. 90 – 93.

义务规则的目的。商事信托中,受托人对于信托财产的控制权更大,受益人更易遭受受托人的侵害。商事信托的受托人主要由金融机构担任,金融消费者、投资者作为委托人,与受托人之间签订的合同基本是受托人提供的格式版本,受托人对于自身风险的排除可能会造成本处于信息劣势的投资者处于更加弱势的地位,因此,信义义务的法定性给信托投资者提供了保障。一般投资者签订信托合同时,都不会仔细阅读合同,信义义务的法定属性可以让投资者不用担心信托合同约定得不全面,不管信托法律关系各方是否在信托文件中对信义义务进行约定,受托人对受益人承担的信义义务永远是其不可削减的、不能降低的、必须履行的核心义务。①

另外,也有学者以侵权理论来理解信义义务,在英美法系的有偿信托、法人信托中,受托人往往具有一定的专业技能,是某一领域的专业人士,在履行受托职责中,应具备高于一般人的注意义务。如果受托人基于过错违反了注意义务,造成了信托财产的损失,违反注意义务与损失直接具有一定关联,这就是侵权理论在判断受托人是否违反信义义务方面的运用。②

从违反信义义务的角度来看,信托法一般对受托人违反忠实义务的行为是绝对禁止的,例如从信托财产牟利、侵占信托财产、将信托财产挪用给关联人、未授权的自我交易等。而对于谨慎注意义务的违反,由于立法的抽象,很多法院仅基于程序性的审查,而非实质审查,例如,受托人的管理、投资行为是否符合信托合同约定,受托人的行为是否违反明显的操作规则,法官一般以普通谨慎人的视角进行判断。因此,在信托合同中,当事人不能约定对忠实义务的排除,而对于谨慎义务,可以约定特殊规则,但不能将谨慎注意义务完全予以免除。

(三)信义义务的独立性

信托的法律性质问题,其实就是如何确定信托当事人围绕着信托财产所形成的权利和义务的性质问题。解决了信托的性质问题,就可

---

① 参见赵廉慧:《作为民法特别法的信托法》,载《环球法律评论》2021 年第 1 期。

② 参见徐化耿:《信义义务研究》,清华大学出版社 2021 年版,第 78 ~ 79 页。

以解决受托人所负担的信义义务的性质。大陆法系中以日本为代表的,存在“物权—债权”说,“法主体”说,“物权债权并行”说,“财产权机能区分”说等,大陆法系学者在解释产生于英美法系环境中的信托性质时,虽然提出了各种学说,但没有一种学说令人满意,成为通说。[①]而英美法系的权利义务体系具有灵活性,信托是最能体现灵活性的制度创设,当时普通法都不能容纳的权利,可以由衡平法来确认。因此,信托法中确认的权利义务,也许很难简单纳入大陆法系民法所规范的财产权关系中。从信托法律关系的内容来看,其法律结构既具有物权关系,也具有债权关系,还具有一些物权关系和债权关系不能涵盖的内容,例如信托财产的独立性,以及受托人的信义义务等。

信义义务具有利他性和道德属性,这是合同义务不具备的特征。合同义务无关道德,具有利益属性,是当事人之间为了达成某种交易而成立的协议,是互惠的。而信义义务中的忠实义务要求受托人将受益人的利益置于自身利益之上,当受托人需要自我交易时,需要对委托人或者受益人进行信息披露,告知利益冲突的存在,经过委托人、受益人同意后,以合理公平价格交易的,才不算是违反忠实义务;谨慎、注意义务也并非完全等同于侵权法上的消极地预防侵害发生的义务,而是一种积极的谨慎决定信托财产管理和投资的义务,[②]需要结合信托的类型以及受托人的专业程度来综合判断。信义义务的内容丰富,忠实义务以及谨慎、注意义务规定了受托人的行为准则,虽然各国的信托理论逐渐趋于一致,但各国的规定仍有较大差异,因此,信义义务的内容并非确定的、不变的,这和合同义务的确定性有一定差异。另外,法律鼓励受托人积极履行信义义务,受托人违反信义义务,特别在民事信托中,会受到舆论的谴责。而普通合同关系中,违约是中性的,没有任何道德评价,也不影响声誉,例如消费者去商场借雨伞,押金 100 元,但消费者回家后觉得商场太远了,不想退还,于是这 100 元押金就作为违约

---

① 参见周小明:《信托制度:法理与实务》,中国法制出版社 2012 年版,第 63 ~69 页。

② 参见朱圆:《论信义法的基本范畴及其在我国民法典中的引入》,载《环球法律评论》2016 年第 2 期。

金。普通的合同关系中,违约金即可弥补守约方损失,违约方只需要承担违约责任即可。

英美法系著名信托法学者弗兰科(Tamar Frankel)教授一直致力于研究信义法,其认为信义法应属于独立的法律部门,信义关系中强调的并非人与人之间的互相冲突,或者一方受另一方的控制,而是人们的相互信任和合作。① 将信托关系看作契约关系或财产关系都是不完整的,其是一种较为复杂的法律关系,呈现出包括契约、财产、委托、法人实体的特征,具有综合性和独特性,又兼具"债"和"物权"的特征,属于物债混合体,而信义义务,也兼具法定属性和合同属性。

我国司法机关在结合英美法系信托理论以及结合本土商事信托实践经验后,在2019年发布的《全国法院民商事审判工作会议纪要》(以下简称《九民纪要》)第七部分中,认为受托人的信义义务属于法定义务,这对于商事司法审判中只看信托合同约定,而不重视信义义务的强制性、法定性有重要纠正意义。法官在审理营业信托纠纷案中,除了审理信托合同中对受托人约定的义务以外,重点审查受托人是否履行忠实义务和谨慎、有效管理义务,即信托交易中是否存在未披露的关联交易,受托人的投资行为是否合理、符合商业规律等。一般来说,这些义务不会出现在信托合同的约定中,因此,如果仅关注信托合同的约定,会造成对受托人信义义务的忽视,造成的后果就是直接损害受益人的合法利益。

综上,信义义务合同论者观点的背景主要基于商事信托,在商事信托领域,受托人的信义义务需要具体化,法院对受托人是否履行信义义务需要根据具体的约定才能判断,并且,商事信托是以财产增值和保值为目的的商业安排,受托人也是以营利为目的的商事主体,为了追求效益,商事信托经常出现创新的类型,而信义义务也因受托人的裁量权不同而有所改变,因此,在商事信托中,受托人信义义务的标准应允许合同自由约定,否则会阻碍商事信托的创新性和灵活性。信义关系是私

① See Tamar Frankel, *Fiduciary Law in the Twenty-First Century*, 91 Boston University Law Review, p. 1289 – 1290(2011).

法的产物,私法上的义务并不源于他人的命令,而是产生于义务人的自我服从,[①]在不违反法律强制性规定的情况下,信义关系的权利义务可以由双方进行约定。对于信义义务中的忠实义务,由于忠实义务是信义义务的核心,也是信托法的基础,不能在合同中予以排除,但对于忠实义务的具体表现形式可以进行约定。例如,受托人在履行告知义务的前提下,以公平的价格自我交易不属于违反忠实义务。忠实义务的核心含义是高度法定化的,信托合同可以将忠实义务的形式予以细化,但不得违反忠实义务的应有之义,也不得变相将忠实义务排除。关于谨慎义务、注意义务的标准,由于商事行为的注意标准要高于民事行为的注意标准,商事信托中受托人的标准应高于民事信托,在商事信托合同中,双方可以将受托人履行的注意义务标准予以明确和细化。由于商事信托具有有偿性,受托人的受托行为具有专业性,合同中可以将对受托人的注意义务要求提高,规定更高的责任,但在实践中,商事信托合同是由受托人提供的格式版本,并不会将受托人的义务标准提高,可能反而还会降低,将各种风险予以排除。对于金融机构作为受托人的,收取了高额受托费用反而将信义义务标准降低的行为,虽然属于契约自由的范围,但实际上侵害了受益人的权益,造成实质上的不公平现象,需要法律的强制性介入。因此,信义义务兼具合同属性和法定属性。

第二节 信义义务的主要内容

英美法系在信托数百年的发展历史中已经逐渐形成了以信义义务为核心的一系列规范制度,我国引进信托制度主要是为了发展金融业以及规范实践中已经存在的信托行为,但信义义务却并未作为信托法的核心制度受到应有的重视。我国《信托法》颁布 20 余年来,信义义务逐渐受到理论界和实务界的重视,在司法裁判中,很多法院也开始运用信义义务的相关理论来解释《信托法》第 25 条中关于受托人的信义

---

① 参见[德]拉德布鲁赫:《法学导论》,米健译,商务印书馆 2013 年版,第 86 页。

义务的规定。

一、忠实义务

(一)商事信托产生之前,忠实义务基本构成了信义义务的全部内容

美国法中的信义义务一般包括忠实义务和注意义务(谨慎义务),英国法中信义义务一般单指忠实义务,传统的英国信托法认为忠实义务等同于信义义务,甚至很多学者直接将"fiduciary duty"认为是忠实义务,我国有学者将美国学者塔玛·弗兰科(Tamar Frankel)的*Fiduciary Law*一书直接翻译成《忠实法》①,而非直译为《信义法》。除了该书作者,英美法系主流观点都认为,信托义务的核心是忠实义务。虽然在商事信托占主流地位的今天,人们对于受托人谨慎投资义务的讨论越来越多,但忠实义务,无论对于何种类型的信托而言,都处于基础地位,属于大厦的根基。对于商事信托的委托人和受益人而言,相比于谨慎投资义务,受托人履行忠实义务更为重要,受托人坚守忠实义务是最能直接保障信托投资者权益的,也是商事信用的体现。

英国学者认为,受托人是一种特别类型的受信人,所有受托人都是受信人,但并非所有的受信人都是受托人。受托人的信义性质是对信托和受益人善意履行义务,其他的职位也可能是受信的,即受信人对其委托人负有善意行事义务,产生信义义务和责任的关系现在也不局限于传统类型,还包括许多以信任和信赖为基础的其他关系。例如,在医疗关系中,医生是病人的受信人,保险经纪人是被保险人的受信人等。上述观点将日常生活以及法律关系中的信任与信托关系混淆了。诚然,诚信和信任是社会的基石,存在于社会的方方面面,任何法律关系的建立都是以信任为前提的,如婚姻关系,但如果说,存在信任,就是信托关系、受信关系则有偏颇。社会上大量的关系是通过合同法调整的,对于当事人之间的权利以及义务要求仅限于合同约定,无约定则无义

---

① 参见 Tamar Frankel:《忠实法》,林鼎钧、翁祖立译,台北,喜玛拉雅研究发展基金会2016年版。

务，而法律施加于受信人、受托人身上的信义义务的标准极高，不能将信托义务这种高标准适用于普通的法律关系。

米勒特勋爵在布里斯托尔和西部建筑协会诉莫瑟夫案（Bristol & West Building Society v. Mothew）中指出，受信人的主要义务是善意行事的义务，不从信托中获利，不将自己置于可能产生利益冲突的境地，未经委托人的知情同意，不能为了自己的利益或其他第三人利益行事等，①这是英美法判例中对于信托义务较为传统的表述和列举。“不冲突”和“不获利”规则可以说是忠实义务的两大核心要求，也可以说是两项原则，各国的信托法对应的若干规定基本围绕上述两项原则予以展开。在商事信托中，不获利并非指受托人不收取费用、佣金的意思，而是指受托人在履行受托义务时，不能将自己的利益置于受益人之上，也不能因其管理信托财产的行为从信托中获利。

英国信托法早期的严苛标准如下。

1. 不冲突规则

作为忠实义务的核心规则和原则，信托法很多规定是围绕此原则展开的，若干规则之间彼此联系，从各个方面来阐述不冲突的要求。赫歇尔（Herschell）勋爵在布雷诉福特案（Bray v. Ford）中指出“处于信义地位之人无权获得权利，他无权将自己置于与其义务和利益冲突的境地”②。随着时代的发展，该项原则从最初始的严苛到逐渐放松，允许有若干例外情况，例如米勒特勋爵在前文指出的，当受托人获得委托人的知情同意即是例外情况。不冲突这一规则确定源于衡平法经典案例基奇诉桑福德案（Keech v. Sandford）③，该案的案情非常简单，一个孩子（Mr. Keech，该案原告）继承了伦敦附近罗姆福德市场的租约，桑福德先生作为受托人来持有这个租约，直到孩子成年。后来孩子尚未成年时租约就到期了，桑福德先生找到房东提出续租，但房东不想继续租给一个孩子，然而，房东却很想租给桑福德，桑福德也接受了。当该

---

① Bristol & West Building Society v. Mothew[1998]1 Ch1,18.

② Bray v. Ford [1896] AC 44, HL.

③ Keech v. Sandford [1726] EWHC J76.

孩子成年后，遂起诉桑福德，要求他返还其通过获得该租约赚取的利润。当时审判该案的大法官金勋爵(Lord King L. C.)将该案以推定信托的方式来提供救济，推定桑福德获得的租约是以基奇的名义持有，判决将续租后获得的受益返还给基奇。金勋爵在判决中指出，如果一个受托人在遭到租期展期的拒绝后，就自己获得该租约，那就没有信托地产权能对受益人展期。虽然受托人在该案中没有过错，但由于其是受托人，这一身份的要求就是，其他任何人都可以获得这个租约，就只有受托人自己不能，对于受托人的要求就是这么严苛，这一要求必须严格执行，不能有任何宽限的余地。这个案子作为英国信托法上的经典案例，说明了一个简单的道理，如果受托人在履行受托义务时，发现可以以自己的名义去获得某项利益，那么受托人就会为了他们自己的利益，而非为了受益人的利益去履行受托义务。

从英国早期的判例可以看出，法院对于受托人忠实义务的标准是非常严苛的，即使受托人没有实际损害受益人的权益，但只要受托人因此获益了，都属于违反忠实义务。虽然可能对某些受托人并不公平，但这种标准可以说从根源上杜绝了受托人与受益人的利益冲突，对于受益人的保护力度是最高的。

2. 不竞争规则

不竞争规则也从另一个角度反映了不冲突规则，在贝尔诉利华兄弟有限公司案(Bell v. Lever Brothers Ltd.)[①]中，法院认为受信人与委托人竞争，委托人可以通过禁令方式请求法院制止该受信人继续竞争，委托人不必证明受信人有恶意。在汤姆森案(Re Thomson)[②]中，一名遗嘱执行人因其与他正在管理的遗产相竞争而被禁止继续进行他的游艇经纪人业务，即受信人不得将委托人的客户吸引为自己的客户。对于是否存在利益冲突的认定，英美信托法上经典案例菲普斯诉博德曼案(Phipps v. Boardman)[③]具有里程碑的意义，博德曼先生是菲普斯

---

① Bell v. Lever Brothers Ltd. [1931] UKHL 2.

② Thomson v. Allen [1930] 1Ch. 203.

③ Phipps v. Boardman[1967] 2 AC 46.

家族信托的律师,信托财产包括一家公司27%的股份,博德曼很关心公司的账目,并认为持有多数股权可以更有利于信托,他和受益人汤姆·菲普斯(Tom Phipps)出席了公司的股东大会,获取了该公司的信息,他们向受托人福克斯先生(Fox)建议,收购多数股权是可取的,但受托人Fox表示,他不可能这样做,于是,博德曼和汤姆·菲普斯决定自己购买这些股份,但他们没有告知所有受益人,并未取得他们的同意。之后公司分红,该信托分得47,000英镑,博德曼和汤姆·菲普斯则获得75,000英镑。后来,另一位受益人约翰·菲普斯(John Phipps)提起诉讼,声称存在利益冲突。法院认为,该案存在利益冲突的可能性,因为受益人可能已向博德曼咨询购买股份的事宜,他们正在就信托资产中的公司股份事宜进行谈判,他对信托的受益人负有信托责任,应避免任何利益冲突的可能性,而博德曼后来利用信托财产进行投机,应该对此负责。由于信义义务的严苛性,并非由于欺诈或缺乏善意,但不管其主观如何,博德曼应承担违反禁止利益冲突规则的责任。从该案的判决中可以看出,虽然博德曼并非信托的受托人,但是由于其行为让其处于了信义关系,被施加了信托义务,这种标准是比较严苛的标准,反映了英国在19世纪坚持的判断是否违反信义义务是客观标准,即使其主观是善意的,想要为信托牟利,但如果受信人自身也受益,就违反了利益冲突的规则,即违反了忠实义务,应承担责任。该案的严苛标准,随着社会经济的变革也在发生变化,如果一直坚持如此严苛的标准,明显不适应经济发展以及商事信托的发展。至于在民事信托中是否继续沿用这种忠实义务的判断标准,也值得商榷。例如,在上述汤姆森案[①]中,法院颁发了禁令(injunction),禁止受托人在与其管理的信托所经营的游艇中介业务所在的同一城市经营游艇中介业务,禁止其同业竞争,防止利益冲突。

当然,如果在信托成立之前,受托人就存在与将来的信托的利益冲突,且委托人明知该利益冲突仍然任命该受托人,这种情况下受托人的行为不存在利益冲突,不违反忠实义务。

---

① Thomson v. Allen [1930] 1 CH 203.

3. 不获利规则

如果受信人能从其职位中获益,他就可能将自己的利益凌驾于其委托人、受益人之上。获利不等于获得报酬,获利指利用自己对信托的权力去谋取个人利益。一般直接谋利的行为比较好认定,但一些利用因受信人的职位而获得的商业秘密去谋利的行为较为隐蔽。因此,衡平法最早的对于忠实义务的一些严苛要求,虽然在个案中感觉不够灵活,不通情达理,但是在当时可以起到正本溯源,防止各种违反信托义务的行为产生。

发生于 1967 年的瑞格尔公司诉格利弗案[Regal(Hastings)Ltd. v. Gulliver][①]是英国信托法历史上关于不获利规则的一个重要判例。瑞格尔公司在英国城市黑斯廷斯(Hastings)拥有一家电影院,并通过设立一家新的子公司租下了另外两个电影院,使整个地块成为一个有吸引力的销售组合。然而,电影院的房东希望他们提供个人担保,但他们不想那样做。后来,房东说他们可以将股本提高到 5000 英镑。瑞格尔公司本身投入了 2000 英镑,但无法负担更多了。公司的四名董事每人投入 500 英镑,董事长投入 500 英镑,董事会要求公司律师投入最后 500 英镑。后来董事们出售了他们的股份,赚取了可观的利润。随后受益人对董事提起诉讼,称获得该利润违反了他们对公司的信托义务,入股前他们尚未获得所有股东的知情同意。历经多次庭审后,上议院推翻了高等法院和上诉法院的判决,认为由于被告是瑞格尔公司的董事并在执行该职务的过程中获得了利润。衡平法规则坚持那些利用信托地位赚取利润的人,有责任对该利润进行说明,这不取决于欺诈或缺乏诚信,也不取决于财产是否会或本应归原告所有,或是否承担风险或是否为原告的利益考虑,或原告是否因其行为事实上受到损害或受益。该责任的产生仅仅因受托人处于信托地位而获得利润。受托人可能是世界上唯一无法利用这一机会的人。值得注意的是,本案中承担责任的是公司董事,购买股份的律师无须承担。

---

① Regal (Hastings) Ltd. v. Gulliver [1967] 2 A. C. 134.

而在昆士兰矿业诉哈德逊案(Queensland Mines v. Hudson)[①]中，哈德逊是昆士兰煤矿的常务董事，昆士兰煤矿最初有意在塔斯马尼亚开发铁矿石开采业务，哈德逊成功地获得了开发这些矿山所需的许可证。然而，昆士兰煤矿遇到了财务困难，无法继续进行采矿作业。哈德逊辞去了他常务董事的职务，自己开发这些矿山。11 年后昆士兰煤矿对哈德逊提起诉讼，让哈德逊对他所赚取的利润负责，理由是他利用其董事的信托地位来赚取利益。后来法院判决哈德逊无须承担责任，因为昆士兰煤矿没有能力继续开矿，并且哈德逊也履行了告知义务。这个案子的案情和 Phipps v. Boardman 案有类似的地方，判决结果的差异可能在于受信人是否履行了告知义务，也可能不获利原则在适用于公司董事时比适用于受托人时要宽容。

除此之外，衡平法还存在一些例如禁止自我交易，不从秘密信息中获利等规则。

(二) 商事信托的出现给忠实义务带来的变化

1. 受托人提供受托服务从无偿到有偿的转变

信托出现的初期，受托人是无偿提供受托服务的，即受托人必须无偿服务(trustees had to serve gratuitously)。信托制度传到美国之后，美国人推翻了这项传统的英国规则。美国《信托法重述》(二)的第 242 条以及《统一信托法典》第 708 条都规定了受托人有权获得报酬，第 802 条规定了受托人获得报酬的例外，即受托人违反忠实义务。受托人无偿提供服务这一规则在英国法上仍然有效，但是这一规范适用有所限制，并且英国的立法也规定了专业受托人有权获得报酬，英国这一规则来源于"单一利益"规则。英国出版的勒温写的《信托法》(*Lewin on Trust*)一书中讲到，如果受托人被允许履行职务职责时要求获得报酬，就会出现义务冲突(conflict of duty)，因为受托人的利益将与他对受益人的义务相反。[②] 而美国规则反映了一种成本效益判断(cost-benefit judgment)，更符合信托在商业领域的适用，支付报酬可以让更专

---

① Queensland Mines v. Hudson [1978] 18 ALR 1. pc.

② See Lewin on Trusts, supra note 3, § 20 – 132, p. 503.

业的人员为信托提供服务，并且对于专业人士来讲，适当的报酬可以促使其更好地完成工作，他们将自己的技能和资源投入信托中，处理利益冲突并非像“唯一利益”规则那样完全禁止冲突，而是制定规则去规范。

总的来说，受托人从无报酬到有报酬的转变与自19世纪末以来发生的财富性质的变化密切相关，这些变化直接影响，甚至改变了信托的功能和性质。[①] 英美法系信托法最初的信托财产存在形式是土地，信托起源于家族内部持有和转让不动产的一种手段，因此受托人通常是委托人的家庭成员或亲信。梅特兰在其著作中讲到，几乎每个富裕的人都是受托人，且提供无偿服务。[②] 禁止受托人获得报酬是由于最初受托人通常只是借出自己的名义，充当财产转让的媒介，他们几乎没有权力，更不需要专业技能。然而，当信托不再仅仅是转移土地的工具，而转变成一种金融工具，需要受托人履行积极管理金融资产的义务时，就需要向专业受托人给付报酬。因此，这一变化趋势也符合社会经济的发展，尤其是商事信托发展的需要。

2. 从“唯一利益”(sole interest)到“最佳利益”(best interest)的转变

“唯一利益说”，也叫“单一利益说”，即要求受托人仅能为了受益人的利益管理信托。长期以来，“唯一利益说”被认为是信托法最基本的规则，其禁止受托人将自己的利益置于与受益人利益冲突或者可能冲突的境地。唯一利益规则是18世纪末和19世纪初在英国衡平法院发展并确认的。美国信托法学者博格特(George G. Bogert)认为，当受托人处于利益诱惑之下时，就会忘掉其应为了受益人的利益服务的义务，任何人都不可能在同一笔交易中既代表自己又为了信托受益人的利益公平行事，“唯一利益”规则的前提是利益冲突不可避免地危及受益人的利益。“不再调查”规则建立在这一前提之上，该规则阻止法院调查受托人是否确实因其受托地位获利，仅证明被告处于受托地位，

① See John H. Langbein, *Rise of the Management Trust*, T. R . &EST . ,Oct. 2004, p. 52.

② See Frederic W. Maitland, *Trust and Corporation*, *in* H. D. Hazeltine et al., MAITLAND：S ELECTED E SSAYS 141,175.

以及可能利用其受托地位获利。[①] 近年来,在法律和经济学文献中,特别是在公司法中,很多学者都在关注代理成本问题,当不同利益相冲突时应如何处理。“单一利益”规则的制定者担心,如果完全禁止受托人从信托中获得私利,受托人就可能利用他对信托的管理和控制来掩盖其不当行为,并且这很难被发现,事后也难以获得救济。“单一利益”规则在19世纪被确定下来,在1816年美国达沃诉范宁案(Davoue v. Fanning)[②]中,肯特大法官认为如果受托人存在欺诈,受益人是很难去证明欺诈存在的。为了防止这种欺诈的存在,肯特法官支持受益人在无须证明实际损失的情况下即申请撤销有利益冲突的交易。“唯一利益”规则是建立在可能存在欺诈的危险,且受益人难以证明的基础上的。

20世纪美国诸多学者针对“唯一利益”规则的合理性有着激烈的争辩,例如,博格特(George G. Bogert)教授认为,“衡平法不会针对某项交易去调查其公平性。因此如果调查了,在许多情况下,不公平性就会被隐藏起来,越来越难以发现”。约翰·兰贝恩(John Harriss Langbein)教授对此表示反对,其认为从逻辑上不能这样推理,不能由于某些受托人的不当行为可能会被其掩盖,法律就拒绝在所有案件中审查受托人行为的是非曲直,即“一竿子打死”。相比之下,公司法中对董事利益冲突的处理与信托法中的唯一利益规则形成了对比。在公司法中,若干的监管规则取代了完全禁止利益冲突的规定。一开始,美国公司法对于董事与公司之间的交易也适用的是“唯一利益”规则,即董事和公司之间的交易是否有效由公司来决定。[③] 到了19世纪末和20世纪,公司法改变了方向,选择了和信托法不同的规定,制定了一种更符合公司利益的制度,美国法律学会(The American Law Institute)关于公司治理原则中避免使用“忠诚义务”,取而代之使用“公平交易义务”。现代公司法在关于董事利益冲突的交易制度方面强调三个原

---

① See Georgeg Leason Bogert & Georget Aylor Bogert, *The Law of Trusts and Trustees* § 543, 2d ed., 1993, p. 217.

② Davoue v. Fanning, 2 Johns. Ch. 251 (1816).

③ See Harold Marsh, Jr., *Are Directors Trustees?: Conflict of Interest and Corporate Morality*, 22 BUS. LAW 35, 36 – 39 (1966).

则:(1)信息披露,根据美国《示范商业公司法》(Model Business Corporation Act)的规定,利益冲突董事必须向其他董事披露冲突的事实;(2)授权,即是否同意某项利益冲突的交易的决定应授权给其他非利益冲突的董事;(3)公平交易,即参与决定的董事应检验该交易是否符合公平标准。①

利益冲突在现代公司经营活动中越来越常见,公司结构日益复杂,各种经济交往也越来越紧密交错,例如公司董事中可能有上下游产品供应商、需要融资的公司、客户、投资合作伙伴等。对于公司高管来说,禁止利益冲突的规则可能阻碍许多互利交易,从管理层收购到公司员工有发明创新时可与公司利益共享,在很多情况下,促进而非禁止这种交易往往可以促进互惠互利,也更符合公司的利益。正因为在20世纪时,人们认识到某些自我交易不仅是正常的,实际上也是无法避免的,并且对公司有利,因此立法者转向了制定更具选择性的规则,允许符合条件的自我交易的存在。

在传统的信托管理中,尤其是在机构和专业受托人兴起之前,受托人无须参与过多的信托资产的主动管理,因此,完全禁止利益冲突符合当时的情况,且执行起来相对容易。在传统的衡平法观念中,受托被看作是荣誉,因此,当信托产生于荣誉而非商业时,受托人没有理由与信托财产发生任何纠葛。但商业公司本质上是营利,因此法律更容易遵从现在公司法规定的,让其他“非利益冲突董事来决定”,只要交易是公平的,有利于信托的即可。

美国《统一信托法典》第802条是关于忠实义务的规定,(a)款即规定了对受托人采用的是“唯一利益说”标准。美国《信托法重述》唯一利益规则下的无效结论性推定被称为“不再调查”(no further inquiry rule)规则。正如《统一信托法典》官方评论所解释的那样,这个规则强调受托人一旦涉及用自己的账户与信托财产进行交易,这种交易无须进一步证明即无效。受托人个人利益与信托利益相冲突时,只能以信托利益为重,无论受托人是不是善意的或者是否为公平交易,在所不

① Model Business Corporation Act § 8.60.

问。法院不用考虑其他情况就直接宣布交易无效,“不是因为存在欺诈,而是因为可能存在欺诈”①。衡平法认为最好的方法是打击所有不忠行为,而不是试图允许受托人证明哪些是有害的,哪些是无害的。在适用唯一利益规则时,补救措施包括撤销、收益分配和间接损害赔偿。美国《统一信托法典》坚持了传统的唯一利益说,将其作为信义义务的首要内容,但结合该法第 105 条的规定,唯一利益说属于缺省规则(default rules),即当事人如果另有约定的话,受托人可以不适用唯一利益规则,并且,第 105 条还规定了,关于受托人的权力和义务,如果当事人之间没有特别约定,该法案的规定才适用,但受托人应按照信托目的,善意(in good faith)地管理信托,不得约定排除。可以理解为,如果受托人的自我交易公开透明、价格公平,且符合信托目的,受托人就可以从事自我交易行为。但是,当信托财产是和与受托人有密切商业联系或者私人关系的人交易时,交易会被推定无效,但不是必然或者直接无效。同样推定无效情况还包括和与受托人拥有利益的公司交易,有可能会影响受托人的判断,但如果该交易被证明不受受托人个人利益影响,不会和信托利益冲突,则不会被推定无效。同时需要考虑的因素还包括交易是否公平,以及如果是与其他独立第三方交易,会不会交易条件一样等。

随着学说的演进,“唯一利益”标准受到了“最佳利益”的挑战。美国的约翰·兰贝恩(John Harriss Langbein)教授认为,“单一利益”规则过于顽固和僵化,主张“最佳利益”规则,其认为,忠诚义务的根本目的是促进受益人的最大利益,而“唯一利益”规则是为忠诚义务服务的,为促进受益人的最大利益而谨慎进行的交易最符合忠实义务的目的,即使受托人可能同时获得一些利益,当存在利益冲突时,如果受托人能够证明交易是为了受益人的最佳利益而谨慎进行的,则交易应当持续,在这种情况下,调查案情比“不再调查”要好。②

---

① Piatt v. Longworth's Devisees,27 Ohio St. 159,195 - 96 (1875).

② See John H. Langbein, *Questioning the Trust Law Duty of Loyalty* : *Sole interest or best interest*? The Yale Law Journal, Vol. 114, No. 5 (2005).

在信托发展历史上,"唯一利益"标准曾被严格坚守,即使受托人的自利行为并没有导致受益人受损,甚至后者亦从中获益,受托人仍然违反了忠实义务,美国的卡多佐法官认为忠实义务意味着一种不能妥协的严苛(uncompromising rigidity)。鉴于该规则的简单清晰,其在事实上能起到预防作用,因而它被当作一种预防性规范(preventive rule)。当信托运用于商业领域,受托人往往由一些专业机构担任。机构受托人负责为信托账户提供相关金融服务。信托发展到 20 世纪时,越来越多的大型机构开始提供受托服务,他们从受托服务中获得收入。通常,提供的服务越多,收取的费用就越高。这时制定法和判例法在"唯一利益"规则外允许了很多例外情况,前提条件是,相比只允许受益人获益,如果法律允许受托人和受益人共同获利,更能有利于受益人利益。另一个例子就是允许受托人将信托资产存在自己银行内(self-deposit),例如美国花旗集团担任受托人时,是否必须将信托资产存在其他银行,根据唯一的利益规则,存在自己的银行违反利益冲突规则,由于活期存款产生了一种债务形式,受托人实际上是在从信托账户借款,这违反了唯一利益规则,该规则禁止受托人使用信托资金或将信托资金借给自己,因此,美国《信托法重述》(二)仍然将自我存款视为"违反信托",然而,美国《信托法重述》的作者注意到在一些州立法中已经允许将信托财产存放于自己的银行。事实上,早在 20 世纪 30 年代,在制定《信托法重述》(一)的讨论中,就有相当多的人支持允许受托人将信托资产存于自己的银行,前提是受托人有义务证明自存符合受益人的最佳利益。美国《统一信托法典》按照上述州立法的趋势,允许在"唯一利益"原则之外有一些例外,例如,美国《统一信托法典》第 802 条(H)款规定了以下两种情况只要证明对受益人是公平的,即不属于违反忠实义务:(1)向受托人支付报酬;(2)将信托资金存入由受托人经营的受监管的金融服务机构①。这种立法模式更偏向于为了受益人的最大利益着想,而不考虑是否受托人也同时从中获益,属于符合现代商业模式的立法,是一种共

---

① Uniform Trust Code § 802(h)(4) (2000).

赢的思维。

另外,美国《统一共同信托基金法》(Uniform Common Trust Fund Act)的条文也避开了完全“禁止混同”(rule against commingling)的规则。混合是一种违反信托的行为,例如受托人将信托财产与个人混同,或者将其管理的不同信托的财产混同。共同信托基金的设立需要经过法定程序批准,否则共同信托基金不能合法运作,因为其运作涉及不同信托基金的混合。该法案授权信托公司作为受托人,设立共同信托基金,汇集不同委托人的资金来投资。该法案的起草者认为,共同信托基金这样的运行模式更有利于信托受益人的利益,从此可以看出,信托法再次被修改为更倾向于最佳利益而非唯一利益。

由于信托关系将受益人的财产置于受托人的控制之下,天然存在受托人为了个人利益而侵犯信托财产的危险,忠实义务禁止上述行为,也是信托法的一项基本原则。忠诚义务是信托义务最核心的义务,但随着社会和经济的发展,特别是商事信托的发展,忠实义务的表现形式也与其在传统信托模式下有所区别,如何既维持忠实义务的本质属性,又符合商事信托的发展需求,是商事信托给信托义务的发展提出的新问题。传统的“唯一利益”规则在其产生之初是符合当下现实的,它完全避免了任何的受托人和信托财产之间的利益冲突或重叠,但其并不符合信托的根本目的,即最大化受益人的利益。

唯一利益规则和最佳利益规则之间没有根本分歧,两者的最终目的都是一样的。19 世纪初的“单一利益”规则中体现的预防胜于治疗,由于当时民事诉讼程序的不完善,受益人证明受托人违反忠实义务较为困难,但随着司法制度的发展,可以通过对交易情况的理性调查来判断受托人是否履行了忠实义务。受托人专业化、营业化已经将受托关系转变为一种商业关系,现代信托以金融服务业为中心。现代信托业管理逐渐专业化,加上网络科技的运用,信托运行过程中的受托人的绝大部分行为会在计算机上保存,并留有记录。因此,强化受托人的忠实义务,应扩大对信托受益人的信息披露,上述原因直接导致了唯一利益规则到最佳利益规则的转变,包括作为示范法的《欧洲信托法原则》,虽然其对忠实义务的定义十分原则,但也采用了"最佳利益标准"。①

(三)忠实义务的要求

1. 严格责任的判定标准

对于违反忠实义务的判断,英美法系法院采取严格责任的认定方式。在布里斯托尔和西部建筑协会诉莫瑟夫案(Bristol & West Building Society v. Mothew)中,②法官认为"受托人的最重要义务是忠实义务。委托人应得到受托人一心一意的忠诚。这一义务有几个要求,即受托人必须诚信行事;他不得从信托中获利;他不能将自己置于其职责和利益可能冲突的位置;未经委托人知情同意他不能为了自身利益或第三人利益行事"。法院并不会调查受托人是否诚实,无论其意图。在布雷诉福特案(Bray v. Ford)③中,法院认为,衡平法院的一项不灵活的规则是,除非另有明确规定,处于受托地位的人无权获得利润;他不得让自己处于利益和义务冲突的境地。这条规则并非仅仅建立在道德原则之上,还充分考虑到了人性的本性,担任受托人职务的人在这样的环境中存在被利益诱惑的危险从而损害他本应保护的人的利益。因此,制定这一规则是有利的,正因有这一规则的存在,极少出现受托人违背道德,违反信托义务的行为,甚至没有任何错误行为的意识。

受托人是否获得不正当利益亦非法律考虑的因素。除了所有成年受益人一致同意,或者信托文件中明确规定受托人可以购买信托财产,或者受托人申请法院同意,只要受托人购买信托财产,就属于违反禁止冲突规范。④ 受益人可以向法院申请受托人的购买行为无效,并要求受托人返还信托财产(但需要将购买款项退回给受托人);如果受托人已经将信托财产出售给善意第三人了,受益人可以主张获得转手出售的利润。这项原则并不以个案的情况有所改变,法院均严格适用,即凡

---

① See Principles of European Trust Law, Article V Trustees' Duties and Powers.

② Bristol & West Building Society v. Mothew, [1998] CH 1.

③ Bray v. Ford, [1896] AC 44.

④ Ex Parte Lacey (1802) 6 VES 625.

是受托人购买信托财产的，无论价格是否公允公平，也无论受托人是否赚取利益，均属无效。[①]

2. 大陆法系对忠实义务的规范

与英美法系信托法对忠实义务与注意义务、谨慎义务的区分不同的是，日本新《信托法》第30条规定了受托人的忠实义务，第31条规定了受托人的利益冲突禁止。信托制度移植到日本之后，也出现了概念及术语模糊的问题，例如忠实义务，最开始忠实义务与注意义务的界限不清，对不同义务的违反导致不同的责任承担方式。日本关于忠实义务的规定最早出现于日本《商法典》（1899年颁布，1950年修订），1950年之前只规定了董事的注意义务，并未规定董事的忠实义务，1950年修订之前，日本《商法典》第265条规定公司董事在与公司进行自我交易之前，需要获得审计的许可。当时的条款并未直接使用董事"忠实义务"的术语。1950年修订后的日本《商法典》增加了"董事有义务遵守法律、公司章程和股东大会的决定，为了公司的利益，忠实地执行受托事务"的规定。1950年日本《商法典》修正案的特点之一是引入了美国式的董事会，作为股份公司的一个强制性机构，以加强董事的管理权力，忠实义务的引入正是对这种变化的回应。但在此前日本没有任何忠实义务的理论研究基础，日本《商法典》其他地方也没有规定忠实的含义，唯一线索是日本《商法典》第254条第2款对董事施加了更重的义务。由于董事之前的主要义务是注意义务，日本《商法典》修订后出现了在注意义务之外引入忠实义务的必要性的讨论，即对董事施加比注意义务更重的义务是否就是忠实义务。到了2005年，日本《商法典》中涉及公司法的章节被单独列出，制定了《公司法》单行法。2005年日本《公司法》第356条详细规定了关于董事的利益冲突处理及防范：（1）董事自己或为了第三方，与公司从事相同业务；（2）董事打算自己或代表第三方与公司进行交易；（3）公司打算为董事的债务进行担保，或者与董事以外的人进行交易，导致公司与该董事之间产生利益冲突。在上述情况下，董事必须披露相关交易的重要事实，并获得董

① Re Thompson's Settlement [1986] CH 99.

事会或股东大会的许可。2005 年日本《公司法》的上述规定中,忠实义务与注意义务之间的关系并没有界定清晰。忠实义务被认为包含防止董事利益冲突的规则,以及防止董事从其所处的职位中获益。忠实义务被视为禁止性义务,这点与注意义务不同。然而,日本亦有很多学者认为忠实义务是注意义务的一部分,这两种义务经常被混淆是因为无论董事违反的是忠实义务还是注意义务,其承担的法律责任都是一样的。①

随后,2006 年日本在修改《信托法》时新增了受托人的忠实义务,比较 1922 年颁布的旧《信托法》,当时只规定了受托人的注意义务和特定的利益冲突情况的条款,例如禁止自我交易和从信托中获得利益,但并未直接规定忠实义务。由于日本旧《信托法》是以英国信托法、印度信托法和美国《加利福尼亚州民法典》为蓝本,当时受托人的忠实义务在上述蓝本中并未抽象化为一个单独的法律概念。日本著名信托法学者四宫和夫提出关于建立忠实义务的基本构架,根据美国《信托法重述》(二)第 170 条以及德国的诚实(treupflflicht)义务法律概念,他认为日本《信托法》中的忠实义务可以形容成为受益人的最佳利益行事的义务,不将自己置于与受益人的义务相冲突的情况。四宫和夫认为,忠实义务包括两个方面:一是积极的方面,即为受益人的最大利益行事;二是消极的方面,即避免陷入利益冲突的情况。四宫和夫还进一步将消极方面划分为三个子原则:(1)禁止受托人将自己的利益置于信托利益之上的原则;(2)禁止受托人从管理信托中获得利益的原则;(3)禁止受托人在管理信托的过程中促进其他非受益人的利益的原则。四宫和夫关于忠实义务的学说逐渐被日本法学界接受,成为通说。②

日本 2006 年新《信托法》的第 30 ~ 32 条三个新条款规定了受托人的忠实义务,第 30 条是关于忠实义务的一般性规定,属于总的原则,第 31、32 条是关于忠实义务中的禁止性规定。第 31 条规定了禁止利益

---

① See Eriko taoka, *Shaping and Re-shaping the Duty of Loyalty in Japanese Law*, Asian Journal of Comparative Law, I4 (2019).

② See Masayuki Tamaruya, *Transformation of Trust Ideas in Japan*: *Drafting of the Trust Act* 1922, 88 Rikkyo Hōgaku 218 (2013).

冲突原则,禁止受托人采取以下行为:(1)与信托进行自我交易;(2)将其管理的不同的信托进行交易,例如将资产从一个信托转移给由受托人管理的另一个信托;(3)将信托与受托人作为代理人的第三方进行交易;(4)将信托财产为受托人个人债务作担保。最后还规定了一个兜底条款,即其他受托人与信托可能产生利益冲突的任何交易,造成受托人与信托之间利益冲突的其他交易。如果受托人提前向受益人披露了利益冲突的行为,并获得受益人的许可,或信托合同约定允许该行为;即使受托人没有提前得到受益人法人授权,如果受托人证明该行为是为了实现信托目的的合理必要的行为,且不会损害受益人的利益,或者受托人有正当理由实施该行为,不违反忠实义务。日本新《信托法》的一个明显进步之处,就是允许受托人通过证明涉及利益冲突的交易的正当性来免除其违反忠实义务的责任。这种规定符合了当下日本发展商事信托的需求,兼具正当性与灵活性。第 32 条规定,如果受托人不为信托履行某交易或行为将违反受益人利益,受托人不得进行这样的行为。本条适用有三个条件:(1)受托人本可以为信托履行某一交易或行为的,但没有履行;(2)受托人却为了自己履行该交易或行为;(3)受托人未能为信托履行该交易或行为违背了受益人的利益。例如,受托人在履行受托义务时,将其发现的可以谋利的机会挪作己用,而这些机会本应由信托享有。因此,第 32 条是禁止获利原则。禁止受托人从其受托地位中获利,或利用他们所获得的信息而获利。相比英国法中关于受托人禁止获利原则的规定,日本《信托法》规定的适用范围相对较窄。例如,上文提到的英国案例 Keech v. Sanford[1],假设受托人本来可以为了信托的利益而续签租约,但受托人却选择了为自己来续租。这种情况会被认为违反了日本《信托法》第 32 条,因为受托人不续订租约被认为违反了受益人的利益。但如果受托人无法以信托的名义续签租约,他们即使自己去续租都不会被认为违反第 32 条,因此,第 32 条希望规范的情况是受托人本来有可能实施受益人的利益行为,但实施自己的利益行为,受托人这样的消极行为侵犯了受益人的利益。

---

① Keech v. Sanford [1726],EWHC J31 (Ch).

如果受托人本来就无法实施受益人的利益行为,客观上存在不可能性,日本《信托法》也不会禁止受托人自己获利,这是因为日本制定信托法的时代与英国当时已经不同了,日本修订《信托法》所处的时代是商事信托发展迅速,商业较为发达的时代。

当时日本修订《信托法》时,还有另外一个产生争论的情况,即受托人是否可以利用在管理信托过程中获得的信息来为自己投资。如果受托人同时在为信托作同样的投资,受托人为自己投资并不会使得信托财产遭受任何损失。当时日本负责修订《信托法》的立法会成员主张不应当禁止上述情况,因为法律主要关注受托人的行为是否会导致信托财产的减损,而不是关注受托人个人的财产是否会因此增加,即使受托人只为自己作某项投资,但为信托作了另一项投资,两项投资的受益是一致的,这样都不会导致受托人违反忠实义务。另外,如果受托人主观上不是故意为自己谋利的,例如,受托人为自己和信托分别作了一项投资,其认为两项投资的收益是一致的,但事实上其为信托作出的投资亏损,导致信托财产的损失,这样也不会导致受托人违反忠实义务,但有可能违反注意义务。因此,该条是受托人在面临两种利益冲突时如何选择才会适用,忠实义务解决的是受托人与受益人之间利益发生冲突的情况,此时,受托人应当以受益人利益为重。

另外,日本《信托法》中的忠实义务是否包含积极义务?日本新《信托法》的立法基本实践了四宫和夫的学说,虽然没有明确规定受托人履行忠实义务应当怎么做,但第 29 条规定了受托人负有"按照信托目的管理信托"的义务,这是受托人基于与委托人之间达成的协议而产生的义务,在履行这一义务时,受托人应做到合理谨慎。受托人为了受益人的最佳利益管理信托,就要求其行为符合信托目的,做到合理谨慎,这一条看起来规范的是受托人的注意义务,但实际上是忠实义务积极方面的要求,从这个意义上讲,忠实义务包含了注意义务。

日本信托法中违反忠实义务与违反注意义务的证明责任不同。忠实义务与注意义务这种重叠导致了对于违反义务的救济的问题,如果忠实义务包括积极的方面,受托人可能就会同时违反忠实义务及注意义务,但这两者救济规则是不同的。例如,受托人违反新《信托法》规定的忠实义务,即第30~32条,根据第40条的规定,受益人可以要求赔偿,受益人的损失被推定为受托人因违反忠实义务而获得的收益,这种损害赔偿的推定仅适用于受托人违反忠实义务。而在受托人违反注意义务的情况下,受益人必须证明信托受到了损害,且损害是由于受托人违反注意义务而造成的。

关于忠实义务能否被排除或减轻,根据日本新《信托法》的规定,受托人与信托进行自我交易的,可以提前获得受益人的同意,或者信托合同可以约定允许这种交易,所以,在符合一定条件的情况下,受托人可以进行自我交易。但是,受托人是否能够从信托中获利,夺取本应属于信托的机会呢?虽然按照常理,受益人不可能同意受托人的这类行为,但不排除信托合同的格式条款这样约定,那这样的约定被允许吗?日本新《信托法》并未规定有例外情况,因此,从文义解释以及体系解释的方法,上述情况是不能被约定排除的。在任何情况下,受托人故意撺掇信托的机会,损害受益人的利益,这样的行为已经完全违背了信托的本旨,与信托法的根本原则以及受托人的信义义务相违背,因此,任何故意损害受益人利益的行为,即使信托合同中提前约定或者受益人同意,都是无效的。

而德国法由于没有成文的信托法,对德国是否有信托制度也存在争议,德国法框架下如要探讨忠实义务,需要从民法、商法的视角进行讨论。[①] 德国法采用的是诚实义务(Treuepflicht)术语来表达英美法上的忠实义务,主要包括利益冲突禁止以及竞业禁止。

(四)忠实义务使得信义义务具有道德属性

由于信义义务包含忠实义务,因此,信义义务区别于其他义务的主要特征就是其具有较强的道德性,与信托类似的其他民商事法律关系,如委托代理、行纪等,对于受托人的要求就没有忠实义务。

忠实义务具有较强的道德属性,与违反合同义务相比,违反信托义务有更严格的法律效果。例如,对于被宣告破产的受托人而言,其可以

---

① 参见楼建波、姜雪莲:《信义义务的法理研究——兼论大陆法系国家信托法与其他法律中信义义务规则的互动》,载《社会科学》2017年第1期。

免除对契约关系债权人的义务，但对于受益人、委托人等，由其承担信托义务而产生的责任则无法免除。[①] 美国刑法指引（U. S Sentensing Guidelines）授权法院就极端恶劣的犯罪行为加重刑罚，其中就包括受托人长期欺骗投资者，利用投资者委托的资金谋取私利、占为己有。

忠实义务是受托人信义义务中最重要，也是最传统的义务，没有忠实义务，其他义务也没有存在的必要，因为信托的根本就是源于信任，忠实义务就是对信任的最直接的保障，因此，受托人的各项行为的前提是为了受益人的最大利益。忠实义务的理论研究由来已久，在商事信托中，主要从制度层面研究如何防范受托人侵犯信托财产，进行自我交易、关联交易等。忠实义务的产生源于受托人享有或多或少的自由裁量权，如果受托人的行为毫无自由裁量的空间，如完全按照合同条款要求行事，其是否忠实地为了受益人的利益也在所不问。例如，公司的董事对公司的经营具有广泛的决策权限，权力越大，就越有被滥用的风险，因此，就需要对自由裁量权进行限制，但为了效率和效益，也不能过多地限制，只能设计一些原则和规则，从源头上进行制约，而不是从细节上进行制约。弗兰科就认为，除制度防范外，还需要对受托人苛以高度的道德义务。信义义务的核心是威慑（deterrence），即预防作用，由于有信义义务的存在，受托人因惧怕违反义务后的事后追责，因此，虽然受托人被赋予较大的自由裁量权，但其行使权力的前提是受益人的最佳利益。信义义务中最重要的是忠实义务，忠实义务禁止对信托财产的侵占、挪用以及禁止利益冲突，要求受托人以受托人的最佳利益，甚至唯一利益行事，忠实义务的存在，从源头上预防了自我交易等行为，因此，忠实义务具有预防功能。

（五）我国对忠实义务的立法及实践回应

我国《信托法》《公司法》《证券投资基金法》等都有关于忠实义务的规定，但只有《公司法》明确使用了“忠实义务”这一术语。《信托法》有三个条款集中规定了忠实义务，第 26 条规定了受托人不得利用信托财产来谋利，第 27 条规定了受托人不得将信托财产侵占为其固有

---

① See Lewis v. Scott (in re lewis), 97 F. 3d 1182 (9th Cir. 1996).

财产,第28条规定了受托人不得自我交易,除非以公平价格交易。有学者认为,我国《信托法》第26条的规定并非英美法系的竞业禁止,因第26条规定的条件非常局限,只是规定受托人不得利用信托财产谋利,但如果受托人利用其担任受托人的便利,例如,从第三人处收取回扣、礼金,或者利用其知晓的内幕信息进行交易等,都不属于直接利用信托财产的牟利,因此,《信托法》第26条的规定并不周延,并未涵盖竞业禁止的规定[①]。也有学者认为,应按照扩大解释的方法进行解释,对第26条进行扩大解释,该条规定可以解释为不得以受托人的地位获得利益,不得以信托财产获得利益,不得以信托交易获得利益,收取回扣的行为、贿赂、收受礼金也应视为第26条规制的内容。[②] 但根据法解释学理论,该解释并非属于扩张解释。扩张解释,系指法律规定之文义,失之过于狭隘,不足以表示立法之真意,因而扩张法文之意义,以期正确适用,但扩张解释需要在文义可能之范围内始可,其与目的解释不同,不属于漏洞填补,还是属于狭义的法律解释。因此,扩张解释需在文义的"预测可能性"之内,不能超过原有文义之射程。[③]《信托法》第26条规定的"不得利用信托财产为自己谋取利益",对于利用信托财产的扩张解释,无法扩张到"不利用信托财产",对于法条文义的反面,只能通过目的解释,而目的解释是填补法律漏洞的做法,因此,对于第26条最好是由立法机构予以修改。竞业禁止并非仅禁止直接利用信托财产的行为,直接利用信托财产是其中的一种,而实践中大量的行为是隐性的,受托人或者受托人的股东,实际控制人等,往往会经营与信托相竞争的业务,或者与信托财产投资对象相竞争的业务,或者受托人得知了有关信托的相关内幕信息,通过内幕信息进行谋利。这些隐形的违反忠实义务的行为非常复杂和隐秘,并非像利用信托财产进行谋利那样容易识别和判断。

一般认为我国《信托法》第25条第2款是关于注意义务、谨慎义

---

① 参见姜雪莲:《信托受托人的忠实义务》,载《中外法学》2016年第1期。

② 参见卞耀武:《中华人民共和国信托法释义》,法律出版社2002年版,第97页。

③ 杨仁寿:《法学方法论》(第2版),中国政法大学出版社2014年版,第150~151页。

务的规定[①],履行“诚实、信用”的义务并非忠实义务,“诚实信用”要求是对合同义务的履行,在合同中约定了什么义务,就应按约履行义务,不要让对方的期待落空。因此,诚实、信用的义务并非忠实义务。我国《信托法》第 25 条第 1 款被认为是忠实义务的一般条款,“为受益人的最大利益处理信托事务”作为受托人履行忠实义务的根本原则和一切行为的出发点,也是受托人的最高行为准则,当没有具体法律规定时,这一原则可以用来衡量受托人的行为是否符合忠实义务的要求。我国《信托法》第 26 条采用了英美法系关于受托人违反忠实义务后的归入权,受托人违反忠实义务的,将其取得的利益归于信托财产,即“the fiduciary duty to account for unauthorized profit”。并且值得注意的是,行使归入权不以给信托财产带来损害为前提,受托人只要因利益冲突行为取得利益,均作为归入权的对象。如前所述,第 26 条规定的违反忠实义务的情形仅包括受托人利用信托财产获利,因此,建议该条在进行修订时,也将归入权的范围扩大至受托人利用信托受托地位,或者利用管理信托财产所获得的信息、机会以及其他隐性便利条件而取得的利益都归入信托财产,类似公司法上的“公司机会原则”(the corporate opportunity doctrine)。公司机会原则是一项法律原则,指公司的董事、高级管理人员和控股股东不得将任何可能有利于公司的商业机会据为己有。公司机会理论是忠实信托义务的运用。无论公司是否受到交易的损害,该原则都适用,即使公司从交易中获益。公司机会原则仅适用于该机会未向公司披露的情形,如果披露了该机会,公司拒绝了该机会,公司的上述受信人即可以自己抓住该机会。否则,当公司机会原则适用时,公司有权获得上述受信人从交易中获得的所有利润。[②] 我国《公司法》也有类似规定,即公司董事、监事、高级管理人员未经同意,不得利用职务便利谋取属于公司的商业机会,也不得经营公司同类业务。[③]《公司法》在 2005 年修订的时候新增了高管的忠

---

① 参见周小明:《信托制度:法理与实务》,中国法制出版社 2012 年版,第 227 ~ 229 页。

② See 18B American Jurisprudence. 2d Corporations § 1536 (1964).

③ 《公司法》(2023 年修订)第 183、184 条;《公司法》(2018 年修正)第 148 条。

实义务。[①] 中国证监会颁布的《上市公司章程指引》明确规定公司董事、高级管理人员对公司负有忠实义务,并列举了十种情形,其中包括谋取公司商业机会,经营公司同类业务[②]。信托制度的核心不仅仅是"受人之托,代人理财",更重要的是"受人之托,忠人之事"。[③] 信托义务最重要的特征就是"利他性"。如果说忠实义务的核心是避免利益冲突,属于消极义务,受托人履行忠实义务的行为是"避嫌",受托人违反忠实义务的表现是"作为",而注意义务、谨慎义务则属于积极义务,需要依据一定的标准对受托人的投资、管理行为进行判断。

二、注意、谨慎、勤勉义务

注意义务(duty of care)并非信托制度的创造,而是来自侵权法,在不同的语境下,还被称为谨慎义务、勤勉义务等。例如,我国《信托法》使用的是"谨慎义务",《公司法》使用的是"勤勉义务",虽然选择的中文术语不同,但实践中适用并无差别,例如,公司法理论要求董事履行勤勉义务,即董事在执行职务时应谨慎、注意、勤勉,达到一个理性人在类似情形下的注意标准,不同类型的董事承担不同标准的注意义务。[④] 根据《元照英美法词典》的解释,谨慎义务英文为"diligence",中文翻译为"谨慎、注意、勤勉",即"特定情况下所要求的注意义务";拉丁文为"diligentia",在罗马法中意思为"注意、谨慎、关注",[⑤]因此,注意、勤勉、谨慎等词汇在解释时形成互相解释的局面,可以互相交替使用,属于同义词。

注意义务是一种内涵模糊的事后审查标准,[⑥]在信托法中,注意义

---

① 《公司法》(2005 年修订)第 148、149 条。

② 《上市公司章程指引》(2023 年修正)第 97、125 条。

③ 李萌、李晓:《信托受托人信义义务及我国立法现状分析》,载《河北科技大学学报(社会科学版)》2013 年第 3 期。

④ 参见黄辉:《独立董事的法律义务与责任追究:国际经验与中国方案》,载《中外法学》2023 年第 1 期。

⑤ 参见《元照英美法词典》,北京大学出版社 2013 年版,第 415 页。

⑥ 参见徐化耿:《信义义务的一般理论及其在中国法上的展开》,载《中外法学》2020 年第 6 期。

务与谨慎义务是属于一个层面的义务,主要规范受托人对信托财产进行管理或者投资时的行为。英国信托法习惯采用注意义务的术语,而美国信托法习惯采用谨慎义务的术语。英国和美国对于注意义务的认定有一些差异,英国法认为注意义务属于侵权法的范畴[①],认为信义义务只包括忠实义务。美国的商事信托较为发达,因此,美国信托法中的信义义务还包括"注意义务"(the duty of care)、"勤勉义务"(the duty of diligence)或者"谨慎投资义务"(the duty of prudence)等。

注意义务属于过失责任,什么样的投资行为会违反注意义务,这不仅对受托人,对受益人以及整个信托都是重要的事项,因此,可以理解为随着商事信托的发展,为了满足信托在商业领域的运用,将侵权法中的注意义务纳入了信义义务的范围。同忠实义务较为清晰的内涵不同,注意义务的内涵以及标准难以统一,不同的信托中,对于受托人的忠实义务要求一致,但对于注意义务的要求就差异较大,特别在实践中难以把握。

(一)英国信托法中对注意义务的认定

英国早期的信托义务是不包括注意义务的,受托人对受益人所负的注意义务属于过失法、侵权法的范畴,但长期以来也被衡平法院认可。[②] 米利特(Millett L. J.)法官在 Bristol and West Building Society v. Mothew 案[③]中强调,尽管衡平法承认了注意义务,但它并非受托人的信义义务,与反对利益冲突的规则的忠实义务有本质区别。这意味着,与普通法要求的证明普通过失行为一样,要求证明损失的发生,对违反义务的救济是对损失的赔偿,而不是对收益的恢复。早期英国信托法已区分不同类型的受托人的不同注意义务标准。在 19 世纪早期,英国信托法对于无报酬的受托人采用的判断标准是"像商人在管理自己的事务时一样,具备正常的谨慎及注意义务",[④]后来,在巴特利诉巴克莱

---

① See Society v. Wheeler [1994] 14ACSR109, p. 157.

② See J. E. Martin, Hanbury & Martin, *Modern Equity*, 19th edn., Sweet & Maxwell 2012, p. 565.

③ Bristol and West Building Society v. Mothew [1998] 1 Ch 1.

④ See Underhill and Hayton, *Law of Trusts and Trustees*, 15th edition, p. 545.

银行信托有限公司案(Bartlett v. Barclays Bank Trust Co Ltd.)[①]中,又更新了“谨慎的商人”(prudent man of business)标准,专门适用于有报酬的专业信托人,这一标准要求更高的注意义务和专业技术,在考虑受托人的行为是否达到了标准时考虑其行为时的客观情况和环境,即使后面情况发生变化造成了信托财产的损失,也不属于违反注意义务。英国的信托制度直接影响了印度的信托立法,例如,印度1882年《信托法案》也对受托人的注意义务作出了规定,受托人必须像普通审慎的人处理他自己的财产一样谨慎地处理信托财产,并且,在信托合同没有其他约定的情形下,受托人履行了前述义务,即不对信托财产的损失负责。[②] 英国1925年《受托人法》(the Trustee Act 1925)以及1961年《受托人投资法》(the Trustee Investments Act 1961)对于受托人的管理权限的限制过多,严重制约了受托人的投资行为,已明显不适应当时复杂的国际市场环境,导致英国商事信托的发展缓慢。英国2000年《受托人法》对传统的英国信托法进行了重大变革,规定了不同情形下的法定的注意义务,第一章用两个条款规定了注意义务,判断受托人是否履行注意义务需要根据受托人的专业知识、技能、经验,特别是当受托人属于专业或者商事领域,从事受托事务如要求特别的知识以及技能时,需要综合受托人的专业性进行判断。[③] 但附件一规定了信托文件可以约定排除对受托人注意义务的适用。[④] 可以看出,英国的信托立法中,信义义务内容的核心还是忠实义务,注意义务可以通过合同进行排除。在不同类型的信托中,例如,对于民事信托和商事信托而言,受托人的注意义务标准肯定是不同的,而在不同的商事信托类型中,受托人注意义务的标准也是不同的,因此,光从立法来看,很难规定注意义务的标准,只能明确原则,以及判断标准,这就造成了在实践中,法官对此的自由裁量权较大,不同的法官对认定标准的判断不同,造成案件的审理结果差异较大。

---

① Bartlett v. Barclays Bank Trust Co Ltd [1980] 1 All ER 139.

② See Indian Trusts Act 1882, Chapter Ⅲ, 15.

③ See Trustee Act 2000, Part Ⅰ.

④ See Trustee Act 2000, Schedule 1, Application of Duty of Care, 7 Exclusion of Care.

(二)美国商事信托对受托人谨慎投资义务的规范与创新

信托制度传入美国之后,美国主要发展商事信托,随着信托制度在商业领域、金融领域的不断深入,尤其随着经济形势的不断变化,美国信托法对受托人注意义务的标准也随之变化。

1. 商事信托发展的初级阶段:沿袭英国传统规则

美国商事信托的创新是其第一次允许法人担任受托人,其标志性事件是1822年纽约州授予农民火灾保险和借款公司(the Farmers'Fire Insurance & Loan Company)特许权,允许其充当受托人,即保险公司可以兼营信托。1853年,美国信托公司(United States Trust Company)在纽约成立,是美国第一家,也是最老的一家信托公司。它一直独立运营,直到2000年被嘉信理财集团(Charles Schwab and Co.)收购,随后于2007年出售给美国银行(Bank of America),并成为其子公司。美国信托公司为客户提供投资管理、财富管理以及借贷服务,美国信托公司的成立标志着信托业和保险业的分离。

虽然美国对英国创立的信托制度有诸多创新,创设了很多独有的规则,并被世界多国借鉴,但在20世纪之前,美国关于受托人投资的规则还是深受英国传统的关于受托人信义义务的影响①,英国信托立法旨在保护受益人,防止其在投机性投资中受损,其认为信托投资组合中唯一安全的投资是政府发行的债券。可以说,当时英国对于受托人的投资以限制措施为主,在保证安全与效率之间更偏重安全性。英国信托法对于受托人投资的限制主要来源于1719年颁布的《泡沫法案》②,由于著名的南海公司倒闭造成了成千上万的投资者遭受了巨大损失,自此以后,英国的判例法对于将信托财产投资于自由市场就持保守态度。然后在19世纪早期,美国没有相应的政府发行债券,大部分的信托资金投入发展中国家在建的工业企业、基础设施项目等中。当时美

---

① See Stephen P. Johnson, *Trustee Investment*: *The Prudent Person Rule or Modern Portfolio Theory*, You Make the Choice, 44 Syracuse L. REV. 1175 (1993).

② Bubble Act, 6 Geog. I c. 18 (1719).

国的法院经常面临需要认定什么是受托人投资的标准的情况。[①] 1830年美国马萨诸塞州法院在审理哈佛大学诉阿莫里案[②]时,拒绝采用传统的英国标准,从而创立了谨慎人规则(prudent person rule),以给受托人在投资决策时更大的自由裁量权。法院认为,受托人在投资时必须忠实地行事,行使合理的自由裁量权。受托人需要观察那些谨慎、慎重和有智慧的人是如何管理他们自己的事务的,参考那些人是如何结合自己的收入,在考虑到资金安全的情况下进行投资的。后来,对于谨慎人规则的解释又偏向保守化。在金诉塔尔伯特案(King v. Talbot)[③]中,纽约上诉法院对受托人的投资范围作出了限制,限制在政府债券和抵押贷款,认为投资股票是非谨慎的投资。19 世纪上半叶,美国的经济持续稳定增长,而到了 19 世纪下半叶,美国又处于战后的大萧条中,股票的价值大幅下跌,经济的形势无疑是法院裁决的重要考量因素。到了 1889 年,纽约州立法机关通过了一项法案,在委托人没有特别指示的情况下,将信托投资限制在政府债券和不动产抵押债券。[④] 这项法案直到 1950 年才失效,因 1950 年纽约州又颁布了新的法案,允许信托资金的 35% 可以投资到公司股票和债券。[⑤] 这标志着"合法清单"制度(legal lists)的开始。合法清单即立法机构认为谨慎的投资清单,这种模式类似于传统的英国法的投资规则。在纽约州之后,美国其他的州也开始模仿创建了本土的"合法清单",用于对受托人的投资限制。不过,随着商事信托规模的发展,"合法清单"已无法适应经济形势以及商业模式的变化,到了 20 世纪 30 年代,当美国经济开始从"大萧条"(the Great Depression)中复苏时,信托投资者开始追求更高的投资回报,在 1933 年时,美国银行家协会信托部门的执行委员会通过了一份关于信托机构的声明,该声明认为受托人的职责是关心和管理信

---

① See Austin Fleming, *Prudent Investments: The Varying Standards of Prudence*, 12 Real prop. Prob. & tr. J. 243 (1977).

② Harvard College v. Amory, 26 Mass. (9 Pick.) 446 (1830).

③ King v. Talbot 40 N. Y. 76 (1869).

④ See Law of March 14, 1889, ch. 65, 1889 N. Y. LAWS 63.

⑤ See Law of April 5, 1950, ch. 464, 1950 N. Y. LAWS 1201, 1204.

托财产,而不仅仅是保证信托财产的安全。信托机构应该尽力地用其专业能力和谨慎的态度对信托资金进行投资。[①] 鉴于经济和社会形势的变化,美国开始逐渐废除"合法清单"制度,到了1939年基本上完全废除,转向了更灵活,范围更宽泛的标准:谨慎人规则(prudent person rule),该规则被《模范谨慎人投资法案》(Model Prudent Man Investment Act)确立。[②] "谨慎人规则"在20世纪初逐渐成为美国各州信托法认定受托人投资的主导规则。

2. 商事信托发展的成熟阶段:现代受托人投资规则的构建

美国在英国的信托制度上有很多创新,其首次使用法人担任受托人就比英国早将近80年。商事信托的出现给信托公司和银行带来了发展,为了适应商事信托的发展,美国信托法开始确立了信托投资的重要规则——"谨慎投资人规则"。谨慎投资人规则要求投资人尽到三方面的义务:第一,注意。受托人在投资之前,应以合理的注意对投资对象的安全和获益性进行调查,必要时还得征求各方面专家的意见,以供参考。第二,技能。受托人应具备与所从事的投资行为相适应的技能,否则如果投资有损失,应负责任。第三,谨慎。受托人不仅应为职务上的注意和尽其所能,并且应谨慎行事,即应以合理的方式(如分散投资)获得合理的收入,尽量避免投机性行为。英国信托法最初采用的是"合法名单"规则,即将受托人可投资的项目罗列出来,受托人仅可就这些项目投资,而美国则发展出了"谨慎投资人"规则。"谨慎投资人"规则最初产生于1830年马萨诸塞州的一个著名案例:哈佛大学诉阿莫里案(Harvard College v. Amory)。这一规则在与"合法名单"规则的斗争中发展成熟,并最终在20世纪40年代确立起统治地位,被美国的大多数州采用,并且成为现代世界许多国家投资信托的规则。

美国《统一信托法典》规定了受托人的谨慎管理义务(prudent administration),受托人在管理信托的时候,应考虑信托目的、合同条

---

① See Shackford O'Connor McSwain, *The Prudent Man Rule*, 106 TR. & EsT. 742, 743 (1967).

② See Shackford O'Connor McSwain, *The Prudent Man Rule*, 106 TR. & EsT. 742, 743 (1967).

款、分配要求以及其他情况,像一位谨慎的人那样。受托人在履行受托义务时,需要履行合理的注意义务、谨慎以及具备技能。[①] 美国《统一信托法典》第804条的官方评论认为,审慎管理义务是受托人的一项基本义务,这项义务不取决于受托人是否收取报酬。但信托条款可以约定更改谨慎管理义务。不过,对谨慎管理义务的修改或变更也并非无限制,例如,该法典规定,信托合同中下列免除受托人责任的约定无效:(1)受托人主观是恶意的;(2)受托人完全不顾信托目的或者受益人利益行事;(3)受托人滥用信托或与委托人的保密关系。[②] 对于滥用信托关系的判断,受托人必须证明这些排除其义务和责任的条款是公平的,免责的必要性为何,免责的范围,以及是否就此约定与委托人进行过充分沟通等。因此,在信托关系中,即使委托人与受托人达成一致,例如,在商事信托中,信托合同都是由受托人提供的格式版本,里面约定了大量免除受托人责任的情形,以及风险提示,由于其本质属于信托关系,受托人也需要满足法律对信托关系的基本规定,不可能像一般合同一样,协议免除一方的全部义务。另外,针对公司董事、高管的注意义务参考的判定标准还有商业判断规则(business judgment rule),即公司董事、高管与交易相对方没有利害关系,在充分掌握可能的商业信息基础之上,善意地进行决策,并有理由相信该决策符合股东的最大利益,即使决策并没有给股东带来利益,甚至导致了一定损失,也可以认为其尽到了勤勉(注意、谨慎)义务。

1992年,美国法律学会(the American Law Institute)制定的《信托法重述》(三)吸收了谨慎投资人规则,这是对之前被接受的审慎人规则的更新。在受托人进行投资裁量时可以运用"现代投资组合理论"(modern portfolio theory)和"总回报"方法(total return)。这种方法允许受托人利用现代投资组合理论来指导投资决策,要求进行风险与回报分析。因此,对于受托人投资结果的判断是根据整个投资组合的业绩来衡量的,而不是单个投资的业绩。1994年,美国统一法律委员会

---

① See Uniform Trust Code(2010), Section 804 Prudent Administration.

② See Uniform Trust Code(2010), Section 1008 Exculpation of Trustee.

在《信托法重述》(三)的基础上制定了《统一谨慎投资者法》。截至2004年5月,《统一谨慎投资者法》已在美国44个州和哥伦比亚特区获得通过。其他有些州已经通过了该法案的部分内容,但不是整个法案。《统一谨慎投资者法》采用总投资组合法,消除了对不同类型投资的类别限制,促进了投资组合的更大程度的多样化。这也使得受托人可以在其投资组合中纳入衍生品、大宗商品和期货等投资。虽然这些投资单独具有相对较高的风险程度,但从总体投资组合的角度考虑,它们理论上可以降低总体投资组合风险并提高回报。

相较于"谨慎人规则",《统一谨慎投资者法》主要有四个方面不同:第一,在判断受托人投资是否谨慎时,会考虑信托账户的整个投资组合。只要投资与账户的整体投资组合目标一致,受托人就不会对投资损失承担责任。第二,明确要求受托人投资应多元化。第三,并不禁止任何类型的投资,是否适合信托目的,以及符合受益人的需求才是投资决策的决定因素。因此,曾经被认为不可投资的,例如,优先留置权贷款、有限合伙投资、衍生品、期货和类似的投资工具等,现在都可以进行投资。虽然允许,甚至鼓励受托人在整体投资组合中发挥更大的灵活性,但投机和完全冒险行为仍然可能承担法律责任。第四,受托人可以将投资管理和其他职能委托给第三方。

当法院对受托人投资行为是否谨慎进行认定时,容易将"谨慎投资人规则"与"谨慎人规则"混淆,上述两种规则都可以追溯到美国具有开创性的案例哈佛学院诉艾默里案。该案的审理开创了"谨慎人规则",该案的重要性在于其支持受托人将信托财产投资于证券市场,打破了曾经的"合法清单"限制,给受托人的投资行为提供了灵活的空间。"谨慎人规则"适用的核心问题在于,受托人是否滥用信托,将信托资产投资于私人债券,而不是政府、银行债券。这一规则在意的是受托人的行为,而非投资结果,该案代表着美国信托判例开始抛弃英国传统的完全追求"安全"的投资方式。这一规则演变到现在被称为"谨慎投资者规则"(prudent investor rule)。20世纪四五十年代,哈佛学院诉艾默里案的规则被区分为两类规则:使用普通技能的谨慎,即谨慎人规则,以及谨慎投资者规则。谨慎人规则的适用范围较广,如果信托文件没有特别约定的，即适用于所有受托人。对于受托人是否行使谨慎义务的判断依据是一般人的常识、技能和注意，但“一般人”这一概念是极不确定的，社会并不存在一种一般人的标准。而谨慎投资者规则主要适用于受托人的投资行为，许多州通过规定受托人对不同投资类型的百分比来执行谨慎投资者规则，例如，得克萨斯州立法机构在 1991 年修改了得克萨斯州《信托法典》的投资规则。《信托法重述》(三)规定了“谨慎投资者规则”，规定了认定谨慎投资的一般标准：综合考虑信托目的、条款、分配要求和其他情况，要求行使合理的注意义务、具备技能和谨慎，并不把每项投资孤立地评判，并不以某一项投资有风险或亏本就认定投资失败，而是把整个信托投资组合作为整体来看待，以总体的风险和回报收益来判断。[①] “谨慎投资者规则”相比于“谨慎人规则”更具有投资灵活性。

到了 20 世纪 60 年代，对于受托人应如何投资信托财产的观点又发生了变化，曾经认为是高风险的投资方式，例如，期权、期货、外国债券等，都被允许作为投资组合的一种方式，不再被排斥在投资方式以外。[②] 美国对于受托人投资规则的创新也影响了英国传统的信托法制。英国于 2000 年通过的《受托人法》，也吸收美国在受托人谨慎投资方面的创新，谨慎投资人规则成了英美法系通用的规则。英国的这一举措意味着英国信托业的“合法清单”制度也告一段落。英美法系对于受托人谨慎义务的判断，无论是谨慎人规则、法定清单还是谨慎投资者规则等，其实都是在维护信托财产的安全和追求投资效益之间作出平衡，规则的变化是为了适应经济形势的变化，并无绝对的优劣之分。

3. 英美法系开始区分不同受托人之谨慎投资义务的不同标准认定

美国的商事信托发展较为成熟，也促进了其商事信托规则的不断演化。源于英国的传统的信托法属于财产转移法(the law of conveyance)，受托人的主要职责是对信托财产的保管、分配及转移，因此，传统的信托

---

① See Trusts Third：Prudent Investor，supra note 148，§ 227(a).

② See Wolven，Lauren J. &Zaluda，Jeffrey A.，*Practical Strategies for Managing a Trustee's Liability Exposure*，Estate Planning 33，9 (2006).

法对受托人的管理主要是对其职责进行限制。但到了现代社会，商事信托成为信托的主要方式，受托人逐渐专业化、职业化，其主要职责是对信托财产进行管理、投资，确保信托财产的增值和保值，信托从个人信托发展到商事信托，信托的功能也从财产转移到财富增值，随之而来的，就是对受托人谨慎、注意义务的变化。[①] 在20世纪中后期，美国证券市场上很大一部分资金来源于信托资金，那时美国信托实践以及学者就开始关注专业信托受托人的谨慎义务标准问题，认为当时法院在审理案件时用同样的规则对待专业受托人和普通受托人是不公平的。[②] 当时虽然美国大部分州的法院使用"谨慎人规则"来判断受托人的投资行为是否谨慎，但同时有很多州的法院开始对专业受托人采用比普通人更高的标准。[③] 这其实并非信托法的创造，这种标准的差异常见于侵权法领域，例如，医生作为医学专业人士，其在行医过程中对疾病的判断准确度就应高于普通人，其注意义务的标准也应高于普通人。例如，在洛姆庄园案（Estate of Lohm）[④]中，法官对于共同受托人中的律师执行的是更高的标准，对于另一个外行人士作为受托人的，执行较低的标准。除判例外，制定法也开始对拥有特殊技能的专业受托人的谨慎标准予以特别规定，例如美国《统一遗嘱认证法》[⑤]规定，受托人在处理信托事务时，应当遵守谨慎人规则，如果受托人具有特殊技能或者专业知识的，其有责任和义务使用这些技能。当时很多判例也认为，有些法人受托人在广告宣传中宣称其具有特殊的专业技能以吸引委托人，委托人正是基于对其宣传的信任而选择其成为受托人，因此，

---

① 参见赵廉慧：《信托法解释论》，中国法制出版社2015年版，第330～331页。

② See Louis D. Laurino, *Investment Responsibility of Professional Trustees*, 57 St. John's Law Review 4(1977).

③ See, e. g., Dickerson v. Camden Trust Co., 140 N. J. Eq. 34, 53 A. 2d 225 (Ch. 1947), aff'd, 1 N. J. 459, 64 A. 2d 214 (1949) [citing Tannenbaum v. Seacoast Trust Co., 116 N. J. Misc. 234, 198 A. 855 (1938), afl'd, 125 N. J. Eq. 360, 5 A. 2d 778 (1939)]; In re Sedgwick's Will, 74 Ohio App. 444, 59 N. E. 2d 616 (1944); Finley v. Exchange Trust Co., 183 Okla. 167, 80 P. 2d 296 (1938); In re Estate of Killey, 457 Pa. 474, 326 A. 2d 372 (1974); In re Church's Will, 221 Wis. 472, 266 N. W. 210 (1936).

④ Re Estate of Lohm, 440 Pa. 268, 269 A. 2d 451 (1970).

⑤ Uniform Probate Code § 7－302.

法人受托人在承担责任时也应按照其宣传的专业技能的标准来进行判断。例如，在 Liberty Title & Trust Co. v. Plews 案[①]中，新泽西州法院认为，该案中的法人受托人声称自己是处理信托财产的专家，其具备专门的投资和统计部门，并且其公司的广告已经这样宣传多年了，早已深入人心，信托委托人正是基于其宣传而产生信任来设立信托的。因此，由于公司受托人表明自己比普通人拥有更多的知识和技能，其在承担责任时也应比普通人依据更高的注意义务标准。商事信托中的专业受托人的谨慎标准适用谨慎专业人规则(prudent professional rule)，谨慎专业人规则与谨慎人规则有所不同，美国得克萨斯州《信托法典》规定了受托人是专业受托人时，对于其谨慎标准的设定适用“谨慎专业人”规则。[②] 当受托人是收取报酬的银行或信托公司时，其提供的受托服务需要相对专业的技能，当判定专业受托人的投资行为是否谨慎时，按照“谨慎人规则”，其并未区分专业受托人与非专业的、无偿受托人，但明显两者的行为标准应该是不同的。有学者认为，法院在适用“谨慎人规则”的时候，容易陷入对不同受托人“一视同仁”的危险，导致对于法人受托人的要求过低，造成一种实质的不公平。因此，“谨慎专业人规则”就应运而生，对于专业的受托人适用一种高于“谨慎人”的标准。因此，可以这样理解，“谨慎人规则”是适用于个人受托人的信托，“谨慎专业人规则”适用于法人受托人、专业受托人的信托。[③] 后来，《信托法重述》(一)提出了“专业技能规则”(skill rule)[④]，在“谨慎人规则”基础上提出新的要求，要求对具有专业技能的受托人应适用比一般谨慎人更高标准的义务。“专业技能规则”要求具有专业技能的受托人，例如公司受托人，在履行受托义务时应运用其专业技能，对其义务要求比普通受托人更高。后来，美国还出现了另一种比“专业技能规则”更易

---

① Liberty Title & Trust Co. v. Plews, 142 N. J. Eq. 493, 60 A. 2d 630 (Ch.).

② See J. Alan Nelson, *The Prudent Person Rule: A Shield for the Professional Trustee*, 45 Baylor L. Rev. 933 (1993).

③ See *Standard of Care for Corporate and Professional Trustees*, 42 VA. L. REV. 665 (1956).

④ Restatement of Trusts § 174, comment a (1935).

于使用的规则，即“代表规则”(representation rule)。一些银行以及信托公司以经营信托业务为业，通过广告宣传其专业的管理信托财产的技能和能力，委托人看到这些广告后，基于信任，选择其担任受托人。[1]并且，由于相关公司受托人宣传其具有专业技能，其受托服务的收费也是将其专业技能考虑在内的，委托人为受托人的专业支付了对价，因此，对于专业受托人的投资行为的判断，也肯定要高于普通谨慎人的标准。[2] 适用“代表规则”需要证明三点：第一，受托人宣传和承诺自己具备特别的技能；第二，委托人根据受托人的宣传和承诺而选择其作为受托人；第三，受托人在履行受托义务时并未符合其宣传及承诺，导致了信托财产的损失。不管专业受托人是否真正具备这些技能，只要满足“代表规则”的适用条件，法院就会对专业受托人适用。对于专业受托人施加更高的谨慎义务标准，虽然可能对于经营信托业务的公司来讲略为严苛，但“没有金刚钻，不揽瓷器活”，对于整个信托行业来说，可能会有短暂的阵痛，从长期来看，可以整体提高信托行业的门槛，将不具备相关专业技能的信托公司予以淘汰，让真正具备专业投资技能、管理规范的信托公司留下来，也有利于增强信托投资者对信托业的信心。

(三)大陆法系对谨慎义务的继受与改良：善良管理人注意义务

大陆法系的善良管理义务理念最早源于罗马法系的善良家父义务，后来大陆法系国家信托立法中普遍采用“善良管理人注意义务”的术语表达。日本旧《信托法》第20条也规定了受托人的善良管理人注意义务，要求受托人以善良管理者的态度注意和处理信托事务。日本新《信托法》第29条基本沿袭了旧《信托法》的规定。受托人的善良管理人注意义务，与忠实义务、公平义务、亲自处理受托事务义务共同作为受托人的一般义务。除此之外，日本《信托业法》第28条也规定信托公司应遵照信托宗旨，以善良管理人的注意处理信托业务，并完善机制，以实现对信托财产的分别管理。日本信托理论通说认为，在旧《信托法》下，关于善良管理人注意义务的具体内容及义务的程度等，可以

---

① Liberty Title & Trust Co. v. Plews, 60 A. 2d 630, 642 (1948) (Nj. Ch. 1948).

② In re Allis' Estate, 209 N. W. 945, 947 – 48, (Wis. 1926).

遵照日本民法中有关善良管理人注意义务的一般理论来理解。具体而言,在判断受托人是否履行信托义务时,不以受托人的具体能力为基准,而是考虑该受托人所处的社会、经济地位及职业等,把属于该类型的人的一般、客观要求的注意能力作为基准进行判断。[①] 例如,在受托人为信托银行的营业信托中,对其要求就要超出一般个人之上,应具有专业且高度的注意义务。

日本民法中的注意义务的程度有时会减轻为"与对自己的财产相同的注意",义务的违反的判断标准也是以个人的能力为基准。日本《民法典》第659条规定,行为人是无偿接受委托的,则可以减轻责任。而日本旧《信托法》中,即便受托人是无偿的,或者对信托财产的管理属于外行人,都总是被要求负有高度的注意义务,即善良管理人注意义务。由于对受托人的要求较为严苛,日本旧《信托法》第23条及第70条引入了情势变更原则,受托人在忠实于信托目的履行信托事务时,如社会情况发生变化,过于执着原信托目的会导致损害受益人的利益时,允许法院来判断变更信托管理方式,当受托人违反了善良管理人注意义务时,产生损害赔偿责任。关于善良管理人注意义务能否在信托合同中被约定减轻,日本新《信托法》规定可以对善良管理人注意义务的标准予以约定,但可以减轻到何种程度并未予以说明。但日本《信托业法》不允许减轻作为受托人的信托公司的善良管理人注意义务。当信托公司作为营业手段成为受托人时,即便依据新《信托法》可以减轻其善良管理人注意义务,但却依然会因违反《信托业法》而被处以罚款,即民事责任可以被免除,行政责任却无法豁免。

英美法系的谨慎投资义务与大陆法系的善良管理人注意义务,在概念上具有趋同性,虽然名称不同,但内涵有很多相似之处。有学者认为,善良管理人义务是从民法帝王条款之诚实信用原则中推导出来的一个下位概念。在大多数民法著作中,"善良管理人"一词常与"注意义务"相伴随,是"抽象轻过失"的客观判断标准,多用于民事责任归属

---

① 参见[日]新井诚:《信托法》(第4版),刘华译,中国政法大学出版社2017年版,第206~210页。

的场合,看起来似乎仅仅是注意义务的一种衡量标准,而事实上,善良管理人概念的内涵要宽泛得多,它更像是一项行为标准,其义务标准并不十分确定,而审慎注意义务,不仅关注受托人的主观方面是善意的,还延伸到了客观方面,对受托人的专业性提出了较高要求。在商事信托领域,受托人不得将履行受托义务无过错作为抗辩事由。[①]

(四)受托人注意、谨慎义务在我国的展开及运用

我国《信托法》对于信托制度的法律移植,属于混合采纳,博采众长,并未明确接受某国的学说或者理论,在我国《信托法》的理论和实践中,可以同时看到英美法系以及大陆法系的相关理论。我国《民法典》的侵权责任编的高度危险责任中出现过关于注意义务的规定[②],完全沿用了《侵权责任法》(已失效)的规定。其他法律法规中也出现了关于注意义务的规定,基本上均属于侵权责任的范畴,例如,我国最高人民法院颁布的《关于审理证券市场虚假陈述侵权民事赔偿案件的若干规定》中也提到了"注意义务",[③]另外,我国大量的行政性规范还区分了"特别注意义务"与"普通注意义务"[④],要求义务人对与本专业相关的业务事项履行特别注意义务,对其他业务事项履行普通注意义务。可以理解为,如果律师事务所出具法律意见,应对法律问题履行特别的注意义务,这和律师事务所的专业相关,但是对财务问题、其他专业技术问题,由于并非律师事务所的专业,对这类问题的判断仅像一个普通人一样,履行普通程度的注意义务即可。这样的规定更具有可操作性和科学性。

我国《信托法》规范的是信托基本法律关系,在受托人义务方面统一进行规范,并未区分民事信托与商事信托。由于《信托法》并未将商

---

① 参见刘韶华:《信托原理在民商事法律实务中的应用》,法律出版社 2012 年版,第 201~203 页。

② 《民法典》第 1242 条。

③ 最高人民法院《关于审理证券市场虚假陈述侵权民事赔偿案件的若干规定》(法释〔2022〕2 号)第 13 条。

④ 参见《公司债券发行与交易管理办法》(2023 年)第 49 条;《关于注册制下督促证券公司从事投行业务归位尽责的指导意见》第 7 条;《北京证券交易所向不特定合格投资者公开发行股票注册管理办法》(2023 年修订)第 7 条。

事信托的受托人义务进行特别规定,抽象的法律在适用中就会产生不确定性。整个《信托法》中仅有一条对此有所规定,受托人应谨慎、有效地管理信托财产[①],但没有具体的衡量标准,缺乏实操性。我国《信托法》中并未明确提到“注意义务”,只是在司法实践中,法官会采用英美法系“注意义务”的理论来判断受托人是否违反信义义务。《信托公司管理办法》[②]《九民纪要》[③]对信托公司的规定与《信托法》规定一致,也是采用“谨慎、有效管理”的术语,《信托公司管理办法》将受托人的部分义务采用列举的方式予以明确,例如保密义务、分别管理义务、资料保存义务、通知义务等,但这一类的义务并非谨慎、有效管理义务的细化。《证券投资基金法》中要求基金管理人履行谨慎勤勉的义务,遵守审慎经营的规则,特别规定了如使用基金财产进行证券投资的,应制定科学合理的投资策略,有效防控风险。[④] 证券投资是最容易出现风险的领域,也是最容易出现法律纠纷的领域,因此,对于证券投资所造成损失的归责的确定极为困难,《证券投资基金法》对于基金管理人的义务增加了投资策略的科学性、合理性的规定,比《信托法》的规定更进了一步。另外,该法进一步提出证券投资的具体要求,需要采用“资产组合”的方式,[⑤]这点借鉴了美国的“投资组合理论”,规定了基金财产只能投资上市交易的股票、债券、国务院证券管理机构规定的其他证券及其衍生品种,[⑥]以及列举了不得从事的投资或者活动[⑦]。

我国《信托法》以及相关行政法规中对受托人谨慎、有效管理义务的规定,基本参考了英美法系的受托人“谨慎义务”的规定,也大致等同于大陆法系的善良管理人注意义务。虽然通说将谨慎义务描述成“处理别人事务时应达到的注意标准”,但这种注意标准过于笼统和模

① 《信托法》第 25 条。

② 《信托公司管理办法》第 24 条。

③ 最高人民法院《关于印发〈全国法院民商事审判工作会议纪要〉的通知》(法〔2019〕254 号):七、关于营业信托纠纷案件的审理。

④ 《证券投资基金法》(2015 年修正)第 9 条。

⑤ 《证券投资基金法》(2015 年修正)第 71 条。

⑥ 《证券投资基金法》(2015 年修正)第 72 条。

⑦ 《证券投资基金法》(2015 年修正)第 73 条。

糊，如果缺少细化的规范以及列举，就会给实务操作带来困难。随着我国信托业的快速发展，商事信托纠纷越来越多，因此，从制度建设上规范受托人的义务迫在眉睫。在商事信托中，最难以判断的就是受托人对信托财产的投资行为，因此，我国可以借鉴美国对于受托人谨慎投资的专门立法，详细、明确地对受托人的投资行为进行规范。另外，我国《信托法》并未区分不同的受托人的谨慎义务标准，可以结合英美法系的做法，在判断受托人是否达到谨慎义务时，需结合自身的技能、所在行业等普遍应达到的标准。商事信托的受托人是信托公司、基金公司，即使受托人尽到了一般人的注意义务，但并未达到其所在行业应达到的标准，则构成抽象轻过失；如果受托人连一般人的注意义务都未能达到，则构成重大过失。[①] 因此，除了对商事信托和民事信托的受托人注意义务标准进行区分，还应对不同类型的商事信托的受托人注意、谨慎义务标准进行区分，这是我国信托立法亟须进一步完善之处。

第三节　信义义务在我国民商法律体系中的定位

通说认为信义义务内容主要包括忠实义务与注意义务（谨慎义务、勤勉义务），我国司法实践采纳了理论界的通说[②]。《信托法》第25条被认为是对受托人的信义义务的规定，但该条对于信义义务的描述并不完全和准确，且极易造成信义义务同其他义务的混淆，例如，极易将忠实义务同民法中的“诚实信用”原则混同。另外，信义义务也不完全等同于“勤勉尽责”义务，例如《证券法》第130条规定了证券公司的义务是审慎经营、勤勉尽责以及诚实守信，但《证券法》的这一条并不认为规定了证券公司的信义义务，《证券法》还规定了其他主体，如证券服务机构的勤勉尽责义务；《期货和衍生品法》规定了期货服务机构、经营机构

---

① 参见周小明：《信托制度：法理与实务》，中国法制出版社2019年版，第279页。

② 例如，在刘某奎、广东粤财信托有限公司营业信托纠纷二审民事判决书［案号：（2021）粤01民终416号］中，广州市中级人民法院认为“信托的设立，导致委托人与受托人之间产生了信义关系，受托人的信义义务亦由此而设立，其具体内容应当由法律规定或者信托合同所约定，但至少应当包括忠实义务与注意义务”。

的勤勉尽责义务，但也并不认为该法条规定的是信义义务。

信义义务的核心是忠实义务，在民事信托或者个人无偿信托中，信义义务基本等同于忠实义务。随着信托制度在商事领域的运用，受托人对于信托财产管理的权限变大，且委托人设立商事信托的目的是财富的保值和增值，因此要求受托人在管理和投资信托财产时应具有谨慎投资和管理的义务。可以说谨慎、勤勉义务是商事领域中对受托人的普遍要求，除了信托法律关系，其他商事关系中均有勤勉尽责的要求，因此，信义义务包含了忠实义务以及注意义务。信义义务规则是受托人应当履行的一系列行为标准，而并非抽象的法律概念。

一、信义义务在民法与商法中的定位

（一）信义义务与民事义务、商事义务

在民法理论中，法律关系的要素包括主体、客体和内容三个部分。卡尔·拉伦茨在《德国民法通论》中认为，法律关系的内容包括单个权利和权能、预期取得、法律义务和其他拘束、负担性义务。[①] 在民事法律关系中，权利和义务是相对立、相互联系在一起的，通常情况下，权利与义务是相伴而生的关系，权利的内容通过相对应的义务来表现，义务的内容由相应的权利限定，权利和义务相辅相成，基本对应。权利并非天然存在，而是人们抗争的结果，奴隶社会中，不存在奴隶的权利，全是义务；在某些宗教教义中，教徒也全是义务，很少谈权利。因此，后来民法的出现，将公民的权利用法律形式予以确定，是人类社会走向文明的标志。但义务的规定则不同，法律义务有可能基于另一方的权利而生，也可能根据法律规范而产生，例如，公民享有生命权、健康权和不同种类的财产权益，其他公民产生了不得侵犯他人上述权利的义务，这是基于权利而对应的义务，但信义义务则不同，信义义务的产生不是基于其他人的权利，而是基于法律的直接规定，不与权利对应，主要是根据民

① 参见[德]卡尔·拉伦茨：《德国民法通论》(上册)，王晓晔等译，法律出版社2003年版，第263~271页。

法上权利滥用禁止及诚实信用等法律原则产生的。①

商法作为民法的特别法，以商事关系为调整对象。与民法中的权利义务体系的完备和成熟不同的是，由于各国商法关于商事主体的内涵的界定有实质性差异，各国商法大多未对商事权利、义务作系统性规定。商主体和商行为是商法的基本范畴，商事权利与义务是连接商主体和商行为的纽带，也是商主体与商行为指向的对象。有商法学者将商事义务定义为“基于商主体身份或资格所依法应履行的，商法所特有的，由商事关系的特殊性所决定的义务”，并将商事义务划分为基本商事义务和特定商事义务。基本商事义务指普遍存在于各种商事关系中的义务，例如，合法经营义务、诚信经营义务、正当竞争义务等；而具体商事义务指仅存在于特定商事关系中的商事义务，例如，严格注意义务、股东出资义务、董事信义义务等。②

无论在商事关系中还是民事关系中，履行债务给付义务的当事人都必须谨慎行为，应对自己行为的故意或过失承担责任，很多国家民法中都规定债务人必须对其故意及过失承担责任，商法中对此规定更加具体和明确，例如，《德国商法典》第337条规定“因在自己一方为商行为的一个行为，向另外一个人负有注意义务的人，应当为通常商人的注意负责任”。③ 由此可见，德国商法中规定的商人的注意义务，使得从事商行为的商人对其行为承担更为严格的责任，商法中规定的注意义务，商人违反之，则视为过失，并承担法律责任，相反，非商人可以不受其约束。德国商法中，根据商事主体的营业类型不同，法律赋予的注意义务亦不同，如货物销售公司与银行的注意义务不同。商人的注意义务与其从事的特定的营业类型密切相关，责任的范围也局限在特定领域之内，不会造成对商人注意义务的不当扩张，反而可以敦促商人更加负责地履行自己的义务。与德国商法规定的一般性注意义务不同，韩国《商法》第62条只针对商人在其营业范围内代管的物品规定了注意

---

① 参见龙卫球：《民法总论》（第2版），中国法制出版社2002年版，第144页。
② 参见王建文：《商法总论研究》，中国人民大学出版社2021年版，第395～397页。
③ 《德国商法典》，杜景林、卢谌译，法律出版社2010年版，第211～212页。

义务。[①] 我国实行民商合一的立法体例，民法中并未专门规定商事主体的特别注意义务，但最高人民法院发布的纪要中，对于未办理过户手续的商品房消费者的注意义务的不同区分，[②]有一定的代表意义，对于购买商品房来自住的，属于一般买受人，而购买商品房用于投资的，不属于一般买受人，可以理解为以营利为目的的投资行为，该投资者可以被认定为经营者，需要承担严格的注意义务，因此，无须对其特别保护。[③] 因此，需要在今后的商法立法中对商事主体的注意义务予以明确，商事主体享有的经营权力，如金融机构的经营范围是其他商事主体无法享有的，其专业性和享有的资源不仅高于一般民事主体，也高于其他商事主体，因此，可以借鉴德国的立法模式，将民法中的注意义务与商法中的注意义务标准区分开来，并且将商主体的不同类型的注意义务分别规定，使得不同的经营者根据自身的实际情况，付出必要的谨慎、勤勉注意义务，这样有助于商事关系的实质公平。

民法奉行权利义务一致原则，只有享受了权利才必须履行义务；只要履行了义务就必然享有权利，这是民法的基本原则，是人权原则的充分展现和具体落实。商法所奉行的是权利义务差异性平衡原则，商人权利具有天然性、自始性、特权性，商人义务具有非对称性和对称性平衡的特点。商人相互之间的义务不是基于权利的大小，而是基于合意的约定。商人与非商人之间的义务具有绝对性、不可排他性和非对称性。民法上的权利义务观念是导致商事秩序混乱的根本原因。

---

① 参见《韩国商法》，吴日焕译，中国政法大学出版社1999年版，第15页。

② 最高人民法院《关于印发〈全国法院民商事审判工作会议纪要〉的通知》（法〔2019〕254号）第125条规定：“【案外人系商品房消费者】实践中，商品房消费者向房地产开发企业购买商品房，往往没有及时办理房地产过户手续。房地产开发企业因欠债而被强制执行，人民法院在对尚登记在房地产开发企业名下但已出卖给消费者的商品房采取执行措施时，商品房消费者往往会提出执行异议，以排除强制执行。对此，《最高人民法院关于人民法院办理执行异议和复议案件若干问题的规定》第29条规定，符合下列情形的，应当支持商品房消费者的诉讼请求：一是在人民法院查封之前已签订合法有效的书面买卖合同；二是所购商品房系用于居住且买受人名下无其他用于居住的房屋；三是已支付的价款超过合同约定总价款的百分之五十。人民法院在审理执行异议之诉案件时，可参照适用此条款。”

③ 参见王建文：《商法总论研究》，中国人民大学出版社2021年版，第441～442页。

(二)信义义务在民法中的定位

信托制度最早的形态是个人无偿信托,适用于民事领域,委托人设立信托的目的是实现财产的转移,并无商业目的,受托人接受信托是因其拥有较高的社会地位或者道德质量,信义义务的主要内容是忠实义务。民法是以授予权利为目的的法律,而信托法的核心是施于受托人以义务。在信托制度中,受托人是以信托财产所有人的身份来行使管理和处分行为,信托功能和目的的实现完全依赖受托人的行为,受托人毫无疑问在信托活动中处于核心地位,因此,各国的信托法无不以受托人为核心来构建,将重心放在规范受托人行为上。信托制度与民法的融合是值得研究的问题。对于没有衡平法传统的民法国家来说,信托制度的引进为原有的法律体系注入了新的生机,例如,带来了新的财产类型——信托受益权,并在传统的民事救济之外提供了新的救济方式,信义义务作为一种独立于合同义务和法定义务的独特义务,给民事义务和商事义务体系也带来了新的研究问题。

民法是研究人身关系和财产关系的法,与商法具有天然的区别。梅因在其名著《古代法》中提出了著名论断"所有进步社会的运动,到目前为止,是一个从身份到契约的运动"[①]对于这个命题的理解,不同的学者从不同的角度进行过论证。傅静坤在《二十世纪契约法》中谈到,从身份到契约的演变是一个财产分配方式的演变,身份的财产分配方式意味着在封建制度下,个人要根据自己在家族中的地位来分配财产,而在现代社会中,个人需要根据自己的行为来取得财产。[②] 在古代社会,财产取得是通过身份,在现代社会,财产取得通过契约。信托的起源和人们规避身份继承制度也有直接关系,例如,为了规避长子继承制度等。傅静坤还认为,现代的契约使得某些当事人具有一定身份,在一些契约关系中,双方获得的信息、情报数量是不一样的,在这种背景下,经济力量强大的一方要承担不利用自己经济优势去压迫另一方的

---

① ［英］梅因:《古代法》,沈景一译,商务印书馆 1959 年版,第 97 页。

② 参见傅静坤:《二十世纪契约法》,法律出版社 1997 年版,第 60 ~ 63 页。

义务。[①] 身份的定义是一个人或团体相对于其他个人或团体被置放的有利或不利的状态，身份的主体既可以是个人，也可以是团体，古代有贵族与平民的身份划分，现代有工人与干部、农村人口与城市人口的划分，商法上有商事主体与非商事主体的划分，因此，身份安排的目的在于赋予特权或者加以歧视，使一部分人拥有特别的保护，也使另一部分人受到遏制，保护弱者、保护消费者也可以从身份的区分角度来看。

1.《信托法》属于民法的特别法

《信托法》是关于基本信托关系的立法，由于我国《信托法》并没有对商事信托的系统性规定，因此，《信托法》属于民法的特别法。有学者甚至认为，从民法典的现代性与国际化的角度出发，应将信托纳入民法典。并且大陆法系国家引进信托制度，就应该考虑民法如何包容信托法。[②] 鉴于信托的商法化，也有学者认为信托属于商事规范，视为商法的范畴，[③]或者认为我国信托法是“规制信托公司的法律地位和商业能力的商法或金融法”[④]。我国目前采用民商合一的立法体例，即“民法典 + 民事单行立法 + 商事单行立法”的模式，大陆法系国家如日本，其信托法也属于民法，对于商事信托的特殊规定在日本《信托业法》中予以明确。并且，信托制度虽然广泛用于，甚至主要用于商事领域，但民事信托的发展滞后是因为信托相关制度的缺位，因此，民事信托也属于信托的重要类型，未来民事信托还有广阔的发展空间，因此，信托法也被看作民法的特别法。[⑤]

2. 信托法律关系与涉他法律关系

信托法律关系也经常被拿来同债之涉他关系比较。信托法律关系

---

① 参见徐国栋：《民法哲学》，中国法制出版社2015年版，第602～603页。

② 参见徐卫：《信托融入民法典的逻辑理据与体例选择》，载《交大法学》2019年第2期。

③ 参见李建伟：《民法总则设置商法规范的限度及其理论解释》，载《中国法学》2016年第4期。

④ GuoQing Liu, *Trusts without Fiduciary Duty: The Commercial Nature of Chinese Trust Business*, 22 Trusts & Trustees 10, (2016).

⑤ 参见周小明：《信托制度：法理与实务》，中国法制出版社2012年版，第28～29页。

涉及三方,除了少数商事信托中受益人有义务,传统的信托理论认为,受益人是纯受益的一方,不履行任何义务,一般也不会出现在信托合同中,很多受益人是未成年儿童,或者未出生的子女,甚至是动物等,因此,信托文件一般只有委托人和受托人签署。在民法的合同关系中,有一类合同与信托合同有类似之处,即涉他合同。债法理论认为,债之关系虽存在于特定债权人与债务人之间,但非谓第三人在债之关系上不具任何地位。[①] 第三人介入债之关系中,与信托关系类似的是利他性的第三人契约,即合同约定,一方当事人直接向第三人履行义务,例如,甲、乙签订汽车买卖合同,约定由甲支付款项,乙负责将车交付给第三人丙,在这类合同中,丙是纯受益人,并无任何义务,也非合同当事人。实际生活中,最常见的利他性第三人契约是人寿保险合同,投保人和保险人签订保险合同,而受益人往往第三人。虽然信托合同关系和利他性第三人契约有类似的地方,但两者存在本质性差异。首先,在利他性第三人契约中,如一方不履行合同义务,纯获益的第三人是无法直接根据合同主张权益的,因为合同的相对性,只能由合同相对方去主张权利;而在信托法律关系中,根据英美法系的信托理论,委托人一旦设立信托之后便退出信托法律关系,如受托人违反信托义务的,受益人可以直接向法院起诉主张权利。其次,信托关系中,受托人承担的信义义务是法定义务,不管信托合同有无特别约定;而第三人契约中,合同相对方的权利义务均由合同约定。最后也是最关键的一点,就是信托财产是否转移所有权,受托人是获得了信托财产的所有权,以所有人名义来管理信托财产,而第三人契约则无类似规定。另外,信托分为自益信托以及他益信托,自益信托的委托人和受益人为同一人,而他益信托的受益人除了委托人,还包括其他人,民事信托一般为他益信托,商事信托大多为自益信托,两种信托都可以以合同方式设立,但只有他益信托才存在与第三人契约相类似的情况,自益信托纯粹属于委托人与受托人之间的合同,与第三人无关。[②]

---

① 参见王泽鉴:《债法原理》(第2版),北京大学出版社2013年版,第66~67页。

② 参见张淳:《信托合同论——来自信托法适用角度的审视》,载《中国法学》2004年第3期。

3. 信托法律关系与委托法律关系

“受托人”一词并非信托法独有，在委托合同中也存在受托人。由于我国《信托法》第 2 条对于信托的定义中出现了“委托”二字，导致了信托与委托代理法律关系的混淆。我国民法学者从信托的合同属性角度分析了与委托合同的相似之处：首先，信托的受托人的职责是按照委托人的要求而为一定行为，委托关系中，受托人也是按照委托人的授权和要求来从事委托行为，因此，信托属于广义的、特殊的委托。其次，两种关系都是基于信任而建立的，受托人都是为了委托人的利益而行事。因此，如信托法相关规定不完善，可以参照适用委托合同相关规定处理。[①] 德国民法理论认为，无法参与法律交易之人，需要有人代其以其名义行事，就产生了代理人和被代理人的关系。代理，即代替他人从事法律行为，由于代理人是以他人名义，与信托中受托人以自己名义是有区别的，[②]因此，信托与委托代理是不同的制度。在德国法中，信托并非作为一种独立的法律制度得到承认，信托合同也非一种独立的合同形式，但在德国民法中可以找到类似信托的安排，即有偿事务处理和无偿事务处理，无偿事务处理类似于委托，德国《民法典》第 662 条规定了委托的性质，受托人接受了委托人的委托，就要无偿为委托人处理受托事务。因此，民事委托在没有特别约定下是无偿的，受托人在委托法律关系下的首要义务是对委托人的事务进行管理，受托人在管理过程中，应将受托情况及时告知委托人，当出现特殊情况时，受托人也可以偏离委托人的指示，前提条件是经过受托人自己的判断，其认为委托人会在同样的情形下允许其偏离指示，由此可以推测出，受托人履行受托职责时应具有一般人的注意义务。但如果是商事委托，即受托人是商人的，其就应履行德国《商法典》第 347 条规定的商人的注意义务。

但两者的区别依然显著。首先，在我国目前的实践中，信托最常见的形式是商事信托，而委托是典型的民事制度，因此，两者在实践中的

---

① 参见王利明：《信托合同与委托合同的比较》，载《暨南学报（哲学社会科学版）》2019 年第 4 期。

② 参见［德］赫尔穆特·科勒：《德国民法总论》，刘洋译，北京大学出版社 2022 年版，第 247～248 页。

适用场景不同。其次，信托关系，尤其是民事信托中，信托关系人包括三方，而委托关系中只有两方当事人。信托关系中，委托人将信托财产所有权转移给受托人，受托人以自己的名义管理信托财产；而委托关系中，受托人是以委托人的名义，在委托人授权范围内进行活动。因此，委托合同关系中的受托人并未有太多自主权限，而信托受托人的权限较大。正因为在信托关系中，受益人可能遭受受托人滥用权力的风险，信托法才给受托人施加了严格的信义义务，而委托关系的受托人由于并未有太多权力，且财产所有权在委托人名下，委托人不易遭受受托人的侵害，因此，委托人受到合同法的保护即可，法律并未施加受托人信义义务。再次，由于信托法律关系较为复杂，法律对于信托的成立较为谨慎，因此，规定信托的成立需要有书面的信托文件，而委托合同并未要求书面形式。最后，信托关系一般具有长期性，一般的商事信托期限至少超过一年，很少有几个月的情况，而家族信托的期限就更长了，一般不低于十年，很多会持续几代人的时间，而委托合同期限一般较短，以受托人完成一定任务为期限。

我国目前实行民商合一的立法体系，在《民法典》中包含了大量商法规范，将部分商法规范直接纳入《民法典》作为一般规范，表现出强烈的“民法商法化”的色彩。[①]《民法典》委托合同章节中规定，受托人完成委托事项的，委托人应按约支付报酬。[②] 可以看出，委托合同原则上属于有偿合同，当然也允许当事人特别约定委托是无偿的情况。而事实上在民法传统理论中，委托应属于无偿合同，雇佣关系属于有偿合同，立法者也许为了使《民法典》可以同时调整民事关系和商事关系，将委托合同规定为有偿合同。《民法典》第 933 条规定了在委托合同中，委托人和受托人的任意解除权，并区分了有偿合同和无偿合同的不同处理方式。民事委托合同以双方的信赖、信任为基础，这种基础丧失之后，确实可以随时解除委托关系，否则无法进行合作。而在商事合同中，随意解除这种委托关系带来的风险非常大，也不利于商事关系解

---

① 王建文：《商法总论研究》，中国人民大学出版社 2021 年版，第 189 ~ 190 页。
② 《民法典》第 928 条。

除，例如，我国司法实践中，将银行与客户之间的理财行为认定为委托法律关系，而非信托法律关系，银行将客户的资金集中起来进行投资，如果可以随意解除这种委托关系，不仅会影响银行的信用，也会对金融的稳定和安全造成不利影响，更重要的是，会造成极大的经济损失。而从《信托法》第35条的规定可以看出，信托合同原则上是无偿的，除非对受托人的报酬有明确规定，否则受托人不得收取报酬。另外，《信托法》对于信托关系的稳定作出了规定，首先对信托的设立有一定要求，其次是委托人也不能随意解聘受托人，第23条规定了委托人解任受托人的条件，一般来说是受托人有过错，或是违反法律，或是违反信托合同，总之，不能无缘无故解任。再者，受托人也不能随意解除信托关系，即使是受托人辞任的，也需要等待新的受托人就任后才能离任。最后，第50条和第51条规定了委托人解除信托的条件，总体来说，《信托法》对于信托关系的设立和解除都是坚持谨慎的原则，委托人和受托人不得随意解除信托关系。

4. 信义义务责任与一般民事法律责任之比较

违反信托义务和违反其他民事义务的救济有类似之处，如都包括损害赔偿、恢复原状等，但信托法的救济中最为独特之处是受托人违反忠实义务后的归入权制度。《民法典》第179条规定了承担民事责任的主要方式，该规定没有一项内容与信托法中规定的归入权有关，归入权不同于传统民法中的救济，并非以“受害人遭受损害”为标准，而是以受托人违反忠实义务为标准，并且无论受托人是否存在过错，也不管受益人是否遭受损失，只要受托人违反忠实义务，利用受托地位获取个人利益，即将该收益归入信托财产，而非直接赔偿给受益人或委托人。因此，也可能出现一些特殊情况，例如，受托人利用信托财产谋利，但同时管理信托财产也比较专业，使信托财产同时获益，对于受益人来讲，这时将受托人的获益归到信托财产，其不仅可以享受信托财产的增值，也可以享受到受托人的获利，等于收获了双份获利，这与传统的民法救济制度是完全不同的。民法合同制度中，违约方对守约方的赔偿原则是弥补损失，但守约方不能因对方违约而获得更大利益，赔偿金额和实际损失金额是相等的。法律这样规定的目的是防止“有效益”的违约行为,如违约方愿意继续履行合同的,则应该继续履行,而不是直接赔偿损失。而当受托人违反忠实义务并因此获利时,即使受益人并未有损失,也可以因此获利,这是信托法给受益人的特殊保护。因此,《信托法》中的归入权属于信托特有的救济制度,这一救济制度也丰富了民法传统的责任体系。传统的民法体系确立了违约责任、侵权责任、不当得利责任和无因管理责任四大民事责任体系,上述四类民事责任产生的前提条件是违约、侵权、不当得利和无因管理。信托制度在传统民事责任之外创设了一种新的民事责任,即信托责任。信托的责任的产生是由于受托人违反了信义义务,提出救济的主体可以是与信托财产无关系的委托人,也可以是受益人,不一定是传统民法中要求的权利受到侵害之人。救济方式不再限于弥补损失,例如,受托人违反信托目的处分信托财产,委托人和受益人可以行使撤销权;受托人违反忠实义务利用信托财产获利,委托人和受益人可以行使"归入权",受托人非法的获利并非直接赔偿给委托人或受益人,而是归入信托财产,信托结束时才分配给受益人,如果信托结束时信托财产并未有剩余,受益人也无法获得任何财产。因此,受托人违反信义义务的法律责任,无法归于现有的民法规定的民事责任中,属于一种独立的民事责任类型。①

5. 信义义务与民法中诚实信用原则的区别

信义义务中的忠实义务长期与民法中的诚实信用原则混淆,我国《信托法》以及信托业其他规范中,对受托人忠实义务采用的是"诚实、信用"的术语,这一表达方式容易同民法中的诚实信用原则混淆,认为受托人的信义义务等同于合同法中的诚实信用。在很多商事信托纠纷判决中,法院也经常认为受托人应按照诚实信用原则履行信托合同。

诚实信用原则源自罗马法,拉丁文表述为"bona fides",英文表述为"good faith",是民法的帝王条款、万能原则,内涵十分广泛,具有填补合同漏洞的功能。信义义务规则也有填补信托合同中对受托人义务的约定不足的功能。但信义义务与诚实信用原则属于两种完全不同的制度,诚实信用原则也不可能代替受托人的信义义务。第一,信义义务

① 参见周小明:《信托制度:法理与实务》,中国法制出版社 2012 年版,第 30 页。

是施加于受托人一方的，防止受托人滥用自由裁量权，因此，信义义务具有利他性和不对等性；而诚实信用原则适用于合同的双方，合同双方是平等适用。第二，合同具有自利属性，法律不会要求双方具有利他性，双方的权利义务按照合同约定执行即可；而信义义务的道德要求较高，其中的忠实义务要求受托人将受益人的利益置于自己利益之上。第三，诚实信用原则强调的是双方在合同订立以及履行过程中的信用和坦诚，不损害对方利益即可；而信义义务强调对托付的忠实，受托人应为了受益人的最大利益行事，且不得利用受托地位谋利。在梅恩哈德诉鲑鱼案（Meinhard v. Salmon）[①]中，卡多佐法提出了其对信义义务的理解："受托人的行为标准不仅是诚实，而是最严格的无上忠信"。[②] 第四，诚实信用原则具有抽象性，属于民法的一般性原则；而信义义务规则是具体的，是受托人的一系列行为准则，例如，忠实义务要求受托人有防止利益冲突的义务等。虽然信义义务概念较为抽象，但信义义务规范则属于具体的行为规范，并不是一般性的法律原则。综上，从标准来看，诚实信用原则对当事人在履行合同过程中提出的要求和标准要远低于信义义务的行为标准。我国《信托法》修订时，应对信义义务的内容表述予以明确，以防与其他民事法律原则混淆。

（三）商事信托中的信义义务标准应符合商事义务的标准

在信托产生的最初几个世纪中，受托人持有的主要是家族土地。虽然受托人持有了土地，但其处置土地的权限受到较多限制，受托人持有土地的目的是规避法律的限制，最终将土地权益转移给受益人，因此，受托人基本不需要进行交易。而当信托运用到了商业领域后，受托人需要对信托财产进行积极管理，有了较大权力，也有了交易对象、投资对象等，受托人的不确定性增大，受益人可能遭受的风险也增加。以前的土地信托中，受益人可以非常确定何时可以获得土地收益和土地

① Meinhard v. Salmon, 249 N. Y. 458, 164 N. E. 545 [1928].

② See Robert B. Thompson., *The Story of Meinhard v. Salmon: Fiduciary Duty's Punctilio. Corporate Law Stories*, Ramseyer: Foundation Press, 2009.

所有权,但在现代商事信托中,信托制度在商事领域中是一种财产管理制度,[①]受益人却不敢确定在信托到期时自己能够拿回信托财产,如果受托人投资遭遇损失,受益人则可能由此遭受巨大亏损甚至血本无归。因此,基于商事信托中受益人的权益面临不确定性和风险性的特征,如果没有信义义务作为基础,则委托人不会选择商事信托作为管理财产的方式。

民事信托关系以信任为基础,商事信托关系以信用为基石。传统的个人信托仅要求受托人履行忠实义务,只要受托人具备良好的道德品质,按照委托人的意愿管理信托即可。商事信托受托人是否可以履行信义义务,更依赖于外部规则的建立,以及受托人内部管理规范的实施。与民事信托不同的是,商事信托受托人在金融市场上的竞争力体现在其管理财富的能力上,即投资能力,在“刚性兑付”盛行时期,投资者一般购买信托产品时更关注的是投资回报率,因此,信义义务在商事信托中的特殊性在于受托人的谨慎投资义务的履行。

商事领域中,公司董事的信义义务规则具有借鉴性,公司董事、高管的注意义务判断标准,一般采用主客观相结合的标准,以同类公司、同类职务、同类情况中的一般人的注意、知识、技能、专业水平来综合判断,英美法系国家的法官还可以援引经营判断规则来减轻或免除董事的责任。根据美国学者斯蒂科夫教授的理论,信托关系中的受托人的信义义务应比公司法中的信义义务标准更高,更为严苛。[②] 原因在于董事、高管的职责是对公司进行管理,而商事信托的受托人的职责是对信托财产进行投资,其认为投资比管理更需要专业化的技能,风险相对也更大。对比我国《公司法》对于董事会职权的规定和对股东会的规定可以看出,董事会的职权略小于股东会,这和我国公司法股东会中心主义立法理念有关,股东会决定公司的经营方针和投资计划,董事会决定公司的经营计划和投资方案,两者权力对比可以看出,董

① 参见赵廉慧:《作为民法特别法的信托法》,载《环球法律评论》2021 年第 1 期。

② See Robert H. Sitkoff, *The Economic Structure of Fiduciary Law*, 91 Boston University Law Review 1041(2011).

事会无法决定公司的投资计划，只能制作具体的方案，相比之下，商事信托的受托人拥有对信托财产的完全投资决策权，委托人对于受托人的信赖和依赖要高于股东对于董事，因此，受托人的注意义务标准应高于董事。

由于商事信托受托人属于金融机构，金融机构在所有商事主体中的信用程度最高，准入门槛也最高，只有极少数的机构才能担任商事信托受托人，可以说，商事信托受托人享有了经营信托的垄断权，与其垄断权相匹配的应当是其受托能力。虽然商事信托合同可以对受托人谨慎义务标准进行适当降低，例如，在“通道业务”中，受托人不承担主动管理职责，对信托财产也没有自由裁量权，但受托人仍利用其信托牌照成为商事信托的受托人，也收取了相应报酬，因此，作为商事主体而言，其仍应履行商事主体的注意义务，即德国《商法典》第 347 条规定的商人的注意义务，这种标准应高于民事主体的义务标准。

综上，当信托制度适用于民事领域和商事领域时，受托人产生的信义义务分别属于一种特殊的民事义务或商事义务。民事信托除了适用《信托法》的规定，还需要适用《民法典》的相关规定；而商事信托属于商事领域的典型商事行为，但由于我国《信托法》缺乏对于商事信托的专门立法，也没有专门的商事信托法，因此，商事信托除了《信托法》以外，主要适用监管机构颁布的规章。

二、信义义务与委托关系中的受托人义务比较

与信托法律关系最相似的是委托法律关系，两种关系中都包含委托人和受托人，信托关系中多一方受益人，在自益信托中，委托人与受益人同为一人，商事信托多为自益信托，司法实践中也经常将商事信托法律关系与委托法律关系混淆。我国《商业银行法》禁止商业银行经营信托业务，加上我国金融业实行分业监管，因此，一直以来只将受托人为信托公司的法律关系认定为信托法律关系。银行与客户之间的理财关系，虽然实质上属于信托关系，但一直被认定为委托关系。从外观上来看，信托关系和委托关系的相似之处很多，但从法律本质上看，两者的区别很大，以下将从受托人义务的角度来分析两者的区别。

信托受托人的义务与委托合同中受托人的义务有诸多相似之处,根据我国《民法典》委托合同章节的规定,受托人有服从委托人指示的义务(第922条)、亲自处理委托事务的义务,如转委托需要委托人的同意(第923条)、报告、通知受托事项的义务(第924条)、不超过授权范围行事的义务(第925条)、移交因受托而取得的财产的义务(第927条),受托人因其过错造成委托人损失的,应承担赔偿责任。由此可见,委托合同中受托人的义务与委托人的指示和授权有直接关系,根据契约自由原则,当事人可以在委托合同中根据公平原则进行自由约定,受托人并未有太大自由裁量权,因此,受托人完全跟随委托人的指示以及合同目的行事即可。这与信托关系中,受托人根据信托目的,实现受益人的最佳利益的原则是一致的。但委托合同中的受托人义务属于合同义务,加上受托人的权力有限,因此,法律并未强行施加忠实义务于受托人,一般来说,受托人难以面临利益冲突的情况,因此,立法也没有专门对此予以规定。有学者认为,第927条规定的受托人应在委托关系结束后,将受托期间产生的收益、财产等归还给委托人属于受托人的忠实义务,①这一条的规定并非信义义务中的忠实义务的含义,忠实义务强调利益冲突禁止规则,受托人不得将自己的利益凌驾于信托的利益之上,不得将自己的财产同信托财产混同,不得利用信托财产获利等,而受托行为结束后归还本金及收益是合同法律关系终止后双方义务的应有之义。

现代信托制度中,委托人设立信托主要是为了信托财产的保值和增值,因此,受托人作为专业人士会对信托财产进行投资,受托人在投资时应遵循谨慎投资义务,而罗马法中债务人应具备的义务包括谨慎义务(diligentia),这一拉丁词汇的意思包含"颂扬、高度评价、爱戴、敬重"等道德属性,大陆法系的立法基本照搬了罗马法中的"善良家父"的谨慎义务标准,包括主观上的善意以及客观上具有处理事务的能力。很多大陆法系的《民法典》规定,在履行债务时,债务人应实现善良管

---

① 参见朱晓喆:《意定监护与信托协同应用的法理基础——以受托人的管理权限和义务为重点》,载《环球法律评论》2020年第5期。

理人的一切注意,[①]信托法中受托人的注意义务,各国的称呼有一定差异,有"善良管理人注意义务""注意义务""谨慎勤勉义务""理性人""理性投资者"等,从历史的角度来看,也经历了不同的发展阶段,受到社会经济的不同发展阶段的影响。委托合同中,受托人也负有注意义务,妥善处理受托之事务,除了委托合同,很多其他合同中,管理人都负有注意义务,例如,保管人、承运人等,还有侵权法也规定了行为人的注意义务,现代英国信托法上的注意义务就发源于侵权法,因此,注意义务并非信托法所创造,在商事信托中,受托人的注意义务、谨慎义务更偏向于受托人在投资方面的义务。民事信托与委托关系中的注意义务并无太多不同,但商事信托中的注意义务,由于涉及受托人在投资方面的诸多事项,不同类型的信托受托人的注意义务的标准是不同的。

1. 受托人忠实义务的比较

《民法典》第168条的规定,代理人不得自我交易,或者与自己代理的其他人交易,除非被代理人同意。而信义义务中的忠实义务规定,受托人不得自我交易,或者进行关联交易,除非委托人同意,另外还增加了一个条件,即需要以公平条件进行交易,否则会损害受益人的权益。在商事信托关系中,受托人进行的关联交易还需要将情况报送监管部门,因此,虽然我国目前的信托立法中对受托人忠实义务的规定还有不足,需要进行完善,但信托理论中对于受托人的忠实义务要求是非常高的。在委托关系中,受托人自由裁量权有限,加上可能并未掌握处分委托财产的权力,因此,从客观上来讲难以进行自我交易和关联交易。委托人在委托关系中对受托人以及受托事项的掌控程度要远高于信托关系,特别在遗嘱信托中,委托人去世后信托才开始运行,委托人根本无法掌握信托情况,很多受益人可能还缺乏民事行为能力,也无法监督信托,因此,信托的运行全凭受托人的良心,如果法律对受托人不施加严格的信义义务,受托人就会很容易侵占信托财产。

2. 受托人亲自管理义务与转委托的责任

在受托人转委托的责任方面,信托法和合同法都允许受托人转委

---

① 参见丁枚:《罗马法契约责任》,中国政法大学出版社1998年版,第157页。

托,前提是经过委托人的同意,但转委托后受托人是否需要对第三人的行为承担责任?信托立法经历了从严格执行受托人亲自管理义务,不允许转委托到允许转委托的过程,在商事信托实践中,受托人经常聘请更为专业的投资顾问负责信托投资事务,有利于投资效益的最大化,受托人能否在信托合同中约定,其不对投资顾问的行为承担责任?有学者建议,信托法应参考《民法典》中转委托的相关规定,将受托人转委托的责任限定为对第三人的选任和监督执行信托事务的责任。此外,若委托人和受托人通过信托文件约定加重或减轻受托人转委托的责任的,应从其约定。[①] 但该学者的建议更适合于民事信托,民事信托中,由于受托人并非专业人士,对信托财产的管理不可能非常专业,一般会聘请或者委托其他专业人士,如律师、会计师等参与管理,在这种情况下,适用民事合同中的转委托规定,不会加重受托人的责任。但在商事信托中,受托人本身就是具备专业能力的信托公司,其出于效率的目的再聘请第三方来管理信托财产,受托人应当对其选聘的第三方的行为承担责任,信托公司对外是以受托为业的商事主体,其应承担和金融机构身份匹配的责任,如将第三方行为的责任与信托公司分离,则会造成信托公司随意聘请第三方机构的情况,不利于信托公司承担信义义务,实际上也会损害投资者的权益。

英美法律信托制度早期对受托人要求较为严苛,要求受托人在接受信托之后只能亲自管理,不能委以他人,这是由于信托关系的建立是在信任的基础上,委托人选择道德品质高以及声誉好的人作为受托人,这种选择具有极强的人身属性以及不可替代性,在遗嘱信托中,委托人已经不在,受益人可能还缺乏民事行为能力,因此,受托人转委托可能会违背委托人的初衷。因此,早期的信托制度要求受托人亲自管理受托事务,对于受托人转委托有严格的限制,美国《信托法重述》(二)规定了"特定情况才能授权他人代为处理",即只有基于客观条件自己无法处理的情况下才能委托。后来美国《信托法重述》(三)以及美国《统

---

① 参见陈杰:《论商业信托受托人义务的演变及对我国的启示》,载《河北法学》2014 年第 3 期。

一信托法典》对此进行了修改，在受托人不违反注意义务的前提下，可以授权第三人处理信托事务，[①]作为一般性原则，受托人应亲自管理受托事务，但在一些需要专业技能的事务上，可以委托他人代理处理，受托人应谨慎选择第三人。美国《统一信托法典》第 807 条规定，受托人在确定授权的范围和条款时，应符合信托目的和信托合同的内容，并且定期审查和监督代理人的行为是否满足授权条款。代理人在履行委托职能时，应尽到合理的注意义务。第 807 条的规定来源于《谨慎投资人法案》(UPIC)的第九部分，强调受托人在委托时的谨慎义务，不能随意委托，需要有委托第三方的必要性。另外，在不同类型的信托中，需要委托的事项也不同，例如，在非投资类信托中，受托人无需聘任投资顾问；在证券投资类信托中，受托人聘任的投资顾问可以是某证券公司、基金管理公司等，但不能是律师事务所、会计师事务所等机构。

我国信托立法也规定了受托人的亲自管理义务[②]，有学者认为我国《信托法》第 30 条施加在受托人身上的责任过重，不利于信托公司的发展，其认为第 30 条规定的是受托人对于转委托的行为应承担绝对责任，这种规定完全照搬民法上的委托代理关系。[③] 我国《民法典》第 169 条规定了对委托合同中受托人转委托的法律后果，分为两种情况，第一种情况是委托人同意代理人转委托的情况下，代理人仅对第三人的选任以及指示承担责任。第二种情况是委托人未事先同意或者事后也未追认的，属于代理人擅自转委托的情况下，代理人应对转委托的第三人的行为承担责任。我国《信托法》中对受托人委托行为的规定，与《民法典》中代理人擅自转委托的法律后果一样。这并非法律规定之间的不协调，而是基于两种法律关系的本质区别：民事委托代理关系，受托人的权限较小，有的涉及财产管理，有的不涉及财产管理，无论怎样，财产的所有权都在委托人名下，受托人都是以被代理人的名义行

---

① 参见王志诚：《受托人之自己管理义务——从受益人最大利益原则论第三人代为处理信托事务之容许范围》，载《政大法学评论》第 123 期(2011 年)。

② 参见《信托法》第 30 条；《信托公司管理办法》第 26 条。

③ 参见陈杰：《论商业信托受托人义务的演变及对我国的启示》，载《河北法学》2014 年第 3 期。

为,再者,即使委托财产是不需要登记的动产或者货币,从外观也看不出所有人是委托人,往往这种财产的价值不会太高;而信托关系中,特别是商事信托关系中,委托人属于合格投资者,购买信托产品的门槛一般都是百万元人民币起步,涉及的资金量巨大。因此,我国《信托法》中将受托人委托第三人的后果让受托人承担,绝对不会造成受托人责任过重的情况,反而会促使受托人谨慎地选择委托事项、委托范围和委托人选,避免受托人随意委托的情形发生。

在某不当得利纠纷案件①中,被告中投公司与通用公司签订了股权信托协议,通用公司将1200万元转给中投公司,委托中投公司用于投资求是公司的股权。中投公司作为信托受托人,入股求是公司成为股东,持股80%,但实际上中投公司并未依法缴纳出资额,根据求是公司章程,中投公司有权委派四名董事及总经理,以行使股东权利。但实际上,中投公司委派的董事只是挂名,并未履行任何管理和经营职责,求是公司实际由中投公司委派的另一董事兼总经理即被告通用公司的法定代表人高某在实际经营管理,也就是说,被告中投公司将其对求是公司的股东权利义务完全转移给被告通用公司行使。中投公司作为受托人,违反了《信托法》规定的受托人亲自管理义务,如受托人将信托事务委托他人的,应对他人的行为承担责任。本案中,中投公司作为股权信托的受托人,将本应由自己完成的信托事务实际交予信托委托人通用公司处理。没有履行股东的权利义务即可以看作并未亲自履行信托事务,中投公司与通用公司又实际形成了委托代理关系,因此,中投公司应当对通用公司的行为承担民事责任。通用公司在履行股东职责中违法的,中投公司知道或应当知道其行为违法而未表示反对,法院认为应当由二者互负连带责任。法院认为,通用公司在求是公司成立后次日即转走了对求是公司的出资款,属于抽逃出资行为,因此,受托人中投公司应同通用公司理应承担相应的民事责任。法院最后判决中投公司在通用公司抽逃的1200万元范围内承担连带责任。

① 参见浙江省杭州市西湖区人民法院民事判决书,(2008)杭西民一初字第1740号。

上述案件是信托受托人转委托的典型案例,委托人与受托人签订股权信托合同,受托人作为大股东投资目标公司,但受托人并未履行实际的股东职责,而是由委托人实际履行,但委托人于公司成立次日即将出资款转走,最后由于目标公司经营管理不善,被债权人起诉归还抽逃资金。本案案情并不复杂,比较值得关注的是法院对案件中各方关系的认定。本案中,委托人和受托人虽然成立了股权信托合同,但委托人并未放弃对信托财产的管理,而受托人明显只是作为一种"通道",一种名义上的目标公司股权持有人,而实际管理者是委托人,这种方式在股权信托实践中并不少见。当委托人在实际管理目标公司中有违法行为的,受托人应承担何种职责?本案法官认为通用公司既是信托关系中的委托人,又是受托人转委托关系中的第三人,因此,法院认定双方同时存在两种法律关系,但最终又并非按照《信托法》的规定让受托人承担全部责任,而是双方承担连带责任。对于法院的判决结果我们先不予置评,但本案还可以从信义义务的角度进行分析。受托人在这种被动管理的信托法律关系中,并非不承担任何信义义务。由于股权登记在受托人名下,受托人应合法行使股东权利,即使受托人没有本人行使,而是委托人行使,受托人至少都应履行监督职责。当公司解散时,发现股东抽逃出资的,股东应补齐出资,受托人作为登记的股东,也应履行补齐出资义务。

三、信义义务与商事代理受托人、行纪人义务的比较

(一)商事信托中受托人信义义务与商事代理中的代理人义务

我国《民法典》中规定了委托代理制度,前文也总体分析了委托制度中受托人义务与信托关系中受托人信义义务的区别。代理分为民事代理和商事代理,信托制度也分为商事信托与民事信托,因此,有必要专门针对商事代理中代理人的义务与商事信托中受托人的信义义务进行比较。商事代理指代理商或代理人以营利为目的,接受被代理人的委托,代理商可以以被代理人的名义,也可以以自己的名义,与第三人从事代理行为,行为后果由被代理人承担。商事代理由"商事"和"代

理”两个概念组成,[①]德国《商法典》采用主观主义的方式,以商人的概念来对商事代理进行定义,该法第 84 条规定,代理商作为独立的商事经营者接受委托,固定地为其他企业主促成交易,或者以其他企业主的名义缔结交易。代理商可以独立地自由地对自己的行为和时间进行支配和决定。[②] 因此,商事代理不同于职务代理。虽然我国民法制度中没有对民事代理和商事代理进行明确区分,但也吸纳了相关的制度,例如,我国《民法典》第 925 条规定了受托人(代理人)的间接代理,即受托人以自己的名义进行代理。商事代理制度在商事领域适用广泛,其与民事委托代理制度具有不同的法律特点,商事代理人也具有不同的义务。代理商的加入可以让被代理人的盈利能力提高,扩大经营活动的范围,使被代理人可以在相关领域降低交易成本,提高效率。因此,无论英美法系国家还是大陆法系国家的商事制度中,都存在商事代理的规范。在实践中,商事代理制度也容易与信托、行纪制度混淆。

商事代理并非民事代理在商事领域的制度再现,而是对民事代理制度的创造。民事委托包括授权委托代理和法定代理,但商事代理只能是授权代理,不存在法定代理。但两者的本质区别还是在于,商事代理中,代理人的目的是营利,虽然代理人可能因代理未达到业绩要求而赔钱或亏本,但其初衷是营利,并且,商事代理人一般都是经过商事登记的商事主体,因此,商事代理合同具有稳定性,合同中对于合同解除会约定限制条件,不能随意解除。一般来说,民事委托中,受托人都是以委托人的名义进行民事活动,但商事代理中,代理人可以以被代理人名义,也可以以自己名义,实际情况根据合同约定。

商事代理中,代理人以自己名义从事代理活动的,称为间接代理,间接代理更具有效率,但也经常被与行纪制度混淆。两者的区别在于,行纪人虽然也是以自己的名义,但行纪人接受委托之后,就完全以自己的名义进行货物买卖,甚至可以自买自卖,委托人只关心结果,委托人与第三人并未有直接的关系。但在商事代理中,除了代理的范

---

① 张楚:《论商事代理》,载《法律科学(西北政法学院学报)》1997 年第 4 期。

② 参见范健:《德国商法》,中国大百科全书出版社 1993 年版,第 98 页。

围比行纪要大很多,代理人的行为一般由委托人承担后果。另外,德国的商法要求商事代理人承担忠实义务和谨慎义务,而行纪人并无相关要求。

我国《民法典》委托合同章节中并未区分商事代理与民事代理,因此,我国立法中并未明确规定商事代理制度。但商事代理在我国商事实践中广泛存在,例如,货运代理、船舶代理、进口药品销售代理、商业银行代理保险、经纪人代理等;司法裁判中也可以查到很多商事代理的案件,很多法院也会针对商事代理进行阐述,例如,在最高人民法院公布的一个关于独家代理合同纠纷的案件[①]中,最高人民法院就商事代理的特点作出了论述,认为独家代理合同是我国商事活动中常见的代理关系,属于商事代理合同。独家代理合同的特征不同于一般的民事代理,在代理人主体身份、代理期限、地域限制以及违约责任方面都有特殊性。因此,法院强调在审理商事代理合同纠纷时,应更加强调当事人之间的意思自治,根据合同的约定来确定双方的权利义务。但由于立法层面并未对商事代理和民事代理的区别作出明确规定,法院说理的依据主要是法理以及对商事审判经验的总结,因此,虽然缺乏法律的规定,但商事代理实践在我国广泛存在。今后我国如制定商法通则,应对此予以考虑。

大陆法系国家中,实行民商分立的国家中都规定了商事代理制度,如德国和法国,法国《民法典》将民事委托规定为以无偿为原则,当事人可以任意解除。法国《商法典》将商事代理规定为以有偿为原则,解除合同的,需要在规定时间内提前通知对方。并且,还规定了商事代理合同,代理人与委托人之间应以双方共同的利益为基础来订立。[②] 因此,法国的商事代理合同中,双方具有共同的利益和稳固的关系。德国《商法典》将代理商规定为专门以商事代理为业的商人,并为商事代理设置了大量的强制性规范,合同双方不能通过协议排除或限制,甚至还规定了商事代理人应履行勤勉义务、忠实义务以及告知义务;协助和告

① 最高人民法院民事判决书,(2018)最高法民再82号。

② 参见曾大鹏:《民法典编纂中商事代理的制度构造》,载《法学》2017年第8期。

知经营者的义务;竞业禁止的规定等。[①] 虽然我国立法并未正式规定商事代理,但其他大陆法系国家的立法也为我国提供了制度参考。结合各国的规定以及我国的商事代理实践,商事代理一般具有以下主要法律特征:

1. 商事代理人为以营利为目的的商事主体,在商事代理中,例如,独立代理协议中,代理商作为某个区域的独家代理,需要投入大量的成本和精力来经营,因此,独家代理合同中都会约定代理身份不得随意撤销,否则适用我国《民法典》中委托合同的任意解除权的约定时,代理人就会面临巨大的经济损失。对于委托人来说,也不希望代理人随意撤销,委托人选择 A 代理商之后,就会放弃选择 B 代理商,如果 A 代理商可以随意撤销,也会给委托人造成经济损失。另外,由于代理商是具有一定专业能力和资历的商事主体,委托人选择其作为独家代理商,一般会设置一定的工作任务和业绩。同时,商事代理的期限一般长于民事委托代理合同,因商事代理的法律关系较为稳定,代理人需要投入成本和工作量,短时间无法实现工作任务,因此,商事代理的合同期限比民事代理要长,至少为期一年。

2. 商事代理人的义务主要为合同义务,我国司法实践中对商事代理人的义务要求主要根据合同约定。根据上文提到的独家代理协议,委托人一般会给代理商规定工作量,因此,代理人的义务即完成合同约定的工作业绩。如果委托人要求代理人只能代理一家同类品牌,代理人就只能在规定区域满足只代理一家的要求。假如代理人没有完成约定的工作任务,无法达到委托人业绩要求的,需要承担赔偿责任。在对外责任的承担上,除产品责任外,委托人不对代理人的对外行为承担连带责任。当然,上述商事代理中代理人的义务并非绝对,在不同的商事代理关系中有所不同,在法律没有明确规定的情况下,主要根据合同条款来判断。

商事代理与商事信托相比,在受托人义务方面有诸多相似之处,但也存在显著区别。

---

① 参见《德国商法典》,杜景林、卢谌译,法律出版社 2010 年版,第 34 ~ 35 页。

1. 忠实义务的比较

德国《商法典》规定了商事代理人应尽力促成或达成交易，并且应维护委托人的利益，信托关系中受托人也应为了受益人的利益行事。商事代理制度的目的是委托人希望借助代理人的专业能力和资源，提高经营效益，节约经营成本，因此，代理人行为首先是为了维护委托人的利益，商事代理和行纪不同的一点，就是商事代理的长期性，并非像行纪一样为了促成某一笔买卖交易，因此，商事代理中对代理人的工作成果的衡量标准更为复杂。另外，德国《商法典》中还规定了商事代理人的竞业禁止义务，除非委托人同意，否则商事代理人不得从事涉及竞业禁止的商事经营活动，日本《商法典》以及法国《商法典》都规定了商事代理人的竞业禁止义务。[①] 在商事信托中，受托人的忠实义务要求，受托人不得利用受托地位获益，不能从事关联交易，信托法对受托人忠实义务的规定的目的在于防止受托人侵占信托财产，因为信托财产的所有权和处置权在受托人，委托人容易就信托财产遭受侵害；但商事代理不同，商事代理不涉及委托财产所有权的转让，委托人和代理人一般都属于商事主体，可能营业的类型一致或相似，委托人更容易遭受的侵犯是代理人经营和自己一样的业务，从而破坏自己的经营活动和利益，而不是害怕代理人侵犯具体的委托财产。

2. 勤勉义务的比较

德国《商法典》对商事代理人规定了商人的注意义务，法国《商法典》规定了商事代理人的善良职业人的注意义务，类似于大陆法系国家在信托法中采用的善良管理人注意义务的说法。商事信托和商事代理都属于商事主体从事的营利活动，受托人都是有偿的，因此，商事主体从事的商事行为应履行比民事行为更高的注意义务。从这一点来看，两者的注意义务标准都属于商事主体的注意义务标准，具体标准的判断需要结合具体的行业标准和商业惯例。但从我国的情况来看，商事信托主要存在于金融行业，受托人属于金融机构，而商事代理人主要

---

① 参见王建文：《我国商事代理制度的内涵阐释及立法构想》，载《南京社会科学》2019年第2期。

是非金融行业，而金融行业的主体无论从设立标准、行为规范还是从商事信用、从业限制等方面都高于非金融行业，金融行业的主体除了受到私法中合同的规范，还受到金融监管部门的严格监管。因此，两者的注意义务从受托人所处的行业来看，商事信托的受托人的注意义务标准应更高。

（二）商事信托受托人信义义务与行纪人义务之比较

除《信托法》有受托人这一角色以外，委托合同和行纪合同中也有受托人这一称谓。在我国《信托法》颁布之前，我国理论界认为行纪合同即信托合同。[①] 而曾经很多行纪业务也多以“信托商店”名义开展。[②] 曾经对于证券经纪人与投资者之间到底是属于行纪关系、委托关系还是信托关系有过争论，有学者还专门撰文论述证券经纪人与投资者之间属于行纪关系。[③] 行纪是大陆法系的一种商法制度，德国《商法典》把行纪人定性为商人，日本《商法典》把行纪人推定为商人；我国民法制度大体沿袭了大陆法系的规定，《民法典》第 951 条对行纪合同作出了规定。行纪合同有几个典型法律特征：首先，行纪人是以自己的名义活动，这一点区别于委托合同，和信托合同相似，但信托合同中更为彻底，信托财产的所有权直接归于受托人，而行纪人只是以自己的名义从事行纪活动，但无关委托财产的所有权问题。其次，行纪活动的范围一般限于贸易活动，范围比信托关系中受托人可以从事的范围小了很多。最后，行纪合同是有偿合同，区别于一般的无偿的民事合同，说明行纪合同一般存在于商业领域。行纪人一般是以行纪为业的商事主体，但我国《民法典》并未规定行纪人的主体限制，但在商事信托中，受托人的主体严格限定于信托机构等金融机构，需要履行严格的准入制度。委托人选择行纪人，同信托制度的成立一样，也是基于信任，但这种信任并非一种人格信任，也并非道德信任，而是一种出于对行纪人的专业度的信任，认为其可以帮助促成交易，买卖货物，无关其道德水平，委托

---

① 参见佟柔主编：《民法学原理》（修订版），法律出版社 1987 年版，第 372 页。

② 周小明：《信托制度：法理与实务》，中国法制出版社 2012 年版，第 100 页。

③ 参见薛峰：《论我国证券公司经纪人的法律地位》，载《中国人民大学学报》1999 年第 6 期。

人选择行纪制度,是为了促进交易,降低交易成本。[①] 让专业的人做专业的事,这同商事信托中委托人对受托人的态度类似,商事信托中,由于有了信义义务以及相关制度来防止受托人谋取不正当利益,委托人更看重受托人的信用、专业能力等,由于受托人属于金融机构,商事主体只有商事信用,而不存在道德品质,因此,商事信托同行纪制度一样,受托人和行纪人依靠的是信用和专业能力。

1. 商事信托的受托人和行纪人的忠实义务比较

从受托人义务的角度来看,无论是信托关系中的受托人,还是行纪合同中的行纪人,首先都是为了委托人的利益行事。同为受托人,在不同的法律关系中,其义务是不一样的,受托人的义务与所处的法律关系特征有很大关系。虽然行纪合同大部分属于商事合同,但与商事信托不同的是,由于行纪人的自由裁量权不大,并且其无法独自处分委托财产,因此,我国《民法典》并未对行纪人的义务作太多规定,特别是忠实义务。《民法典》第 956 条被称为行纪人的介入权,即除非委托人明确反对,否则行纪人可以进行自我交易,但必须以市场公平价格,这一条的规定也是为了提高商事交易的效率,委托人的目的是完成买卖行为,而并不介意买方或者卖方是谁,如果卖给行纪人可以更快地完成交易,对于委托人来说等于尽快地实现合同目的,只要价格是公平合理的,委托人没有理由会反对。

但在信托关系中,特别是商事信托中,由于委托人、受托人和受益人的信息不对称,加上受托人的信息披露制度并不完善,委托人、受益人对于受托人的自我交易、关联交易的合理性是难以判断的。实际上,受托人经常不经披露和告知便秘密地进行自我交易、关联交易,并且,由于商事信托交易的复杂性,对于市场价格是很难把握的,虽然法律规定允许受托人按照市场公平价格进行自我交易,前提条件是委托人、受益人同意,但从委托人的角度来看,是很反对受托人进行自我交易和关联交易的,对于其中的内幕,普通投资者其实难以把握。因此,在商事信托中,一般来说是禁止受托人的自我交易和关联交易的。而行纪关

① 参见其木提:《论行纪合同委托人的取回权》,载《环球法律评论》2005 年第 1 期。

系存在的领域是贸易,贸易行业的价格较为公开和透明,易于把握,委托人也可以自行询问,因此,允许行纪人自我交易不容易损害委托人的权益。

2. 商事信托受托人的注意义务与行纪人的注意义务比较

在商事信托和商事行纪关系中,由于受托人和行纪人都是收取委托人报酬的专业人士,也都存在于商事领域,按照商法理论,商事主体应履行比民事主体更高的注意义务。例如,商事交易注重效率,行纪人也被赋予一定的自主权,行纪人在代客买卖的过程中,应当依据商业惯例和行业管理来进行决策,不能像无偿的民事委托中的受托人一样,仅依据个人判断来决策。如果决策不符合行业惯例,不符合行业一般人的行为方式,则会被认为违反注意义务。

另外,我国《民法典》第 958 条规定了行纪人对其与第三人签订的合同,直接享有权利和承担义务。行纪人是以自己的名义行为,因此,其与第三人签订合同也是以自己的名义,第三人也是认为其和行纪人进行交易。这也意味着,行纪人在选择第三人的时候需要履行一定的注意义务,否则选错了交易对象,不利后果还要自己承担。例如,行纪人将委托货物交给第三人,如果第三人收到货物后不付款,或者失去付款能力,行纪人则需要赔偿委托人相关损失。

《民法典》行纪合同章节没有特别规定的,行纪人的义务同委托合同中受托人的义务一致,《民法典》第 953 条规定了行纪人占有委托物的保管义务,第 954 条规定了当委托人无指示时,行纪人在委托物有瑕疵时的合理处分义务。由于行纪合同是有偿合同,行纪人也是以行纪为业的主体,具有一定专业技能和经验,按照法理,行纪人在履行行纪业务时应履行一定的谨慎注意义务。但由于行纪人的自由裁量权较小,需要完全由自己进行抉择的场景较少,在第 954 条规定的场景中,行纪人只要对瑕疵物品进行合理处理即可。判断行纪人是否以合理标准处理主要是根据行纪行业的商业惯例,例如,对于一批开始腐烂的水果,不马上打折处理就会更加卖不出去,行纪人应按照市场价格进行打折处理,一般的市场价也是公开透明的,按照腐烂程度上下浮动即可。但在商事信托中,对于受托人是否履行了谨慎义务的判断就十分困难了,特别是在证券投资类的信托中,由于证券市场的专业性,法官很难通过一般人的判断标准来评判受托人的投资行为是否符合谨慎义务,通常就会按照程序审查受托人是否符合信托合同规定的投资程序、范围等等,而不会进行实质审查购买某一具体股票是否符合谨慎义务。

3. 违反信义义务与行纪人违反义务的法律后果不同

行纪人违反合同约定的义务,应承担违约责任,而信托受托人违反信义义务的,需要承担信托责任,包括行使归入权等信托法特有的责任。

另外,从法律关系的稳定性来讲,上文在分析信义义务与委托合同中受托人义务部分已经谈到,《信托法》对信托关系的稳定作出了规定,一般不能随意解除,委托人不能随意解任受托人,受托人也不能随便辞任。因为信托法律关系的期限一般较长,像一些家族信托的期限基本是十年以上,随意解除不利于信托的长期管理,也不利于实现信托的目的及功能。而行纪关系和委托关系类似,设立后行纪人也可以解除合同,但由于行纪关系主要存在于商事领域,行纪人一般也是商事主体,商事主体随意解除合同,除了会破坏其信用,如果造成委托人损失,也应承担赔偿责任。例如,行纪人解除合同后,导致委托人的货物面临腐烂,难以立即卖出,造成的经济损失应当由行纪人承担。但在实务中,商事主体进行商事行为的目的是营利,行纪人的目的也是为了赚取行纪费用,其缺乏解除合同的动机。因此,虽然《民法典》对行纪合同中委托人和行纪人能否解除合同没有规定,但结合委托合同章节的规定,以及商法的原理,行纪人是不能随意解除行纪合同的,如解除行纪合同给委托人造成损害,应承担赔偿责任。

本章小结

《信托法》第 25 条的规定被看作对所有类型的信托受托人信义义务的总体性规定,《信托法》并未将“信义义务”概念化、法定化,导致信义义务的概念经常同其他民商事法律概念混同。本章分析了信义义务与相似概念的区别,为了避免混淆,《信托法》第 25 条还应明确提出信义义务的内容包括忠实义务以及勤勉义务。

《信托法》实施以来，民事信托并未得到应有的发展，也未成为我国信托实践的主流，信托制度也并未成为人们财产管理的主要方式。目前在我国民事生活中出现的民事信托主要包括员工持股信托[①]、遗嘱信托等，民事信托发展的落后与我国信托基本法律制度的不健全有关。很多学者都认识到了民事信托在婚姻家庭以及继承制度方面的优势，信托功能的发挥障碍归结于税法并未与信托制度相协调。[②]主流观点都认为信托法属于民法特别法，而我国目前主要的信托实践是商事信托，大陆法系引进信托制度主要是将信托作为一种金融工具。我国信托实践中并未对信义义务有足够的重视，源于商事信托实践中长期存在的"刚性兑付"，信义义务如此重要，但连信托关系的当事人都对其不甚了解。本章从信义义务的基本理论入手，论述了信义义务的主要内容，将信义义务放在民法与商法不同的语境下进行论述。

商事信托与民事信托中的信义义务标准差别较大，立法应进行区别，对于类型不同的信托如果适用相同标准的信义义务，反而会造成实质上的不公平。除了《信托法》，还有《公司法》《证券投资基金法》《信托公司管理办法》《信托公司集合资金信托计划管理办法》等对于商事信托受托人的信义义务有相关规定，但立法语言基本等同于《信托法》，并未体现出商事信托受托人信义义务的特殊性。因此，我国商法学者也注意到这一问题所在，开始呼吁我国信托立法应尽快将商事信托受托人的谨慎、注意义务标准确立下来，并予以细化，只有这样才能更好地保护投资者利益，对整个信托业的良性发展也是有利的。[③]

---

① 股权信托一般属于商事信托，但有些案例中信托受托人为公司员工或者公会，属于以信托的方式代员工持股，如 TCL 集团上市时公布的职工持股信托方案，受托人由集团员工转为公会，均属于民事信托。

② 参见江平：《信托制度在中国的应用前景》，载《法学》2005 年第 1 期。

③ 参见李建伟、谢晓松：《商事信托受托人注意义务判定标准研究》，载赵万一主编：《市场创新背景下的公司法与信托法》，法律出版社 2017 年版，第 159 ~ 160 页。

第二章 信义义务在商事信托中的特殊性

第一节 商事信托的概念界定及法律特征

一、商事信托的起源与发展

（一）信托的发展促使信义义务随之变化

1. 信托的起源无关商业

信托起源于人们为了追求财产利益而对现实规则的回避，信托制度被视为英国法最具特色的部分①，英国法史学家梅特兰著名的论断“信托是英国人在法学领域最伟大的成就”②也经常被大家所引用。“信托”(trust)作为一种特定理念下的行为方式，各国学者对其起源有不同的观点。有观点认为其源于罗马法中的遗产信托(fideicommissum)③，罗马法中的市民法对于继承权的要求较为严格，遗嘱信托的诞生被认为是用来规避法律对遗嘱的限制，最初的受托人并无法律上的责任，仅是一种道德上的信任义务，④最终罗马法根据遗嘱信托裁判官的司法管辖权强制执行这些义务。⑤ 而英国的用益制度的产生也是为了规避当时的“长嗣继承权”以及将继承金给领主等制度。在继承这一方面，英国的用益制度和罗马法中的遗嘱继承有相似

---

① 参见钱弘道：《英美法讲座》，清华大学出版社2004年版，第290~291页。

② F. W. Maitland, *Equity*, Cambridge University Press, 1949.

③ See Shael Herman, *Utilitas Ecclesiae: The Canonical Conception of the Trust*, 70 Tulane Law Review 2239 (1995-1996).

④ See Avisheh Avini, *The Origin of the Modern Trust Revisited*, 70 Tulane Law Review 1139 (1996).

⑤ See Francis Williams Sanders, *An Essay on Uses and Trusts*, Forgotten Books, 2018.

之处。[①] 也有观点认为,信托起源于宗教,根据英国法史学家梅特兰的考证,是圣方济各会的修士将信托引入英国的,由于圣方济各会中的僧侣不能拥有财产,他们便将财产托付给世俗之人,让该世俗之人为了他们的利益而持有财产。[②]

在任何社会中,只要有一个人将某种贵重物品给了另一个人,让后者保管后传递给第三人[③],似乎就出现了信托的雏形。关于信托的起源虽然有着不同的学说,学者也进行过不同的考证,但不管是何种学说,都可以看出信托的起源并非出于现代意义上的商业目的,而是出于对当时法律的规避之下的财产流转方式的创新设置。由于上述早期的信托雏形制度中,受托人义务并非由法律进行规定,而是一种道德义务,但无论是罗马法还是宗教制度,对于受托人的道德要求都是较高的,特别是宗教制度,对于忠诚的要求更是至高无上,只有具备较高的道德品质的人才有可能担任受托人,才能取得委托人的信任,在没有强制性法律约束的时期,道德的审判更为严苛。历史的传承与现实的需要使"忠实"成为对受托人最基本、最核心的要求。[④]

2. 信托从一种规避法律的方式到被法律认可

用益制度在产生之初,作为一种规避法律的手段,并不被普通法法院所认可。用益制度规避了英国当时对遗嘱处分土地的限制,并减少了应支付给封建领主的报酬,另外,还可以规避当时英国国王颁布的防止人们死后将土地捐赠给教会的限制措施。后来,用益制度得到法律的承认得益于衡平法院大法官们的努力,正是因为大法官对用益制度的强制执行,使用益制度成为一种法律制度[⑤]。因此,信托的合法化和

---

① 参见[英]F. W. 梅特兰:《国家、信托与法人》,樊安译,北京大学出版社 2008 年版,第 105 页。

② See F. W. Maitland, *Equity*, *A Course of Lectures*, Cambridge University Press, 2011.

③ 参见[英]斯蒂芬·加拉赫:《衡平法与信托法:数世纪的结晶》,冷霞译,法律出版社 2020 年版,第 100 ~ 101 页。

④ 参见徐化耿:《信义义务的一般理论及其在中国法上的展开》,载《中外法学》2020 年第 6 期。

⑤ 参见[英]斯蒂芬·加拉赫:《衡平法与信托法:数世纪的结晶》,冷霞译,法律出版社 2020 年版,第 111 页。

衡平法息息相关,受托人背信弃义损害用益权人利益时,普通法院并不保护用益权人的利益,是衡平法赋予了信托的执行力。大法官作为国王利益的代表者,象征着王权,当时的用益制度恰好就是为了规避王权对向教会捐赠的限制。但巧合的是,英国中世纪早期的法官接受的教育都是在教会进行,法官和教士的身份重合[①],因此,鉴于很多大法官(chancellor)都来自教会,有着教会的背景,其也支持信托的合法化。16 世纪之前,大法官的职位一直由教士担任。可以说,信托的合法化很大程度得益于大法官的宗教教育以及身份背景。信托与宗教之间的关系,促成了信托的产生与发展,更促使信托从一种规避法律的方式,到被法律认可。当一个基督徒许下诺言,就等于承担了一项义务,其必须履行这项义务,这项义务是宗教性的,代表着个人的良知与上帝之间的关系。衡平法的大法官们,正是有着教会的背景,成了国王的良心忏悔师,用良知和良心来判案。16 世纪以后,很多宗教性的观念通过衡平法逐渐制度化、固定化。[②] 有学者认为,如果没有英国中世纪的基督教,就不会有今天的信托,宗教的保护是信托得以确立和发展的根本原因。[③]

3. 受托人的背信弃义促使信托法制的产生

英国信托法在很大程度上起源于中世纪,从 11 世纪和 12 世纪十字军东征开始。在征服者威廉于 1066 年成为国王之后,创立了英国"普通法"(common law)。普通法法院将财产视为不可分割的实体,正如罗马法和大陆法系的民法所规定的那样。在十字军东征期间,参战的土地所有者将土地所有权转让给他们信任的人。但许多人打仗结束返回故里后发现,他们委托的人拒绝将他们的土地所有权转让回去。普通法法院不会承认除法定产权证书持有人之外的任何人对该财产拥有权利。因此,原告只好向国王提出请愿,以回避普通法法院的裁决。国王将请愿书的审理委托给了他的大法官,随着案件的增多,大法官设

① 参见冯兴俊:《信托制度产生的历史分析》,载《私法》2005 年第 2 期。

② 参见梁治平:《法律与说理》,商务印书馆 2022 年版,第 53 页。

③ 参见冯兴俊:《信托制度产生的历史分析》,载《私法》2005 年第 2 期。

立了大法官法庭。如果让持有土地所有权证的人拥有土地似乎“不公平”时，大法官可以宣布基于公平（equity）和良心，该土地真正所有者是另一个人。衡平法院确定真正的有权“使用”或“受益”土地的人并非法律上的所有权人。从此，英国法律承认了土地的法律上所有者和衡平法所有者之间的分离，即拥有土地所有权的人和对土地享有实际利益的人是不同的人。这就是信托法的开端。当法院说财产的法定所有权人有义务为另一个人去使用该财产时，就有了信托。

在12世纪、13世纪用益制度逐渐开始流行的时候，当受托人不遵守自己的承诺，辜负委托人的信任时，受益人不能请求王室法院（注：狭义上的普通法指的就是英格兰王室法院所创立的那部分法律）强迫受托人履行信托协议，因为当时没有确认这种请求的令状，而且当时普通法法院的程序过于僵硬和形式化，也并未确认信托协议的合法性。鉴于此，大法官开始对信托财产的设立和受益人的保护提供帮助，把受托人违反信托协议的行为视为违反道德的行为，认为是违反“良心”的犯罪；并认为，所争议的财产虽然根据普通法属于受托人所有，但在衡平法上，受托人有义务依照在信托协议中承诺的方式处理受托财产。大法官通过其判决不断将这些原则精制成详细的规则，使得信托制度成为英美法中一种具有典型风格的制度。①

在15世纪和16世纪，“用益”（use）或“信托”也被用来逃避封建税收。亨利八世国王认为这剥夺了王室的收入，因此在英国1535年的《用益法》中，他试图禁止用益的使用，规定土地属于法律上的所有人。亨利八世还增加了星庭法院（Court of Star Chamber）的作用。星庭法院拥有刑事管辖权，通常用于对付持不同政见者。然而，当亨利八世去世时，衡平法院认为1535年的《用益法》不适用于土地租赁。于是人们开始在家庭财产继承中又使用信托。此外，衡平法高于普通法的地位很快得到了重申，并在1615年得到了国王詹姆斯一世的支持。随着新大陆商业的开发和收入来源的增多，皇室对封建土地税收的依赖减

---

① 参见［德］茨威格特、［德］克茨：《比较法总论》，潘汉典等译，中国法制出版社2017年版，第348～349页。

轻,到18世纪初,土地用益已正式成为一种信托。如果土地由受托人为另一人的利益而持有,衡平法院承认受益人是真正的权益所有人,总体来说,信托产生于衡平法主要是因为救济。在普通法中,原告需要拿着盖章的合同文件作为证据去法院寻求救济,如果没有盖章,就无法寻求救济。另外,普通法对于违反契约的救济方式主要是损害赔偿(damages),而没有特定履行(specific performance),例如,在土地信托中,受益人希望的救济是关于那块家族流传下来的土地的,而非金钱赔偿。

英美法系研究信托的学者认为,信托在概念上和制度上,与其他几种法律概念有重合,例如,合同、赠与和转让。刚开始,信托只是衡平法的一系列规则,到了20世纪下半叶,信托法已经成为独立的法律类别,区分于财产法,也从衡平法规则中独立出来,有了自身独特的规则体系,构成要素等,使其区别于其他法律概念,信托作为独立于合同和侵权的私法类型被逐渐认可。①

4. 信托发展早期阶段的受托人义务呈现消极状态

中世纪末期的英国,人们最主要的资产是不动产,即土地。设立信托的目的主要是方便家庭所持有的土地的流转,因此,信托是对社会最主要财产持有和流转方式的一种特殊安排,信托的产生与发展与财产关系的调整有着最直接的联系。当时规范土地转移的封建法律极大地限制了土地的自由流转,主要是为了军事用途。后来封建社会结束之后,土地法律制度却延续了封建的传统,规定土地的继承是按照血统,即长子继承,而不能按照遗嘱,不能传给幼子,否则会有相应惩罚。因此,信托这一法律制度应运而生,为了反抗封建土地法律的弊端和不公平,当时的信托可以使土地主将土地的一部分权益留给其妻子、女儿和幼子。当时的信托设计一般是为了规避封建法律对土地继承的限制,土地主将土地转移给受托人,受托人同意在委托人生前代其持有土地,在委托人死后,将土地转移给委托人指定的家庭成员。由于土地名义

① See Gregory S. Alexander, *The Transformation of Trusts as a Legal Category*: 1800 - 1914, 5 Law & History Review 303(1987).

上的所有权归属于受托人,当委托人死后,不会触发封建土地法律关于继承的规定,因此,受托人可以继续拥有土地,按照委托人的意愿来持有土地。早期的受托人类似于代持股东,没有权力,只是消极持有,没有管理土地的义务。更常见的是,受益人实际居住在土地上,并对土地进行管理。因此,受托人的职责就是在委托人死亡后在法律上持有土地。由于信托最早的用途是作为一种消极的持有土地的方式,对于受益人的权益可以简单概括为其对受托人拥有诉权,并且对信托财产拥有衡平法上的权利(equitable title),衡平法上的权利指大法官法院可以对受托人的普通法上的权利进行执行。信托在 18 世纪主要被用于家族信托,以保持家族土地的完整。后来到了 19 世纪,信托依然是财产转移法的重要分支,信托被认为是一种取得财产所有权的方式,这时的信托依然同现代信托制度差距甚远。

可以说,信托产生于农业社会中调整最主要财产关系,即土地关系的规则需求,受托人主要的义务是按照委托人的要求持有和管理土地,对于土地的利用并不拥有太多的权限,受托人只需要具备忠实的品质即可,忠实义务即受托人信义义务的全部内容。后来随着商品经济的发展,信托制度又进入商业领域,发展于商业社会中调整财产关系,即资产与资本关系的制度需求。

(二)现代信托制度的发展:信托进入商业领域

商事信托的产生得益于商业信用的建立,如果说信托的产生依赖于个人之间的信任,那信托运用到商业领域就必须依靠商业信用。陌生人之间没有天然的亲属、朋友关系,信任来源于信用,特别在商业、金融领域,人们如何放心将自己的资产交给机构去管理和处置,还让渡所有权,没有商业信用,是无论如何无法办到的。信托制度的发展直接与社会信用制度的发达高低程度有关,信用体系尚未建立的国家和地区也不存在商事信托。人类早期的信用出现在商品流通领域,当“一手交钱、一手交货”的交易方式无法满足经济生活时,赊销和延期付款的方式应运而生,这意味着交易一方对另一方的信任。买卖双方除买卖关系以外,多了一层债权债务关系,即信用关系。后来信用关系超出了商品买卖的范围,进入了货币领域,货币的运动和信用关系联结在一起，就形成了新的范畴——金融。现代金融业是信用关系发展的产物。[①] 商事信托，特别是金融信托的产生和发展得益，并依赖于信用交易与信用制度的建立与完善。

1. 英国商事信托的发展

总体来说，英国的个人信托的发展强于商事信托，但不代表英国不重视商事信托。虽然英国是判例法国家，但其制定了相当数量的信托立法。英国商事信托的发展是从受托人由个人转向法人开始的，19 世纪末在苏格兰成立的"公共信托公司"就是英国最早的法人受托人。后来，英国先后颁布了若干信托成文法，影响较大的有《受托人法》《受托人报酬法》《受托人投资法》等，这些立法均与商事信托有关。英国的信托业主要集中在劳埃德银行（Lloyds Banking）等四家银行的信托部。英国《金融时报》首席撰稿人约翰·普伦德（John Plender）认为，信托给伦敦作为金融中心带来了竞争优势。中国香港特区 2013 年的信托法改革，其初衷也是为了和新加坡在亚洲家族财富管理领域竞争。商事信托产生于合同而非赠与，这揭示了信托不断变化的性质。信托，无论是出于商业或是家庭原因，其功能并没有太大变化。就信托法而言，通过赠与或合同设立信托所产生的程序相对不相关，对于委托人和受益人来说，他们最关心的是信托成立后受托人的表现，即是否履行受托人义务。[②]

2. 美国商事信托的发展：多元化创新

信托制度传到美国之后，美国人将其广泛运用于商事领域，其信托总资产的 90% 以上都是商事信托，至今为止，美国都是商事信托最活跃、发达的国家。美国独立战争之后，保险公司出于兼营其他业务的需要，率先引入英国信托制度，美国从信托制度建立开始，就以法人形式担任受托人，1822 年的"农民火灾保险与借款公司"（Farmers' Fire Insurance and Loan Company）开始兼营以动产和不动产为对象的信托

---

① 参见斯凯恩：《极简金融史》，民主与建设出版社 2016 年版，第 29 ~ 30 页。

② See Hayton, D., *Trusts and Their Commercial Counterparts in Continental Europe*, 8 Trusts & Trustees 22(2002).

业务,该公司 1936 年改名为"农民放款信托公司"(Farmers' Loan and Trust Company),其后,保险公司以兼营信托业务的形式陆续取得营业许可。1830 年设立的"纽约寿险和信托公司"(the New York Life Insurance and Trust Company),首次将 Trust 用于公司名称中。①

最初,信托公司主要从事执行遗嘱和财产管理的信托业务,后来开始从一般个人手中接受资金,将这些资金集合起来运用到证券投资中。1864 年,联合信托公司(Union Trust Company)被允许从事法人信托业务,并且以 1861 年南北战争为契机,受理并贩卖公司发行的公司债券成为信托公司的重要业务。这是美国信托业第一个飞速发展时期,经营信托的金融机构和信托资产总额不断增加。这一时期美国信托产品有两个特征,一是有价证券取代原有的土地和实物资产成了新的信托财产,二是以吸收存款和发放贷款为核心的信托产品获得了高速发展。② 后来,信托公司逐渐开始发挥金融机构的作用,1913 年,联邦储备委员会赋予国家银行信托业务权限,银行开始经营信托业务。

"二战"之后,美国资本市场急速扩张,商事信托也获得了更广阔的发展空间,美国政府为了刺激经济,通货膨胀严重,人们为了财产的保值增值,纷纷参与证券投资信托计划。美国商事信托的发展也得益于美国发达的证券市场,有价证券成为信托财产主要的投资对象,美国不允许商业银行直接经营证券买卖和在公司参股,因此,商业银行设立了信托部门来规避法律上的限制。美国证券投资信托是重要的金融工具,也是美国金融体系不断发展和完善的重要标志。1921 年成立的美国国际投资信托公司是美国最早从事证券投资的信托公司,但 20 世纪 30 年代的金融危机,也使信托业遭受了巨大打击,美国政府为了保护投资者利益,开始制定一系列的信托立法。20 世纪 80 年代以后,美国金融业走向混业经营,信托制度凭借其灵活的制度优势在财富管理方面发挥着重要的作用,以投资基金和养老基金为代表的商事信托得到

---

① 参见[日]田中和明、[日]田村直史:《信托法:理论与实务入门》,中国人民大学出版社 2018 年版,第 13 ~ 15 页。

② 参见邢成、袁吉伟编著:《资金信托:理论与实务》,经济管理出版社 2020 年版,第 49 ~ 51 页。

快速发展,在美国,投资基金专指共同基金和单位投资信托。

英国的信托制度毋庸置疑影响了美国的信托制度,但由于美国着重发展的是商事信托,美国的信托法制形成了独特的体系,虽然是判例法国家,但颁布了大量的信托成文法。由于美国对于商事信托的诸多创新,美国也成为世界上商事信托最为发达的国家。美国信托法的价值基础以及立法变迁,对我国发展商事信托以及完善信托法律框架有借鉴意义。

3. 大陆法系引进信托制度的目的:发展商事信托

世界上很多国家为了经济的发展,创造更多的商业机会,纷纷引进英美法系的信托制度。虽然名为信托,由于各个国家的国情和法律制度差异较大,信托制度引进本土后或多或少有被改良及变异,并且,由于各国的民法差异较大,对于民事信托的规定大相径庭,而欧洲大陆有些国家,虽然没有明确的信托法,但有些制度也类似英美法系的信托制度。因此,信托以商事信托的形式通过经济的交往逐渐传到全世界各地。

(1)欧洲大陆国家对商事信托的有限接纳

总体来说,欧洲大陆很多国家的信托实践发展较为缓慢,很多国家甚至拒绝引入信托制度。尽管1985年通过了《关于承认信托的海牙公约》,但欧洲所有大陆法系司法管辖区,除了意大利和荷兰,以及现在的卢森堡,仍有保留地拒绝接受将信托引入国内法。在现代世界中不同的法律语言中对信任(confidence)和委托(entrustment)的观念进行共同而有差别的表达有一定难度。普通法系中的信托制度经常被描绘成具有分割所有权特征的制度。有学者将大陆法系国家对信托的接受划分为两个阶段,第一阶段是20世纪以前,第二阶段是20世纪之后。在第一阶段引入信托制度的大陆法系国家,很多的法律传统都源于英国法,例如,魁北克省所在的加拿大,南非,以及路易斯安那州所在的美国。直到20世纪,普通法系国家中,信托主要用于在家族内部进行的财产转移,即个人信托(personal trust),或者是慈善信托(charitable trust),基本上很少超出继承法或者婚姻法的范围。20世纪之后,在信托的应用领域,最吸引欧洲大陆法系国家的,集中在与商业有关的场合,即商事信托。

在欧洲,fiducie 是以合同或者信托安排的形式出现的,主要运用于金融机构管理财产或者担保请求权领域,并非自由使用。总体来说,很多大陆法系国家所规定的所有权分层制度(ordering of ownership),并非像普通法系的信托制度那样,受益人可以根据衡平法上的所有权在受托人违反信托义务时寻求救济。由于受托人是信托财产的所有权人,受益人只能基于权利滥用或者欺诈而起诉,以应对受托人的无能(ineptitude)或者失信(a breach of faith)行为。分离财产至受托人的设计是一种脆弱的设计,当受托人违背诺言或者受托人破产时,不保护将财产分离出去的人的利益。因此,有些国家将分离财产至受托人的设计仅应用于商事范围内。如在德国,仅应用于金融领域,假定将财产分离的人是经验丰富的人,可以判断风险,而典型的受让人是受到规制的金融机构。①

法国的"fiducie"制度类似于英美法系的信托。法国《民法典》第2011 条将 fiducie 定义为一种合同,根据该合同,一方公司(委托人)将货物或权利转让给另一个人(受托人),受托人将货物或权利与自己的财产分开持有,并为一个或多个受益人的利益管理受让财产。fiducie 还应符合各项要求,特别需要强调的是,fiducie 只能通过法律或合同的明示设定。设立 fiducie 的合同必须包含一定数量的信息,并且必须履行登记手续,以及办理税务登记。fiducie 未经登记则产生无效的法律后果。fiducie 给法国民法体系带来了新的挑战,它允许临时转移财产,使财产能够独立于受托人,并与委托人的财产分离。fiducie 挑战了法国民法的基本概念,即一个人的财产不能分割。由于英美法系的信托最开始出现是以资产隔离、避税等为目的,fiducie 制度的正当性在法国受到质疑。新法规限制了 fiducie 的范围,并试图保持其税收中立地位,立法这样的安排极大地限制了 fiducie 的吸引力。另外,受托人必须是金融机构,并且委托人必须在欧盟或与法国签署税务条约的国家注册。

---

① 参见[加拿大]莱昂纳尔·史密斯主编:《重塑信托:大陆法系中的信托法》,李文华译,法律出版社 2021 年版,第 12～20 页。

从这个角度来看,法国对信托概念的引入,也是为了发展商事信托。

德国并没有真正引进英美法系的信托制度。早在19世纪末,德国法学家瑞格尔斯伯格(Regelsberger)就以古罗马的信托(fiducia)为基础提出了信托法律行为(fiduziarischesRechtsgeschaeft)的概念。这一概念被帝国最高法院采纳,后被翻译成德文Treuhand。但德国有类似信托的设计——Fiduziarische Treuhand,即分离财产至受托人处。虽然这种设计和信托无关,但可以被用于类似商事信托的范畴。将归属于他人之物的权利或财产转移给受让人(the acquirer),同时转移的还有fiduciary,即信义义务,该义务是以有利于他们或者第三人利益的方式,来管理、利用或者处分那些已经被购买的标的物。负有受托义务的购买人所负担的义务可能指向不同的目标,既可能是一个关于投资管理的问题,也可能是从一个处于财务困境的企业分离出来的财产或者清算问题,还可能是开设一个账户用于特定目的并将一定数额的钱投入其中的问题。这种分离财产至受托人的设计,也允许通过财产的转移来确保一项请求权(sicherungstrehand)。虽然这种设计可以很好适应商事信托制度,也被应用了一个世纪,但依然没有立法对此予以确定。法院支持这种设计,法官们认为这种设计起到一种缓冲作用,即在对他人财产进行管理时,提供了委托的一种替代形式,或者在需要确保一个请求权却缺乏关于在动产之上担保的法律时,这种设计可以起到缓冲作用。因此,有德国学者认为,德国的信托法仅仅是“判例法的杰作”①。该学者也介绍了德国国内对于信托立法的争论和分歧。很多学者从十九世纪就开始呼吁德国进行信托立法,而反对者主要认为,大陆法系国家移植信托制度并无意义,将信托引入民法体系注定会失败。引进信托之前,需要处理好很多与民法相关的基本问题,例如,区分信托与管理他人事务、善意第三人从不忠实的受托人处取得财产的法律后果、信托财产代位物的范围等。②

---

① [德]海因·克茨:《英美信托与德国信托的比较法研究》,白媛媛译,法律出版社2021年版,第184~185页。

② 参见[德]海因·克茨:《英美信托与德国信托的比较法研究》,白媛媛译,法律出版社2021年版,第166~169页。

本书在第一章对信托制度和行纪制度作了对比研究,德国商法中的行纪制度也长期与信托混淆,但行纪与信托的差别较大,也很少有信托法学者将德国的行纪制度看作是信托。两种制度的区别在此不再赘述。

加拿大魁北克省比较特殊,在加拿大十个省中是唯一一个属于大陆法系的省。魁北克省的民法中引入了与信托制度类似的制度,即fiducie,经历一个世纪仍然没有完成。迄今为止,fiducie仍然没有像合伙制度或者委托(mandate)制度一样真正成为魁北克省一般法中的一部分。①

(2)亚洲国家对商事信托的积极引进

日本虽然是大陆法系国家并仿照德国法律体系制定了日本《民法典》和《商法典》,但早在19世纪末20世纪初就开始逐渐引进英美法系中的信托制度,成为亚洲国家中最早引入信托制度的国家,也是商事信托发展较为迅速的国家。韩国紧随其后于1966年颁布了韩国《信托法》,我国于2001年制定《信托法》,成为东亚国家第三部《信托法》。19世纪末,日本处于近代产业蓬勃发展的时期,由于工业化的需要,需引进欧美国家现金的制度,包括信托制度。1902年,日本兴业银行成立后首次开办了信托业务,并为日本的工业化发展提供了充足的资金。1900年制定的日本《兴业银行法》第9条第4款中,作为营业种类的一种规定了"关于地方债券、公司债券以及股票的信托业务",这是日本首次出现"信托"的文字形式,但实际上的业务是支付本金利息、管理证书等代理事务,与真正意义上的信托法律制度没有关系。② 日本实质性引入信托的标志性事件是在1905年制定了《附担保公司债信托法》,担保公司债信托即将担保权作为信托财产,公司债权人作为受益人。该法目的是建立附担保公司债信托制度的同时,通过保护信托公司债权人,促进国民经济的发展。加之当时日本正处在战后的复兴阶

---

① 参见[加拿大]莱昂纳尔·史密斯主编:《重塑信托:大陆法系中的信托法》,李文华译,法律出版社2021年版,第6~7页。

② 参见[日]太田达男:《信托法概念》,东京经济法令研究会2009年版,第13页。

段,从轻工业向重工业转型,需要大量资金支持建设,需要从海外引入资金,因此,通过附担保来赋予公司债和借款以公信力。于是,和财团抵押制度一起,日本引入了附担保公司债信托制度。这一业务只允许银行承办,这样,在日本以公司为对象的信托制度最先建立起来,后来,专门从事管理、运用个人财产的信托公司也开始设立,1906 年设立的东京信托股份公司被认为是日本的第一家信托公司。

日本自 20 世纪 70 年代开始,信托的金融功能和财务管理功能得到充分发挥,发展出诸多信托种类,日本称这一阶段为“信托时代”。这一时期,信托银行的贷款业务比重下降,开始出现土地信托和有价证券信托,信托银行开始转向财务管理型业务。并且,信托财产运用方式开始多样化,以前的信托财产主要用于投放贷款,现在的信托财产主要用于有价证券投资,土地信托、证券以及资产证券化信托是这一时期的信托业务的主要构成。这与传统的贷款信托有所区别,标志着日本信托业的转型。

日本的《信托法》规定了民事基本规则以及基本信托法律关系,《信托业法》等行业法规范信托业规则及民事特别规则,包括《信托投资法》《资产流动化法》等特别法;《金融商品交易法》规范资本市场。[①] 日本于 1922 年颁布日本《信托法》,为大陆法系国家对信托的接纳开了先河。该法通过殖民占领传至韩国。日本殖民统治后,韩国颁布了《1961 年韩国信托法》,后来我国 2001 年颁布的《信托法》,也极大地借鉴了 1922 年的日本《信托法》。后来,由于首部信托法的局限性,日本在 2006 年颁布了修订后的日本《信托法》,新信托法具有很多在传统普通法信托中不存在的特征。[②] 日本的商事信托实践传到了亚洲其他国家和地区,也极大地影响了当地的信托立法。[③]

---

① 参见[日]神作裕之、杨林凯:《日本信托法及信托相关法律的最新发展与课题》,载《中国政法大学学报》2012 年第 5 期。

② 参见赵廉慧:《日本信托法修改及其信托观念的发展》,载《北方法学》2009 年第 4 期。

③ See Lusina Ho & Rebecca Lee, *Reception of the Trust in Asia: An Historical Perspective*, in Lusina Ho & Rebecca Lee, eds., Trust Law in Asian Civil Law Jurisdictions, 2013, p. 25 – 26.

(3)我国商事信托的发展

从严格意义上讲,我国信托起步较晚,历史上的信托实践并非真正的信托。著名民法学者史尚宽先生在其《信托法论》一书中讲到,类似土地信托的实践早已被外国人引进中国,不平等条约《南京条约》签署之后,对于符合要求的外国人,上海、天津等通商口岸的政府颁发“道契”,允许其长久租赁土地来居住或经商,“道契”是一种特殊的地契。如中国的土地所有者想将其土地租给外国人,需要委托一名外国商人或者公司,让他们以自己的名义去申请“道契”,然后外国公司出具一个证明,叫作“权柄单”,说明土地实际属于中国该土地所有人,并将“道契”和“权柄单”交给中国的土地所有人,如果该土地将来要出售,卖方和买方必须带着“权柄单”去找到外商公司,才能完成土地买卖交易。当时中国传统的地契“田单”对于土地的尺寸的衡量和记载并不精确,但给外国人的“道契”对于土地尺寸的衡量是非常准确的,其由中方和外方的人员共同核实。因此,很多中国人愿意将地契换成“道契”。[①] 当时由于外国人无法在上海租界外购买或者租赁土地,如果需要在租界外购买或者租赁土地的,要借助中国合作伙伴的帮助,有了这种契机,浙江兴业银行模仿“道契”的模式,以自己的名义在租界外租赁土地,再转租给国外客人,并给外国客人颁发“权柄单”,证明双方权属关系。上述发生在上海的类似信托的实践更多是关于土地法的,不能算作是真正的信托。明确以信托形式出现的是 1914 年美国人在上海开办的信托公司,以及 1913 年日本人在大连开办的信托公司。[②] 但通说认为,中国信托业肇始于 1921 年的“信交风潮”,即第一次世界大战之后我国工商业萧条,市场上很多闲散资金,当时的政府为了缓解财政困难增发公债,促进交易所和信托公司兴办,一时间大量的交易所和信托公司开业,例如,1919 年聚兴诚银行上海分行设立信托部;1922 年上海商业储蓄银行保管部改为信托部等。由于股票价格飞涨,引发互

---

① 史尚宽:《信托法论》,台北,台湾商务印书馆 1946 年版,第 5 ~ 6 页。

② 参见中国人民大学信托与基金研究所:《中国信托业发展报告(1979 - 2003)》,中国经济出版社 2004 年版,第 3 页。

炒股票的投机行为。1921 年 8 月起,开始有信托公司因经营失败而倒闭。1921 年年关将近时,一些银行和钱庄收紧银根,借款投机股票者资金运转不灵,最终导致证券价格暴跌,大批交易所及信托公司倒闭。12 月仅新设立 1 家交易所。1922 年 4 月风潮平息时,上海的华商交易所仅存 6 家,华商信托公司仅存 2 家。总体来说,新中国成立之前的信托实践主要是代理买卖有价证券和土地、代收房地租、代理保险、代客保管物品及保险箱出租等,皆与英美信托制度的实质内容及运用方式相去甚远。[①] 但无论如何,发生在上海的信托实践也为我国后来正式引进信托制度奠定了基础。[②]

改革开放之后的 1979 年,我国重启了商事信托实践,第一家成立的信托公司是中国国际信托投资公司(CITIC),这是一家国有资本投资的信托公司。当时国家为了引进外资,重启经济建设,荣毅仁先生建议,以成立信托公司的方式更能吸引国际资本,于是,第一家国有信托公司成立。因此,我国的信托业成立之初就是作为金融业的一部分来吸引国际资本进行投资。暨中信信托成立之后,1980 年国务院下发指示鼓励地方政府和政府部门从事信托业务,地方政府和许多国有企业相继成立了数百个的信托公司。从 1979 年到 1982 年,信托公司数量高达 620 家,均由银行、国务院各部门和地方政府创建,这一过程一直持续到 1988 年,信托公司数量达到了 745 家的高峰。那个时期对信托业的狂热并非起源于对信托的任何真正法律需求,而是基于中国采取了对外开放政策来吸引外资,而且国有企业和地方政府拥有更多的资本,他们也在寻求一种更好的方式来管理他们的资本。此外,经济飞速增长需要更灵活的融资方式,除了银行提供的定期存款,信托贷款可以产生更高的回报。由于上述原因,信托公司在全国范围内如雨后春笋般蔓延,并对国家金融秩序造成了一定影响。因此,中央政府颁布了相关规定以监管混乱的信托业务,并减少信托投资公司的数量,对信托业

---

① 参见赖源河、王志诚:《现代信托法论》(第 3 版),中国政法大学出版社 2002 年版,第 9 ~ 10 页。

② 参见戴新华:《试论民国时期信托业》,载《华北电力大学学报(社会科学版)》1996 年第 3 期。

务实施许可制度。中央政府分别在 1982 年、1985 年和 1988 年进行了一系列调控，并随着人民银行停止发放信托许可证，同时禁止信托投资公司从事银行业务，到了 1999 年时，信托投资公司的数量仅为 60 家，全部重新注册为合格信托投资公司。从那以后，我国信托公司的数量基本保持稳定，目前维持在 68 家。

在《信托法》颁布之前，我国信托公司经营的业务主要是借贷业务，职能等同于银行，加上我国当时并未有规范信托关系的信托法律，虽然对信托业有数次的整顿，但均未从根本上解决问题。没有《信托法》的信托实践，属于有信托之名而无信托之实的活动，理论界呼吁制定《信托法》的呼声由来已久，而由于我国立法机关对于《信托法》的定位问题，《信托法》的颁布经历了漫长而曲折的过程。《信托法》的初衷是完善和健全我国金融体系，解决信托业长期缺乏法律规范、定位不明确的问题，但草案在审议时，很多反馈意见认为，《信托法》应先对信托基本关系作出定位，信托业的规范应另行规定，因此，目前的《信托法》并未有对信托业的规定。① 虽然我国《信托法》是对基本信托关系的规定，但似乎民事信托和公益信托并未得到发展，加上《信托法》对于信托分类的含糊不清，缺乏定义，对不同信托种类的受托人主体也缺乏规范，使得人们不敢轻易尝试民事信托；营业信托由于受托人是信托公司，其实践也仅限于投资者购买信托公司发行的信托产品，以及信托公司提供的各种信托业务，导致我国商事信托实践的种类单一。商事信托实践不应仅局限于信托公司的业务，因此，在《信托法》修订时，除了考虑对不同信托种类的不同规定，对于商事信托而言，是否需要扩大受托人主体，以及是否将商事信托局限于营业信托，都应予以明确。

二、商事信托的功能

现代信托的一个重要表现体现于信托的商业性或者商事特征，除了发源国英国，其他国家引进信托制度主要是为了发展商业和金融。

---

① 参见卞耀武主编：《中华人民共和国信托法释义》，法律出版社 2002 年版，第 216 ~ 220 页。

美国 Langbein 教授在其文章中认为信托本身就是一个商业工具。[①] 信托被广泛运用于商业领域和金融领域,得益于其不可取代的功能。除众所周知的资产隔离功能、避税功能以外,商事信托在金融领域还具有以下功能:(1)融资功能,我国信托公司属于金融机构,以经营信托为业,金融机构的业务离不开其本质特征——投融资,因此,我国信托公司很重要的一项功能为融资功能。体现融资功能有两种形式,一种是将集合信托的资金以债权或者股权的形式投入需要融资的项目中,另一种是将单一委托人的信托资金投入需要融资的项目中,即常说的"通道业务"。在我国,民营经济存在融资难、融资贵的问题,如果信托公司可以将信托资金投入有需要的民营经济中,在筛选目标公司方面,金融机构具有一定的资源和通道,因此,商事信托的一个很重要的功能是融资功能。(2)资源配置功能,商事信托通过对信托资金的运作和投向,可以将不同投资者的零散的资金集中起来,透过不同方式的投资和投向,对资源进行利用和调配。[②] (3)调控经济功能,当国家希望发展或者希望抑制某个行业的时候,会通过监管通道引导信托资金投向或者不投向某个行业。商事信托作为重要的金融工具,可以用来对经济进行宏观调控。

三、商事信托在受托人信义义务履行方面的制度优势

作为金融机构的信托公司相比民事信托受托人,在信义义务的履行上具有诸多制度优势,有一定的保障和外部监督,资产管理业务属于广义的信托法律关系,其法律规制离不开主管机构的审慎监管、自身行为监管与信义义务规则三大支柱的作用[③]。审慎监管主要针对风险控制和防范,自身行为监管旨在保护处于信息掌握弱势的投资者的权益,

---

① See Langbein, J. H., *The Secret Life of the Trust: The Trust as an Instrument of Commerce*, 107 The Yale Law Journal(1997).

② 参见朱小川:《营业信托制度法律问题比较研究——以受托人信用为中心》,华东政法学院2006年博士学位论文。

③ 参见姜宇:《论资产管理业务法律规制的第三支柱:信义义务规则——兼评〈关于规范金融机构资产管理业务的指导意见〉》,载《上海金融》2018年第12期。

信义义务规则是信托关系中最为重要的，目的是防范受托人的道德风险以及提高受托人的管理能力。

(一)受托人的商事信用

信托产生之初，受托人一般是委托人信任的亲友，或者当地有名望的人，无论怎样，委托人挑选的受托人都是其信任的，言出必行的人，只有这样，委托人才能预期受托人大概率是会按照其承诺来履行受托义务。因此，在民事信托中，受托人也是遵守承诺，有信用的人。但受托人是否遵守承诺是一个长期的过程，刚开始信守承诺不代表一直信守承诺，如果受益人是无民事行为能力人或者限制行为能力人，也没有能力对受托人进行监督，因此，受托人的个人信用难以被有效监督，对受托人提出的道德要求过高，实际上可能难以执行。

在商事信托中，受托人是专业的机构法人，在我国主要是属于金融业的信托公司，我国法律对信托公司的准入设置了较高的门槛，我国目前也没有新增的信托公司，信托公司的数量基本维持在原有的 68 家。2021 年施行的《中国银保监会信托公司行政许可事项实施办法》对于信托公司的设立条件，在《信托公司管理办法》基础上作出了详细规定，其中对于境内非金融机构担任信托公司出资人的，还要求其具有良好的社会声誉、诚信记录等，即除对于财务情况有要求以外，还对信用有要求。这说明了立法者对信用的重视。

2014 年国务院发布了《企业信息公示暂行条例》之后，我国建立了全国范围内的企业信用信息公示系统，对企业的各项登记信息、信用信息、经营信息、处罚信息等的公示作出了强制性规定，因此，委托人在选择信托公司之前，可以通过公开渠道查询信托公司的注册登记情况、经营情况，以及是否有行政处罚，涉诉案件多与少等，从而对信托公司的整体情况进行预判。从受托人主体条件来看，委托人选择信托公司作为受托人的可信度要高于其他主体。相对来说，通过一定行政审批前置程序的设立的受托人，要比委托人自行寻找的受托人更可靠一些。

另外，商事主体的自有资本金是否充足是其履行信用的重要保证，资本充足的商事主体，其就有履行承诺的经济能力，反之，即使主观上想履行都没有现实可能性。商事主体登记制度改革之后，对一般公司的设立没有注册资本的要求,根据《信托公司管理办法》的规定,信托公司的最低注册资本是3亿元,且为实缴资本,但实际上的信托公司注册资本远远高于此,例如,中信信托有限责任公司的注册资本为1,127,600万元人民币。当然,注册资本只能代表商事主体在注册时的资本,因此,还需要对信托公司的资本的持续充足进行相关规定,上述《管理办法》还规定,信托公司对外担保的金额不得超过其净资产的50%。《企业年金基金管理办法》规定,信托公司资本在任何时候都要维持不少于3亿元人民币的净资产。在我国,只有信托公司被以特许的方式来经营信托业,这是监管机构对信托委托人和受益人权益保证的一种谨慎态度。信托公司接受委托人的委托担任受托人,这是一种承诺和宣示,信用的本质是兑现承诺,承诺的兑现包括主观意愿和客观能力,信托公司的持续的资金充足就是客观履约能力的保证。[①] 当信托公司作为受托人违反信义义务时,将会面临用自己的固有财产承担赔偿责任的法律后果,因此,信托公司的资本金直接影响信托公司能否承担违反信义义务的后果。目前我国有少数信托公司面临经营困难,被监管机构接管的状态,投资者已经赢了诉讼,但由于信托公司早已资不抵债,案件无法实际执行。因此,信托机构的资本金和其履约能力有直接关系。

信用是指对一个社会中的人(自然人、法人以及其他组织等)履行义务,尤其指偿付到期债务的能力的一种社会评价和合理期待,它与风险成反比。[②] 传统熟人社会中,信用可以给人们带来便利条件,信用好的人可以买东西不用立即付钱,即“赊账”;另外,信用与道德、伦理相联系,信用好的人一般也是道德较为高尚的人。因此,民法中的“诚实信用”一词,将诚实与信用联系在一起使用,说明了信用具有一定的主观特征,主观上也需要有接受的意愿。信用发展到商品经济时代之后,不再局限于道德评价,而展现出一种义务的强制力执行的形式,例如,

---

① 参见汪其昌:《可置信的承诺:受托人义务与信托公司资本金》,载《杭州金融研修学院学报》2011年第2期。

② 参见江平、程台红:《论信用——从古罗马法到现代社会》,载《东吴法学》2000年第11期。

当一个人借钱后无法偿还时,如何对其信用进行否定评价和惩罚。信用与信任相关,从法律的角度来看,不同主体之间的信用所反映的是他们之间的权利和义务关系,是法律制度对信用的确认,以及对信用被破坏之后的惩戒。商业社会属于陌生人社会,人们对某些行业、某个商业组织产生信任,主要源于其商事信用。例如,我们目前对国产奶粉行业缺乏信任,原因在于国产奶粉行业中的某些企业对信用的破坏,至今都难以重建。

(二)信托公司的经营规范以及内部管理有助于信义义务的细化和执行

信托理论中的信义义务概念较为抽象,在没有法律予以明确和细化的情况下,司法实践中主要参照英美法系中的信义义务理论以及根据信托合同的规定。商事信托的受托人主要是信托公司,原银监会颁布的相关管理办法和指引中,对信托公司的信义义务作出了一些具体的要求,信托公司应予以遵守和执行。对于信托公司的内部管理要求,也有助于信托公司可以更规范地履行受托职责。

《信托公司管理办法》首先对信托公司的信托业务部门的独立管理作出了规定,为了防范信托公司侵犯信托财产的独立性,挪用信托业务聚集起来的资金来为其固定业务谋利,为了避免利害冲突,保护受益人的利益,规定信托公司的信托业务应独立于其他部门,从财务、信息、人员方面进行独立,分别管理。其次,对信托公司的受托行为进行了规范,对忠实义务进行了细化,规定了若干禁止性行为。第35条对关联交易的价格和程序要求作出了规定。另外,第19条对信托财产的管理方式作出了规定,即投资、出售、存放同业、买入返售、租赁、贷款等方式,上述方式中很多是金融机构特许的管理方式,如存放同业、买入返售和贷款等,民事信托中的个人、非金融机构受托人是不能采用的。因此,商事信托的受托人在运用信托财产进行投资时具有更多的形式和方式。信托是一种创新,商事信托更具有创新性,很多金融产品都是商事主体在实践中不断创新出来的,因此,对于商事信托受托人的限制性规范不宜太多,只要受托人的行为不违反禁止性规定即可,如《信托公司管理办法》第19条第2款规定信托公司对信托财产不得使用卖出回购的方式。卖出回购即信托公司在金融市场上,按照回购协议的约定,先行卖出可以作为回购交易的特定信托资产,如国债、票据等,再按固定价格在到期日从交易对手处买回的经营行为。其本质是让交易对手为信托财产融入资金,属于为信托财产借入资金。为防止信托财产因举债而遭受损失,保护受益人的最大利益,监管规则即禁止信托公司以卖出回购方式运用信托财产。[①] 除针对所有信托业务的禁止性规定以外,还有专门的针对特定信托业务的禁止性规定。

原银监会2007年颁布了《信托公司治理指引》,规定信托公司治理应当体现受益人利益最大化的基本原则,该指引对信托公司的治理原则以及内部治理规则作出了较为详细的规定,例如,第7条规定了信托公司股东的禁止性行为[②],另外,还详细规定了股东(大)会、董事会、监事会、高级管理层等组织架构的建立和运作,并规定当公司、股东以及公司员工的利益与受益人利益发生冲突时,应当优先保障受益人的利益。

(三)金融监管对信义义务履行的监督和促进作用

投资具有风险性,金融监管有助于信托公司的投资行为的风险控制,不同的风险模式需要不同的风险防范与监管机制,除了信托业,银行业、保险业和证券业也受到不同程度的监管。信托业并非我国的传统金融行业,发展历史以及在人们心中的认识程度不如其他金融行业,因此,信托业一直以来都受到监管机构的严格监管,经历了数次整顿。

《信托公司管理办法》对信托公司的经营范围作出了明确规定,包括信托业务,即信托公司的主营业务,以及中间业务和固有业务。信托公司的具体经营范围按照章程规定。信托业务的经营需要遵守信托法

① 参见周小明:《信托制度:法理与实务》,中国法制出版社2012年版,第400~401页。

② 《信托公司治理指引》(银监发〔2007〕4号)第7条规定:"信托公司股东不得有下列行为:(一)虚假出资、出资不实、抽逃出资或变相抽逃出资;(二)利用股东地位牟取不当利益;(三)直接或间接干涉信托公司的日常经营管理;(四)要求信托公司做出最低回报或分红承诺;(五)要求信托公司为其提供担保;(六)与信托公司违规开展关联交易;(七)挪用信托公司固有财产或信托财产;(八)通过股权托管、信托档、秘密协议等形式处分其出资;(九)损害信托公司、其他股东和受益人合法权益的其他行为。"

律法规、监管规定以及信托合同的规定,但我国的信托立法较为简单,更多的是庞杂的监管规定。因此,对于我国目前的信托业来说,其运行的制定法依据更多的是监管部门的管理规定,至少在目前的阶段,相比民事信托来说,商事信托对于受托人的强制性限制要多很多。

对于信托业的监管规则,以控制风险为主,即审慎监管原则,主要从对信托公司的内部治理的监管(这一点在上文已论述)关联交易监管和量化风险监管几个方面进行。信托公司的内部治理的监管主要依据《信托公司管理办法》以及《信托公司治理指引》的相关规定。2004年原银监会发布的《关于进一步加强信托投资公司内部控制管理有关问题的通知》(已失效),提出了加强信托公司内控管理的具体措施。

如前所述,信托公司的资本金是否充足直接影响其履约能力,因此,监管机构制定了《信托公司管理办法》《信托公司净资本管理办法》以及《关于印发信托公司净资本计算标准有关事项的通知》来对信托公司的净资本风险进行控制。另外,《信托公司管理办法》还规定了信托公司的赔偿准备金制度,信托公司的赔偿准备金只能存放于商业银行或购买国债等低风险高流动性证券品种。

另外,在加强信息披露方面,原银监会2005年颁布了《信托投资公司信息披露管理暂行办法》,要求信托公司将年度经营管理情况予以披露,有助于委托人了解信托公司的财务状况、经营状况,风险控制情况等,也有助于信托公司提升管理水平,信息披露充分对委托人、受益人监督信托公司的信义义务履行情况具有重要作用。

第二节　我国商事信托实践对信义义务的偏离

2020年、2021年商事信托领域发生了多起风险事件,2020年发生了300多起信托违约事件,涉及金额超1616亿元;2021年的违约事件发生200多起,涉及金额超1435亿元,[①]风险高发领域由2020年的工

① 陈洪杰:《2020年集合信托违约超1600亿,未来3年还有9.2万亿信托到期》,载《第一财经》2021年1月12日,https://m.yicai.com/news/100911459.html。

商企业转移至2021年的房地产行业。纵观各国的信托立法,对于信托的定义都集中体现在受托人信义义务、信托财产所有权的转移以及受托人权限等方面,其中,受托人信义义务体现了信托的核心概念。民事信托的基础是信任,商事信托制度的核心是商事信用,我国的商事信托实践时间并不长,经历了较快发展的同时,也体现出一些亟待解决的问题。

一、我国商事信托实践的特征

(一)以金融信托为主

目前我国商事信托的实践以营业信托为主,受托人由金融机构担任,主要是信托公司,还包括基金管理公司。但实际上,被认为实质上属于信托法律关系的还有银行、保险等金融机构作为受托人、管理人的资产管理行业。无论是狭义的信托业还是广义的资产管理行业,受托人都是由金融机构、基金公司担任,目前暂时还不存在其他非金融机构的信托公司。我国商事信托从资产来源结构方面,主要类型包括集合资金信托、单一资金信托和管理财产信托。由于监管法规的引导作用,信托业面临转型,将大幅度缩减银行信托通道业务,单一资金信托的比例有所下降,对应的是集合资金信托比例上升,表明信托公司在加强主动管理能力方面的努力。由于我国目前信托公司发行的信托产品中,集合资金信托占重要地位,监管机构专门订立了《信托公司集合资金信托计划管理办法》,但对于其他类型的信托并未专门立法,说明了集合资金信托的地位以及重要性,但也从侧面反映了我国信托立法的不足。根据资产功能结构进行划分,我国商事信托包括事务管理类信托、投资类信托、融资类信托。由于监管政策的导向作用,信托公司事务管理类信托比例持续下降。① 根据财产形态,可分为资金信托、动产信托、不动产信托、有价证券信托和财产权信托,但由于我国目前的信托财产登记制度尚未建立,我国商事信托主要以资金信托为主,其他类型

① 参见中国人民大学信托与基金研究所:《2020中国信托业发展报告》,中国经济出版社2020年版,第26~27页。

还包括股权信托等。根据信托财产的投向，可以分为房地产信托、基础产业信托、金融信托、工商企业信托等。

依据我国信托法律法规的规定，受托人的主体严格限定在金融机构，主要是信托公司，信托公司在我国属于金融机构，因此，我国的商事信托又被称为金融信托。金融信托主要是指将金融机构作为受托人，按照委托人的要求，或特定目的，管理运用或处分货币资金、有价证券以及其他财产的金融业务。①

（二）商事信托目的多为投资，而非资产隔离

根据集合资金信托的相关规定，委托人和受益人应为同一人，商事信托的委托人购买信托产品的主要目的是投资，《关于规范金融机构资产管理业务的指导意见》（以下简称《资管新规》）实施之前，信托公司承诺到期保本付息，利息高于银行理财产品，很多投资者对于信托关系并不了解，主要是因为信托公司作为金融机构，发行的信托产品也属于金融产品，因此，很多投资者将信托产品看作理财产品，购买是为了投资，而非追求信托的最重要目的——资产隔离。从实际上来看，委托人和受益人为同一人，委托人的债权人在其无法偿还债务时，可以执行受益人的受益权，只是需要等到信托产品到期，这和等到银行理财产品、基金产品到期是一样的道理，并无本质区别。另外，我国银行业规模远超信托业，银行掌握了绝大部分客户资源，因此，信托机构常常委托银行来销售信托产品。在一些案例中，银行客户以为银行销售的金融产品都是银行发行的理财产品，因购买程序并无二致，直到信托产品到期无法兑付时客户才知道自己购买的是银行代销的信托产品。

但有一类信托产品例外——家族信托。虽然业界对家族信托的类型存在争议，即家族信托到底属于商事信托还是民事信托，但目前来讲，从大额资金的管理的安全角度出发，信托公司作为受托人从安全性来讲胜于其他机构。但信托公司发行的家族信托产品对于受益人是严格限制的，仅允许受益人是委托人本人及其直系亲属。如委托人希望将非直系亲属、朋友或者其他人作为受益人是不允许的，这种规定大大

---

① 参见王伟、李冬霞、王硕：《金融信托概论》，经济科学出版社2021年版，第1页。

限制了家族信托的使用和作用的发挥，也限制了委托人的自由。一般有信托法的国家和地区，特别是英美法系国家和地区中，对于受益人范围并无限制，有地区甚至允许受益人是动物。我国信托公司对家族信托受益人的限制，并非来源于信托业，而是源于金融监管的规定，防止委托人利用信托来从事洗钱等犯罪行为。虽然从资金安全来讲，这一做法值得肯定，但对于家族信托的普及以及适用却具有一定的阻碍作用，不利于家族财富的自由处置，也不利于家族财富个性化的安排。

（三）"刚性兑付"对信托业影响的双面性

"刚性兑付"并非法律概念或术语，一般指融资类的集合资金信托产品到期后，作为发行人、受托人的信托公司应按照承诺，将委托人的本金以及约定收益偿付给委托人。即使信托计划出现不特定因素无法按期兑付的，信托公司承诺以其固有资产进行偿付。"刚性兑付"这一曾经的信托业行业惯例，有其产生的背景因素，即我国信托业长期以来依赖银行业，自身发展并未壮大，客户资源远不如银行业，在我国金融政策宽松时，为争夺客户资金，"刚性兑付"便应运而生。可以说，没有"刚性兑付"的承诺，大多数投资者不会选择并不了解的信托产品作为投资，得益于"刚性兑付"承诺，我国信托业迎来了10年快速增长的时期。

1. 受托人履行"刚性兑付"所带来的风险

任何投资都是有风险的，当信托公司在信托产品到期时由于投资失败无法履行"刚性兑付"承诺时，可能会通过发行新的信托产品来汇集资金，或者挪用其他信托计划的资金，或者采用其他违法违规方式，用于偿还旧信托计划的委托人，即"拆东墙补西墙"，这就会造成金融行业的系统性风险。原本作为"受人之托、代人理财"的商事信托，演变成"高收益、零风险"的固定收益类产品，信托关系实质上演变成了借贷法律关系。在《资管新规》颁布之前，"刚性兑付"是信托公司发行信托产品的惯常承诺，是信托业不成文的惯例，委托人购买信托产品时，一般只看信托产品的投资回报率。从信托公司内部管理角度，某一信托产品的管理人深知无论其如何管理信托财产，信托公司最后都会"兜底"，自己尽职与否，都不会导致受益人进行起诉，自己也不会承担任何不利法律后果，因此，信托产品的实际管理人头上仿佛戴了一顶"安全帽"，而不是"紧箍咒"，很多人就放松警惕，忘记了信义义务为何。从外部来讲，由于委托人只关心购买的信托产品是否到期可以兑付，如果可以兑付，委托人丝毫不会关心过程中受托人是否履行信义义务，受托人的全部义务归结成"刚性兑付"一种。"刚性兑付"被打破之后，我国的营业信托纠纷案件呈现爆发式增长，没有了"刚性兑付"，委托人才开始关心受托人是否履行了信义义务，也暴露了商事信托实践中受托人出现的诸多违反信义义务的行为。

另外，信托公司往往同时发行多个信托产品，如信托公司私下将A信托计划的资金挪用来填补B信托计划的空缺。实际管理中，可能A信托计划的受托人履行了信义义务，B信托计划的受托人违反了信义义务，但由于B信托计划已经按约进行兑付，B信托计划无任何法律诉讼，而当A信托计划的委托人进行起诉时，法院审理发现受托人并未违反信义义务，A计划的委托人的诉讼请求也不会得到法院支持，A信托计划的委托人就会面临资金损失，无法维权。

有的信托公司固有资产较充足的，也会用固有资产来履行"刚性兑付"承诺。例如，中信信托参与的舒斯贝尔信托项目中，在融资方青岛舒斯贝尔公司的"黄岛综合项目"无法到期还本付息时，作为受托人的中信信托选择先用固有资产对委托人进行还本付息，随后再通过司法程序向舒斯贝尔公司主张权利。这种模式中，虽然不涉及违反信托财产独立性的问题，信托公司将自己的固有资产拿来履行承诺并不违反法律法规，属于商事主体的自主安排，从私法的角度应当予以支持。但从监管的角度，信托公司的固有资本也是有限的，如长期用于支付信托计划的不足，最终也会导致信托公司的经营困难，严重的会导致公司资不抵债，对金融稳定来说也是不利的。

因此，从长远来看，"刚性兑付"会造成金融行业的系统性风险，也不利于受托人信义义务的履行，从客观上对于信托行业的发展是不利的。

2. 受托人不履行"刚性兑付"对信托业信用的不利影响

"刚性兑付"是以商事信用为信托产品等金融产品提供隐性担保，

当预期收益无法达到,甚至违约导致投资者本金出现亏损时,出于维护金融稳定、机构声誉,以及信托公司为了保有信托牌照等方面的需求,信托公司可能会通过寻求第三方机构接盘,或者用固有资产先行垫付、使用“资金池”的资金、发行新的信托产品等方式,对投资者进行兑付。① 一直以来,法律法规对于“刚性兑付”都是持反对态度,②信托机构为什么一直愿意履行“刚性兑付”的承诺,显然不是为了遵守法律的规定,而是为了金融机构最重要的——信用。

金融机构将信用、声誉视为生命,因此,为了获得较高的监管评级,以及为了维护在投资者心中的形象,金融机构理财产品出现亏损时,即使是使用自己的固有资金,也会对投资者进行兑付。一旦市场上出现某某金融机构的理财产品不能兑付的新闻,以后该机构的产品就很难在金融市场上销售了。加上信托业在民众心中的认知度不如银行业,同银行业竞争有难度,更多依附于银行业,信托公司在《资管新规》出台之后,均不敢做行业第一个“打破刚兑”的人,以免成为新闻报道的重点,破坏其声誉和形象。因此,在竞争激烈的资产管理行业,刚性兑付成为业内不成文的规定,并非信托行业的专属。金融机构宁愿牺牲自身利润也要履行的“刚性兑付”,主要是为了维护其在投资者心中的信用,以及良好的企业形象,当然,商事主体所有行为的目的都是盈利,金融机构愿意“刚性兑付”,也是为了今后能更好地盈利。

信托公司承诺“刚性兑付”导致信托无效是对商事信用的严重损害。在我国大量的营业信托纠纷案件中,受托人书面或者口头承诺“刚性兑付”的案例不在少数,信托公司承诺信托的收益可以说是信托业得以快速发展的一种方式,曾经也一度成为信托公司的惯例。如果没有“刚性兑付”的承诺,投资者可能不会选择购买信托公司发行的集

① 参见刘欣:《〈关于规范金融机构资产管理业务的指导意见(征求意见稿)〉的解读——刚性兑付为何必须叫停?》,载《现代商业》2018 年第 9 期。

② 例如:国务院办公厅 2013 年颁布的《关于加强影子银行监管有关问题的通知》(国办发〔2013〕107 号);原银监会 2014 年发布的《关于完善银行理财业务组织管理体系有关事项的通知》(已失效)(银监发〔2014〕35 号),规定买者自负、卖者尽职,明确禁止银行提供含有刚性兑付内容的理财产品介绍。

合信托产品。信托公司作为金融机构,属于商事主体中设立要求最严格的类型之一,拥有特许经营信托的资格,作为受托人、发行人的信托公司,向委托人提供的金融产品的格式合同中,作为合同条款明确承诺了信托产品的收益率,到期后兑付。在《民法典》以及《信托法》没有禁止性规定的情形下,信托公司应履行其到期按约兑付的义务,这是一种合同义务,信托公司应当遵守。委托人为什么选择购买信托公司发行的信托产品,其看重的是信托公司作为金融机构的信用、专业度,更重要的是履约能力。委托人与信托公司签订的一系列信托文件,均是由信托公司提供的版本,信托计划的成立也提前向监管机构备过案,对于信托合同中的条款的合法合规性,应该是由信托公司来保证。金融机构内部有法务部,外部也有律师事务所作为法律顾问,并且金融机构对其主管部门颁发的监管规章应当更为熟悉,不能将对信托合同条款的合法合规性审查义务转移给投资者,否则,商事交易的效率将无法得到保障。因此,信托合同无效的责任应完全由信托公司承担。

从宏观的角度来看,信托公司承诺“刚性兑付”容易引发金融的系统性风险,有诸多危害,从监管的层面应予以禁止,但这是从监管的角度考虑的。从投资者的角度来看,商事合同是平等主体之间自愿达成的,信托公司应严格履行其义务,监管机构可以从行政法层面对信托机构的“刚性兑付”的承诺和约定进行处罚,但是否就此“一刀切”,让所有的包含“刚性兑付”的信托合同都无效,值得商榷。如监管机构发现了信托公司的上述行为,进行严厉处罚,或者在信托计划成立前对合同进行审查,可以从行政处罚的角度而非判决信托合同无效的角度杜绝信托公司的行为。当然,判决信托合同无效之后,在信托公司有充足资金的情况下,投资者可以拿回本金和存款利息,也不失为解决现阶段问题的一种方法。但实践中也存在大量的案件,信托公司并未在信托合同中承诺“刚性兑付”,而是负责销售信托产品的工作人员口头承诺。例如,在广东华兴银行诉民事信托营业信托纠纷案[①]中,双方签订的信托合同中并未书面约定受托人承诺信托资金的收益率,信托合同的条

① 北京市第二中级人民法院民事判决书,(2020)京02民初302号。

款完全符合法律规定,但原告华兴银行称,在购买信托产品之前,被告民生信托的工作人员多次承诺信托公司负责刚兑,基于对信托公司的信任,原告并未强烈要求将"刚性兑付"的约定写在信托合同中。实践中,信托公司的信托合同属于格式版本,如需要更改条款,要履行较为严格的内部审查和外部审查流程,因此,很难为单个投资者的要求进行更改。原告认为被告工作人员的承诺属于职务行为,并非个人行为,结果应由民生信托来承担。但法院并未采纳原告的意见,原因是原告也属于金融机构,对"刚性兑付"是否合法合规应非常清楚,而且信托法律关系中权利义务的约定,应按照信托合同的约定,信托合同中未予以约定的,法院不予支持。因此,从该案可以看出,当投资者相信信托机构的工作人员的口头承诺,但未予以书面化时,其权益更难以得到保护。这对于投资者的注意义务要求过高,从其踏入金融机构的大门开始,投资者就需要处处警惕,不能相信任何工作人员的口头信息,且需要对书面的合同内容进行研究,这使投资者参与金融交易的难度大大提高。从另一方面讲,并不利于金融机构的信用的建立,反而将金融机构的信用大打折扣,其书面合同不能信,口头承诺也不能信,投资者可能开始怀疑,其到底可以相信金融机构什么?当金融行业的基石——信用崩塌时,要想再建立是很难的,例如,我国婴幼儿乳制品行业,在"三鹿奶粉"事件之后,其行业信用一度崩塌,消费者宁愿冒着被处罚的风险都要从境外购买婴幼儿奶粉,当时导致很多国家和地区的奶粉被中国消费者一抢而空。从类似事件可以看出,一个行业的信用直接影响着一个行业的发展前景,信用的建立很难,但失去信用却非常容易。

鉴于此,有学者认为从行政法规和规章层面来打破"刚性兑付"并不合理。① "刚性兑付"产生的最重要的原因是投资者对信托公司的信任不足,加之我国信托立法并不完善,委托人对受托人能否依法履行义务并无信心。我国信托公司属于金融行业,金融业在我国属于监管最

---

① 参见陈苗苗:《金融信托"刚性兑付"监管方式的反思》,载《甘肃金融》2019 年第 2 期。

严格的行业，设立门槛也最高，具有较高的商事信用，商事信用的建立和维护很难，需要很长时间的积累。因此，监管部门和司法机构对于受托人以自有资金来履行"刚性兑付"的行为，应当予以支持，自有资金不会破坏信托财产的独立性，即使最后受托人因此资不抵债破产，也属于自身经营的抉择，但这对于维护整个金融行业的信用是具有促进作用的。

（四）商事信托合同格式条款对受托人义务约定不足，风险排除情况较多

在商事信托实践中，以集合资金信托为例，委托人大多为个人投资者，也有少数机构投资者，委托人和受托人签订的信托文件均由受托人方提供，属于格式版本，委托人即使对其中条款有意见的，也无法更改，由于委托人数量较多，单个委托人的意见很难被反映到合同中，另外，由于信托公司内部控制和金融监管的问题，一般信托合同任何条款的修改都需要经过冗长的审批程序，一般单个委托人难以启动合同修改程序。受托人提供的信托文件包括《信托计划说明书》《认购风险申明书》《信托合同》三份文件。通过对公开通道可查询的信托合同的搜索发现，信托合同中对受托人义务约定较少，由于《信托法》以及相关行政规章对受托人信义义务规范的抽象性，需要在信托合同中对受托人信义义务进行细化，但令人遗憾的是，受托人并没有动力去将自己应承担的义务进行明确，仅将法律法规中已有的规定进行摘抄，基本没有起到细化信义义务的作用，相反，对委托人、受益人义务反而有诸多约定。

由于营业信托纠纷属于商事案件，法院在审理时一般以信托合同作为裁判依据，尊重双方的合同约定。《九民纪要》颁布之前，没有法律法规明确对受托人的信义义务的性质作出过说明，很多法院对受托人的信义义务的理解是合同义务，而非法定义务。虽然按照合同法原则，受托人提供的《信托合同》并没有明显的不公平，不会导致合同无效，但对信托法律关系各方的义务设定不能完全按照合同的原则，合同关系讲究契约自由，而信托关系是建立在信任的基础上，也是建立在受益人的权益可能随时遭到受托人侵害的风险基础上。完全按照合同约定来判断信托关系中受托人的义务属于没有把握信托关系的本质，信

托关系的本质特征要求受托人承担严格的信义义务,否则将会导致受益人权利无法得到保障。

受托人提供的信托文件会规定受托人的权限,一般权限都较大。例如,根据中国民生信托有限公司和委托人签订的《至信 1072 号益丰股权投资集合资金信托计划信托合同》中,受托人有权在信托计划期限届满之前提前终止信托;在信托计划项下现金类信托财产不足以支付各受益人信托利益且信托财产未变现完毕的,信托计划可以自动进入延长期,无须得到受益人同意。延长期自信托计划预计存续期限届满,或受托人决定信托计划提前终止之日起,至信托财产全部变现完毕之日止。根据上述规定可以看出,信托计划的期限完全由受托人决定,受托人可以全权决定信托计划的提前终止、按期或者延期。信托计划期限本来是一个确定的期限,但由于可以被受托人单方修改,因此信托期限只是一个预期值,这样的规定对于受益人来说非常被动。

另外,信托合同中一般会约定大量风险排除的内容,来排除受托人的责任,如投资顾问的指示造成的风险等。但投资顾问是受托人将自己的受托事项委托给专业人士的行为,是信托公司自身专业能力不足的表现。委托人购买信托公司发行的信托产品,本身就包括了对信托公司作为金融机构的专业性的信任,信托公司基于效益性的考虑,有时会委托第三方进行投资,这种委托行为的后果,按照《信托法》的规定,应当由受托人进行承担,不应在《信托合同》中对此予以排除。但我国司法实践中对此的认定并不统一,还有与判决结果相反的情况。例如,在张某诉广东粤财信托案[①]中,粤财信托作为受托人,在信托文件中披露了相关风险,提示信托资金可能面临损失,管理风险为本信托计划选择的投资顾问可能存在不履行应尽义务而给信托计划带来的风险。受托人告知委托人投资顾问由广州穗富投资管理有限公司(以下简称穗富投资公司)担任,投资顾问负责作出投资建议。涉案信托计划属于证券投资信托,2015 年 6 月 3 日,委托人认购 500 万元,粤财信托于 2015 年 8 月 27 日作出《穗富 12 号信托计划特别分配报告》,分配报告

① 广东省广州市越秀区人民法院判决书,(2017)粤 0104 民初 11014 号。

列明,本信托计划因触及平仓线,受托人对信托计划的非现金资产进行平仓操作,平仓操作完成日期为 2015 年 8 月 27 日;2015 年 9 月 15 日,粤财信托将 309,1000 元返还给委托人。该信托计划的委托人向监管机构举报受托人违规操作,监管机构调查后发现,信托计划的证券账户由穗富投资公司发起设立并实际控制,而该账户超比例持股未进行信息披露,同时还操纵"宁波富邦"股价,监管机构因此对穗富投资公司及有关责任人给予处罚。该案法院审理认为,原告无法证明受托人在信托存续期间违反信托目的、违背管理职责,原告提交的行政处罚决定书只能证明投资顾问穗富投资公司有违规操作,并且,《认购风险申明书》已经披露了投资顾问可能存在的风险,原告表示对穗富投资公司已有充分了解,同意被告聘请其为涉案信托计划的投资顾问,并接受被告聘请投资顾问提供投资服务所可能产生的相应风险。因此,该案的审理法官仅依据双方签订的信托文件的相关格式条款约定,判决受托人不承担责任。该案的判决结果与粤财信托涉及的另一案,即刘振奎、广东粤财信托有限公司营业信托纠纷案①截然相反,这反映了法院对于受托人义务认定的不一致。

(五)名为信托实为融资的行为

金融产品一直在不断地创新中,很多交易模式都并非单层,而是多层嵌套。多层嵌套是指一个资产管理产品投资另一个或多个资产管理产品,投资方向并非实体,不同的资产管理产品在交易结构上相互连接的一种产品形式。银信合作是最常见的模式,商业银行的客户资源丰富,通过发行理财产品的方式募集资金,然后将募集的资金投资于信托公司发行的单一资金信托计划,信托公司再将该信托资金投资于房地产企业等。这种模式较为简单,法律关系比较清晰,主要是为了规避金融监管部门对银行贷款的限制,实现为某些行业的企业变相发放贷款的目的。像这类银行在表外对某企业变相放贷,信托公司在整个流程中仅起到了"通道"的作用。有学者认为,信托公司这样的角色类似于"影子银行",直接规避了对金融的监管,让商业银行得以实现表外放

① 广东省广州市中级人民法院判决书,(2021)粤 01 民终 416 号。

贷的目的,规避了资本充足率、贷存比、信贷额度等监管的硬性指标,绕开了国家对房地产、城投公司等特定行业部门的限制信贷政策。[①] 很多经济学学者对于过度的金融创新持否定意见,多将其与世界性金融危机联系在了一起。

关于某类结构化信托的认定,以伞形信托为例,在股市行情较好的时候,由于投资者自身资金的缺乏,对投资资金出现需求,金融机构趁机推出了若干结构化信托产品,例如,结构化证券投资资金信托。这类信托产品属于杠杆类信托,一般来说,个人投资者作为劣后委托人,和优先委托人按照不同的比例配资,这样个人投资者就可以操作比自有资金多几倍的资金,但如果出现亏损,则亏损额也会相应多很多。在这种信托法律关系中,委托人主导信托财产的投资决策,委托人具有相关的股票投资经验,这类信托与传统的信托法律关系不同,信托财产并未与委托人分离,无法实现资产隔离的效果,受托人也无需履行信义义务,受托人的作用仅仅是给委托人融资。

1. 伞形信托之法律构造

伞形信托是对传统金融模式的一种创新,法律关系中不仅涉及信托业,还涉及证券业和银行业,对传统金融业的分业监管模式也提出了挑战。伞形信托是一种特殊的结构化信托产品,整个信托在一个主信托账户下,有若干子信托账户,各个子信托账户之间相互独立,由劣后委托人进行操作,受托人并不直接对信托账户进行操作,反而是执行劣后委托人的投资指令。但伞形信托又与传统的结构化信托不同,伞形信托下有多组优先和次级受益人,每个子信托都有相互独立的结构和杠杆;而普通的结构化信托只有一层设计,不存在多个信托关系。

通过分析伞形信托的法律构造可以看出,伞形信托内部的关系复杂,信托公司只是作为媒介来运作,信托公司在伞形信托中并非担任受托人的角色,其中适用的法律关系属于委托法律关系,信托公司也无需履行受托人的信义义务。委托人并非看重受托人的专业技能而将资金委托给受托人管理,在伞形信托中,委托人作为自己资金的操盘手,自

---

① 参见孟翔韬:《影子银行监管研究》,法律出版社 2021 年版,第 187 ~ 190 页。

己担任投资顾问的角色,自行投资,因此,伞形信托并不满足信托的资产隔离功能,仅有信托之名。另外,虽然伞形信托属于证券结构化投资信托的一个特殊种类,但实际上和一般的结构化信托有所区别,结构化信托的特点是有不同类型的受益人,受益人按照信托合同的约定来分配受益权,但结构化信托的受托人只有一个主体,实质上也只有一个资产管理计划,不存在多头投资;而伞形信托是名义上只有一个信托计划,但实质上有多个子信托计划,每个子信托计划相互独立。两者在不同受益人的优先及劣后顺序安排上也有所不同,一般结构化信托中,需要融资的机构会作为劣后受益人,为优先级受益人提供一定担保作用;而在伞形信托中,机构投资者一般作为优先级受益人,个人投资者作为劣后受益人。

伞形信托除有高杠杆特点,容易引发金融风险外,也存在若干法律障碍。首先,伞形信托不符合信托法的基本原则,信托对于各方法律主体有明确性、确定性的要求,但伞形信托中的委托人、受益人的身份信息比较隐蔽,所有人共享一个证券账户,违反了信托财产独立性原则。其次,监管机构对于购买信托产品的投资者有合格投资者的限制,而伞形信托中对于实际投资者却没有门槛限制。最后,伞形信托也违反了证券业务经营需要经国务院监管部门批准,信托公司不能经营证券相关业务的证券法规定。

2. 法院对"伞形信托"效力的认定

在2015年时,我国证监会开始严禁"伞形信托"业务,[①]但证监会是证券公司的监管机构,并非信托公司的主管部门,在金融业分业监管的大前提下,需要各监管部门统一监管要求和态度。在缺乏信托监管部门规范的情况下,对于伞形信托的效力,需要结合司法部门的裁判结果。

伞形信托的产生是为了规避监管,信托产品的创新似乎总是和规

---

① 参见中国证券监督管理委员会颁布的《关于清理整顿违法从事证券业务活动的意见》(〔2015〕19号);2015年9月17日发布的《关于继续做好清理整顿违法从事证券业务活动的通知》。

避法律相关,从伞形信托的兴起到被监管部门禁止时间不长,其存在时间相比于其他信托产品较短。

(1)判决无效

根据我国《证券法》的规定,证券账户必须用自己的名字进行交易,不得借用给他人,或者借用他人的账户进行交易,[①]我国《证券法》规定了证券账户的实名制制度,而实践中伞形信托合同被判决无效一般依据《证券法》关于证券账户应实名制的规定,伞形信托的若干子账户,无法让监管部门对证券交易的实际主体进行监管。另外,证监会在2015年出台的意见和通知,直接促使伞形信托账户的清理,使大量涉及伞形信托合同效力认定的案件出现。证监会发布的文件的效力,以及何方对合同无效有过错,是类似案件争议的焦点。根据《民法典》的规定,民事法律行为无效的,行为人因该行为取得的财产应该返还,有过错的一方应赔偿损失,各方都有过错的,各自按照过错承担责任。因此,对过错的认定直接关系到各方对损失的承担。

根据在北大法宝上搜索到的相关案例,法院对于伞形信托的合同效力认定并不统一,有的法院认定有效,有的法院认定为无效。

在刘某宾诉中融信托公司信托案[②]中法院认为,委托人刘某宾作为一般委托人、受益人,对于信托资金账户具有实际的、独立的控制权,受托人中融信托公司仅按照负面清单,按照一般受益人的交易指令行为,受托人不对信托资金进行管理和操作,而中国证券登记结算有限公司结算时只能看到涉案信托计划的母账户,无法监测到各个子账户,这种模式违反了证券交易的实名制制度。另外,信托公司作为金融机构,其经营行为应符合金融主管部门的监管要求,在证监会明确规定清理伞形信托账户的情况下,仍开展伞形信托活动,违反了金融监管的强行性规定,特别在当下的金融环境中,容易引发市场风险,破坏市场的正常秩序,因此,法院认为涉案信托合同无效。

---

① 《证券法》第58条规定:"任何单位和个人不得违反规定,出借自己的证券账户或者借用他人的证券账户从事证券交易。"

② 北京市第二中级人民法院民事判决书,(2019)京02民终10655号。

在韩某诉中融信托营业信托纠纷案①中,法院也认定涉案伞形信托合同无效,理由是交易方式违反了《证券法》规定的证券账户实名制原则。证券账户实名制是金融监管的重要机制,也是实现资本市场穿透式监管的条件,有利于对市场风险的监控和评估,因此,证券账户实名制不仅是《证券法》的规定,也是金融监管的要求。本案中,受托人中融信托提出,在证监会发布两个通知之前,监管部门实际上并未否定过伞形信托的效力,即对于伞形信托属于默许的状态。但法院认为,不管监管机构如何认定,伞形信托的交易模式已经违反了证券法的强制性规定,应属无效。

关于合同无效后的职责划分问题,北京第二中级人民法院认为,委托人并非一般投资者,而是具有专业知识的投资人,受托人中融信托也属于专业的金融机构,双方均应对金融监管政策、法律有一定了解,因此,双方对合同无效均存在过错。因此,法院认为由于信托合同无效,受托人应退还信托管理费,但对于信托账户的损失,由委托人刘某宾自行承担。在上述韩某诉中融信托案中,法院也同样认定信托合同双方都有过错,委托人是具有投资经验的个人,受托人更是专业的金融机构,双方都应当知晓证券市场的法律法规,也应具有一定的风险意识,因此,法院认定,对于韩某信托账户的损失由其自己承担,受托人中融信托退还其信托费用。

(2)判决有效

在舒某与中融国际信托有限公司(以下简称中融信托)等的合同纠纷案②中,2015 年,委托人舒某与中融信托签订证券投资的集合资金信托合同,信托合同约定,委托人分期认购信托单位,将认购资金交给受托人,由受托人将信托资金集中予以运用,投资方向为 A 股股票、债券、证券投资基金,西南证券作为该信托计划的证券经纪商,提供证券经纪服务。合同签订后,舒某认购 500 万元,优先级配资 1000 万元,舒某的交易系统账户总资产有 1500 万元。2015 年 9 月,由于证券会出

① 黑龙江省哈尔滨市中级人民法院民事判决书,(2021)黑 01 民终 5782 号。

② 四川省成都市中级人民法院民事判决书,(2018)川 01 民终 5287 号。

台了对于伞形信托的清理的相关文件，西南证券通知中融信托，将对信托计划账户采取“限制资金转入”“限制买入”等限制措施，并将关闭信托计划数据端口及专线接入服务。中融信托接到通知后，立即告知委托人舒某相关情况，舒某得知后，自行将其账户内的股票悉数出售完毕。由于舒某账户因此遭受了损失，遂起诉至法院。

法院认为，涉案信托为伞形信托，属于资本市场发展中衍生的创新性金融产品。截至案件审理时，并无明确的法律法规禁止此种融资形式，证监会2015年发布的通知并未对信托计划本身是否违法作出认定。另外，法院也不认为该信托计划属于《证券法》规定的非法出借证券账户的情况。本案伞形信托计划采用母子信托模式，子信托通过母信托的账户进行投资交易，每一个委托人都不能直接独立地完成股票交易，所有交易指令都需要由中融信托所控制的资产管理软件系统发出，中融信托作为受托人始终对子信托股票账户享有控制权，因此，法院认为该操作模式不属于非法出借账户。

关于信托受托人中融信托以及西南证券是否应对其销售的信托产品为伞形信托而承担责任，首先，“伞形信托”是否合法直接决定信托合同是否有效。法院认为本案纠纷发生于2015年的“股灾”，股市在2015年5月至6月短短一月之内出现了从暴涨到暴跌的现象，之后，证监会出台了清理整顿“伞形信托”的通知，明确清理从事伞形信托的信托账户，鉴于此，西南证券关闭了信托计划的数据端口。案涉信托计划无法继续履行的原因在于证监会在股灾的背景下，为了防范风险而采取了一系列监管措施，但在签订合同时并未出现上述情况。因此，信托合同是有效的。法院认为中融信托作为受托人不存在过错，不应为委托人的损失承担责任。

在其他类似案件[①]中，基本案情基本类似，2015年委托人与信托公司签订信托合同，购买信托公司发行的集合资金信托，用于证券投资。个人委托人作为信托计划的劣后委托人，信托计划属于伞形信托，在信托存续过程中，由于证监会连续出台两个通知，要求清理伞形信托，因

---

① 湖北省武汉市中级人民法院民事判决书，(2017)鄂01民终4228号。

此，涉案信托计划随即进行清算。委托人起诉信托公司，要求其承担赔偿责任。法院认为，委托人与信托公司签订的一系列信托文件中包括风险告知书，其中有政策风险、电子交易系统风险等，受托人已告知了这些风险的存在，委托人也知晓，因此，当证监会发布清理伞形信托账户的通知后，对于涉案信托计划的损失，应当由委托人承担。

本案除了对伞形信托的效力认定，还有一点值得理论界和实务界思考的，即信托公司作为金融机构，对金融法律、政策趋势的研究和把握应超过一般投资者，在满足合法性和合理性的前提下开发新型金融产品，进行金融创新；投资者基于对金融机构的信任购买信托产品，对于市场的风险投资者可以自担，但是否需要将政策风险全部交由投资者承担？金融机构开发的金融产品存在不符合监管机构政策的风险，这种风险应当由产品发行人承担，而不应由个人投资者承担。受托人的受托行为具有营业性，委托人已支付对价，受托人的受托行为应满足合法性的前提，即使在签订合同时合法合规，由于营业行为具有连续性的特征，如营业行为在过程中被监管部门认定为不合规，其风险应由商事主体承担，而非由交易对象承担。否则，个人投资者会承担过重的风险，除了需要判断商业风险，还需要判断法律风险、政策风险，而这些本应是由专业机构完成，专业机构的专业性如果连法律合规性都无法保证，则失去了存在的意义。就像律师事务所作为专业法律服务机构，提供的法律意见书将法律风险转嫁给客户，当法律意见书不符合法律法规要求时，由客户承担责任；或者商品生产者、销售者销售不合格的产品，在附带的说明书上写了产品一经售出，消费者在使用过程中的风险由客户承担。鉴于此，我们将在后面的章节中专门讨论，商事信托合同是否能将受托人义务、风险以格式条款的形式予以排除。

二、我国信托业中对信义义务的偏离

（一）“刚性兑付”导致信托业对信义义务长期忽视

不可否认的是，得益于“刚性兑付”，我国信托业经历了一段快速增长期，在承诺高收益以及保底的驱使下，资金大量流向了信托业，使信托业成为仅次于银行业的第二大金融行业。从信托基本原理来看，受托人承担的责任是有限的,以信托财产为限,在信托期限到期时,受托人对信托财产按照到期时的价值进行分配,只有受托人违反了信义义务才需要承担个人责任,而在司法实践中,对受托人承担个人责任的判断还是比较谨慎和保守的。投资者作为委托人和受益人,委托信托公司对其财产进行管理和投资,应该监督受托人在过程中是否履行了信义义务,但由于一般投资者只关心投资收益,只要到期可以实现预期收益,受托人过程中是否尽职尽责,一般投资者没有动力去关心,也许只有监管机构才会依职权去监督。从经济学的角度来看,投资是有风险的,再专业的管理人也不可能担保收益,但信托公司承诺的收益如何保证?这中间有可能存在以发行新产品来弥补旧产品的亏损,或者信托公司以自有资金来弥补某信托产品的亏损等问题,从短期来看没问题,但从长远看可能会引发金融系统性风险,且信托公司内部的工作人员在管理信托产品时,也可能产生懈怠。由于最后的亏损都可以以其他方式进行弥补,投资者也不会对过程进行监督,最终可能就会出现若干信托财产到期无法兑付,信托公司资不抵债的破产等局面。

"刚性兑付"在我国信托实践中的长期存在,并非受托人的一厢情愿,而是有一定的社会基础。但投资者对信托业的普遍不信任,商事信用制度并未完全建立起来,普通投资者也难以对金融机构的具体行为进行监督,如果对于投资结果没有担保或者承诺,很难重建投资者的信心。因此,虽然法律法规对"刚性兑付"一直都是反对的,但实践中类似的操作从未停止,这种矛盾如何解决?要想从根本上解决这个问题,单靠禁止"刚性兑付"是治标不治本的,需要建立商事信用制度,让投资者有途径监督受托人是否真正履行了信义义务,才能彻底解决此问题。

在信托公司承诺"刚性兑付"的情况下,信托公司作为受托人的信义义务不再是忠实义务和注意义务,而是"担保义务"或者"兑付义务",投资者起诉受托人违反信托的理由,并不是受托人投资不谨慎,或者违反利益冲突,而是违反其按期兑付的承诺。因此,在信托业"刚性兑付"没有打破的时期,信义义务的研究只停留在理论研究层面,导致实践中对信义义务的长期忽视。

(二)营业信托牌照容易成为实际控制人的融资平台

在引发广泛热议的“金新乳品信托案”[①]中,作为受托人的金新信托投资股份有限公司(以下简称金新信托),违反信托合同的约定,将诸多投资者集合起来的信托资金挪用给其实际控制人——新疆德隆集团有限公司(以下简称新疆德隆),除此之外,金新信托利用其信托牌照的条件,以发行各种信托产品为表象,实际上为新疆德隆非法集资。根据该案刑事判决书的记载,金新信托的成立是由于20世纪90年代时,人民银行规定银行不得投资参股,于是金新信托即与工商银行新疆分行脱钩,这个信息被新疆德隆董事长获悉,决定入股金新信托,让其成为新疆德隆的融资平台,后来新疆德隆通过各种形式成为金新信托的控股股东以及实际控制人。由于新疆德隆控制金新信托的初衷并非为了经营信托,而是借信托的牌照来为自己融资,可以说,金新信托成立的目的就彻底违背了受托人的信义义务,动机不纯。后来,在新疆德隆以及相关人员的操纵下,金新信托借发行信托产品的名义,非法变相吸收公众存款,为了吸引投资者,其承诺高额固定收益,保本付息。在这过程中,金新信托的违法受托行为还被当地监管机构发现,并予以行政处罚,但显然行政处罚并未起到警示作用,并未让金新信托停止其违法行为。截至案发时,金新信托一共欺骗自然人投资者三万多人,机构三千余个,吸收资金两百多亿元,未兑付资金还有四十多亿元,涉及的金额之大,人数之多,直接破坏了当地的金融秩序。最后法院判决金新信托单位犯罪,其行为构成非法吸收公众存款罪,并判处罚金一千万元,其他主要负责人员也被法院判决承担刑事责任。

法院的刑事处罚虽然可以起到一定的作用,对于投资者来讲,更关心如何弥补金钱损失,获得经济补偿。金新信托案件属于明显的刑事案件,受托人对于信义义务的违反已经达到很严重的程度。该案值得我们思考的问题是,对于我国信托业,如何建立相关制度来确保受托人的受托行为符合信义义务的要求,如何在事前和事中得到监管,而不是一定要等到信托无法兑付时,或者发生系统性风险时,才去追究受托人

---

① 新疆维吾尔自治区高级人民法院刑事判决书,(2006)新刑二终字第55号。

的责任，届时受托人已经面临破产的风险，对于投资者的损失根本无力偿还。除此之外，还有诸多信托纠纷案件显示出类似的问题，例如四川信托系列案件等。虽然监管机构颁布了大量的行政规范和管理文件，但由于整个信托业缺乏基础性的法律，加上受益人监督机制的不完善，对于信托公司是否履行了信义义务的判断，首先需要监管机构予以调查。受益人在没有监管机构的调查结论前，很难主张受托人不履行信义义务，因为双方信息的不对称，受益人难以获取受托人违反信义义务的相关证据。

(三)"资金池"问题使得受托人勤勉义务难以监督，信息披露规则难以实现立法目的

委托人在购买信托产品时，受托人都会告知信托产品的类型以及信托资金的投向，信托公司的"资金池"，即属于资金来源和运用方式和方向无法一一对应的情况，信托财产的独立性要求每一个信托计划的资金仅运用于该计划，不能混用，一旦混用，产生纠纷之后，投资者根本无法证明受托人是否履行了谨慎、有效的投资义务。在资金池业务中，投资者在购买信托产品的时候并不知道产品的具体用途，这也在一定程度上给了信托公司"发新还旧"的空间。因此，"资金池"项目就像击鼓传花，不能停，一旦停下来就会产生巨大风险。一旦"资金池"某项目逾期不能兑付，"资金池"其他项目投资者就会出现"挤兑"，影响整个"资金池"项目的运作。当然，"资金池"项目的风险是某一家信托公司无法控制的。"资金池"的存在，违反了不同信托资金的独立性原则，将不同信托产品的资金混在一起，当某个信托产品到期无法兑付时，"资金池"的资金可以先行垫付，保证按时兑付，属于"拆东桥补西墙"的操作。最终"资金池"的资金无法弥补某个信托产品的亏损时，投资者却难以证明受托人是否违反信义义务，可能前一个产品的受托人违反了信义义务，但靠"资金池"的钱弥补了投资者，而后面的信托产品中，受托人可能并未违反信义义务，但信托资产却无法兑付。因此，"资金池"的存在，将投资者的证明难度加大，每个信托产品应是独立管理的，如所有的产品的资金都在"资金池"里运作，投资方向也未在信托合同中列明，当发生亏损时，投资者如何证明受托人违反信义义

务？因此，《资管新规》颁布之后，明确禁止金融机构开展"资金池"业务。

实践中，多家信托公司因"资金池"项目被投资者起诉，例如，民生信托、四川信托、华信信托等。民生信托作为被告的某判决书①显示，投资者购买了民生信托发行的"中民汇丰 3 号集合资金信托计划"，到期出现兑付不能的情况。部分投资者在向法院起诉之前，已向北京当地监管部门举报受托人的违法违规情况，根据调查结果，②民生信托作为受托人，存在违规使用信托资金的问题：第一，将信托资金用于认购其股东或者关联人发行的债券，这一行为并未履行公示和告知义务，属于违反信托受托人的忠实义务，违反了利益冲突原则；第二，将信托资金投向受托人发行的其他信托项目，而该信托项目的底层资产已经出现风险，这一行为明显违反了受托人的勤勉义务和忠实义务。并且，信托合同约定了该产品投资于标准化资产和非标准化资产的比例，但民生信托投资的非标准化资产超过了约定比例，属于明显违反信托合同约定。此外，监管机构还发现，民生银行发行的这一系列的产品涉嫌"资金池"问题，违反了中国银监会发布的相关规定③。另外，民生信托也未按规定履行信息披露义务，对于信托存续期间底层资产的处置、风险情况的问题未予以披露。法院查明的事实显示，本案的信托计划属于固定收益类的集合资金信托计划，根据相关法律法规要求，这类信托计划的投资应较为保守，主要投资于存款、债券等风险较低的金融产品，且比例不低于 80%。但民生信托在诉讼期间，无法提供该信托资金的投资去向，未披露底层资产的具体情况，因此，民生信托无法证明其按照法律规定和信托合同约定履行了受托人的信义义务，应承担举证不能的法律后果。因此，法院认定民生信托作为受托人违反了法律

---

① 参见北京市东城区人民法院民事判决书，(2021)京 0101 民初 23386 号，(2021)京 0101 民初 16275 号。

② 参见原中国银行保险监督管理委员会北京监管局作出京银保监举复 YJ2021303－45、193 号《银行保险违法行为举报调查意见书》。

③ 中国银行业监督管理委员会办公厅《关于信托公司风险监管的指导意见》(银监办发〔2014〕99 号)第 2 条第 2 项第 4 款"信托公司不得开展非标准化理财资金池等具有影子银行特征的业务"。

和合同的约定的义务,应承担法律责任,支持了投资者要求的解除信托合同的诉讼请求,判决民生信托赔偿投资者的本金以及本金在信托期间产生的贷款利息,但并未支持投资者提出的返还受托人报酬、律师费等诉讼请求。

从上述案件以及其他大量的营业信托纠纷案件可以看出,某个信托产品到期无法兑付的,投资者无法通过公开渠道获得受托人违反信义义务的证据,需要向信托公司的监管机构进行投诉举报,由行政机关依法行使主动调查权力。调查结果显示,受托人对信托产品的管理的违规行为并非只涉及一项,例如,违反忠实义务的,涉及关联交易或者挪用资金的,必然会违反信息披露义务,信托公司不会主动将自己违规的事项予以公示;另外,信托计划的投资方向不符合合同约定和法律法规的规定,最终导致风险过大,到期无法兑付,这必然也会涉及违反信息披露义务。因此,我们不得不反思,信息披露义务设置是否有缺陷,其长期被闲置,导致制度的设计无法起到应有的作用。

三、商事信托信义义务的承担主体的变化

在传统的信托关系中,承担信托义务的无疑是受托人。随着信托在商事领域的发展,特别是金融领域的发展,对于信托财产的管理和投资越来越专业化,受托人或者委托人会委托第三方专业人士来担任投资顾问。另外,在某些海外信托、家族信托中,在受托人以外,还有信托指示人、信托保护人等角色。这些新角色的出现,必然会产生如下问题:如何界定与受托人之间的关系?是否负有信义义务,对委托人还是受益人承担信义义务?是否会减轻受托人的义务?受托人是否只要服从指示就可以免责?等等。[①]

(一)指示信托的出现对商事信托信义义务承担主体的影响

指示信托产生于美国,指示信托打破了传统信托关系的三方格局,由于委托人设立商事信托的目的(投资)与信托基础(信任)之间的冲

---

① 参见姜雪莲:《信托指示人的法律地位探析》,载《中国政法大学学报》2021年第1期。

突,出现了受托人以外的其他角色,即信托保护人或信托指示人。这些角色履行了部分受托人的职责,甚至享有比受托人更大的权力,因此,我们不得不思考,信托关系中的“受托人”到底是一个固定的角色、职位,还是一个描述性的法律概念,抑或只要满足受托人这一法律特征,都需要承担受托人的义务?

1. 美国指示信托的产生与发展

美国建国时除了路易斯安那州借鉴了法国民法法系,其他州均沿袭了英国普通法制度,信托制度随即从英国传到美国。尽管英国的信托理论对于美国影响至深,但美国信托法在发展过程中仍体现出了自己的特色,尤其是在商事信托领域有很多创新,如指示信托(direct trust)。指示信托并非近年来才出现的概念,20 世纪初期,美国特拉华州就认可了在高净值家族中可以采用指示信托管理财产。指示信托的产生主要是因为信托设立人想在域外设立信托。由于美国各个州的信托法规定不一致,有些州如特拉华州的信托制度比较优越,居住在其他州的委托人如想在特拉华州设立信托,受托人一般要选择当地的信托公司,但委托人如不了解当地的信托公司的投资能力,或者已经有长期合作的投资理财顾问,就会采用指示信托的模式。指示信托属于投资信托(investment trust)的一种,在指示信托法律关系中,除了传统信托关系的三方当事人,即委托人、受托人及受益人,还存在重要的一方,即信托指示人(trust director)。一般来说,指示信托的受托人由信托公司或者银行担任,而信托指示人一般负责信托财产的投资或者信托财产的分配等事务。这样既可以实现对信托财产的专业投资,也可以使信托按照原有的目的进行管理,还可以适当限制受托人的权利。当然,实践中最常见的信托指示人是负责投资决策方面事项的,通常情况下是委托人认为需要将投资权限委托给更有能力和资质的一方。例如,委托人只需要受托人根据信托文件对受益人分配信托收益,但又希望信托财产的投资由其金融顾问来决策。这样既可以让信任的受托人管理信托财产,又可以使信托财产的投资更专业化。因此,在商事信托发展过程中,委托人遇到信任的人与投资专业人士不一致时,受托人角色可能由不同的人担任,由此产生指示信托,这是商事信托制度对市场需求的灵活应对和安排。

2. 指示信托的法律特征

指示信托作为美国商事信托发展过程中的一个创新,在某些领域被广泛运用。简言之,信托的设立人需要其他非受托人来完成传统受托人不能或不愿意做的事情。在实践中,指示信托在以下两个领域使用最为广泛。

(1)投资信托领域。当信托设立人或受益人对信托财产的某些资产的使用有特殊的要求,而这些投资要求与美国信托法对受托人的相关规定相冲突时,受托人可能不愿意按照委托人的要求进行投资。例如,对受托人有谨慎投资者规范(prudent investor rule),谨慎投资人标准要求受托人对信托财产进行分散投资,禁止自我交易等,但某信托设立人希望受托人对信托财产集中投资,不进行分散投资,或者希望投资于自己的家族或者集团公司的股权等,这些投资偏好可能与法律规定的受托人的义务标准相冲突。另外,在某些家族信托里,委托人并不想完全失去对信托财产的控制权,因此,委托人通过为自己设立信托指示人来实现对信托财产的继续控制。因此,指示信托适合将信托的投资事项及相关责任义务转移给信托指示人,受托人只是按照信托指示人的指示行事。

(2)信托收益分配领域。某些家族信托的受益人关系复杂,因此,设立人希望由对家族情况了解的人来承担信托收益的分配任务,例如,根据不同的受益人的需求或特殊情况进行分配,投资及管理信托财产还是由受托人负责。

在指示信托中,传统意义上属于受托人的一项、多项权力或者裁量权(discretionary power)被移走,转移给一个非受托人。这种权力或裁量权一般涉及投资决策、管理决策、分配方案以及任何与信托财产管理相关的事项。由于指示信托的各项规定都是非强制性的,指示信托中各方的权利义务以及裁量权的分配主要是根据信托合同的约定,信托合同应对受托人与信托指示人的各项职责作出明确约定。

在美国若干州立法中,特拉华州的立法更具灵活性。根据不同的信托财产的性质,以及委托人对于如何使用信托财产的期望来设计不同的信托运营模式。如果信托设立人的资产比较集中,缺乏流动性,或者管理起来有难度,采用特拉华州的指示信托模式,就可以实现由受托人管理分散的资产,由投资顾问管理集中的资产。另外一个优势就是通过设立信托指示人,委托人可以对信托财产继续保持控制,使其按照其初衷运行下去,而分配顾问也可以保证对于信托财产的分配更加合理,有些家族的财产构成较为复杂,特别是历史较为长远的家族,可能某些专业人士更了解其家族财产的特性,更有利于分配。在某些信托里,信托财产的组成较为复杂,也可以约定不同的资产由不同的信托指示人进行管理和投资。

3. 指示信托中受托人信义义务与权限的拆分

根据美国统一州法全国委员会(National Conference of Commissioners on Uniform State Laws)制定的《统一指示信托法案》(Uniform Directed Trust Act)的定义,指示信托是指受托人(trustee)必须服从信托指示人(trust director)指示的一种信托。信托指示人是指根据信托合同的约定,被授予信托裁量权的非信托受托人的人。信托指示人可以是第三方,也可以是委托人或受益人,但信托指示人不能是其他受托人,如果一个受托人受到其他共同受托人的指导,这不是指示信托,而属于有多个受托人的普通信托。在不同的文件中,信托指示人可能被称作信托顾问(trust adviser)或者是信托保护人(trust protector),上述三种称谓在美国指示信托中经常被交叉使用,虽然略有差别,但由于其并非明确的法律概念,且其内涵大部分由信托文件予以定义,所以其权限和定义主要根据信托文件的规定。

美国各州的指示信托立法规定不统一,大约有35个州有指示信托立法,其中印第安纳州和艾奥瓦州采用了《信托法重述》(二)第185条的模式,8个州采用了《统一信托法典》第808条的模式。有15个州颁布了自己的指示信托立法,采用了比《信托法重述》以及《统一信托法典》模式更多的保护的模式。总体来说,美国上述已经有指示信托立法的州的法律规定之间的差异,主要体现在对受托人信托义务的限制上。一般来说,凡是采用《信托法重述》或《统一信托法典》模式的州,都未有效地将信托义务在受托人和信托指示人之间进行分割,因为上述模式都要求受托人去验证信托指示人的指示是否违反了信义义务。这导致受托人有义务拒绝信托指示人的不当指示。而阿拉斯加州的立法规定,除了信托文件中另有规定的,受托人不允许按照信托顾问的指示行为。南达科他州立法不允许信托顾问对除了投资事项和分配事项的其他事项对受托人进行指导。科罗拉多州、佐治亚州、肯塔基州、俄克拉何马州和犹他州只允许信托指示人在投资领域对受托人进行指导。犹他州除故意的不当行为标准以外还采用了重大过失标准。而某些州对于投资行为的定义和限制导致指示信托在实践中适用的混乱和不确定。特拉华州立法在上述各州中独具一格,也最具吸引力,其授权信托指示人在任何领域都可以指导受托人,不限于投资和分配,对于受托人的责任承担仅限于故意的不当行为。

鉴于各州规定的不同,法官对于案件的认定也有差异。特拉华州大法官法庭审理的杜姆勒诉威尔明顿信托公司案(R. Leigh Duemler v. Wilmington Trust Co.)①中,杜姆勒是涉诉信托的投资顾问,根据信托合同在信托财产的投资方面指示受托人,由于这个信托财产的投资方案是"高风险的集中化投资",信托持续过程中,威尔明顿信托公司就一项投资决策请示 Duemler,但 Duemler 并未有任何指示。后来,该项投资失败。法院根据《特拉华州法典》第 12 编第 3313(b)条,投资顾问应独立作出投资决策,不应依赖于受托人,受托人完全按照信托顾问的指示进行操作,判定 Wilmington 信托公司作为受托人因缺乏故意的不当行为,因此无须承担责任。而另一个案件的判决则刚好相反。在罗林斯诉弗吉尼亚银行信托公司案(Rollins v. Branch Banking & Trust Co. of Virginia)②中,受益人起诉受托人违反信义义务,信托文件约定,受托人有权进行投资,但是该投资权限有一定限制。根据"关于信托基金用于买卖或保留任何资产的决策,由受益人决定",法院由此认定,受益人可以单独对上述事项做投资决定。法院引用了《弗吉尼亚州法典》关于"如果信托文件规定由受托人以外的人来行使投资决策,受托人即不承担任何因执行投资决策所引起的责任"的规定,因此,法院认为受托人不承担责任。但是,法院又认为,受托人因怠于向受益人

① R. Leigh Duemler v. Wilmington Trust Co., Del. Co., C. A. 20033, V. C. Strine (Del. Ch. Oct. 28, 2004).

② Rollins v. Branch Banking & Trust Co. of Viginia, 2001 WL 34037931 (Va. Cir. Ct. April 30, 2001).

提醒信托财产中的股票价值有下降趋势而违反信义义务，这种信义义务是法定的，并不因信托文件的规定而有所改变，因此，该法院认为，受托人因未履行提示和警告行为而承担责任，但不应对其他投资行为承担责任。[①] 正是故意不当行为标准（willful misconduct standard）使受托人能够遵守投资顾问的指示，而不用监督或审视其指示是否正确，这对于有效分权至关重要。例如，《特拉华州法典》第 12 编第 3301（g）条将“故意不当行为”（willful misconduct）定义为“故意不当行为，而不仅仅是疏忽、重大疏忽或鲁莽”，并且“不当行为”是指恶意行为或旨在欺诈或谋取不合理利益的行为。

4. 指示信托与受托人委托其他第三方的区别

指示信托与传统的信托模式最大的区别就是，虽然在传统信托中，受托人也会将某些信托财产委托给专业投资顾问进行投资，但由于其是一种委托法律关系，受托人应对其委托行为承担责任。而在指示信托中，由于委托和任命信托指示人的主体是委托人，信托指示人的权力、职责等也是委托人根据合同约定的，而受托人则完全按照信托指示人的指示行为，并不对信托指示人的指示正确与否承担任何责任。只要是信托指示人发出的指示，受托人就要执行，可以说，在绝大多数指示信托中，受托人对信托指示人的指示没有任何裁量权，只能无条件服从。因此，指示信托中受托人的权限被大幅度削弱或限制，信托指示人则更像传统信托中的受托人，承担信托义务。但同时需要研究的是，指示信托中，信托指示人并非法律规定的信托法律关系三方，其出现仅基于委托人的委托，因此，信托受托人对受益人承担信托义务是基于法律规定，而信托指示人是否应对信托受益人承担信托责任，则看合同约定，并且，信托指示人仅与委托人之间是委托合同关系，与受托人、受益人并不直接相关，因此，指示信托的法律关系并不完全由信托法调整。

5. 受托人信托义务与权限应统一

在传统的信托关系中，受托人主要负责对信托财产的管理，受托人

---

① See David A . Diamond & Todd A. Flubacher, *The Trustee's Role in Directed Trusts*, 149 Trusts & Estates(2010).

对受益人承担信托义务。当信托受托人按照信托指示人的指示对信托财产进行管理和分配时,其仅对故意的不当行为或重大过失(gross negligence)承担责任。在指示信托中,受托人只能按照信托指示人的指示行为,反过来,受托人对信托指示人的行为没有任何权力也没有任何义务进行干涉。例如,《特拉华州指示信托法》规定,指示信托受托人没有义务去:(1)指导信托顾问的行为;(2)对信托顾问提出建议;(3)与任何受益人或第三人沟通,试图影响信托顾问作出相反决策。而根据美国《统一信托法典》第808条的规定,如果信托条款授予信托指示人权力,受托人根据信托指示人的指示行为,但如果信托指示人的指示明显违反信托的条款,或者受托人明知信托指示人的指示明显违反了信义义务,信托受托人可以拒绝按照其指示行为。美国《统一信托法典》的上述规定实质上会造成法律适用的困难,如受托人对信托指示人的指示还需要进行判断,那意味着受托人还要为信托指示人的判断承担责任,这就会造成受托义务并未实质性拆分的结果。另外,受托人没有权力任命或解聘信托指示人,如受托人有上述权力,则其需要为其任命或选任的信托顾问的行为承担连带责任,类似于传统的信托模式。

(二)信托关系中非受托人角色出现的法律争议——以信托保护人为例

美国第一次出现信托保护人概念是在2009年密苏里州中级上诉法院审理的一起案件中,该案中法院拒绝授予信托保护人指示受托人的权限。在20世纪80年代,信托保护人制度开始在美国流行起来,有些美国人为了保护资产希望在国外设立信托,但又担心将信托财产的控制权完全转让给一个外国的不了解的专业受托人,在这种情况下,信托保护人的角色就可以缓解这种担忧。但一般来说,不会选择亲朋好友或者和信托关系方有密切关系的人担任信托保护人。一般来说,信托保护人被认为在指示信托里属于权力更大的角色,其拥有的权力属于核心权力,可以使信托文件在情势变更的情况下保持灵活性和适当性。比较典型的包括变更信托文件,变更受托人或信托顾问,增加受益人等。可以说,信托保护人的权力几乎接近当时设定信托的委托人了,等于是第二个委托人。一般来说,美国的信托实践中,信托合同可以约定信托保护人可以行使以下职权:(1)更换受托人;(2)当受托人之间产生纠纷时,或者受托人与受益人产生纠纷时,信托保护人可以进行裁断;(3)当经济形势变更时,或者税法等法律更改时,变更信托条款;(4)终止信托;(5)变更受托人的权限;(6)对信托文件起草时出现的错误或表述歧义进行纠正。关于信托保护人是否承担信义义务,在特拉华州法律中并未有强制性规定,完全按照信托合同约定,但实践中一般都会约定信托保护人承担信义义务。信托保护人实际上是经委托人选任而在委托人无法对信托相关事项做出决定的情况下(其中最常见的情形是委托人死亡后),代表委托人做出决定。有学者将信托保护人的实质归结为代理人。以"委托人化身"的身份出现在信托关系当中,在委托人和受托人之间,信托保护人的角色作用更贴近于委托人①。信托保护人、信托指示人、信托顾问存在的必要性主要是为了防止受托人权力的滥用,以及监督、指示受托人的行为,其存在等于给信托上了双重保险,让信托的运行符合委托人的设立初衷。信托保护人通常在不可撤销的生前信托中最常见,因委托人在设立信托后无法对其进行更改和撤销,如果出现紧急情况,只有信托保护人可以介入,并采取相应措施。因此,设置一个信托保护人可以弥补委托人无法变更的问题,具有一定的灵活性。

信托保护人在美国信托法里没有明确的定义,通常由信托顾问担任。信托保护人的名称也容易引人误解,虽然有保护二字,但其职责设定不一定是保护信托,其可以承担任何职责,当然也包含保护。有学者对于信托保护人制度质疑,认为信托保护人的理论框架和相关制度的必要性还有待探讨,甚至有人发出质疑,认为设置信托保护人之后,一旦信托保护人不能保护信托,那么谁来从保护人的手中拯救信托?这样下去会不会发展出无穷无尽的保护人?也有观点认为,信托保护人制度有一定的合理性,信托保护人可以保护和监督信托,使其一直符合委托人的意图。对于一些期限较长的信托,设立信托保护人更有必要。因为信托保护人的存在可以让信托在持续期间一直符合当初设定信托

---

① Stewart E. Sterk, *Trust Protectors, Agency Costs, and Fiduciary Duty*, 27(6) Cardozo Law Review 2761(2006).

的目的,根据情况进行变更,否则当情势变更之后,设定信托时的条款早已不符合现实。但是,例如,在家族信托里,信托关系人较多,信托保护人行使职权时可能会产生纠纷和争议。信托保护人的存在有其现实价值,实践中也经常采用,虽然对信托的传统结构提出了挑战,但更应看到的是对信托机制的创新和完善作用,使其更符合市场需求,也符合信托制度本身的灵活性特质。①

法律对信托保护人的定义不明,各州立法对信托保护人的规范不一,导致其角色定位模糊,尤其是其是否承担信托义务这一关键点也没有规定,②因此,在实践中也容易出现争议,出现了两种不同的观点,一种是直接将信托保护人认定为受信人,承担信义义务;另一种认为信托保护人只有行使特定权力时,才能作为受信人,承担信义义务,并非所有的信托保护人都是受信人。③ 而美国信托立法主要采用的是"职位说",一般认为信托保护人属于受信人。

(三)我国商事信托实践中出现的投资顾问并非受信人

我国《信托法》中并无像美国一样的对信托指示人、投资顾问、信托保护人的明文规定,但在商事信托实践中,这类职位存在。投资顾问在银信合作业务、证券投资信托、房地产在建工程信托中普遍存在。④在很多集合资金信托产品中,信托公司作为受托人,往往会聘请专业的投资顾问对某些产品进行管理,给予投资建议,投资顾问一般由信托公司聘请,投资顾问与信托公司之间属于委托关系,投资顾问行为的法律后果由信托公司承担。如投资顾问由委托人聘请,信托公司仅作为通道,所有的投资行为都由委托人负责,投资顾问与委托人之间形成的是委托关系。但我国商事信托中出现的投资顾问的角色与美国指示信托

---

① 参见赵云:《美国信托法的价值基础变迁及启示》,载《北京航空航天大学学报(社会科学版)》2015 年第 28 期。

② See Andrew T. Huber, *Trust Protectors: The Role Continues to Evolve*, 31Probate and Property Magazine(2017).

③ 参见[英]马克·哈伯德、约翰·尼迪诺:《信托保护人》,彭晓娟译,法律出版社 2021 年版,第 70 ~ 76 页。

④ 参见缪因知:《资产管理内部法律关系之定性:回顾与前瞻》,载《法学家》2018 年第 3 期。

中的投资顾问或者信托指示人有所不同，对于投资顾问的行为后果，主要看是由受托人抑或委托人进行委托，如果是委托人进行委托，受托人按照投资顾问的指令行为，受托人一般不承担责任，除非受托人并未尽到最基本的审查义务，但这属于我国信托业常见的通道业务，并非美国指示信托实践中的对受托人的分权。

例如，在甘孜州农村信用联社股份有限公司（以下简称甘孜联社）、四川科亨矿业（集团）有限公司合同纠纷案[①]中，2013 年 2 月 1 日，稻城联社与宏源证券股份有限公司（以下简称宏源证券）、渤海银行股份有限公司（以下简称渤海银行）签订《资管合同》，甘孜联社委托管理人宏源证券、托管人渤海银行依法对其委托资产进行投资运作及管理。《资管合同》第四部分“当事人及权利义务”中关于“委托人的义务”第 8 项约定：管理人按照委托人《投资委托书》规定的投资指令进行投资。稻城联社向宏源证券出具《投资委托书》，即根据《资管合同》中投资范围的约定，委托人（稻城联社）经过审慎研究，委托宏源证券投资山东信托设立的单一资金《信托合同》，稻城联社已经阅知信托合同及其附件全部文本并充分理解该信托存在的各种风险，愿意承担其全部风险和损失。如该信托需要宏源证券以委托人/受益人身份向受托人发送任何交易指令，稻城联社确保在通知期限内向宏源证券发送对应的交易指令，确保贵公司履行信托合同项下义务。法院最后也认为，委托人要求受托人签署《债权转让合同》《保证合同》《股权质押合同》作为《信托合同》的履约附件，亦明确表示其对债务人和保证人的资信情况和履约能力、标的债权和质押财产的真实情况等已进行了充分的尽职调查，免除受托人的事前审查义务。在此情形下，宏源证券、山东信托按其指令，通过《信托合同》及与转让人、债务人、担保人签订的《债权转让合同》《保证合同》《股权质押合同》对受托财产进行管理、运用和处分，符合甘孜联社信托目的，其行为也不存在对管理财产处理不当的情形。信托计划终止后，宏源证券、山东信托以信托财产现状对甘孜联社进行分配，

---

① 最高人民法院民事判决书，（2017）最高法民终 880 号。

亦符合双方约定的信托收益的分配原则及支付方式。甘孜联社不能证明宏源证券、山东信托在受托管理资产期间违反了约定义务和法定义务,要求宏源证券、山东信托赔偿损失的主张不能成立。即受托人按照委托人或委托人授权的第三人的指示管理运用信托财产的,对该指示造成的损害受托人不承担责任。

通过对美国指示信托的研究,信托指示人、信托保护人由委托人委托,行使部分或全部受托人的权限,对受托人可以起到一定的监督作用,一般来说,信托保护人、指示人的权限极大,甚至超过受托人。因此,虽然没有固定的法律概念,但根据合同约定,如果信托保护人、指示人行使受托人的相关权力时,属于受信人,应承担信义义务,但由于职责不同,并不属于共同受托人。信托指示人和保护人的制度设计符合商事信托的发展,属于信托制度对市场需求的灵活应变,设立信托指示人后传统受托人的信托义务有所减免,但无论信托如何设计,信托受托人以及信托指示人均应承担不同程度的信义义务。指示信托中,由于受托人主要接受和服从信托指示人的指示和命令,受托人不对因执行信托指示人的命令所产生的后果承担责任,但依然对信托财产负有善良管理人义务,指示人的不当指令造成信托财产损失的,受托人存在故意或重大过失的,也应相应承担责任。①

第三节 信义义务在商事信托中的特殊性

——以与民事信托比较为视角

一、商事信托与民事信托的概念区分

(一)商主体说(受托人身份说)

商事信托与民事信托均属于私益信托(private trust),商法的传统理论主要从商主体和商行为两个方面进行研究,商主体说也叫受托人

---

① 参见姜雪莲:《信托指示人的法律地位探析》,载《中国政法大学学报》2021 年第 1 期。

身份说,即由商主体担任受托人的信托属于商事信托,相对地,如受托人是自然人或者其他组织的,就属于民事信托。因此,在商主体说的观点下,商事信托与民事信托的区分标准是受托人的主体是否是商事主体,这种划分标准与信托目的无关。①

商主体说的划分标准略显粗糙,仅以受托人的主体身份来对信托进行分类,无法将公益信托区别开,很多信托公司也发行了公益信托、慈善信托,虽然受托人的主体是信托公司,但其目的并非为了营利,然而,该类信托如果按照商主体说就会被划分为商事信托。另外,商事主体的种类各异,在我国目前的法律框架下,一般只有信托公司才能成为营业信托的受托人,而我国《信托法》也将营业信托作为与民事信托并列的种类,由此,可以看出我国目前采用的划分方式是商主体说,但在英美法系国家,商事信托的受托人的种类并不局限于信托公司,还包括银行、证券公司、保险公司、信托基金等金融机构或者其他商事主体。

(二)商行为说

商行为说的观点认为,受托人从事的受托管理信托财产行为是以营利为目的的即为商事信托,而受托人不以营利为目的所从事的信托行为即为民事信托、公益信托。② 因此,按照商行为说,商事信托与民事信托的区分在于受托人的受托行为是否具有营利性。其一,受托人承诺接受信托以及处理信托事务是以营利为目的;其二,受托人从事该营利性的受托行为是持续性的、反复的,即以信托为业。商行为说以客观主义的标准来衡量受托人的行为是否具有营利性,从一定程度上弥补了商主体说的不足,虽然是商主体担任受托人的,但只要其从事的受托行为并非以营利为目的,该信托则不是商事信托。

因此,有学者认为相比于商主体说,以商行为说来划分商事信托与民事信托更具合理性,商事信托区别于民事信托的本质特征在于其营

---

① 参见施天涛、周勤:《商事信托:制度特性、功能实现与立法调整》,载《清华法学》2008年第2期。

② 参见中野正俊、张军建:《信托法》,中国方正出版社2004年版,第36页;赖源河、王志诚:《现代信托法论》,中国政法大学出版社2002年版,第39页。

利性。虽然商行为说揭示了商事信托的本质特征,也可以将银行、证券公司、保险公司等其他金融机构发行的各类资产管理产品纳入商事信托的范畴,但单以商行为说作为划分标准仍不全面。商行为说是以受托人从事的受托行为作为划分标准,但却没有考虑到委托人设立信托的目的,以家族信托为例,有些委托人设立家族信托,并非以投资为目的,而是以家族财富传承和管理为目的,委托人将信托财产交于信托公司管理,信托公司从事的受托行为是以营利为目的,但这类信托明显更适合被划分为民事信托。①

另外,按照德国商法理论,商行为首先可以分为单方商行为和双方商行为。单方商行为是指,商事交易的双方中只有一方为商事主体,另一方为非商事主体,商事主体一方所从事的行为是以营利为目的的经营行为,有些情形中虽然双方都为商事主体,但一方商事主体从事的是民事行为,非以营利为目的的经营行为的,这种也属于单方商行为;而双方商行为是指,交易双方均为商事主体,且从事的都是营利行为。②根据《德国商法典》第345条的规定,双方商行为的规定适用于单方商行为。实践中单方商行为的情形很多,集合资金信托就是典型的单方商行为,若将单方商行为的双方都施加较高的义务标准,那么对于非商事主体一方来说则有失公平,因此,在商事信托中,较高的义务标准仅适用于受托人,不能适用于委托人、受益人。

商行为说相比于商主体说更具有合理性,当受托人为信托公司时,其也会经营以公益为目的的信托,此时受托行为并非以营利为目的,如按照商主体说,则信托公司所经营的所有信托都会被认定为商事信托,这显然不符合实际情况。

(三)其他

1. 受托人是否收取费用

除了上述学说,也有学者从受托人是否收取费用、报酬的角度来区

---

① 参见张军建主编:《信托法纵横谈——写在我国信托法修改之前》,中国财政经济出版社2016年版,第172页。

② 参见范健:《德国商行为法探微》,载《现代法学》1994年第1期。

分民事信托和商事信托。如果受托人在委托人向其转移信托财产时不收取对价,即信托财产的移转属于赠与,则该信托的性质为个人、民事信托;反之,如受托人收取对价、报酬的,则该信托为商事信托。[①] 由于信托起源的最初形式就是个人无偿信托,受托人由有名望的、道德高尚的贵族担任,因此,受托人最开始是无偿的。商事信托的出现改变了民事信托受托人无偿服务的状态,将信托变成了一种产业,信托在现代商业社会中运用的结果是,受托人作为专业人士,基本以信托为业,因此,收取对价和报酬是体现其专业性的标志。

2. 委托人设立信托的目的

不少学者采用"目的说"标准来划分民商事信托,[②]认为民事信托的委托人是为了个人或家庭赡养或者抚养而设立信托,民事信托的目的并非投资、使财产增值或者公益。虽然现代信托的设立,无法避免有一定的财产管理的目的,但其重要目的仍然是实现财产的转移和传承。反之,不以财产转移为目的,单纯以投资、理财等为目的则为商事信托。[③]

我国监管部门在定义家族信托时,似乎认为家族信托与信托公司发行的其他信托产品有区别,认为委托人设立家族信托的目的并非单纯实现财产的保值和增值,例如典型的集合资金信托肯定不属于家族信托。家族信托的目的是传承和管理家族财富。[④] 国家金融监督管理总局发布的上述通知针对的是信托公司发行的家族信托产品,受托人是信托公司,家族信托在我国依然是属于营业信托,但按照其目的来说,又更接近于民事信托。家族信托并非法律概念,委托人设立家族信托也可能有多重目的,并非单纯的投资目的,因此,纯粹以设立信托目的的方式来划分民事信托和商事信托也存在问题。我国内地的家族信

---

① 参见刘迎霜:《论信托的本质——兼与"信托异化论"商榷》,载《法学评论》2011 年第 1 期。

② 参见赵廉慧:《商事信托的界定》,载《月旦民商法杂志》第 78 期(2022 年)。

③ 参见谢哲胜:《信托法》,台北,2007 年自版发行,第 50 页。

④ 中国银行保险监督管理委员会发布的《关于加强规范资产管理业务过渡期内信托监管工作的通知》(信托函〔2018〕37 号)第 2 条。

托起步较晚,新加坡以及我国香港特区一直都在竞争家族信托的业务,两地的家族办公室遍地开花。实践中,家族办公室主要的业务是对高净值客户的资产进行保值和增值,虽然也会对子女教育、财富继承、家庭安排、税务等事务进行处理,但家族办公室的主要工作仍是进行财产管理和投资。[①] 我国内地并未对家族信托法定化、概念化,因此,我们只能结合境内外的信托实践,将符合某些特性的信托归类为家族信托,或者家庭信托。虽统称为家族信托,但实践中的情况却不像集合资金信托这么统一,家族信托属于个性化较强的信托类型。我国很多信托法学者认为,不宜因为信托公司发行了家族信托产品,就笼统地将家族信托划分为商事信托。不少学者都提出了我国目前《信托法》对信托的分类方式值得改进,却并未有明确的划分标准,如果按照受托人是否以营利为目的,就应该划分为营业信托和非营业信托,信托机构可以根据委托人目的和要求的不同,从事民事、商事和慈善信托,目前我国大部分信托公司都发行了慈善信托产品。而非营业信托的受托人一般由基金会、自然人担任,只能从事民事信托和慈善信托活动,不能从事商事信托。[②] 在英国,家族信托是信托的传统形态,有些人设立家族信托的目的仅是对家庭财产进行分配和管理,这样的信托更像民事信托,而有的委托人购买信托公司的家族信托产品,可能是为了享受更好的金融服务,其目的主要是家族财产的投资,这样的家族信托属于纯粹的金融产品,更接近于商事信托。以我国信托实践较为发达的香港特区为例,如家族办公室对客户的财产进行证券投资的,根据《证券及期货条例》的规定需要向证监会申请牌照,家族办公室的信托投资行为属于资产管理行为,因此,这类家族办公室本质上等同于资产管理公司。而有些家族办公室,如果只负责打理某一家族的内部资产,不对外营业的,则无须申请牌照,但家族办公室的各项投资行为仍应符合法律要求,仍需要接受监管。

我国立法一直对信托的分类都较为保守,民事信托相关的配套制

---

① 参见夏小雄:《家族办公室的监管:香港经验》,载《银行家》2021 年第 4 期。

② 参见赵廉慧:《从法律视角认识家族信托》,载《银行家》2020 年第 6 期。

度并未建立起来,虽然实践中出现了大量需求,例如艺术品信托[①],亲属朋友间的以管理小额家庭财产、安排家族事务为目的的家庭信托,但无论是立法机关还是司法机关,均对于民事信托的成立十分保守和谨慎。结合我国的实践来看,不宜笼统地将家族信托分为民事信托或者商事信托,否则个人担任家庭信托的受托人会被认定为无效,不利于保护相关权利人的利益。因此,不笼统地将家族信托定性,而是按照具体情况进行归类,更有利于我国信托实践的发展。信托作为一种制度,并不纯粹是金融投资工具,应是多元化的。

我国信托立法对民事信托和营业信托的区分在于受托人是否以信托为业,是否为信托公司。如是,则为营业信托;反之则为民事信托。[②]

"目的说"以委托人设立信托是否以财产转移为目的这一标准来划分民商事信托,具有一定的合理性。以财产转移为目的等同于委托人和受益人并非完全重合,这也是民事信托的表现形式之一。在商事信托中,虽然我国监管机构对于集合资金信托计划的形式规定是委托人和受益人同属一人,但这仅属于我国监管机构的规范。按照信托理论,委托人和受益人可以为不同的人,因此,"目的说"有一定的合理性,但并不能作为区分民商事信托的唯一标准。另外,"目的说"较为抽象和不确定,"目的"一词并非确定性词汇,委托人设立信托的目的有很多种,并且也不一定写于信托合同中,而且目的是人的主观想法,随时可能发生变化,以目的来划分信托标准,具有不确定性。

综上,结合我国理论界对于商事信托定义的各种学说,本书认为商行为说更具合理性,受托人的受托行为是以营利为目的的,即为商事信托。我国《信托法》第 4 条授权国务院制定行政法规对信托机构的信托行为进行规范,这一条的规定使得实践中将商事信托受托人限定于信托机构,而如果采用商行为说来定义商事信托的话,在"大资管"背景下,对于其他金融机构担任受托人开展资产管理业务的,都可以认定

---

①　参见吴雨帆:《艺术品信托法律关系研究》,载《湖北经济学院学报(人文社会科学版)》2023 年第 1 期。

②　参见高凌云:《被误读的信托——信托法原论》,复旦大学出版社 2010 年版,第 206 页。

为商事信托。

二、商事信托与民事信托的区分

我国《信托法》将信托分成三类，分别为民事信托、营业信托和公益信托，除了第60条以列举信托目的的方式界定了公益信托，并未对民事信托和营业信托的概念作出明确规定，也没有列举和划分民事信托与营业信托的范围，这不仅会导致司法实践的混乱，更重要的是会阻碍民事信托和商事信托的发展。信托虽然是作为一种金融工具被引入我国，在法理上被归为商事信托，但除了信托公司发行的金融信托产品，信托还有很多种类，再加上我国金融机构的分业监管模式，虽然各监管机构都针对具体的资产管理业务出台了相关规定，但总体来说，并未有上位法对于商事信托作出统一规范，导致实质上的商事信托业务监管标准不一、管理混乱，信托制度的运用任重道远。再者，除了商事信托，民事信托也应有自己发展的一片天地，商事信托并非信托的全部。在英美法系，民事信托在财富管理和传承方面扮演着重要角色，而我国对信托分类的含糊，以及对不同种类信托受托人的资格、权力和义务的笼统性规定，导致民事信托的发展停滞。因此，我国《信托法》在修订时应直面这些现实问题，敢于将商事信托与民事信托区分规定，明确界定标准，划定范围，使民事信托可以和商事信托一样发展。

（一）设立制度的区分

我国《信托法》并未区分商事信托与民事信托，第8条要求两者的设立都以书面形式，由此看出我国对信托成立的态度较为保守和谨慎。第9条列明了信托文件应当载明的内容。根据英美法系的信托理论，商事信托的成立需要具备三个确定性（three certainties），对于民事信托的成立，并未有严格的格式要求。

对于商事信托而言，无论是哪个国家或地区，均对其成立有规范化、格式化的要求，因民事信托可以发生在熟人之间，甚至包括亲人之间的无偿帮忙，所以对格式要求无须过于严格，只需要尊重委托人的真实意思表示即可。而商事信托关系一般发生在陌生人之间，而且在实践中，商事信托运用最多的是金融投资领域，出于对交易安全和效率的考虑,也出于对金融安全和监管的考虑,商事信托的成立应具有严格的格式要求,商事信托合同条款一般也是非常完备的。

(二)受托人主体资格的区分

各国或地区信托法实践中,对于民事信托的受托人资格并未过多规定,一般满足民法中规定的具有完全民事行为能力即可,未成年人和智力不健全者,不能从事民事行为,因此也不能作为民事信托的受托人。由于信托法对受托人施以严格的信义义务,只有具有完全民事行为能力的人才能具备有效管理信托的能力,至少满足忠实义务和普通人的注意义务的需求。日本旧《信托法》规定禁止破产人担任受托人,旨在保护受托人不受财务的影响,可以公正、独立、忠实地履行受托义务,没有侵占信托财产的动因。民事信托中,委托人最看重受托人的信用,需要受托人是值得信任的,一般来说,如果受托人本身都陷入了财务危机,资不抵债,委托人就很难放心将信托财产交与受托人。我国《信托法》在未区分商事信托和民事信托的基础上,在第 39 条中规定受托人如果被依法撤销或被宣告破产、丧失法定资格,即不能再担任受托人。目前我国商事信托实践中,只有信托公司等金融机构才能担任受托人,而个人破产制度也未在全国施行,因此,我国《信托法》规定的破产应只针对商事信托的受托人,但为了避免混淆,《信托法》在修订时应明确民事信托受托人不适格的情形中是否包括资不抵债等情况。

各国或地区信托法对商事信托中受托人的主体要求要高很多,商事主体担任受托人的,其信用基础并非来源于人格信任,而是来源于客观上的履约能力,因此,各国或地区信托法对于商事信托的受托人的客观要求都作出了规定。以我国为例,首先,对于信托公司的设立,我国规定了严格的审批制度,即使满足了客观要求也不一定允许成立。我国所称的信托公司指的是金融机构,不包括非金融类的从事信托业务的公司。其次,为了保证有实际的履约能力,对于最低注册资本、组织机构、股东构成和条件、董事和高管的条件等都有强制性规定。最后,由于商事信托与营业信托概念的不同,我国《信托法》在修订时,应明确商事信托受托人能否由非金融机构担任。

(三)适用法律的区分

民事信托是信托的最原始状态,也是信托的最基本形式,信托的基本理论都是源于民事信托。一般来说,对于制定法国家,《信托法》都是规范基本信托法律关系的,因此,民事信托一般适用《信托法》以及民法的相关规定。而商事信托除了适用《信托法》,还需要适用关于商事信托的一些特别监管规定,例如日本的《信托业法》。目前我国虽然没有针对商事信托的专门立法,也没有专门的商法通则,但金融监管机构已出台了诸多针对信托公司的监管法规,因此,我国法院在审理商事信托纠纷案件中,虽然也需要运用《民法典》的一些原则性规定和合同法的相关规定,但依据商事信托的商事属性,法院在审理相关案件时需要具有一定的商事思维,不能按照纯粹的民法思维去裁判。

(四)受益权的区分

我国的商事信托以金融信托的形式为主,金融产品的特征是同质化,以追求效率为目的。以集合资金信托为例,委托人和受益人同属一人,委托人按照份额购买信托产品,享有的受益权也表现为信托产品份额的形式,在同一个信托计划中,不同的受益人享有同样的权利,在没有特别约定的情形下,受益权也可以转让。而民事信托中,每一个信托都是不同的情况,信托安排都是极具个性化的,受益人的数量也不统一,每个受益人享有不同的受益权,受益人可能享有不同财产的所有权,例如现金、房产、股票、汽车、珠宝等,也可以针对不同受益人的情况,按照时间来分配财产的取得。总之,民事信托中对于受益人的安排是千差万别的,这种权利是不能在公开市场上转让的,一般只能通过继承的方式获得。委托人设立民事信托的重要目的是实现对财产的转移,而且是转移给特定人,如果受益人不接受这样的安排,有可能其受益权会被剥夺,因此,民事信托中的受益权并非一种金融产品,而是一种极具个性化的民事权利,不同的受益人之间的受益权差异性极大。

(五)监管制度的区分

1. 民事信托主要由法院监管

民事信托一旦产生纠纷,受益人或者委托人可以向法院提起诉讼,一般来说,民事信托的监管角色一般由法院扮演。例如,日本和韩国的信托制度都规定,除信托业以外的信托由法院监督。在民事信托较为发达的英国,传统上的信托也是由法院扮演监督的角色。我国《信托法》并未明确规定民事信托的监督由谁负责,但实践中,法院确实也扮演着监督和裁判的角色。例如,法院对信托有撤销权,对受托人的处分行为有撤销权,对受托人有解任权,以及当受益人与委托人的处理意见有分歧时,有权作出裁决等。民事信托一般发生在民事领域,受托人一般是自然人或其他组织,不像商事信托的受托人有专门的监管机构,因此,民事信托的监管一般由法院负责,当受益人、委托人认为受托人违反信义义务损害信托权益时,可以申请法院的介入。当然,法院对民事信托的监督权是被动的,必须有信托关系人或者债权人的申请,才能履行监督权,而不是由法院主动履行。

2. 商事信托主要由法定机构监管

商事信托除了由法院被动履行监督权,还受到行政监管部门的监督,主要是由于目前的商事信托的受托人一般是金融机构,为了保护金融安全和金融投资者的利益,对商事信托的监管较为严格。例如,英国修改了之前的《2012 年金融服务法案》(Financial Services Act 2012)以及《2016 年英格兰银行和金融服务法案》(Bank of England and Financial Services Act 2016),重新制定了《2000 年金融服务与市场法》(Financial Services and Markets Act 2000),该法规定,由法人担任受托人的商事信托受到英格兰银行和证券及金融服务局(Financial Services Authority)的共同监管。在我国香港特区,商事信托由其金融管理局(Hong Kong Monetary Authority)进行监管,还制定了专门规范和监管信托业务(Trust Business)的监管政策手册(Supervisory Policy Manual)。

美国在 1999 年颁布《金融服务现代化法案》(Financial Services Modernization Act 1999)之前,实行的是金融业的分业经营,分业监管,加上美国的联邦制的政治体系是联邦和州分别监管。后来商业银行不满足于低利润的银行零售业,开始向投资银行渗透,导致很多商业银行都有变相的投资银行部门。1999 年《金融服务现代化法案》(亦称《格雷姆－里奇－比利雷法案》）通过之后，从法律上消除了银行、证券、保险机构在业务范围上的边界，结束了美国长达66年的金融分业经营的历史，同时商业银行开始大规模从事投资银行的活动，例如花旗集团（Citigroup）和摩根大通（JP Morgan）。混业经营也会导致对金融业的监管模式发生改变，从原来的"主体监管"变成了"功能监管"，根据各金融机构从事的实质性业务进行监管。相比于美国金融业的分业经营和监管而言，我国可以取得牌照经营信托的机构仅指信托公司，信托公司属于信托业务的"百货商店"，可以经营各种信托业务，而其他金融公司，只能申请经营某项特定的信托业务，但有些实质上属于信托的金融业务，由于经营主体并非信托公司，也没有被认定为信托业务。而在美国，获得信托牌照的不一定是信托公司，也可以是各种有权限经营信托业务的公司，信托牌照只代表信托业务资质。但我国2018年颁布的《关于规范金融机构资产管理业务的指导意见》（《资管新规》）也借鉴了英美的一些经验，其中第27条规定，对各金融机构的资产管理业务实行"机构监管"以及"功能监管"相结合的模式，不再采用单一的"机构监管"，并且，以资管产品的类型为标准来统一监管，《资管新规》的规范虽然需要时间来落地，但仍不失为发现问题后的及时总结和改革。

采用金融业混业经营，对信托业的监管除了法定机构的监管，还包括行业协会的监管。

日本信托业的发展中，信托银行（Trust Bank）占据了重要位置，拥有世界上最大、最完善的信托银行。日本的信托银行是将银行融资服务与投资相关服务相结合的金融机构。在20世纪60年代初期，信托银行从银行的信托部门中分离出来，例如，三菱日联信托银行（MUTB）是日本最大的信托银行之一，管理着3700亿美元的资产。日本于1905年颁布的《担保债券信托法》，建立了第一个担保债券信托制度，该法允许大型银行和金融机构相互交易债券。1906年，东京信托公司成立，旨在帮助家庭和小企业筹集资金并投资于金融市场。第一次世界大战后日本的经济迎来了快速发展期，到了1921年信托银行的总数超过400家。日本在1922年制定了《信托法》和《信托业法》，正式从法律上建立了信托制度。日本制定信托法主要源于政府为了加强对信托行业的监管。因为日本是大陆法系国家，所以日本的信托立法比较完善，日本引进信托制度主要为了发展商事信托，受托人主要是以信托银行为主的金融机构，后来也允许其他非金融机构担任受托人，因此，日本商事信托的监管主要以金融主管部门的监管为主。

我国金融行业实行分业经营和分业监管，由于信托业发展较晚，并没有专门的部级信托业监管部门，而是和银行一起，归属于银行业的主管部门[①]来监管。我国对商事信托的监管包括信托机构的准入监管，即主体监管、信托产品的发行监管，以及受托人行为的监管等，对受托人的违法行为进行行政处罚，以及对信托机构的变更、破产、重整进行审批。[②] 我国信托公司的总量一直保持在68家，基本没有新增，说明监管机构对主体准入的监管较为严格，因此，也可以看出获得信托牌照的难度较大。对于信托产品，例如集合资金信托计划，信托公司需要就单个产品进行逐一报告备案，信托公司不得擅自发行信托产品。总体来说，我国信托业的监管是比较全面的，但仍存在一些问题值得反思。由于我国并没有专门针对信托业的立法，或者商事信托的立法，虽然制定了针对信托公司的一些部门规章，但法律效力位阶较低，这使得很多信托行为处于监管的灰色地带，加上各监管部门的监管标准可能存在不同，会出现利用差异的套利行为，因此，需要进行统一的信托业立法，对信托业监管原则、理念、标准、职权划分、责任机制等要素进行充分说明，以规范商事信托的监管。

我国学界主流的观点认为，信托关系比其他法律关系更能保护投资者的权益，[③]虽然我国采取金融业分业监管模式，但有很多其他金融

---

① 2023年5月前为银保监会，2023年5月后为国家金融监督管理总局。

② 《中国银保监会信托公司行政许可事项实施办法》(2020年第12号)第4条第1款规定："信托公司以下事项须经银保监会及其派出机构行政许可：机构设立，机构变更，机构终止，调整业务范围和增加业务品种，董事和高级管理人员任职资格，以及法律、行政法规规定和国务院决定的其他行政许可事项。"

③ 参见朱小川：《银行理财业务中的法律适用——从保护客户权益的角度》，载《银行家》2014年第7期；朱小川：《从保护客户权益的角度探讨证券公司与客户的资产管理纠纷及相关制度》，载《中国证券》2016年第6期。

机构发行的,本质上为信托的金融服务,法律关系上属于信托法律关系,应当适用《信托法》以及相关法规,但由于发行机构不属于信托公司,并未纳入国家金融监督管理总局的监管范围。[①] 这种监管模式对于金融投资者的保护是不公平的,不能因为发行人的不同,将同为实质信托关系的法律关系定位为其他法律关系,信托法律关系对受托人的信义义务要求是最高的,定义为信托法律关系对于受益人的保护力度也是最高,因此,应打破监管机构的壁垒,将属于同一类型的信托法律关系统一进行监管,这样既能更好地保护相关投资者的权益,也能更好地对受托人义务统一进行安排。

另外,关于我国信托业监管的重点,出现了"本末倒置"的情况,本来属于信托关系的基本制度的信托财产独立性以及受托人的信义义务,并非监管机构的监管重点,而是将监管重点放在了一些细节上面,例如信托财产的具体投资和管理方面,我国监管机构通过发文的形式,针对信托资金的运用设定了诸多限制,如对于房地产企业融资的限制等。鉴于信托区别于纯投资的属性,信托财产的投资方向、投资方式只要符合信托合同的要求即可,但这并不是信托业监管的重点和难点。信托业监管的重难点在于受托人信义义务的监督和落实,这样既能更好地体现监管的意义,也能更好地保护受益人的利益。

《信托法》作为规范信托法律关系的基本法,应将信托的概念和分类予以明确,可以依据《信托法》主要规范民事信托,重新起草"信托业法"或者"商事信托法"来规范商事信托,也可以在《信托法》中直接加入商事信托的规范。无论如何,虽然民事信托和商事信托具有共性,但差异巨大,应将两者分别予以规范。另外,建议在修改《信托法》时应将"营业信托"改为"商事信托",以符合分类的一致性。

三、信义义务在商事信托和民事信托中的区别

首先,前文论述了信托的起源、商事信托的发展,以及商事信托和

---

① 参见夏小雄:《信托业监管体系重构:问题剖析、理论反思与制度完善》,载《金融监管研究》2020年第9期。

民事信托在实践中的区别,从法理上讲,对信托的分类是没有绝对的,商事信托和民事信托的分界线在某些时候并非十分绝对。我国以受托人是不是商主体来划分虽然具有一定的合理性,但这是因为我国民事信托不发达,对于非金融机构担任商事信托受托人是否被承认也未知。按照法理,家族信托更像是民事信托,但家族信托的受托人在我国又只可能是信托机构,家族信托在我国目前只能以营业信托的形式存在。民事信托只需要适用《信托法》以及民法的相关规定,而商事信托还需要适用商法以及监管机构颁布的大量监管规定,因此,民事信托受托人是否履行信义义务,只需要依据《信托法》第 25 条的规定,而商事信托还需要依照监管机构颁布的各种规定来判断。商事信托的受托人是商事主体,商事主体的决策机制是集体决策,是理性的,只关注外观,不存在内心想法;而民事信托中受托人的决策属于个人决策,个人决策就会存在误解或者上当受骗等情况,因此,对于民事信托受托人是否履行信义义务而言,需要根据其真实意思进行判断,不能只看表面,而商事信托中,只需要关注受托人的行为是否满足法律法规规定的行为规范即可。

其次,民事信托中,受托人谨慎义务的标准符合民事义务的标准即可,一般的民事信托,受托人并不需要对信托财产进行主动管理和投资,因此,受托人按照信托档指示即可。例如,一般的民事信托主要涉及后代抚养等问题,涉及的财产并不复杂,尤其是在我国信托财产登记制度并未建立的情况下,普通居民的重要资产——不动产也无法作为信托财产,因此,一般民事信托就涉及对现金、动产,以及股权的处置,受托人只需要按照信托档的指示即可。只要受托人的行为符合信托文件,受托人的行为就符合谨慎义务。按照英美信托理论,民事信托的受托人谨慎义务的判断标准是“谨慎人标准”,法官在裁判时,只需要设身处地地将自己设想成受托人即可,不需要附加专业判断,只需要按照普通人的判断标准即可。除非受托人的行为不符合常识和常理,例如,将信托资金不存放在银行,而随身放在自己身上,导致信托资金在路上失窃,这种情况下,受托人的行为就违反了谨慎义务。虽然“谨慎人标准”看起来也略显抽象,但总体而言,审理民事信托的法官按照民事思维进行审理即可,对于受托人的信义义务的判断也不会出现太大偏差。而在商事信托中,受托人的谨慎义务判断标准则较为复杂,需要满足商事义务的标准。商事义务的标准要明显高于民事义务的标准,再加上商事信托的类型还分为主动管理型和被动管理型,主动管理型信托中,受托人谨慎义务的标准要高于被动管理型,在判断商事信托受托人是否履行信义义务时,法官还需要具有商事思维,而并非民事思维,另外,法官对于受托人的行为是否符合谨慎义务,需要参照英美信托理论的"谨慎人标准",如法官没有商事思维,对商事信托的实践不够了解,则难以对受托人的信义义务进行判断,因此,从判断难度上来说,商事信托的信义义务要高于民事信托。

最后,民事信托和商事信托的功能不同。民事信托主要用于对家族财富或者家庭财产的管理和传承,是一种"延迟"和"带条件"的赠与,受托人根据委托人起草的信托档对信托财产进行管理,受托人并无太多决策权,更为重要的是,大部分民事信托中,受托人并不会对信托财产进行主动投资,因此,除非受托人侵占或者挪用信托财产,否则信托财产并不会因受托人的管理行为而减少。而在商事信托中,委托人购买受托人发行的信托产品,无论信托资金的投向为何,信托都是一种投资行为,收益是无法保证的,信托结束后,委托人有可能不仅得不到收益,甚至连本金都无法收回。因此,商事信托中,受托人谨慎义务的履行直接影响了信托财产的管理和投资情况,而民事信托中,受益人更关注受托人是否履行了忠实义务,只要受托人履行了忠实义务,受益人就不担心信托财产的减损。

因此,鉴于民事信托和商事信托分别属于民事领域和商事领域,对受托人履行信义义务的判断标准也应按照民事义务标准和商事义务标准来判断。

本章小结

本章首先从信托分类入手,分析了私益信托中的商事信托和民事信托的区别,信托制度在民事领域和商事领域的运用的差异性极大,因此,虽同为“信托”,但民事信托和商事信托呈现出不同的表现形式和法律特征。然而我国信托立法并未区别两类信托,也没有对两类信托的信义义务标准进行区分,如按照平均、统一的适用标准,会导致民事信托受托人承担过高的信义义务,而商事信托受托人承担的信义义务标准较低,不符合商事义务的标准,更不符合金融机构应当承担的义务标准,也不利于对受益人权益的保护。因此,鉴于民事信托和商事信托分别属于民事领域和商事领域,对受托人履行信义义务的判断标准也应按照民事义务标准和商事义务标准来判断。

第三章　信义义务在商事领域中的适用

信义义务产生于信义关系，由于信义义务的严苛性，信义义务不能施加于非信义关系的受信人身上，信义义务的适用前提是认定某法律关系是不是信义关系。信义关系理论形成于英美法系，无论是判例还是成文法，均对于信义关系作出过解释或者描述，判例中法官结合个案的描述，对信义关系理论的形成有极大的推动作用，有些经典的论断甚至构成了信义关系理论的基础。英美法系信义关系理论与信义义务理论一脉相承，信义义务的适用取决于信义关系是否存在，即当事人之间关系的性质是否属于信义关系。我国信托立法中并非明确提出"信义义务"概念，《公司法》中明确吸取了信义义务理论，将董事的信义义务内容明确提出，但也未将"信义义务"概念提出，其他符合商事信托法律关系的立法亦然，然而，《期货公司居间人管理办法（试行）》第3条却明确提出了期货交易的居间人、中介人负有信义义务，包括诚实守信与勤勉尽责。期货法律关系是典型的商事法律关系，包括交易者、期货经营机构，还有特殊的主体，即居间人。上一章已经分析过居间法律关系的特征，与信托法律关系有所区别，因此，可以说，信义义务的立法离不开对信义关系的梳理，非信义关系中不宜给义务主体施加信义义务。

信义关系到底是基于职位而形成，例如，公司董事与公司、信托受托人与受益人、律师同客户，还是按照法律关系以及具体行为的性质来判断是否属于信义关系是我们需要研究的问题。在法律上，将某一类人、职位以及特定的关系定义为信义关系，意味着受信人将要承担一系列特定的、严格的法律义务，[①]长久以来，信义关系在英美法系很多学者看来是难以定义的。[②] 相较于很多学者的质疑，法院在审理时的思维反而是首先对法律关系进行认定，认定双方是否处于信义关系，确认是信义关系后才会有信义义务的产生，即信义关系的识别。[③]

信义关系的识别在我国商事领域具有重要意义，随着信托制度的引进以及信义义务理论的推广，实践中出现了对"信义义务"概念乱用的情况，且更为突出的问题是对实质上的信义关系的忽视，仅将受托人为信托公司的法律关系认定为信义关系，而将其他金融机构作为受托人、管理人的资产管理关系看作一般合同关系，并未对该受托人施加信义义务，因此，缺乏对信义关系的识别，会造成实践中信义义务适用的不统一。

商事领域中存在大量的信义关系，除了立法确定的公司领域以及证券投资基金法律关系，还有大量的包括金融机构担任受托人的资产管理法律关系。目前司法实践中，一般将受托人为信托公司而产生的纠纷认定为营业信托纠纷，而将其他金融机构作为受托人的资产管理纠纷认定为委托理财纠纷或者其他合同纠纷，虽然实质上也都属于信托法律关系，但是金融机构的分业监管政策以及法律法规目前对信托分类的限制导致了对信义关系识别的不统一。我国《信托法》制定时对信义关系的规定是空白的，但信义关系研究在我国理论界并非冷门，不少商法学者都开始呼吁将资产管理关系认定为信托关系。有学者提出，信义义务应覆盖整个金融领域，在金融机构和金融消费者之间增加信义义务的保护。信义义务的缺失，会使得建立在信任基础上的信义关系变成空架子。[④] 目前来讲，在全金融领域覆盖的义务只有"适当性

---

① 参见[美]安德鲁·S. 戈尔德、[美]保罗·B. 米勒编著：《信义法的法理基础》，林少伟、赵吟译，法律出版社2020年版，第71～73页。

② See Ernest J. Weinrib, *The Fiduciary Obligation*, 25 U Toronto LJ 1 (1975); D. Gordon Smith, *The Critical Resource Theory of Fiduciary Duty*, 55 Vand L Rev 1399 (2002).

③ See Paul B. Miller, *A Theory of Fiduciary Liability*, 56 McGill LJ 235 (2011).

④ 参见宋琳、邹泰：《信义义务在我国的缺失及其根源探析》，载《山东社会科学》2007年第10期。

义务”,[①]适当性义务的要求不高,即了解客户,让客户了解产品,推荐合适的产品给合适的人,这种要求本应是商业交往的应有之义,但也被上升为一种法定义务,从另一方面也反映出金融行业的诚信和规范操作需要不断提升。

《资管新规》的颁布是对长久以来实践中产生的问题的回应,突破性地规定对除信托公司以外的金融机构开展的资产管理业务产生的纠纷可以适用《信托法》来处理,但这一认定明显属于监管机构在处理具体事务方面的“权宜之计”,并未直接对信义关系作出认定及说明,也并未直接规定非信托公司担任受托人的资产管理业务符合信托关系的为信托法律关系。虽然监管机构出台的指导意见在对信托关系的认定上具有一定进步意义,但法律层级不高,并未对信托关系或者信义关系作出基本性的规定,因此,《信托法》在修订时应结合已有的监管规范以及理论研究成果,对信义关系作出规定。

信义关系在商事领域适用广泛,但目前我国对信义义务的研究均集中于某个领域,而缺少对信义义务在不同信义关系中的横向比较。除了《信托法》,我国《公司法》《证券投资基金法》《期货公司居间人管理办法(试行)》《保险资产管理公司管理规定》都引入了信义义务的相关规定,我国《证券法》在修改时曾尝试规定证券公司负有信义义务,但最终立法并未采用。[②] 因此,在商事领域中,信义义务除了适用于商事信托关系,还适用于公司法、基金法律关系,期货交易法律关系,以及受托人为非信托机构的资产管理法律关系。信托关系是狭义上的信义

---

① 最高人民法院关于印发《九民纪要》的通知(法〔2019〕254 号)第 72 条规定:适当性义务是指卖方机构在向金融消费者推介、销售银行理财产品、保险投资产品、信托理财产品、券商集合理财计划、杠杆基金份额、期权及其他场外衍生品等高风险等级金融产品,以及为金融消费者参与融资融券、新三板、创业板、科创板、期货等高风险等级投资活动提供服务的过程中,必须履行的了解客户、了解产品、将适当的产品(或者服务)销售(或者提供)给适合的金融消费者等义务。卖方机构承担适当性义务的目的是确保金融消费者能够在充分了解相关金融产品、投资活动的性质及风险的基础上作出自主决定,并承受由此产生的收益和风险。在推介、销售高风险等级金融产品和提供高风险等级金融服务领域,适当性义务的履行是“卖者尽责”的主要内容,也是“买者自负”的前提和基础。

② 参见邢会强:《金融机构的信义义务与适合性原则》,载《人大法律评论》2016 年第 3 期。

关系,而广义上的信义关系的范围要大得多。本章主要从商事领域的信义关系特征入手,分析商事领域信义关系的特点,并比较公司法和证券投资基金法律关系中的信义义务与商事信托中的信义义务的异同。建议对资产管理法律关系认定为信托关系或者信义关系,对不同监管机构监管之下的受托人按照统一标准进行监管,均适用信义义务的规定。

第一节　商事领域中的信义关系

一、信义义务在商事领域中的适用场景:信义关系

(一)信义义务产生于信义关系

信义义务产生于信义关系中,[①]存在信义关系,就存在信义义务。哪些行为在法律上被视为具有信托性质,进而形成信义关系,一直是一个有争议的问题,关于这个问题的争论持续了几十年。历史上,只有少数满足特定条件的关系才能被认定为信托关系。[②] 有学者认为,这种认定方式较为传统和狭隘,现在法院的认定方式已逐渐放宽。还有学者提出,信托关系不应仅局限于一方对另一方的财产拥有裁量权等方面,信托关系的种类应是开放的,而非限制性的。[③] 大多数信托关系的产生源于当事人合意并附随托付(entrustment)行为,托付、受托行为是成立信托关系的关键点,如果仅是双方当事人形成合意,同意一方当事人就其未来可得的钱财交与另一方管理,在还未实际交付时,信托关系就无从发生。然而,信托义务也可能在当事人产生合意并要进入信托关系之前就产生。在一些普通法的判例当中,法官认为,普通法赋予了

---

① See Paul B. Miller, *The Fiduciary Relationship*, in Andrew S. Gold & Paul B. Miller, eds., Philosophical Foundations of Fiduciary Law, Oxford University Press, 2014, p. 63.

② See Austin Wakeman Scott, *The Trustee's Duty of Loyalty*, 49 Harvard Law Review 521 (1936).

③ See Ernest J. Weinrib, *The Fiduciary Obligation*, 25 The University of Toronto Law Journal 1 – 22 (1975); See also L. S. Sealy, *Fiduciary Relationships*, 20 Cambridge Law Journal 69 – 81 (1962).

律师对当事人具有等同于受托人的地位,在接受客户委托之前,就对潜在的客户负有忠实义务。禁止利用潜在客户提供的机密信息等。[①] 美国《1940 年投资顾问法》(Investment Advisers Act of 1940)也规定了对潜在客户负有忠实义务,衡平法将这种关系归类为信托关系、信义关系,主要为了防止受托人滥用职权,将自己的利益置于受益人利益之上。信义义务属于消极义务,即受信人不能将自己的利益置于受益人利益之上,进而衍生出很多规则,这些规定大都是以“禁止”“不得”的形式规定,特别是忠实义务。特定信义义务的性质因特定信义关系而异,信托关系不止一类,不同的类别具有不同的特点,产生不同种类的信义义务。[②]

英美法判例中对于判断信义关系有诸多理论,比较常见的包括承诺标准(undertaking test)、信任标准、脆弱性标准。承诺标准即要成立信义关系,需要受信人明确同意或承诺;信任标准即委托人主观上需要存在信任;脆弱性标准指受信人拥有自由裁量权,能单方行使自由裁量权并且受益人特别容易受到受信人的伤害,脆弱性标准强调了受信人的权力。

(二)信义关系的概念

“信义关系”(fiduciary relationship)的概念长期以来被认为是难以定义的,主要源于信义关系性质的不确定性,但由于信义关系需要在司法实践中确认,很多学者也总结出了信义关系的定义,认为信义关系是一种独特且连贯的法律关系,指“一方(受信人)对另一方(受益人)的重大实际利益行使自由裁量权”。[③] 可以看出,这一“信义关系”的定义的核心是受信人的权力,意味着受信人对受益人财产的控制、掌握以及影响。

米利特(Millett L. J.)法官从信任的角度来给予信义关系定义,认

---

① See Maritrans GP Inc. v. Pepper, Hamilton & Scheetz, 602 A. 2d 1277, 1283 (Pa. 1992).

② Attorney-general v. Blake[1998]1 all er 833.

③ 参见[美]安德鲁·S. 戈尔德、保罗·B. 米勒编著:《信义法的法理基础》,林少伟、赵吟译,法律出版社 2020 年版,第 77 ~ 78 页。

为“信义关系即受托人在某种情况下为了或者代表另一个人行事”，[①] 信义义务产生于某种涉及信任和信赖(trust and confidence)的特殊关系中；[②]也可能产生于一方的信任和信赖对另一方产生优势和影响力时。[③] 当一方依赖另一方的某种专业知识时，也可能产生信义关系，[④] 在商事领域中，由于双方知识、信息的不对等，一方产生信任时，也可能产生信义关系。[⑤] 但是信义关系的产生不能仅仅是因为双方长期是熟人关系，单纯的信任不能产生信义关系，因此，信义关系的定义还应包含双方愿意进入信义关系的意愿，受信人必须接受这种信任，愿意为了他人的利益行事。

梅森(Mason)法官结合了以上两种定义，认为信义关系是“受托人承诺或者同意以行使权力或自由裁量的方式，为了或者代表他人的利益而行事，这种权力指只会影响他人在法律上的利益”[⑥]。“信义关系”的概念在很大程度上和“信义义务”的概念相关，其本质都包括了两个方面，即一方对另一方的信任，以及一方对另一方拥有权力，这种受信人的权力同其他法律概念上的权力有所区别，这种权力是被赋予的，并非天然的权力，并且这种权力的行使可以给另一方的利益带来法律后果。

在弗雷姆诉史密斯案(Frame v. Smith)[⑦]中，法院提出，可以通过考虑为他人行事之人拥有的权力和自由裁量权来辨识信义关系。如果允诺为他人行事之一方当事人拥有行使某种自由裁量权或权力的空间，他能单方地行使这种自由裁量权或权力，从而影响委托人，这种关系就是信义的。信义关系因此也以受信人相对于委托人而言处于权力

① Bristol and West Building Society v. Mothew [1996] EWCA Civ 533.

② See Carlson v. Sala Architects, Inc., 732 N. W. 2d 324, 330 – 31 (Minn. Ct. App. 2007).

③ See Toombs v. Daniels, 361 N. W. 2d 801, 809 (Minn. 1985).

④ See Norwest Bank Hastings v. Clapp, 394 N. W. 2d 176 (Minn. Ct. App. 1986).

⑤ See S. Minn. Mun. Power Agency v. City of St. Peter, 433 N. W. 2d 463, 468 (Minn. Ct. App. 1986).

⑥ Hospital Products Ltd. v. United States Surgical Corporation, (1984) 156 CLR 41.

⑦ Frame v. Smith, [1987] 2 S. C. R. 99.

地位为特征,这个地位可能被滥用,因此衡平法施加了信义义务。衡平法非常严肃地对待违反忠义、职责、信任和信赖的行为。受信人对任何因违反信义关系而导致其委托人、受益人的损失负有责任。在英国,信义义务作为公共政策事项被严格强力执行,以确保那些处于信托和权力地位之人履行他们的义务。①

米勒特勋爵在布里斯托尔和西部建筑协会诉莫修案(Bristol & West Building Society v. Mothew)中对信义关系的构成作出了论述:"受信人即某个允诺为他人在产生信任和信赖关系的具体情形下就特定事项行事之人。受信人的首要义务是忠实义务,这一义务要求受信人对委托人负有全心全意的忠诚。这一核心义务包括几个方面内容。一名受信人必须忠诚善意行事;他不得从他的信托中赚取利润;他不得将自己置于与其义务和自身利益相冲突的境地;他不能未经其委托人知情同意为自己利益或者第三人利益而行事。这并非一份穷尽的清单,但是,它足以表明信义义务的性质。"②美国堪萨斯州法院在某判例中认为,在信义关系中,他人的财产、利益和权限是置于受托人管理之下,因此,信义关系隐含有一方当事人较他人具有优越地位之情形。信义关系中一方当事人给予另一方当事人特殊信赖关系,受信人是以他人利益为主而负有作为义务之人。③

综上,结合信义关系的诸多学说和理论,可以归纳出信义关系的概念为,受托人承诺或者同意,为了受益人的利益行事,受托人由此享有对受益人相关利益的自由裁量权。

(三)信义关系在商事领域中的特征

关于信义关系的构成要件,美国塔玛·弗兰科(Tamar Frankel)教授、戈登·史密斯等学者的研究具有代表性。塔玛·弗兰科教授认为,尽管信义关系存在诸多学说,尚无一致定义,但仍然可以提炼出三项构成要件,第一,存在财产管理或行使权力之委托;第二,委托人基于对受

① 参见[英]斯蒂芬·加拉赫:《衡平法与信托法:数世纪的结晶》,冷霞译,法律出版社2020年版,第430~432页。

② Bristol & West Building Society v. Mothew [1998] 1 Ch1,18.

③ Denison State Bank v. Madera,640 P. 2d 1335,1241 (Kan. 1982).

托人的信任;第三,委托人可能遭受来自这种委托关系的风险。[①] 在英美法系中,传统的信义关系主要存在于代理法中的本人与代理人之间、合伙法中的有限合伙人与普通合伙人之间、信托法中的受益人与受托人之间以及公司法中的公司与公司董事、高管之间。随着两大法系法律制度的相互交融,信托制度的广泛传播,信义关系理论也进入了大陆法系学者的研究范围。通常来说,当一个人不为自己,而为他人的利益,掌握某种权力或者裁量权时,信义关系就产生了。无论是通过协议还是法律的规定,这种权力被授予时,信义关系就存在了。

通过对"信义关系"的概念与构成要件的总结,可以总结出信义关系的三个重要属性,第一重属性是不对等、不平等,受信人掌握极大的裁量权,对信托具有支配权,因此,受信人同受益人处于地位不平等的状态,这种不平等并非民法上法律地位的不平等,而是指实质上所处地位的不平等。第二重属性是依赖性。第三重属性是脆弱性,信任的产生,导致一方依赖于另一方,受益人处于脆弱的状态,其权益容易被受信人侵害,信义关系双方的地位实质上是不对等的,受益人一方永远处于易受侵害的状态。

信义关系在商事领域中适用广泛,呈现出同民事领域不一样的特征。例如:

1. 双方信息不对称问题严重。商事领域中,受信人一般是专业机构,如信托公司、银行、证券机构等,委托人基于对专业机构的专业性的信任将资金交予其投资和管理,委托人属于投资者,一旦购买了金融产品,则失去了对其资金的控制,并且受托人管理的某个金融产品中包含了多个受益人。因此,单个受益人也无法查询到整个信托产品的信息,导致受益人对受托人在过程中如何管理财产难以知悉,受益人获取信息只能通过受托人发布的公告,而这些公告的发布也是由受托人自行选择的。受托人具有较大的自由裁量权,信托财产也已处于受托人控制之下,加上信托财产的投资及管理具有较强的专业性,委托人难以再

① 参见[美]Tamar Frankel:《忠实法》,林鼎钧、翁祖立译,台北,喜玛拉雅研究发展基金会2016年版,第5~6页。

对其管理财产的行为进行监管,因此,信义关系双方信息不对称情况严重。在民事领域,由于受托人是个人,受益人有疑问的也可以随时找到受托人进行询问,虽然有信息不对称的情况,但严重程度要远低于商事领域。

2. 委托人对于受托人的信任并非基于人格信任,而是一种制度信任。商业社会中,信任是经济交往的基石,民法中也规定了诚实信用原则。委托人的目的是追求财富的保值和增值,可以说,商事领域的信义关系主要集中在金融领域,因此,商事信托已经逐渐变成了财产的管理方式,让专业的投资人员从事对财富的投资早已成为惯例,投资者对于受托人不存在个人信任,受托人属于商事主体,其行为应符合信义义务的一系列规则。商事信托中,委托人对受托人产生信任并非出于对某个人道德的信任,而是出于对某机构的专业技能、现代契约精神、法律的完备等的一种总体的制度信任。[①]

3. 受信人对受托事务享有不同程度的裁量权,受信人权力主要源于信托合同的约定。商事领域的信义关系呈现出不同的特点,包括公司领域,也包括金融领域的资产管理等,在资产管理关系中,受托人的权限也分为很多类型,有主动管理型和被动管理型。例如,我国信托行业的"通道业务"中,信托公司作为受托人,对于信托财产的管理并无自由裁量权,而是完全听从于委托人的指示,或者根据信托合同的约定,这类业务也长期被学者质疑是否属于真正的信托业务。商事领域的信义关系呈现出多样化趋势,这是因为商事领域中,商事主体的目标是追求营利,为了符合市场的需求,会创设出诸多的金融创新产品。因此,商事领域的信义关系类型较多,受托人的权限根据信托合同的约定。

二、信义关系的扩张争论

信义义务产生于信义关系,将某一关系认定为信义关系,必然会导

---

① 参见赵廉慧:《论信义义务的法律性质》,载《北大法律评论》第 21 卷第 1 辑,北京大学出版社 2020 年版。

致对守信一方施加信义义务。近年来,国内学者开始重视对信义义务的研究,但同时,信义义务这一制度并非"万金油",不应导致对其的滥用。在信义义务的扩张争论中,关于信义关系能否存在于非财产关系中是最值得讨论的。

德博拉·A. 迪马特(Deborah A. Demott)教授的观点认为,将各种类型的受托人一并适用相同的规定会导致法律的不确定性。不同类型的受托人处于不同的信义关系中,承担不同程度的信托义务,尽管人们可以确定共同的信托义务核心原则,这些原则在涉及不同类型受托人在不同情况下或多或少都适用,但承认信托义务在不同情况下的差异性是进一步研究信托义务的出发点。[①] 当然,由于信托义务的严苛性,不能将信义关系任意扩张,并非所有涉及信任的社会关系都会被归为信义关系。例如,普通的商品买卖关系,虽然也涉及买方对卖方商品的信任,但假设卖方违反诚信,买方也可以通过买卖合同主张赔偿,涉及侵权的,也能主张侵权损害赔偿等,因此,这类买卖关系不能被归为信义关系。在一些英美法判例中,受托人对委托人的财产的裁量权大小成了法院判定当事人之间是否存在信义关系的关键标准。委托人对受托人的授权需要达到一定程度时,当事人之间才有可能成立信义关系。如果受托人没有自由裁量权,仅按照委托人的指示来进行管理或处分,委托人仍保留对财产或者事务的完全控制权,受托人就缺少滥用职权的机会,法律也不必对其设置信义义务的约束。例如,只有公司的董事、高管才会承担信义义务,而普通员工如公司财务,虽然其管理公司的资产,但也不承担信义义务,因公司财务的决定权不在财务人员手上,其对公司财产并无任何裁量权和决定权,仅被授权从事事务性的工作。但是,如果秘书被授予较高程度的决定权或者掌握了公司重要信息时,他可能会被认定为公司的受信人。

除了传统的信托关系,公司领域的董事、高管与公司之间和金融领域的资产管理者与投资者之间,信义关系通过学说和一些判例,似乎已

---

① See Deborah A. Demott, *Beyond Metaphor: An Analysis of Fiduciary Obligation*, 1988 Duke L. J. 879 (1988).

经扩展到非财产管理关系，例如监护人与被监护人之间、合伙人之间、用人单位与员工、医患之间、学校与学生之间、遗嘱执行人与继承人之间、律师与客户之间等，甚至还有向公法扩张的趋势，[①]如选民与政府之间，被选的官员和选民之间。[②] 我国研究信义关系的学者提出，信义关系除了存在于财产关系中，还存在于人身关系中，或者兼具财产关系和人身关系。我国有学者认为，在监护关系中，分为人身监护和财产监护，实践中两者很难截然分开，因此，监护关系一般涉及人身和财产两方面。由于信义关系具有安全阀的功能，可以抑制监护人的机会主义行为，为了保护被监护人的利益，监护人应当承担信义义务。[③] 还有学者提出医生与患者之间，医学实验的研究者与受试者之间也存在信义关系。[④] 国外一些学者[⑤]和判例中[⑥]也提到了类似观点，但实际上英美法系的判例和理论对此并未形成统一意见。有些判例中，法院认为，患方对医方出于“信任和信赖”，[⑦]但就此也不能得出结论双方存在信义关系，社会中很多关系都是存在信任和信赖的，即使在合同关系中也如此。

按照信托理论，信托财产具有独立性，其虽然在受托人的管理之下，但并不属于受托人的个人财产，在广义的信义关系中，受信人管理之下的财产亦是如此。例如，公司董事、高管管理之下的公司财产。这些财产具有明显的确定性，可以明显地和受信人的个人财产区别开，即使受信人破产，或者不愿意再担任受信人，或者产生纠纷，这一部分财

---

① 参见徐化耿：《论私法中的信任机制——基于信义义务与诚实信用的例证分析》，载《法学家》2017 年第 4 期。

② See Rafael Chodos, *The Law of Fiduciary Duties*, Blackthorne Legal Press, 2000, p. 29.

③ 参见朱圆：《论信义规则在我国成年监护法中的引入》，载《政治与法律》2019 年第 2 期。

④ 参见徐化耿：《信义义务研究》，清华大学出版社 2021 年版，第 58 ~ 59 页；柏高原：《试析医患信义关系——以信义义务起源和扩张为进路》，载《中国医学伦理学》2021 年第 5 期。

⑤ See Lionel Smith, *Parenthood is a Fiduciary Relationship*, 70(4) University of Toronto Law Journal 395 - 452(2020).

⑥ See Maclrney v. Mac Donald (1992) DLR (4th) 415.

⑦ Kenny v. Lockwood, [1932] 1 D. L. R. 507 (Ont. C. A.).

产通过司法途径都是可以确定的。只有财产是确定的,才能就此确定损害和法律责任,如果财产不确定,即使出现了侵权行为,也难以确认损失。司法的作用是定分止争,是划定法律责任,中国古话说“清官难断家务事”,其核心意思不是质疑官员的判案水平,而是说明家庭事务中各方权利义务的模糊性,如果家庭关系是一种契约,各方权责分明,不存在感情用事,家务事则很好判断。上文说到的监护关系,最常见的是父母对未成年子女的监护,也包括成年子女对年迈父母的监护等,双方属于亲属关系,如果将监护关系定义为信义关系,则父母需要对子女承担忠实义务及勤勉义务。虽然提出此理论的学者是为了保护被监护人的利益,但民法中对于监护已存在相关规定,一些单行立法的规定也十分详细,而信义义务在我国目前仍具有抽象性和不确定性。在信托法律纠纷中,财产十分明确的情况下,对于信义义务的判定标准差异性极大,如适用到监护关系中,非但不能保护被监护人的利益,反而将简单的问题复杂化,被监护人的利益可能更难以保护。从实际的角度来看,家庭成员的收入支出一般被认为是用于家庭,现在有很多未成年人利用网络平台赚取收入,也有很多父母利用未成年人的形象拍视频赚取收入,等等,按照信义关系理论,受托人不能利用受托地位谋利,应避免利益冲突,如监护人应承担信义义务,则这一部分收入应如何管理?如被监护人不满意监护人对收入的管理,是否有理由向法院起诉?将监护关系定性为信义关系不仅会造成立法资源的浪费,更会给本来压力巨大的司法系统增加更重的负担。因此,不能为了保护某个弱势群体,就要求法律对相对方施加信义义务。信义义务是英美法系中要求最高的行为标准,就像刑罚是对于公民自由的剥夺一样,适用刑法的违法行为应达到犯罪行为的标准,应具有较大的社会危害性,一般侵权行为应按照侵权责任来处理,并且,按照信托理论,成立信义关系,需要受托人明确表示同意,只有受托人明示可以担任受托角色,才能承担信义义务。在监护关系中,监护人只是按照法律规定来履行监护职责,其对于被监护人的照顾属于人性本能的亲情观念,民法上对于监护人的职责有一定规定,但都属于较低的标准,一般人都能达到。因此,被监护人的权益如受到侵犯的,可以借助民法相关规定进行维权,无须借助信义理论。

从前文对信义关系特征的描述可以看出,信义关系会产生信义义务,在不涉及财产的关系中,即使一方对另一方存在信任,也不会产生信义义务,因为一方不存在对管理财产的自由裁量权,所以也不存在将他方的利益放在自己利益之上。当双方产生纠纷时,一般按照民法的规则处理即可,没有施加信义义务的必要性。从信义关系的起源看,对受托人的道德要求较高,衡平法对受托人的行为进行约束,通过设定信义义务,防止受托人在经济利益的诱惑下从事违信行为。再加上信义义务的作用之一是为了防止代理风险,这些都说明了,信义义务是为了防止受托人或者受信人,基于管理财产而产生的代理风险,通过忠实义务,防止产生利益冲突,或者通过受托地位谋利,通过谨慎勤勉义务,防止其对财产的管理或投资的随意化、任意化等,这一系列义务设计所指向的都是经济利益,在现代商业社会中,受托人一般由信托机构等金融机构担任,同信托产生之初的个人信托不同,受托人不再是个人,所以无须考虑个人的道德水平,只需要按照法律的设计来执行即可。但是在纯人身关系中,人们更看重个人的道德水平,由于不存在利益冲突,也不存在谋利问题,相对人只需要按照民法设定的义务,或者合同设立的义务来履行即可,医生给病人看病,医生只需要满足诊疗规则,按照自己的专业以及良心来诊疗即可,如果医生违反了注意义务,造成了医疗损害结果,应承担侵权责任。因此,医生需要履行的是专业人士标准的注意义务,而非忠实义务。但忠实义务是信义义务的核心。塔玛·弗兰科教授认为,信托关系的核心是客户将财产或权力委托给受托人,使受托人能够向他们提供服务。[①] 传统的信托理论认为,信义义务等同于忠实义务,即忠实义务构成了信义义务的全部内容,信义义务和忠实义务经常混用,"fiduciary law"也常被翻译为"忠实法"。因此,信义义务产生于信义关系,信义义务也只能在信义关系中存在,非信义关系中无法产生信义义务,信义义务的承担主体只能是信义关系中的受信人。

---

① See Tamar Frankel, *Fiduciary Duties of Brokers-Advisers-Financial Planners and Money Managers*, Boston University School of Law Working Paper, No. 09 - 36 (2010).

信义关系具有财产属性,纯人身关系无法用信义关系去调整。对于有学者提出的医患关系之间缺乏信任的问题,在目前的中国更是无法仅通过对医生或医疗机构施加信义义务可以解决的,只有通过深层次的医疗体制改革,强化医疗机构的非营利性特征等才能解决双方的信任问题。在相关制度没有变更之前,仅靠给医方施加信义义务是无法解决根本问题的。

在美国,信义关系以及信义义务规则的适用范围正在不断扩大。近年来,对数据信托的研究也成为法学领域的热点,数据信托并非一种法律概念,而是一种信托类型,即信托财产为数据权益的信托。① 耶鲁大学法学院巴尔金教授在2016年提出的"信息信义义务"理论,成为当前数据法学领域中的一个新兴理论,有学者将这一理论称为数据控制者的信义义务理论,或数据信托理论。② 也有学者认为,"信息信义义务"理论存在内在缺陷,明示或默示的数据信托与我国现行法律体系不兼容,我国没有必要引入该理论。③

三、我国"大资管"背景下对信义关系的认定

《信托法》第4条规定信托机构从事信托活动的,需要根据国务院的相关规定办理,《信托法》这一条的规定并未将从事营利性信托行为的主体限定于信托机构。目前,我国法律规定可以从事营业信托业务的金融机构有三类:第一类是信托公司,信托公司在获得信托牌照后才能从事信托业务,根据《信托法》及《信托公司管理办法》,信托公司可以开展所有形式的营业信托活动;第二类是基金管理公司,根据《信托法》《证券投资基金法》等的规定可以开展公募的证券投资基金信托业务;第三类是商业银行,银行并非直接从事信托业

① 参见席月民:《数据信托的功能与制度建构》,载《民主与法制》2021年第3期。

② 参见吴泓:《信赖理念下的个人信息使用与保护》,载《华东政法大学学报》2018年第1期。

③ 参见邢会强:《数据控制者的信义义务理论质疑》,载《法制与社会发展》2021年第4期。

务,不能担任受托人、管理人,只能作为信托账户的托管方,[①]负责账户的监管。

随着人们可支配收入和财富的增多,对于个人财富管理的需求也逐步增大,各金融行业都纷纷推出种类繁多的资产管理的产品和服务,人们最熟悉的是银行推出的理财产品,理财产品也成为银行非利息收入的主要来源,到了2013年年底,银行理财业务资产规模超过了信托业和保险业。[②] 另外,保险资产管理公司根据《保险资产管理公司管理规定》,经国家金融监督管理总局批准后,也可以接受保险集团公司和保险公司等合格投资者的委托,发行保险资产管理产品。因此,除了以信托公司为受托人的信托法律关系,还存在大量的由不同金融机构担任受托人的商事信托法律关系。

信托公司、证券公司、保险公司的主管部门不同,当投资者认为受托人、管理人违反信义义务,首先需要向不同的监管机构投诉,另外,向法院起诉时,受托人分属的金融行业不同,法院认定的案由及适用的法律法规也不同,只有认定为信托关系的,受托人才适用信义义务,其他管理人则无须承担信义义务,因此,为了保障投资者的权益,对于资产管理法律关系应统一适用《信托法》,对担任受托人、管理人的金融机构统一适用信义义务。

(一)资产管理法律关系符合信义关系的法律特征

我国金融业实行分业监管,不同的金融行业的主管机构不同,因此,即使从事的业务类型相同,但由于受托人、管理人分属于不同的金融行业,适用的规范也不同。我国信托业经过了五次清理整顿,实现了信托业与银行业、证券业、保险业严格的分业经营、分业管理,摒弃了历史上信托业高度银行化的混业经营体制。信托业的监管职责原由中国人民银行承担,后来2003年成立了中国银行业监督管理委员会,2018年中国银行业监督管理委员会和中国保险监督管理委员会合并成立中

① 参见周小明:《信托制度:法理与实务》,中国法制出版社2012年版,第381~386页。

② 参见钟向春:《我国营业信托受托人谨慎义务研究》,中国政法大学出版社2015年版,第42~44页。

国银行保险监督管理委员会。根据《信托公司管理办法》第 5 条的规定,中国银行业监督管理委员会对信托公司及其业务活动实施监督管理。目前,由国家金融监督管理总局履行这一监管职责。虽然国家金融监督管理总局是信托公司的主要监管机构,但由于信托公司是信托综合店,其在开展特定业务时也可能会涉及其他监管机构。例如,开展年金业务时,需要接受人力资源和社会保障部的监管,或者开展信贷资产证券化业务、外汇业务时,要接受中国人民银行、外汇局的监管,或者开展投资业务和私人股权投资业务时,要接受证监会的监管。

根据《资管新规》的规定,资产管理业务是指银行、信托、证券、基金、期货、保险资产管理机构、金融资产投资公司等金融机构作为受托人,接受投资者的委托,对受托财产进行投资和管理的金融服务,即"受人之托、代人理财",这与信托法律关系在性质上等同。信托公司作为受托人对投资者的资金进行投资和管理产生的法律关系是信托法律关系,将其他金融机构从事相同行为认定为委托法律关系的,属于对信托法律关系和委托法律关系的混淆,属于以监管的思路代替法律思维。如前文所述,委托法律关系中对受托人并未要求信义义务,如不将相同行为进行同类监管和认定,将会导致投资者在不同的资产管理法律关系中的保护力度不同,也不利于金融行业的规范,容易让被监管者钻不同监管的空子进行套利。因此,信义义务规则应适用于整个资产管理法律关系中,确立和完善信义义务规则也是监管部门进行监管的重要前提,法律层面的信义义务规范应高于监管规则,成为资产管理行业的基本规范。①

不同金融行业所从事的资产管理活动实质为商事信托,属于信托商行为,应由信托立法统一调整,但我国《信托法》中并未针对商事信托有专门规定,也缺乏专门的商事信托立法,缺乏对信托商行为概念内涵和外延的统一界定,导致不同金融行业的监管机构对其他行业的金融机构所实施的信托活动在本行业主管机构制定的规章中

① 参见姜宇:《论资产管理业务法律规制的第三支柱:信义义务规则——兼评〈关于规范金融机构资产管理业务的指导意见〉》,载《上海金融》2018 年第 12 期。

作出了不同的解释,这些解释不同程度地缺乏对信托法律关系、信托行为特性以及信义义务的正确理解。

(二)"大资管"背景下信托公司信义义务建设的重要性

随着《资管新规》的颁布以及《九民纪要》在司法实践中的适用,无论是理论界还是实务界,都呼吁将资产管理行业统一纳入信托法律关系进行规范,这也意味着,商事信托的受托人也许不再是信托公司的专属,信托业面临来自金融业同行的巨大竞争。信托公司要想在信托领域与其他金融机构竞争,其优势和关键在于信义义务的履行。过去信托业的发展得益于信托牌照的优势,也得益于信托制度的资产隔离效果。和其他金融行业相比,信托公司在资产管理和投资能力方面的优势并不突出,但信托公司在履行信义义务方面的经验多于其他竞争者,毕竟信托公司是最早担任信托受托人角色的,因此,信托公司应在其他同行对于信义义务规则尚不够熟悉和了解的情况下,更加注重信义义务规范的建设,[①]在规范经营的基础上,将信义义务作为信托公司的金字招牌来吸引投资者。

综上,金融消费者、投资者因为信赖金融机构的资源、专业,以及商事信用,购买金融机构发行的信托产品、理财产品、投资产品等,金融机构将若干投资者的资金集中起来管理,双方构成信义关系,金融机构应承担信义义务。目前已经很多学者看到了我国信托实践中基于受托机构的不同而分别监管的问题,加上司法实践中的定性不统一问题,很多学者都建议我国立法应当将金融机构担任受托人、管理人的资产管理关系认定为信义关系,并向金融机构设定信义义务的约束。信义义务规则可以填补和完善当事人之间不完备的契约,作为一种"默认条款"植入合同,以防止金融机构提供的格式版本中对投资者权益的漠视,以及自身义务标准的降低,可以有利于降低代理风险。金融机构由于其金融牌照优势,获得了一般商事主体无法获得的金融经营权限,因此,其对于信义义务的承担应属于标准的行为规范,为了切实保护金融投资者的利益,我国可以适当借鉴域外立法经验,制定出差异化、多层次

① 参见赵明:《大资管背景下信托公司的信义义务》,载《海南金融》2018年第8期。

的金融机构信义义务规则。

第二节 公司法领域中的信义义务

哈佛大学法学院弗雷德(Jesse M. Fried)教授在其论文《阿里巴巴和法律庇护的内部人的崛起》(*Alibaba and the Rise of Law-Proof Insider*)中,指责阿里巴巴公司通过"在开曼注册,在美国上市"的做法,规避美国法中关于控制股东的信义义务的严格规定。此外,中国存托凭证也成为弗雷德教授的攻击对象,争议焦点就在信义义务。英美法系的信义义务起源于信托法律关系,而我国对信义义务的引进最早来源于公司法领域。我国1993年颁布的《公司法》就规定了董监高应忠实履行职务,2005年《公司法》修订之后,在第148条正式提出董监高对公司负有忠实义务和勤勉义务,因此,我国是在公司法领域率先规定了受信人的信义义务,并且,与《信托法》中的模糊术语不同,《公司法》对董监高的信义义务内容进行了明确界定,避免了模糊性。除此之外,公司法学者对信义义务的研究也多于信托法学者,因此,我们有必要对公司法中的信义义务和信托法中的信义义务进行比较,分析信义义务在商事领域中的不同表现形式。

受信托法理论的影响,英美法系将董事视为公司的受信人,受信义务不同于合同义务,因此,董事、高管的义务除了来源于劳动合同的约定,还来源于法律的直接规定。而传统的大陆法系国家将公司管理人员和公司的关系看作一种有偿处理他人事务的合同关系[①]。例如,德国公司法认为董事、高管与公司之间的关系属于"有偿事务处理合同",[②]日本公司法中董事与公司之间是委任关系。[③] 传统的大陆法系国家的公司法中虽然董事负有忠实义务、注意义务等,但并未明确将这种义务定义为信义义务。我国公司立法也是如此,虽然规定董事、高管

---

① 参见王军:《中国公司法》,高等教育出版社2015年版,第325~326页。

② 参见[德]托马斯·莱塞尔、[德]吕迪格·法伊尔:《德国资合公司法》,高旭军等译,法律出版社2005年版,第151、539页。

③ 参见《日本公司法典》第330条,吴建斌等译,中国法制出版社2006年版。

负有忠实、勤勉义务,但只有学理上[①]和某些司法判决书中将其合并称为信义义务,立法上并未明确将信义义务概念化、法定化,也并未将董事、高管与公司之间的关系定义为信义关系。

一、公司法领域中信义义务的承担主体

(一)传统主体——公司董事、高管

古斯诉劳弗特案(Guth v. Loft Inc.)[②]是美国公司法上一个重要的案例,发生在特拉华州,法院的判决确定了公司高管应像董事一样对公司负有信义义务。法院认为虽然董事、高管不是严格意义上的受托人,但从广义上说,与股东之间存在信义关系。英国上诉法院法官在塔尔斯诉第一废物管理有限公司案(Towers v. Premier Waste Management Limited)[③]的判决书中认为,董事对公司负有信义义务,公司董事应善意地为了公司以及整体成员的利益服务,应避免直接的或者可能的利益冲突,也不能因担任董事而接受第三方的利益,即不能因担任董事而获利,这一判例被看作法院对公司董事应严格履行其对公司的信义义务,尤其是忠实义务的严格态度。英国《2006 年公司法》(Companies Act 2006)第 175 ~176 条规定,公司董事应避免和公司的直接或间接利益冲突,利用公司财产、信息或机会,不论公司自身能否利用该财产、信息或机会,都视为违反信托义务。董事因其主体身份而被禁止接受第三方利益,除非有证据证明不会引发与公司的利益冲突,或者有股东授权。澳大利亚《2001 年公司法》(Corporations Act 2001)将董事应承担的义务分为严苛的信义义务、法定义务以及其他约定义务,说明董事的义务有多个来源。例如,成文法、普通法、衡平法以及公司章程、雇佣合同等。美国律师协会拟定的《示范商业公司法》(Model Business Corporation Act)(2016 年版)规定了公司董事和高管的信义义务,其官方评论认为,董事会和公司经理作出的许多决定都涉及对企业的风险

---

① 也有学者也称之为诚信义务、信托义务,参见刘俊海:《现代公司法》,法律出版社 2015 年版,第 624 页。

② Guth v. Loft Inc,5 A. 2d 503,23 Del. Ch. 255 (Del. 1939).

③ Towers v. Premier Waste Management Limited [2011] EWCA Civ 923.

和收益的平衡,其不对出于善意的,但不明智的决定或错误的判断的结果承担责任。因此,作为一般规则,董事或经理不对在职务过程中作出的行为承担个人责任,无论结果对公司是否造成损失。第 8.30 节对董事的行为标准作出了规定,如董事违反行为标准的,才需要承担个人责任。在判断董事是否需要承担责任时,法院会根据普通法的商业判决规则(business judgment rule)予以判断,法院需要考虑董事们作决定时是否是善意、诚信、充分了解情况,并以公司最佳利益为出发点。对董事的注意义务要求为"董事在履行其职责时应同处于相同情况相同职位的人一样,尽到合理的应有的注意"。[①]

另外,有学者提出,董事义务和高管义务存在不一致,高管义务并未得到立法者和研究者的重视,一直以来,高管义务都附随于董事义务,但不同的公司中,董事和高管的职能有可能是不同的,[②]西方国家最早开始采用经理人制度,出现了股东中心主义到董事会中心主义的转变,后来又经历了由董事会中心主义到经理中心主义的转变。[③]美国很多公司逐渐发展到由高管而非董事经营公司,而董事则履行一种监督职能,因此,在不同的公司中,高管和董事的职能可能是不同的,如将两者的信义义务内容和标准一视同仁,则会导致人们对二者区别的忽视。美国《示范商业公司法》的条文对公司高管行为标准的规定与对董事的规定是分开的,但基本内容一致。我国《公司法》对此也没有进行区分,每个公司的情况是不同的,我国《公司法》采用的是职能模式。例如,董事也分为非独立董事和独立董事,高管之间的承担的管理职能和权限也是不同的。因此,很难在立法上对董事、高管从名称上进行区分,如果《公司法》对此进行过细的区分,可能导致适用中的混乱。像我国金融行业中,很多普通员工虽然也冠以"经理""主管"的称呼,但其职能和我们以往理解的经理又是不同的。为避免立法资源的浪费,将董事和高管的信义义务并列在一起进行规范并无不当,如确实需

---

① The Model Business Corporation Act (2016 Version), § 8.30 – 8.40.

② 参见樊云慧:《公司高管义务与董事义务一致吗?——美国的司法实践及其对我国的启示》,载《环球法律评论》2014 年第 1 期。

③ 参见金海平:《我国公司经理制度研究》,载《商业经济与管理》2001 年第 9 期。

要进行区分,公司只需在章程中列明董事和高管的不同权限即可。

英美公司法认为董事、高管承担信义义务的对象是公司,不包括债权人。典型案例有加拿大人民百货公司(受托人)诉怀斯案[Peoples Department Stores Inc (Trustee of) v. Wise][1],加拿大最高法院认为董事和高管承担信义义务的对象不包括债权人,因为公司利益和股东及债权人利益是有区别的。怀斯公司是一家零售连锁商店,其股份主要由怀斯三兄弟持有。1992 年,怀斯公司收购了其竞争对手人民百货公司。从 1994 年开始,怀斯兄弟为了降低成本,他们决定通过人民百货公司购买一定的库存,然后以赊账方式转移给怀斯公司。很快,怀斯公司和人民百货公司都宣布破产,人民百货公司的债权人对怀斯兄弟提起诉讼,指控他们明知怀斯公司经营有困难,还提供借款,违反了《加拿大商业公司法》第 122(1)条规定的董事的信义义务。一审法院认为怀斯兄弟违反了信义义务,但上诉法院认为该案涉及的是公司的权利,而不是债权人的权利。并且法院审查了第 122(1)条的规定,认为董事信义义务的对象是公司。

我国《公司法》也并未将债权人作为董事信义义务的对象,虽然有学者认为公司资本的构成除了股东出资,还包括债权人的融资,应将债权人也作为董事信义义务的对象。[2] 信义义务存在于信义关系中,债权人和公司产生的法律关系属于合同法律关系,合同法以及其他民商事法律可以保护债权人的利益,信义义务的适用不应过分扩张,信义义务在英美法系中属于最严苛的义务,如果任意将信义义务扩张到法律想保护的所有主体的话,会导致信义义务的滥用,反而使信义义务变得不再具有"神圣感"。承担信义义务的主体和对象应当是信义关系的双方,信义义务也非"万金油",并不能保护所有法律想保护的对象。

(二)公司控股股东是否存在信义义务

我国公司法学者将诚信义务与信义义务和信托义务等同,认为信义义务来源于信托关系,即受托人对受益人应当承担的义务和责任。

---

① Peoples Department Stores Inc (Trustee of) v. Wise,[2004] SCC 68.

② 参见李安安:《金融创新与董事信义义务的重塑》,载《证券法苑》2012 年第 2 期。

信义义务理论运用到公司领域后，一般指公司的董事、经理对公司负有的信义义务，公司的实际经营者、管理者，由于受托经营公司的财产，在管理公司的过程中具有广泛的权力，其行为对公司会产生较大的影响。后来，随着公司控制股东侵犯其他股东权利的情况经常发生，很多国家和地区的公司法开始将信义义务的承担主体扩展到控制股东。大陆法系和英美法系都不同程度地在公司法上确立了控制股东对中小股东所负的诚信义务。[①] 美国最高法院1919年判决的南太平洋公司诉博格特公司案（Southern Pacific Co. v. Bogert）[②]第一次明确了控股股东对中小股东的信义义务，法院认为，控股股东拥有控制权，当他们行使这项权力时，控股股东是中小股东利益实际上的受托人，根据衡平法的原则，控制股东在行使权力时，应和公司董事、高管一样承担信义义务。后来的琼斯诉H. F. 阿曼森公司案（Jones v. H. F. Ahmanson & Co.）[③]，法院的判决又更加明确了，控制股东不仅应对公司承担信义义务，还应直接对中小股东承担信义义务。另外一个里程碑判例是当那休诉罗德电铸板公司案（Donahue v. Rodd Electrotype Co.）[④]，原告当那休是马萨诸塞州一家名叫罗德电铸板的封闭公司的少数股东（minority stockholder），被告包括罗德电铸板公司的董事、前董事、高管及控股股东（controlling stockholder）。少数股东起诉的诉求是希望撤销罗德电铸板公司收购控股股东在罗德电铸板公司的股份，要求控股股东向公司偿还股份购买款及相应利息。少数股东认为，被告作为控股股东要求公司购买其股份的行为，违反了其对公司少数股东的信义义务。但一审法院认为，这项交易是基于诚信原则进行的，因此驳回了原告诉讼请求。该少数股东提起了上诉。该案的争议焦点是，被告作为控股股东，要求公司购买其股份，是否违反了对少数股东的

---

① 参见朱慈蕴：《资本多数决原则与控制股东的诚信义务》，载《法学研究》2004年第4期。

② Southern Pacific Co. v. Bogert, 250 U. S. 483 (1919).

③ Jones v. H. F. Ahmanson & Co., 1 Cal. 3d 93, 110 (1969).

④ Donahue v. Rodd Electrotype Co., Supreme Judicial Court of Massachusetts, 328 N. E. 2d 505 (1975).

信义义务？上诉法院审理后得出了不同的结论，法院认为，在一个封闭公司中，所有的股东对其他股东都负有信义义务，包括忠实、诚信、善意，另外，控股股东不能利用其优势地位来要求公司只能购买其股份，排除公司购买其他股东股份的机会。在本案中，公司可以购买小股东的股份，也可以购买控股股东的股份，但最后却选择了购买控股股东的股份，拒绝了小股东的要求。因此，上诉法院判决公司要么废除购买控股股东股份的交易，要么以相同条件收购原告的股份。但该案是州法院的判决，美国并非所有的州都认可控股股东的信义义务。①

在大陆法系国家中，德国《股份公司法》在1965年修订时没有规定控制股东的信义义务，但在20世纪70年代后，由于控制股东利用其优势地位操纵公司的情况越来越多，德国最高法院在判决中开始强调控制股东对公司和其他股东的忠实义务。② 可以理解为公司成员之间相互信赖因而应当相互忠实的一种协助关系，控制股东不得实施侵害公司利益的行为，也不得侵害其他股东的权益，这算是一种消极的忠实义务，同时，控股股东还负有积极的忠实义务，即实施为了公司利益所需之行为的义务。

我国公司法学者对公司控股股东是否承担信义义务争议较大，主要反对的观点认为股东之间地位是平等的，除了出资义务，股东无须承担其他义务。③ 控股股东的优势地位以及小股东的弱势地位是公司资本制度的天然结果，并非股东人为予以控制，公司法不应立法偏袒小股东，会造成实践中小股东借此要挟控股股东的局面。④ 相比反对观点，更多的学者是持支持态度。主要的支持观点是基于实证研究之后，发现控制股东，尤其是上市公司控股股东经常存在权力滥用的行为，严重

---

① See Shannon Wells Stevenson, *The Venture Capital Solution to the Problem of Close Corporation Shareholder Fiduciary Duties*, 51 Duke Law Journal 1139 (2001).

② 参见《德国最高法院民事判决》(BGHZ)9, 157, 163, 103, 183。

③ 参见蒋大兴：《反对少数股东保护——探寻股东权利构造的基本面》，载王保树主编：《转型中的公司法的现代化》，社会科学文献出版社2006年版，第553～555页。

④ 参见贾翱、付春杰：《中小股东法律保护正当性辨析》，载《当代法学》2009年第2期。

损害公司、其他股东以及债权人的利益。[①] 因此,公司法应对控制股东施加信义义务,来平衡控股股东与非控股股东之间的关系,实现利益平衡。[②] 还有学者从控制股东身份的双重性进行分析,认为其作为股东时是委托人,当其直接或间接地对公司进行经营管理时是受托人,同董事、高管一样。在某些初创公司,控股股东基于其名誉、能力等吸引了其他投资者对公司进行投资,投资者对控股股东一般具有一定信任才会对公司进行投资而成为非控股股东,因此,应当对控制股东施加信义义务。[③] 有学者认为利益冲突是控股股东应承担信义义务的根本原因,控制股东由于其控制地位,不可避免会与公司、其他股东存在利益冲突。例如,掠夺公司机会、不当关联交易、侵占公司资产等。[④] 另外,结合我国公司治理的特殊性问题,有学者认为我国公司中控股股东同中小股东之间的矛盾是公司治理的主要矛盾。[⑤] 关于公司控股股东是否应承担信义义务,首先要看控股股东与其他股东是否存在信义关系。从法律地位来看,虽然股东的法律地位是平等的,但根据资本多数决原则,控制股东对公司的实际支配力要强于其他股东。因此,控制股东对公司有控制权力,容易操纵公司,使得中小股东的权益处于可能被侵犯的危险中。控制股东因持有公司多数股份,在投票权方面具有天然优势,因而具有了支配力,控制股东只有需要运用其优势地位时,才会具有控制权力。控制股东在法律允许的框架内运用其优势地位,只要不滥用权力侵犯公司或其他股东权益的,就属于正常的行使股东权力的行为。立法的目的就是保证控股股东的优势地位不被滥用,对控制股东施加相应的义务,保证其正当地行使控股股东的相关权力,但这种义务是否可以被称为信义义务值得商榷。

---

① 参见朱慈蕴:《资本多数决原则与控制股东的诚信义务》,载《法学研究》2004 年第 4 期。

② 参见冯果、艾传涛:《控制股东诚信义务及民事责任制度研究》,载王保树主编:《商事法论集》第 6 卷,法律出版社 2002 年版,第 65 页。

③ 参见王继远:《控制股东对公司和股东的信义义务》,法律出版社 2010 年版,第 138 ~ 139 页。

④ 参见王建文:《论我国构建控制股东信义义务的依据与路径》,载《比较法研究》2020 年第 1 期。

⑤ 参见赵旭东:《公司治理中的控股股东及其法律规制》,载《法学研究》2020 年第 4 期。

我国2018年《公司法》第147条原则性规定了对公司负有信义义务的主体,但并未包括控股股东。证监会2018年颁布的《上市公司治理准则》规定了控制股东对上市公司及其他股东具有诚信义务。[①] 但上述准则只针对上市公司,对于其他公司的控股股东是否具有信义义务、诚信义务,还需要《公司法》修订时予以明确。并且,下文在论述信义义务内容的时候会提到,诚信义务并不属于信义义务,有学者认为是与信义义务并列的一项义务。并且,控股股东一般行使其控制权是通过选举董事、高管的方式,通过将董事、高管发展成为其代理人,如果控股股东只是单纯通过其投票权来对公司的事务进行决策,那是其合理行使权力的表现。因此,对于控股股东施加诚信义务,要求其不得滥用控制权侵犯公司、股东利益即可,如果要求控股股东履行忠实义务、勤勉义务则没有必要。

(三)公司实际控制人是否存在信义义务

实际控制人除了是公司实践的客观存在,在我国《公司法》中也是一个明确的法律概念,"实际控制人"一词出现在我国各部门法中。例如,《民法典》《刑法》《公司法》《证券法》《保险法》等。《公司法》2023年修订时对实际控制人的定义较2018年的版本作出了变化,[②]并未将股东排除在实际控制人范围以外,因此,控股股东也可以是实际控制人。可以看出,《公司法》对实际控制人这一法律概念的规定是按照其功能和作用来评判的,重点在于能够实际支配公司,类似于法国法上的"事实董事",或者英国法上的"影子董事"。[③] 我国《证券法》有27处

---

① 《上市公司治理准则》(2018年修订)第63条:控股股东、实际控制人对上市公司及其他股东负有诚信义务。控股股东对其所控股的上市公司应当依法行使股东权利,履行股东义务。控股股东、实际控制人不得利用其控制权损害上市公司及其他股东的合法权益,不得利用对上市公司的控制地位谋取非法利益。

② 《公司法》(2023年修订)第265条第3项:实际控制人,是指通过投资关系、协议或者其他安排,能够实际支配公司行为的人;《公司法》(2018年修正)第216条第3项:实际控制人,是指虽不是公司的股东,但通过投资关系、协议或者其他安排,能够实际支配公司行为的人。在2005年《公司法》修订前并无对实际控制人的规定。

③ 参见王守春:《公司实际控制人诚信义务》,中国法制出版社2019年版,第18~19页。

对实际控制人进行了规范,上市公司与非上市公司相比,对信息透明度具有更高的要求,对公司实际控制人给予更严格的监管。实际控制人的重点在于控制,体现了这一概念的本质,实际控制人包括很多类型,属于一个较为宽泛、兜底性的概念,与公司董事相比,实际控制人属于对内控制权与对外代表权的脱离,具备公司法定代表权的只有公司的直接控制人,实际控制人属于实践脱离预设轨道的额产物。因此,公司的实际控制人处于隐秘的地位,对外不具有代表权,通常通过对董事的控制,或其他方式来左右公司的决策,其权力甚至大于公司董事、高管。

美国是最先确立公司控制人信义义务的国家,美国法对于实际控制人的标准和我国《公司法》不同,美国法的实际控制人包括具有股东身份的,也包括董事,只有实际控制人身份,不会直接赋予信义义务,而是当实际控制人对公司行使了控制权,法律才会将信义义务赋予实际控制人。因此,行使控制权是公司实际控制人产生信义义务的前提。

目前,我国《公司法》2023 年修订版已颁布施行,自从 1993 年制定以来,经历了 1999 年及 2004 年对个别条款的修改,2005 年的全面修订,后来 2013 年以及 2018 年又分别作出了两次重要修改,直到 2023 年版新《公司法》的颁布。2023 年《公司法》对于控股股东、董事、高管的信义义务的具体内容规定得更加完善,更加强化了董事、监事以及高级管理人员的责任。2018 年《公司法》第 147 条原则性地规定了董监高对公司负有信义义务,包括忠实义务以及勤勉义务,2023 年《公司法》第 180 条将董监高的忠实义务和勤勉义务分别规定,增加了一些具体内容,第 182 条是关于董监高关联交易的报告义务,将关联人的范围扩大,更好地保障公司利益,以及回避表决规则,这属于忠实义务的细化。另外,2023 年《公司法》在不同的条款强化了董监高在维护公司资本充实方面的责任,但这并非董监高的信义义务,属于《公司法》规定的一般性法定义务。第 192 条针对实践中经常出现的控股股东、实际控制人运用影响力,滥用控制地位而侵害公司及中小股东权益的情况,借鉴其他国家的经验,规定了公司的控股股东及实际控制人利用影响力,侵犯公司和股东权益的赔偿责任。这一条是否可以理解为控股股东和实际控制人的信义义务,尚有待明确。

二、公司法中信义义务的内容

公司法中的信义义务内容同信托法一样,主要包括忠实义务与勤勉义务、注意义务,还有学者提出的三分法,将诚信义务作为与忠实义务、注意义务并列的附属义务。虽然我国《公司法》在历次修订中对信义义务的内容进行了细化,但仍未将信义义务予以法定化。我国目前《公司法》对董事、高管的信义义务的内容规定为忠实义务及勤勉义务,2023 年《公司法》将忠实义务和勤勉义务进行了适当细化,但仍显抽象[①]。值得肯定的是,2023 年《公司法》中关于信义义务的规定是修订的亮点之一,极大地充实了信义义务的内涵。例如,禁止自我交易、谋取公司商业机会以及竞业禁止等。有商法学者提出,由于公司立法并未将信义义务法定化、概念化,很多义务在司法实践中被纳入到信义义务,会造成信义义务的无序扩张。例如,合法性义务与忠实义务、勤勉义务的关系也值得研究,[②]虽然立法上并未明确规定公司董监高负有信义义务,但无论是学理上,还是司法实践中,都一直用英美法理论的“信义义务”概念来指代董监高对公司负有的忠实义务与勤勉义务。根据英美法系的信义义务理论,忠实义务包括除了不得利用受托职权为自己谋取利益,还包括利益冲突禁止等。将董监高的勤勉义务描述为“执行职务应当为公司的最大利益尽到管理者通常应有的合理注意”,由于信义义务理论在商事信托关系中以及公司法领域中的运用并不完全相同,除了立法的区别,还应结合司法实践来判断。

(一)忠实义务

与英美法系的大量判例相比,大陆法系在公司立法上,对于董事的

---

① 《公司法》(2023 年修订)第 180 条:董事、监事、高级管理人员对公司负有忠实义务,应当采取措施避免自身利益与公司利益冲突,不得利用职权牟取不正当利益。董事、监事、高级管理人员对公司负有勤勉义务,执行职务应当为公司的最大利益尽到管理者通常应有的合理注意。公司的控股股东、实际控制人不担任公司董事但实际执行公司事务的,适用前两款规定。

② 参见王建文:《我国董事信义义务制度的扩张适用:一般规定的确立》,载《当代法学》2023 年第 1 期。

忠实义务的规定较为笼统和简略。例如德国《股份公司法》有大量董事注意义务的规定，但并未明确规定忠实义务，只有一些零散的如竞业禁止的规定，[①]而日本的公司法理论则认为忠实义务是勤勉义务的应有之义，两者的界限模糊。[②] 一般来说，公司法中如明确规定了忠实义务及注意义务、勤勉义务的，主要都是借鉴英美法系的理论。

通过对相关案例的搜索发现，我国公司董事、高管违反忠实义务的案例多于违反勤勉义务。违反忠实义务的情况主要包括非法侵占公司资产，如某些执行董事，利用管理权限，未经股东会集体决策，擅自决定给自己发放奖金，侵害了公司的财产；或者自我交易，与自己有利益关系的公司进行交易等。[③] 有的案例[④]中，董事将实际属于公司所有，但登记于自己名下的房产占为己有。有的案例[⑤]中，公司高管与控股股东合谋，将资本公积金转出用于支付给控股股东，违反了《公司法》关于公司的资本公积金的所有权属于股东，资本公积金不得用于弥补亏损的规定。总体来说，对董事、高管违反忠实义务的判断较容易。

（二）勤勉义务

1. 勤勉义务的内容

我国公司法中关于勤勉义务的法律规定主要移植于英美法系信托法中的信义义务理论，但适用的场景是公司领域，因此，公司法中的信义义务与信托关系中的信义义务有一定区别。同信托关系中的信义义务的难点一样，勤勉义务的判断标准较为抽象，难以把握，需要结合司法案例进行把握和总结。经过对相关案例的分析，我国法院对公司、董

---

① 参见杨继：《公司董事“注意义务”与“忠实义务”辨》，载《比较法研究》2003 年第 3 期。

② 参见［日］龙田节主编：《商法略说》，谢次昌译，甘肃人民出版社 1985 年版，第 52 页。

③ 韩某江与孙某照等损害公司利益责任纠纷上诉案，北京第三中级人民法院（2020）京 03 民终 7060 号民事判决书。

④ 金某与香港科技创业股份有限公司损害公司利益责任纠纷上诉案，云南省高级人民法院（2019）云民终 425 号民事判决书。

⑤ 红富士公司诉董某龙、苏某损害公司利益责任纠纷案，上海市高级人民法院（2020）沪民再 1 号民事判决书。

事违反勤勉义务的判断较为保守。相比于《公司法》(2023 年修订)第 181 条对忠实义务的列举,第 180 条对勤勉义务的规定难以把握,从法条来看,对董监高违反勤勉义务的判断是其违反法律、法规或者公司章程,并且给公司造成损害,从这种立法模式看出,董监高违反勤勉义务的,属于侵权责任。这同信托法中的违反注意义务、勤勉义务有所区别。《公司法》(2023 年修订)对于勤勉义务采用了"最大利益"标准,而非采用"最佳利益"的表述,[①]但从法律解释论的角度来看,两者表达的意思是一致的。另外,《企业破产法》第 125 条也规定了董监高违反勤勉义务的法律责任,但同《公司法》一样,并未具体对违反勤勉义务的行为以及判断标准予以列举。《个人独资企业法》第 19 条规定受托人或者受聘管理企业人员应当履行诚信和勤勉义务,虽然法条使用的是"诚信义务",并非忠实义务,但两者在实际运用中并未有太大区别。第 20 条将诚信义务通过列举十项禁止性的行为予以细化。《企业国有资产法》第 26 条也规定了董监高的信义义务,较为特别的是,将董监高超越职权以及违反程序决策企业重大事项的行为规定为违反勤勉义务。不过,这项规定的范围并未超过《公司法》的规定,一般来说,对董监高的职责都会列明于公司章程,董监高超越职权和违反程序的,等于违反了公司章程,因此,《企业国有资产法》只是将违反勤勉义务的一项标准明确列举而已。除了法律,还有一些法规对董监高的信义义务也作出了笼统的规定。[②]

因此,在《公司法》修订之前,对于董监高违反勤勉义务的判断,应结合信义义务的理论学说,以及总结司法案例的经验。澳大利亚《公司法》采用的标准是合理标准,即根据一个合理的人(reasonable person),处于相同处境的公司,处于相同职位,承担相同职责,可以达到的注意和谨慎程度。澳大利亚是英联邦国家,与英国的公司制度一

---

① 《公司法》(2023 年修订)第 180 条第 2 款规定:董事、监事、高级管理人员对公司负有勤勉义务,执行职务应当为公司的最大利益尽到管理者通常应有的合理注意。

② 参见证监会颁布的《关于加强证券公司和公募基金监管加快推进建设一流投资银行和投资机构的意见(试行)》第 2 条;原保监会颁布的《保险公司董事会运作指引》第 28、29 条;证监会发布的《上市公司治理准则》(2018 年修订)第 4 条。

脉相承,但也有一些不同的表述。例如,在相关判例中,法院认为应采用一个客观标准来判断董事和高管是否违反其注意、勤勉义务,法院会以一个普通理性人在特定情形下的行为当作判断的标准。例如,2016年审理的澳大利亚澳式足球联赛有限公司诉精准体育娱乐集团有限公司案(Strategic Management Australia AFL Pty Ltd. v. Precision Sports & Entertainment Group Pty Ltd.)[①]中,某体育公司起诉其董事,该公司的业务是代表运动员与俱乐部或者赞助商谈判和签约,公司按照运动员的年薪收取中介费。后来公司发现,其董事负责签约的运动员中,与公司之间的代理合同期限短于运动员与俱乐部、赞助商的合约期限,导致公司在与运动员的代理期到期后可能无法保障公司收取中介费。于是公司起诉了其董事,认为董事违反了注意、谨慎义务。法院审理时,就做了一个测试,将一个合理的理性的人,放在相同位置上,是否作出和上述案件董事一样的行为,法院测试后认为,该公司的主要业务就是代理运动员与俱乐部、赞助商谈判并合作,成功后按运动员的收入收取中介费,因此,该公司的董事对于公司的核心业务以及运作模式应当非常熟悉,对于公司和运动员的代理协议应等于或长于运动员与俱乐部或赞助商的合约是一个基本判断,只有这样才能保证公司可以收取运动员从俱乐部或赞助商处的收入百分比作为公司收入,但公司董事却没有做到,因此违反了注意和谨慎义务。

大陆法系国家中,德国的公司立法对于董事勤勉义务的规定较为详尽,值得注意的是,其规定董事勤勉义务的标准要高于一般商人的标准,当然,一个公司董事所承担的勤勉责任,和公司的性质、规模、董事的资质等若干综合指标相关,但根据德国商法理论,其要求至少是高于一般人的注意标准。日本的公司法对董事与公司之间的关系采用“委任”说,董事在执行职务时应承担善良管理人的注意义务。[②]

史密斯诉凡·高尔科姆案(Smith v. Van Gorkom)[③]是美国公司法

---

① [2016] VSC 303; 114 ACSR 1.

② 参见梁爽:《董事信义义务结构重组及对中国模式的反思 以美、日商业判断规则的运用为借镜》,载《中外法学》2016年第1期。

③ Smith v. Van Gorkom 488 A. 2d 858 (Del. 1985).

关于董事注意义务的一个具有代表性的案件，由特拉华州最高法院审理，该案的意义在于，即使法院适用商业判断规则后，董事仍应承担责任，该案的判决使美国董事责任保险的保费暴增。[①] 该案的判决引发了争论，使公司董事及高管无法因商业判断规则隔离于责任之外，他们仍需因自身的过失而承担责任。该案的基本案情不复杂，涉案公司叫联合运输公司，可能被其他公司收购，联合运输公司的董事长兼首席执行官凡·高尔科姆，在未咨询外部金融专家的情况下，提出了55美元的拟收购价格。他只咨询了公司的首席财务官，咨询的目的是确定杠杆收购的每股价格。凡·高尔科姆和首席财务官没有计算公司的实际总价值。由于经营不善以及营业额的减少，董事会批准了联合运输公司的出售，换句话说，它有比收入更多的税收抵免。法院对55美元一股的出售价格持高度批评态度，认为没有证据可以表明每股55美元代表了公司的内在价值。法官在审查董事会会议记录时，发现公司许多项目没有披露，包括凡·高尔科姆用于得出拟议价格的有问题的方法。此外，管理层此前的反对意见也没有得到讨论。董事会批准了该提案。法院认为，该公司的董事们存在严重疏忽，重大过失，他们在没有进行实质性调查或咨询任何专家建议的情况下就快速并草率地批准了收购事项。因此，董事会违反了对公司的注意义务，商业判断规则也无法豁免上述董事的责任。商业判断规则本身是一种假设，董事在进行商业决策时，在充分了解的基础上，本着善意和诚实，相信所采取的行动符合公司的最佳利益。另外，法院判决还明确了董事的信息披露义务，认为公司应当将交易相关的所有事项告诉股东并进行投票。该案件的判决引发了上市公司董事会的强烈抗议，因为这一判决导致了董事和高管保险费大幅增加，后来特拉华州颁布了《特拉华州普通公司法》，该法授予公司章程极大权力，股东可以通过修改章程，免除董事因违反注意义务而承担的个人责任。该法案同时规定，如董事违反忠实义务，或者主观上并未善意，甚至涉及故意的不当行为，或明知违法的作为或不作为，或者董事从中获得了不当个人利益等，在上述情形下，董事不得

---

① 参见林少伟：《董事义务研究》，法律出版社2023年版，第150页。

被豁免承担责任。[①] 特拉华州的公司立法一直以来都是美国各州最为灵活的,其公司法的主要目的是将董事信义义务中的忠实义务予以强制,这涉及公司的根本,而注意义务的程度,属于公司自治的范畴,允许股东在章程中予以明确,举个极端的例子,如果一群不缺钱的股东以"玩票"的心态成立一家公司,聘请一位非常喜欢不按常理出牌的董事来管理公司,也许几天就将公司的钱亏完了,但股东们愿意买单,这样的情况,法律不会进行干涉,这是公司的自由,当然,公众公司除外。

勤勉义务与忠实义务不同,忠实义务具有道德属性,大多数规定属于禁止性行为。勤勉义务要求董监高在履职过程中,遵守法律法规以及公司章程的规定,即合法合规的要求。公司立法中要求董事、高管的守法义务,并非一项独立义务,守法义务是包含在勤勉义务内的应有之义。公司董事、高管对公司的经营以及决策尽到合理注意义务,这种合理的标准是根据职业共同体,或者根据薪酬以及同等水平的公司的其他董监高的平均标准的衡量。我国公司法学者对公司法中的信义义务研究较多,例如,有学者认为,董监高的勤勉义务包括履责义务和监督义务。[②] 例如,重庆发生的某案件中,某公司由于未与 6 名员工签订劳动合同,被该 6 名员工提起劳动争议诉讼,要求公司支付双倍工资的赔偿,法院支持了员工的诉讼请求。事后,公司认为担任公司董事长、经理的杨某对此负有责任,遂向法院提起诉讼,要求杨某承担因违反勤勉义务,造成公司损失的责任。该案经过两级法院审理,但一审、二审法院都认为杨某并未违反董事、高管的勤勉义务。理由是根据公司内部管理规范,招聘员工的职责归属于行政部,杨某作为董事长,并不具体负责与员工签订劳动合同,并且法院还认为,杨某主观上并不存在错误,因此也不应当承担责任。[③] 上述案例中,法院的判决理由引发了学者的广泛讨论。公司与 6 名员工都没签订劳动合同,是不是高管的授

---

① Delaware General Corporation Law § 102(b)(7).

② 参见翁贞、朱敏:《公司高级管理人员违反勤勉义务的司法认定》,载《人民司法》2013 年第 6 期。

③ 重庆市第一中级人民法院民事判决书,(2012)渝一中法民终字第 4533 号。

意,还仅仅是行政部工作人员的疏忽,这个不同的人有不同的看法,并且,董事对于公司的日常管理也具有监督职责,因此,该案的关键在于判断杨某作为公司的董事长,是否有可能监督行政部的工作。如果杨某作为董事长、经理,对公司的运营具有监督责任,这类违反法律的重大情况都没发现,或者发现了并未制止,则按照《公司法》的规定是违反董事的勤勉义务的,但如果确实存在是行政部员工擅自不与员工签订劳动合同,董事长也不可能知晓,则杨某不承担责任。美国于1963年通过格兰姆诉阿里斯・查默斯制造有限公司案确立了董事监督勤勉的规则,该规则认为,除非存在可引起合理怀疑的情形,否则董事不负有调查“搜出”错误行为的义务。[①]

尽管我国目前公司立法未描述勤勉义务的具体内容,但在司法实践中已有法院在判案时借鉴英美法系的立法规定,充实了我国公司法上勤勉义务的内容。例如,上海雅昌公司案中[②]法院首先对被告是否为高级管理人员进行了认定,因为根据《公司法》的规定,只有公司的董监高才对公司负有信义义务。其次,法院对公司高管的勤勉义务作出了论述,认为勤勉义务的目的在于促使公司高管在经营管理活动中恪尽职守地为公司的最佳利益工作。如果公司高管的行为是出于善意,是为了公司的利益,而非个人谋利的,不管结果如何,法院都会认定其尽到了审慎注意义务,不会判决其承担决策失败的法律责任。最后,该案法院在判决书中还提到了,虽然公司遭受了损失,但被告作为公司高管,在履职期间的行为符合“商事判断原则”,责任可以豁免。但实践中如果出现了董事、高管并非为了个人利益,罔顾法律,采用违法手段使公司获利,最终被行政机关查处,公司最终遭受法律和舆论的损失,公司董事、高管这样的行为是否属于违反勤勉义务,在学理上也未达成共识。在另一案件[③]中,涉案公司的章程中规定,股东大会是最高权力机构,涉及对外投资、资产收购、处置等事项,应当召开股东大会审议决定。

---

① 参见任自力:《美国公司董事诚信义务研究》,载《比较法研究》2007年第2期。

② 上海市第二中级人民法院民事判决书,(2019)沪02民终11313号。

③ 江苏省南通市中级人民法院民事判决书,(2017)苏06民终1813号。

被告作为董事长,并未将公司资产转让事项交给股东大会决议,而是以召开办公会的形式擅自决定,最终造成了公司的损失,因此,法院认定被告的行为违反了勤勉义务。二审法院对于公司法的信义义务还作出了更详细的论述,认为忠实义务是指董监高在经营公司业务时,应当为了公司的最大利益,避免利益冲突,以公司利益优先。勤勉义务是指董监高应诚信地履行职责,尽到一个普通人在类似情况、职位下的谨慎、合理的注意义务。该法院采用的是类似美国早期的谨慎人判断标准,而非谨慎投资者判断标准,因此,我国法院对于公司法中的勤勉义务的判断标准,要明显低于信托法中勤勉义务、注意义务的判断。

2. 商业判断规则对董事、高管违反勤勉义务的责任的免除

商业判断规则(business judgment rule)来源于英美法系,商业判断规则是一种法律原则,有助于保护公司的董事免受对其经营管理决策的法律指控。该规则规定董事被推定以诚信、善意行事,如果没有证据表明董事违反了某些行为规则,法院将不会审查或质疑其决定,因此,商业判断规则是有利于董事的推定。但如果原告能够证明董事的行为存在重大过失或恶意,或者证明董事存在利益冲突,则法院将不支持商业判断规则。该规则源自判例,最早可追溯到英国衡平法院在1742年判决的案件[①],法院表达了对董事经营决策事后评判的犹豫。美国路易斯安那州最高法院在1829年的判例[②]中,法院运用了商业判断规则的理论,认为董事会虽然选择了让公司亏损的方案,但不能因此追究董事的责任,否则就没人愿意再担任公司的董事,也没人敢于作出决策。在1984年时,美国特拉华州最高法院判决了一个著名案例[③],进一步论述了商业判断规则,法院认为,商业判断规则本身是一项推定(presumption),即推定董事所作出的经营决策,是在充分研究之后,保证知情的情况下作出,且出于善意和诚实地相信该决策是为了公司的最大利益。商业判断规则的特点在于,当董事的决策可以被归因于任

---

① Charitable Corp. v. Sutton, 2 Atk. 400, 26 Eng. Rep. 642 (Ch. 1742).

② Percy v. Millaudon, 8 Mart. (n. s.) 68 (La. 1829).

③ Aronson v. Lewis, 473 A. 2D 805 (Del. 1984).

何合理的经营目的时，法院将不会以自己的判断取代董事的判断。

英国对于董事是否违反勤勉义务的判断已被普遍适用。如果公司董事、高管作出的经营决策是在充分了解相关信息的基础上，认为该决策符合公司的最佳利益，且主观上是诚实和善意的，该决策与董事、高管自身无任何利害关系，法院就应当尊重董事、高管的商业判断，司法就不对此进行干预，即使公司因此遭受了损失，亦可以豁免责任。例如澳大利亚2001年《公司法》规定，对董事谨慎义务的判断运用商业判断规则，商业判断规则，即公司董事、高管在作出商业判断时，须满足下列条件：(1)是善意的且出于正当目的作出的判断；(2)作出决策的事项并未涉及个人利益；(3)他们有理由认为其作出的决策是合理的；(4)他们相信该判断符合公司的最佳利益。但如果处于相同职位的其他理性的人都不认为该判断是符合公司最佳利益的，则董事或高管的判断不属于履行了注意和谨慎义务。① 日本将董事的勤勉、注意义务称为"善良管理人注意义务"，也明确了与商业判断规则类似的豁免原则，②虽然我国立法并未明确提出商业判断规则，但司法实践中已经出现以商业判断规则作为判断依据的例子。例如，有的法院认为，公司董监高的勤勉义务的判断标准是一个普通人，在类似的情况、地位下，应尽到的谨慎的、合理的注意义务，但如果公司遭受的损失并非公司董监高的故意或过失造成，而是商业风险或者其他外界因素导致，则不能认定为违反勤勉义务。③

公司法对董监高设定勤勉义务，一方面是防止董监高违反规则，滥用管理权限，让公司遭受损失；另一方面，虽然勤勉义务可以作为对公司董监高的一种问责机制，但同时应将勤勉义务的边界科学地予以限制，因此，商业判断规则成了公司法中对董监高责任免除的判断标准。公司是营业性组织，公司的管理人员对公司的日常管理也是追求公司营业的目标，因此，如果其作出的决策是基于商业判断，无论结果是否

---

① Corporations Act 2001 of Australia, SECT 180.

② 参见刘连煜：《董事责任与经营判断法则的运用——从我国台湾地区"司法"判决看经营判断法则的发展》，载《证券法苑》2020年第2期。

③ 北京市门头沟区人民法院民事判决书，(2009)门民初字第4号。

让公司遭受损失,也不应承担违反信义义务的责任。

3. 公司法学者对信义义务三元结构的探讨

传统的信义义务理论包括忠实义务和勤勉义务,但很多学者提出了第三种义务,即诚信义务(duty of good faith),认为诚信义务应当作为一种独立的义务,与前两种义务并列,认为忠实义务可以追究董事的"谋私",勤勉义务可以追究董事的"无能",诚信义务刚好可以填补董事追责机制的灰色地带,即"失信"。[①] 还有学者提出,忠实义务来源于经济学中的代理问题,勤勉义务来自侵权法中的注意义务,而诚信义务则来源于合同法,要求经营者以诚实、善意的态度履行职责,因此认为"三元结构"可以最大限度保护公司的权益,规范经营者的行为。[②] 除此以外,还有公司法学者开始注意到董事、高管的守法义务,认为对于信义义务应当作出扩张解释,将董事的守法与合规作为信义义务的内容。[③]

三、公司法中违反信义义务的法律后果

根据《公司法》第 148 ~ 149 条的规定,违反忠实义务的责任承担方式有两种:一是公司行使归入权,即董事、高级管理人员违反忠实义务所得的收入应当全部归公司所有。根据相关司法案例,收入指的是实际收入,需要在总收入的前提下扣减相应成本。[④] 二是损害赔偿。公司行使归入权与侵权责任的构成要件有所不同,不以公司实际遭受损失为前提。

与违反忠实义务不同,董监高违反勤勉义务的法律后果是赔偿公司的损失,如果公司有责任,按照比例承担赔偿责任。例如,在某损害公司利益责任纠纷案中,[⑤]被告作为公司的董监高,在未按照公司章程规定的情况下,不遵守决策程序,擅自决定投资项目若干,最终导致公

---

① 参见李安安:《金融创新与董事信义义务的重塑》,载《证券法苑》2012 年第 2 期。

② 参见彭心倩:《从美国公司法信义义务变革看我国的制度完善》,载《湖湘论坛》2007 年第 6 期。

③ 参见王建文:《我国董事信义义务制度的扩张适用:一般规定的确立》,载《当代法学》2023 年第 1 期。

④ 北京市东城区人民法院民事判决书,(2019)京 0101 民初 1289 号。

⑤ 浙江省嘉兴市中级人民法院民事判决书,(2008)嘉民二初字第 67 号。

司巨大亏损。法院认为,公司的董监高在管理公司过程中决策失误导致公司损失,不一定需要承担责任,而需要看决策者是否违反法律法规或者公司章程。本案中,公司章程规定了公司重大决策需要由股东会和董事会决议,但被告并未遵守公司章程规定的决策流程,因此,违反了勤勉义务,应对公司的损失承担责任。但值得注意的是,该案中,原告作为公司股东也存在过错,其委派的董事长期参与公司管理,但并未及时发现公司的重大问题,态度上比较消极,存在一定过失,因此,对于公司损失而言,法院判决被告承担部分责任。对于原告主张的应得利益损失,法院并未支持。我国台湾地区的公司法学者认为董事违反善管注意义务责任为过失责任,过失责任分为抽象过失、具体过失及重大过失。抽象过失指的是行为人欠缺善良管理人之注意,具体过失指行为人欠缺应与处理自己事务时一样的注意,重大过失指行为人欠缺普通人之一般注意。按照性质,抽象过失与重大过失采用的是客观标准,具体过失采用的是主观标准,主观标准因不同的行为人而各有不同,①德国学者认为对董事注意义务的标准的评价,并非单一固定标准,会因所经营公司的类别、公司规模、员工人数、市场环境、工作经验、不同董事被赋予的特别任务之不同而有所不同,加上有些公司董事、高管有不同的专业技能,应具备的注意义务标准也是不同的,②因此,应结合主观标准和客观标准来判断更为全面。

根据学者对我国公司法中违反信义义务相关案件的统计③,在作者选取的137个样本中,涉及忠实义务的纠纷在数量上远多于涉及勤勉义务的纠纷。原告起诉被告违反勤勉义务、注意义务的案件在作者选取的样本中仅有5件,占比3.6%,而法院在上述涉及被告违反勤勉义务案件中,判决被告应承担责任的有3件。法院在判断公司董监高

① 参见刘兴善:《从信赖关系谈受托人、受任人、法人代表及公司负责人之注意义务》,载《政大法学评论》第57期(1997年)。

② 参见洪秀芬:《董事会独立经营权限及董事注意义务》,载《政大法学评论》第94期(2006年)。

③ 参见王军:《公司经营者忠实和勤勉义务诉讼研究——以14省、直辖市的137件判决书为样本》,载《北方法学》2011年第4期。

是否尽职履行谨慎义务时，有的法院也作出了阐述，以司法的角度对谨慎义务判断标准进行了细化。[①] 该法院的认定方式，借鉴了普通法系，特别是美国对董事义务的判定标准。由此可见，在立法不够具体的情况下，法院可能采用比较解释的方法来进行解释。比较解释，系指比较参酌国外立法及判例学说，作为诠释本国法律之参考资料，以实践其规范目的之解释方法而言。[②] 我国的信托法参考了英美法系，商事信托规则又多受美国法影响，随着信托实践的增多以及理论研究的发展，在信义义务立法并不完善的情况下，法官作为法律人，借鉴国外的理论，结合本国的实践来判案的做法，可以从司法的角度将董监高的信义义务予以准确阐述，给其他法院判案提供借鉴。

四、信义义务在我国《公司法》与《信托法》中的不同表达

信义义务理论是公司法信义义务的基础，与信托法律关系中的信义义务具有相同的理论基础。鉴于公司法中的信义关系与信托法律关系的区别，信义义务理论在公司领域与商事信托领域呈现不同之处，包括立法语言、行为模式、义务主体、义务标准等。

（一）《公司法》对信义义务的立法语言比《信托法》更明确

我国《公司法》明确提出了董监高的忠实、勤勉义务，《信托法》第25条被认为是对受托人信义义务的规定，但并未明确提出受托人具有信义义务，也未明确提出信义义务的内容包括忠实义务和谨慎义务，可以说我国《信托法》中对于信义义务的规范相较于《公司法》更为简略。因此，我国《信托法》可以借鉴《公司法》中的立法模式，即使对相关概念定义尚有难度，但至少应明确提出受托人负有信义义务以及信义义务的内容，立法语言的模糊性会造成理解的混乱以及司法适用的不统

---

① 例如在上海A有限公司诉李a高级管理人员损害公司利益赔偿纠纷案，(2009)闵民二(商)初字第1724号民事判决书中，上海市闵行区人民法院在民事判决书中写道："判断董事等高级管理人员是否履行了勤勉义务，应该从三个方面加以辨别：1.须以善意为之；2.在处理公司事务时负有在类似的情形、处于类似地位的具有一般性谨慎的人在处理自己事务时的注意；3.有理由相信是为了公司的最大利益的方式履行其职责"。

② 参见杨仁寿：《法学方法论》(第2版)，中国政法大学出版社2013年版，第166～167页。

一,有的法院按照英美信托理论,认为信义义务包括忠实义务和谨慎义务,而有的法院对信义义务的理解并未参照英美信托理论,仅是按照第25条的表述,认为受托人应履行诚实信用的义务。

(二)《公司法》与《信托法》对信义义务内容的立法术语不同

《信托法》要求受托人履行"谨慎""有效"管理,《公司法》采用的是"勤勉义务"术语,按照英美信托理论,谨慎、勤勉等词汇在信义义务中都有采用,因此,两者并未有实质性差别,但具体行为标准,仍需要立法予以明确和完善。

(三)信义义务承担主体不同

《公司法》中承担信义义务的主体是董监高,均为自然人,虽然公司属于以营利为主的商事主体,但董监高的行为以公司利益为主,仍属于民事主体,并非商事主体,违反信义义务的,承担的是个人责任,个人责任属于无限责任;而商事信托中承担信义义务的主体是信托公司或者其他金融机构,均属于商事主体,商事主体是集体决策制度,以公司财产为限,承担有限责任,因此,从主体上来看,我国商事信托的受托人和公司法上的受信人有区别。

(四)信义义务标准的差异性

由于信义义务承担的主体的差异性,商事信托的受托人的信义义务标准明显要高于公司法中的受信人。我国2023年新修订的《公司法》中,对董监高的信义义务在原有的基础上作出了更加细化的规定,但依然没有明确提出"商业判断原则",强调董监高为了公司的最大利益行事,尽到管理者的合理注意义务。管理者的注意义务比英美法中的"谨慎人"注意义务的标准要高一些,但比商事信托中受托人的"谨慎投资者"的注意义务低一点。

从信义关系的角度分析,董事、高管作为公司的管理者,与公司是一种聘用上的劳动合同关系,公司委托董事、高管承担公司的管理工作,基础是基于信任,相信其具有应有的道德质量和能力。当公司认为董事、高管的能力低于预期时,如果已经造成公司损害的,可以用诉讼方式寻求赔偿,如果并未造成损害的,公司最简单快捷的方式是与其解除劳动关系,或者解除董事职务。

如前文所述,在公司法领域中,董监高的勤勉义务更看重董监高的行为是否符合法律法规以及公司章程的规定,只要在授权范围内的行为,符合程序的要求,一般会根据商业判断规则予以免责,由于董监高作为公司的员工,其履行职务的行为更像一种职务代理行为,公司法的价值更关注于公司的自治,只要公司章程中对勤勉义务的标准有所约定的,法律不会强行干预,毕竟公司的股东是公司的所有人,财产所有人有权处分自己的财产。而商事信托中受托人履行职务的行为,是以自己的名义履行,委托人购买商事信托产品,是以财富的增值为目的,不可能任由受托人任性而为,即使商事信托合同中有类似于公司章程中的免除责任的约定,也并非委托人的初衷,而是受托人单方在格式合同中增加的结果。从危害结果来看,商事信托受托人如违反注意义务、谨慎义务,随意管理和投资信托财产,可能造成委托人的资金血本无归;而某个董事、高管违反勤勉义务,可能被其他管理者纠正,也可能被股东大会纠正。公司的管理者并非一人,单个人所承担的责任有限,而商事信托受托人本来就属于商事主体,商事主体内部是集体决策,因此,从个人决策和集体决策的角度来说,反映了民事主体和商事主体在理性方面的区别。总体来说,商事信托受托人违反信义义务所造成的危害,一般要大于公司中董事、高管造成的危害。

虽然同为商事领域中的信义义务,公司法与商事信托中的信义义务在理论基础上都源于英美法系的信义义务理论,但在表现形式上仍有诸多区别,这些区别值得我们继续深入研究。

五、对我国公司法中信义义务规范的完善建议

信义义务规范是公司立法的重要内容,公司法以公司自治为价值导向,[①]商人自古以来都是以创造财富为目的,拥有智慧和创造力的人群,因此,鼓励市场经营的公司法不会给公司设置太多障碍,智慧的立法者也不会轻易评判商人的决策。信义义务规范属于为数不多的强制

① 参见刘俊海:《现代公司法》,法律出版社 2015 年版,第 134 ~ 135 页。

性规范。公司法中的信义义务属于管理者义务，[①]我国公司法对于董事、高管与公司的关系，融合了英美法系中的信义关系，以及大陆法系的委托（委任）关系说，[②]但委托合同中受托人的义务与信义关系中的受托人义务有较大区别，从我国立法的模式来看，虽然没有将信义义务法定化，但根据立法内容可以推断出，我国公司立法采用的是英美法系中的信义义务理论。

（一）允许公司章程对董监高的谨慎、勤勉义务进行自治约定

公司法中对于董事会中心主义和股东会中心主义的争论由来已久，英美国家主要采取董事会中心主义，英美在立法和判例中创造出了商业判断规则，对于董事的信义义务，一般对诚信、忠实义务要求较严格，对注意、谨慎义务的评判标准并非很苛刻。美国的公司法还确立了公司董事重大过失责任豁免制度，公司章程可以事先约定，即使董事构成了重大过失，也可以免除责任。[③]

我国公司法改革并未明确采用何种主义，但不可否认的是，现代公司，特别是规模较大的公司，为了效率的需要，董事会一般都被赋予了较大权力。由于董事们的权力扩大，滥用权力的案例越来越多，即使在公司信义义务理论较为成熟的美国，安然、世通等案件的产生，也让学者们意识到，永远不存在完美的制度，需要不断对现有的制度进行反思和改进。公司是营利性组织，如法律给董事和高管施加过于严苛的信义义务，则会导致董事、高管在管理公司过程中畏手畏脚，不敢轻易决策，这并不符合公司的营利性本质，与商事信托中受托人的信义义务不同，一般董事和高管都是个人，虽然其对公司负有信义义务，但其与公司直接属于聘用关系，虽然其履行的是类似受托人的职责，但也属于其工作职责，除了忠实义务，施加过高谨慎义务，会导致其个人在工作中承担的义务过重，可能会导致董事、高管要求公司提高薪资等情况，因此，在公司法改革时，应注意平衡董事、高管的权力及制衡两者之间的

---

① 参见王军：《中国公司法》，高等教育出版社 2015 年版，第 323 ~ 325 页。

② 参见刘俊海：《现代公司法》，法律出版社 2015 年版，第 624 ~ 625 页。

③ 参见任自力：《美国公司董事诚信义务研究》，载《比较法研究》2007 年第 2 期。

关系，公司法应尊重公司的自治，如果公司股东认为应对公司的董事权力予以限制，则可以在公司章程中予以明确，如公司是在发展期，公司股东允许董事、高管在经营管理过程中适当冒险，对此也可以在公司章程中予以明确。根据我国《公司法》现有规定，法律、法规和公司章程是董事、高管信义义务的来源，因此，公司章程的制定和适时修改尤为重要，也是公司对董事、高管信义义务作出的自主安排。

（二）引入商业判断规则，排除董事、高管因商业风险而承担个人责任

由于翻译的问题，除了忠实义务，信义义务的另一部分被称为注意义务、勤勉义务、谨慎义务等，不同国家和地区对其称呼不一，但实际内容基本一致，学术界也对不同的术语予以混用。英美法系创立了商业判断规则，将商业风险排除在对董事的决策考评范围之外，只要决策者充分获取、考虑了相关信息，按照公司法以及章程规定的正当程序进行决策，主观为善意、诚信，且出于为公司最佳利益考虑，即使该决策给公司造成了损失，董事或高管也不负个人责任。[①] 如果要求董事、高管对公司的经营结果负责，“只能成功不能失败”是不适合的，这会让经营者心理负担过重，即使是专业人士，也不能保证每次成功，再加上市场经济形势瞬息万变，因此，董事、高管是否违反勤勉义务、注意义务的判断标准不应看是否给公司造成了损失，而是看其主观上是否存在过错，属于过失责任。虽然我国公司法并未明确，但我国法院在司法实践中也是按照上述做法来裁判的，只是我国是成文法国家，不能保证所有法院对此的认识都是一致的。因此，在公司法修订时，应明确规定商业判断规则，将其作为董事、高管个人责任的排除。

（三）明确董事、高管的忠实义务属于强制性规范

如前所述，公司法发展的趋势是董事的权限越来越大，虽然不同的公司可以对董事、高管的勤勉义务予以自治规定，但忠实义务是委任关系、信义关系的基石，不能将其排除，因此，董事、高管的忠实义务是强

---

① 参见舒彧：《浅析勤勉义务规则对公司管理层的保护——兼议美国法的借鉴意义》，载《中国律师》2013 年第 7 期。

制性规范,不能在章程中予以排除。另外,在忠实义务的判断标准中,应加入"为了公司最佳利益"的表述,以此来衡量董事、高管是否履行信义义务。例如,加拿大公司法对董事、高管的谨慎勤勉义务的判断标准之一也采用了"诚实、善意地为了公司的最佳利益"的表达,并且还明确需要考虑公司最佳利益,即公司股东、在职雇员、退休员工、公司债权人、客户、政府、公共环境的利益以及公司的长远利益。[①] 同勤勉义务相比,忠实义务是董事、高管的首要义务,是其任职的道德底线,如果说勤勉义务还需要具备一定技能和判断能力,那履行忠实义务则要容易很多,只需要守住规则红线即可。另外,违反忠实义务的后果比违反勤勉义务更为严重,给公司造成的损害更大,因此,忠实义务规范应是强制性规范,不能像勤勉义务一样,不得在章程中约定排除。

(四)建立董事、高管利益冲突的申报制度

我国出现的大量董事、高管违反忠实义务的案件的原因来源于信息披露制度的不完善。目前《公司法》只规定了股份转让、变动的申报义务,[②]并无明确利益冲突的申报机制,而事后的追责成本往往较高,因此,应建立事前的防范机制,《公司法》今后在修订时应明确规定董事、高管的利益冲突申报机制,以及相关利益变动的信息披露机制,成熟的市场依靠健全的信息披露,建立了良好的信息披露机制,也可以减少信息不对称带来的代理问题,使得公司股东、债权人可以更好地行使监督的权力,及早发现问题。

(五)对公司法中的勤勉义务的判断标准和原则予以明确

由于商业决策始终伴随着风险,公司法对于勤勉义务,或者管理者义务只能概括地规定,无法详尽列明董事行为的审查标准,这就造成了行为标准的抽象性和司法审查的具体性之间的矛盾[③]。在某些涉及公司董监高违反谨慎义务的案例中,原告起诉的理由是被告的商业决策

---

① Canada Business Corporations Act,122(1).

② 《公司法》(2023 年修订)第 160 条。

③ 参见南玉梅:《董事职务行为的司法审查:原则与例外》,载《广东社会科学》2022 年第 6 期。

不具有合理性，违反谨慎义务。法院在审理时，法官一般根据一般理性人的常识进行判断，来认定公司经营者的管理行为是不是谨慎的、合理的。在一些经营常规业务的公司中，法院作为一般理性人对经营者的行为的判断较容易。例如，有些案件中，公司经营者没有与交易方签订合同即提供服务，导致公司难以向对方主张款项，法院认为公司经营者违反一般常识和交易管理，没有尽到谨慎义务[①]。但如果是在交易结构复杂的案件中，例如，某些金融创新案件中，法院可能对交易结构和框架就难以把握，更不用说去评价经营者的行为是否谨慎了。因此，如果法院对公司董监高的经营决策行为进行实质性审查，判断其是否符合谨慎义务，就会出现新的问题。例如，有些法官并不具备商业经营经历，对商事交往中诸多规则和管理并不十分了解，让法官来对公司经营者的行为进行实质审查，除了需要法官具有商事思维，还需要制定相对明确的原则及判断标准，而我国各地司法资源差距较大，法院既不能以司法审查的方式干预公司经营，也不能消极放任董事违反勤勉义务。因此，公司立法应在总结相关案例的基础上，对董事的勤勉义务的标准进行适当细化，给法院的事后审查提供指引。

（六）鉴于董事构成的多样性，应区别不同董事类型的义务标准

有学者提出，目前的我国公司立法对于董事信义义务的规范是统一的、强制性的，适用于所有董事，但我国公司实践中，董事的构成比较复杂，并非整齐划一，不同的董事代表着不同的利益群体。因此，公司法在强化董事义务的同时，也应关注到董事“异质化”的问题，对不同类型的董事的义务标准进行区分。[②] 我国公司的董事构成具有多样性，我国2023年修订的《公司法》并未对不同类型的董事承担的信义义务作出区别，意味着只要是公司的董事，就需要承担统一标准的信义义务。[③] 整齐划一的标准并不适用于不同的主体，因此，未来我国《公司法》在修订时应对承担管理工作的董事和独立董事予以区分，并将

---

① 上海市闵行区人民法院民事判决书，(2009)闵民二(商)初字第1724号。

② 参见林少伟：《董事异质化对传统董事义务规则的冲击及其法律应对　以代表董事为研究视角》，载《中外法学》2015年第3期。

③ 参见蒋大兴：《公司法修订草案中的关键缺失》，载《中国法律评论》2022年第5期。

董监高承担信义义务的考量因素进行列明,如工资、管理权限、专业程度等,但公司章程有特别规定的应按照公司章程的规定。

第三节 证券投资基金关系中的信义义务

在基金法律关系中,无论是以契约、有限合伙抑或是公司形式,本质上都属于信义关系。与信托公司担任受托人不同,在基金关系中,基金管理人不存在被动管理的情况,基本都是主动管理。实践中发生了大量涉及基金管理人违反信义义务的案例,例如,2021 年上海金融法院的典型案例"钜洲智能制造 2018 私募基金挪用案"。这一案件的影响较大,也属于典型的私募基金管理人违反信义义务的案例,但法院在审理时并未明确提出"信义义务"概念,该案的案由是合同纠纷,因此,法院在审理类似案件时依据的是合同约定,并未对管理人施加信义义务。而在钜洲公司涉及的其他一些案例中,均出现了违反忠实义务、勤勉义务的行为,[①]法院在审判中认为基金管理人违反了谨慎勤勉的管理义务,判决承担赔偿责任。虽然《信托法》也并未将"信义义务"概念化、法定化,但司法实践中,法官在审理商事信托纠纷时已经明确吸纳了信义义务理论,提出了受托人应承担信义义务,但基金法律关系并没有明确被纳入《信托法》的调整范围,导致基金业界从业人员对信义义务为何非常陌生。[②] 信义义务制度对于基金行业的重要程度不应低于信托行业,两者同属于信义关系在商事领域的运用,只是在于受托人所处的行业不同,具体适用的规范有所区别。目前已经有不少商法学者开始关注基金法律关系中的信义义务,认为给受托人施加信义义务保证了投资人资金的安全和使用效率,如果基金业不重视信义义务,则会导致严重危机。[③] 由于缺乏相关理论支持,我国《证券投资基金法》并

---

① 上海金融法院民事判决书,(2021)沪 74 民终 1336 号。

② 参见许多奇:《论全周期视野下私募基金管理人的信义义务》,载《武汉大学学报(哲学社会科学版)》2022 年第 5 期。

③ 参见王涌:《信义义务是私募基金业发展的"牛鼻子"》,载《清华金融评论》2019 年第 3 期。

未直接规定基金法律关系属于商事信托关系，只是在第2条隐晦地提到了《信托法》，即在该法没有规定时可以适用《信托法》。这一条可以理解为证券投资基金法律关系属于商事领域中的信义关系，属于特别法，特别法没有具体规定的，适用《信托法》，因此，基金法律关系应属于商事信托关系。

一、证券投资基金法律结构

证券投资基金，或称集合投资计划（Collective Investment Scheme，CIS）、投资信托，是指将不同投资者的资金集合起来，由基金公司集中管理投资的集合投资方式，属于按照利益共享、风险共担的原则，将分散在投资者手中的资金集中起来委托专业投资机构、人员进行管理和运用的投资工具。投资基金在不同的国家和地区有不同的称谓，例如，美国称为“共同基金”（mutual fund），英国称为“集合投资计划”（collective investment schemes），日本、韩国称为“证券投资信托基金”；我国内地称为“证券投资基金”，我国香港地区称为“单位信托基金”（unit trusts）。在我国，投资基金的现状是由基金管理公司作为发起人，设立证券投资基金，然后再代表基金管理人以及托管人，而基金管理人一般也来自基金管理公司。因此，投资基金中，基金公司主导管理人和托管人的聘用和更换事宜。虽然法律设置的基金管理人和基金托管人有相互制约的功能，但两者又是聘用与被聘用的关系，导致实践中监督制约功能会大打折扣，对投资者保护不力。[①]

证券投资基金，与证券投资信托容易造成混淆。根据原银监会发布的指引，证券投资信托业务指的是信托公司将信托产品的资金投资于公开市场交易的证券的经营行为。[②] 上述定义属于狭义的证券投资信托，而广义的包括了证券投资基金。[③] 两者的主管机构不同，证券投

---

① 参见吴弘：《我国证券投资信托的现实问题及立法对策》，中国法学会商法学研究会2003年年会论文。

② 中国银行业监督管理委员会关于印发《信托公司证券投资信托业务操作指引》的通知（银监发〔2009〕11号）第2条。

③ 参见王伟等编著：《金融信托概论》，经济科学出版社2021年版，第100～101页。

资基金属于证监会监管,而证券投资信托属于国家金融监督管理总局监管。证券投资信托与一般信托的区别在于,其投资方向是标准化证券市场产品,在信托运行过程中,证券托管在证券公司,因此会涉及证券公司,交易指令通常由信托公司传到证券交易所。从运作方式上看,证券投资信托实质上属于信托型的私募基金,与一般的私募基金最大的区别在于其具有信托机构,受到信托法律规范。根据投资标的的不同,证券投资信托可被分为股票类、基金类和债权类证券投资信托,三种证券投资信托产品需满足监管要求,所投资的证券必须是标准化的,在二级市场流通的。按照信托受益权风险和收益的不同进行分类,可以分为:普通型以及结构化证券投资信托。普通型证券投资信托中,各受益人承担一样的风险和收益,权利义务相同;结构化证券投资信托中对受益人有优先级和劣后级之分,优先级受益人收取固定回报,也优先分配信托收益。一般选择结构化证券投资信托的投资者都属于偏好高风险高收益的投资者,其通过从优先级受益人处融资来进行证券投资,在实务中,劣后级投资者通常由具有丰富投资经验和专业投资经验的人担任,而优先级资金的募集资源来自银行销售的理财产品,从实质上来说,结构化证券投资信托是一种融资性的金融活动。

根据基金组织形态的不同,投资基金可以分为契约型基金以及公司型基金。契约型基金是指基金发起人、基金管理人以及基金托管人订立基金契约,发行基金单位而组建的投资基金。英国、日本和我国主要采用契约型基金的形式。我国《证券投资基金法》中规定的唯一一种基金组织形式就是契约型。而公司型基金是按照公司法原理构建的具有独立法律人格的基金,基金公司的财产独立于基金持有人、保管人和管理人,基金公司通过发行股票集合资金,将资产投资于特定对象,以股息红利形式对投资者进行利益分配。美国的共同基金主要采用公司型的组织形式,美国在 1924 年 3 月成立了世界范围内的第一支开放式公司型基金——“马萨诸塞投资信托基金”(Massachusetts Investment Trust)。美国较为成熟的基金业离不开健全的法律,包括 1933 年施行的《证券法》、1934 年施行的《证券交易法》、1940 年颁布的《投资公司法》《投资顾问法》,上述四部立法构成了美国基金行业的法律基础。

投资基金是依照信托法原理建立起来的一种现代投资模式，投资基金法律关系以信托关系为其基本法律关系，基金管理人作为受托人，对基金行使管理权和控制权，而基金投资者属于委托人、受益人，契约型投资基金的信托属性最强。[①] 我国《证券投资基金法》第9条规定了基金管理人、托管人、服务机构的信义义务，并规定基金管理人进行投资时应遵守“审慎经营规制”，有效防范风险。契约型基金中，受托人的角色分别由管理人、托管人共同承担，法律并没有明确使用受托人的概念。管理人主要负责对资金的投资，不直接掌控资金，只负责发出投资指令，而托管人负责对基金资金的掌控，这是投资基金法律关系与信托法律关系的主要区别。并且，在投资基金法律关系中，对于管理人和托管人之间的关系并未明确，因此，对于谁是基金受托人有不同学说，分别有管理人说、托管人说以及双重受托说，按照目前我国法律规定来看，我国采用的是双重受托说，即基金管理人和基金托管人按照契约规定，共同承担信义义务。

二、基金法律关系中的信义义务

规制各类投资基金的法理基础是信托制度，因此，证券投资基金中的受托人也适用信义义务。投资基金的基础法律关系是基金受益人与受托人之间的信托关系，除此之外，还包括受托人与投资顾问之间的委托关系。

根据美国1940年《投资顾问法》，投资顾问(investment advisers)和投资经纪人(investment brokers)的工作都是为个人和机构客户量身定制投资建议。但是，他们两种职位却受到不同标准的约束，投资顾问直接为客户工作，应将客户利益置于自身利益之上；而投资经纪人为他们工作的券商服务，他们只需保证遵守适当性义务，将适合的产品推荐给适当的客户，适当性标准由美国金融业监管局(Financial Industry

---

① 参见刘韶华：《信托原理在民商事法律实务中的应用》，法律出版社2012年版，第154～156页。

Regulatory Authority,FINRA)制定。美国金融业监管局并非官方组织,而是独立的非政府组织,负责制定和执行管理美国注册经纪人和券商的规则,其明确的使命是"保护投资大众免受欺诈和不良行为的侵害"。1934年《证券交易法》是一部规范美国证券交易二级市场的法律,该法案与其他相关法规构成了对美国金融市场及其参与者监管的基础,并且,该法案还设立了美国证券交易委员会(SEC)。1934年《证券交易法》并不规范证券的发行,证券发行由1933年《证券法》规范。证券二级市场通常通过经纪人或券商进行,因此,1934年《证券交易法》中有大量关于经纪人及券商的规定。根据美国1934年《证券交易法》第3条的定义,"经纪人"(broker)指为他人从事证券交易业务的主体,但不包括银行。[①] "券商"(dealer)指通过经纪人或其他方式为自己买卖证券的主体,但不包括银行。[②]

投资顾问必须遵守证券交易委员会或州证券监管机构规定的信托标准(fiduciary standard),信托标准要求投资顾问将客户利益置于自身利益之上。[③] 投资顾问必须避免与客户的利益冲突,例如,投资顾问在为客户购买证券之前不能为其自身账户购买证券,并且,投资顾问被禁止从事可能为其自身或其投资的公司带来更高佣金的交易。这还意味着投资顾问必须尽最大努力确保投资建议的出具是建立在准确、完整的信息基础上,并确保分析尽可能全面。避免利益冲突是受托人的应有之义,要求投资顾问必须披露任何潜在冲突。此外,投资顾问需要将交易置于"最佳执行"(best execution)标准之下,即他们必须尽可能地以低成本和高效执行的最佳组合来交易证券。"最佳执行"标准是美国证券法中一项重要的投资者保护要求,要求券商采取合理、谨慎的措施执行客户订单,以便为客户获得最佳的条件。FINRA规则5310要求,在为客户进行任何交易时,应尽到合理的谨慎义务,确保目标证券可以获得交易的最佳时机,为客户争取最大利益。

---

① 15 U.S.C. § 78c(a)(4)(A) (2010).

② 15 U.S.C. § 78c(a)(5)(A) (2010).

③ U.S. Securities and Exchange Commission. "General Information on the Regulation of Investment Advisers." Accessed May 17,2021.

在契约型投资资金中，资产管理与保管权限的分离有利于在不同受托人之间进行制衡，针对证券投资基金的特殊性，基金管理人的履行信义义务的重点包括利益冲突的防范以及对投资风险的控制方面。利益冲突的主体并不仅限于基金管理人，还应包括关联人士，含自然人和法人。美国1940年《投资公司法》中对管理人士作出了详细规定，①范围非常广，不仅包括直接关联，还包括间接关联，以及共同被第三人控制的情况。我国香港特区颁布的《单位信托及互惠基金守则》中也规定了关联人士，但直接或间接持有基金管理人股本的比例是20%，其他并无太大区别。② 一般来说，本人交易是最典型的利益冲突交易。

（一）基金管理人、托管人的主体资格

同法律对于商事信托受托人主体资格的限制一样，我国对证券投资基金的管理人以及托管人的资格也是有限制的。私募基金管理人主体限定为法人或者合伙企业，自然人不能担任，私募基金管理人的成立应向基金行业进行登记；公募基金管理人的设立需要经证监会核准，还需要满足法律规定的最低注册资本要求，以及关于股东、高管、资产规模、公司经营情况、员工人数、公司治理结构等的规定。基金托管人的主体是商业银行或者其他金融机构，分别由证监会同国家金融监督管理总局核准。基金托管人需要保证有专门的基金托管部门，③并且，管理人和托管人不能为同一机构。基金托管人从事托管业务需要取得托

---

① 美国1940年《投资公司法》Sec. 2 (a) (3)规定“关联人是指：(A)任何直接或间接拥有、控制5%或更多的表决权证券的人；(B)被基金公司或管理人拥有5%或以上表决权证券的人；(C)直接或间接控制基金管理人，或被基金管理人控制，或被其他第三人共同控制；(D)基金管理人的任何高级职员、董事、合伙人、雇员；(E)基金管理人的投资顾问等。

② 香港特区《单位信托及互惠基金守则》第3.5条规定：“‘关连人士’(connected person)就一家公司来说，指：(a)直接或间接实益拥有该公司普通股本的20%或以上的人士或公司，或能够直接或间接地行使该公司总投票权的20%或以上的人士或公司；或(b)符合(a)款所述其中一项或全部两项规定的人士或公司所控制的人士或公司；或(c)任何与该公司同属一个集团的成员；或(d)任何在(a)、(b)或(c)款所界定的公司及该公司的关连人士的董事或高级人员。”

③ 《证券投资基金法》(2015年修正)第32、33条。

管资格。[1] 因此,我国对于证券投资基金的管理人、托管人主体的设立都需要行政前置审批。

(二)基金管理人与基金托管人的义务及职责划分

我国《证券投资基金法》将托管人限定为商业银行等金融机构,并且规定托管人和管理人不得为同一机构或者相互持有股份,避免相互制衡失效。基金托管人的主要职责是保障基金安全,执行基金管理人的投资指令。如果发现基金管理人的指令违法或者违约的,应拒绝执行,还应当向行政主管部门汇报。这包括已经生效的指令,只要发现违法违约的,都应进行汇报。因此,基金托管人的注意义务包括了对基金管理人投资指令的监督,但实践中,商业银行作为托管银行,对于基金管理人的投资指令和投资行为的监督边界代表了其职责边界,托管方对于管理人的行为是形式审查抑或实质审查,需要结合相关案例进行分析。

案例 A

在杭州某私募基金管理公司起诉恒丰银行案[2]中,案由是委托合同纠纷。在证券投资基金实务中,按照法律规定,投资基金的管理人和托管人不得为同一机构,因此,基金管理人一般会找一家商业银行作为托管人,同基金托管人签订托管合同,约定双方的权利义务。2017 年,原告作为管理人发行私募产品,与被告签署托管协议,被告成为涉案私募基金产品的托管行,被告虽然不是基金合同当事人,但需要在基金合同的托管人处加盖印章。被告在履行合同过程中发现原告合同管理混乱,遂拒绝盖章,后原告起诉至法院。本案虽然并非直接涉及基金受托人与投资者之间的信义义务,但涉及基金托管人与管理人之间的义务及职责划分。本案的争议焦点是托管银行是否有义务监督管理人的行为。《证券投资基金法》第 36 条规定了基金托管人的职责,其中包括了监督基金管理人的投资行为,并且,根据法律和涉案资金托管协议规

---

① 《证券投资基金托管业务管理办法》(中国证券监督管理委员会、中国银行保险监督管理委员会令第 172 号)第 3 条。

② 山东省烟台市中级人民法院民事判决书,(2020)鲁 06 民终 2522 号。

定,被告作为托管方,需要对管理人的指令形式有效性进行审核,对指令要素的形式是否齐备进行审核,以及对投资用途等进行审核,防止管理人滥用资金。法院审理后认为,法律规定托管人的审查义务,是在募集资金之后,即收到资金后的保管环节的审查义务,并非在资金募集阶段,因此,虽然恒丰银行作为基金托管人,应对投资者承担信义义务,但需要在基金合同成立之后才履行信义义务。因此,法院认为被告恒丰银行不应在投资者与基金管理人签订合同时对管理人的行为进行监督。法院认为被告应对原告承担违约责任,但鉴于原告在管理合同过程中有一定过错,因此,判决被告将部分托管费退还给原告,原告的主张的可得利益以及利息等诉讼请求,法院不予支持。

案例 B

本案[①]与案例 A 有一定关联,原告是某私募基金产品的投资者,被告是托管行恒丰银行,原告和被告并未直接签订合同。根据法律规定,私募基金的资金需要由托管行托管,原告签订的私募基金合同中记载恒丰银行作为托管行,因此,原告以侵权之诉起诉被告。根据原告与基金管理人签订的基金合同,在签章处需要托管人恒丰银行的印章,但该合同的生效条件又将托管人的签章排除在外,即基金合同只是载明了托管人为恒丰银行,但恒丰银行是否在基金合同中盖章不影响合同的成立和生效。原告起诉托管人恒丰银行,是基于法律规定的,基金托管人应履行受托职责,原告认为由于基金管理人和托管人在受托过程中违反各自的职责要求,给投资者造成损害的,应承担赔偿责任。根据法律规定,承担赔偿责任的方式有两种,第一种是共同行为造成损害的,基金管理人和托管人承担连带赔偿责任,投资者可以起诉任一主体;第二种是单独行为造成损害的,由基金管理人和托管人对各自的行为造成的损害承担赔偿责任。具体到本案中,原告的投资款已支付给基金管理人,但起诉前基金尚未成立,资金已被基金管理人违规划走。后来基金管理人资不抵债,无法偿还投资者投资款,投资者认为资金托管人在资金监管方面存在瑕疵,应该承担赔偿责任。法院认为,恒丰银行作

① 济南铁路运输中级法院民事判决书,(2020)鲁 71 民初 48 号。

为基金托管人,根据合同约定,按照管理人的指令将托管账户的资金划转,恒丰银行并未违反合同约定。原告作为投资者,应向基金管理人要求清算,清算完才能证明财产损失。因此,法院认为恒丰银行作为托管人,无须对投资者的损失承担责任。

关于侵权行为,原告叶某主张恒丰银行在案涉基金募集期尚未届满,基金尚未成立之时,便允许基金管理人对基金账户中的资金进行了划转。并且恒丰银行亦未对基金的投向履行监督义务。恒丰银行与案涉基金产生的权利义务,是通过托管协议的内容来确定,托管协议并未对基金成立的条件进行过约定。根据托管协议的约定,基金财产在恒丰银行确认托管资金到账后,即开始进行基金财产的托管运作,本案托管账户的资金划转,亦是依据富隆公司发出的划款指令作出的。而案涉托管协议明确恒丰银行对划款指令的监督,应当依据《投资监督事项表》开展。管理人发出的投资划款指令,投资资金用途在表中载明的投资范围内。因此,恒丰银行依据合同约定对划款指令进行了必要审查,履行了监督义务,不应承担责任。

案例A和案例B是相关联的两个案例,虽然当事人不同,但是基于同一私募基金产品而引发的纠纷,可以看出私募基金法律关系的复杂性。私募基金法律关系中各方的权利义务,主要按照合同约定,这一点与公募基金不同。案例B中的投资人将投资款转给基金管理人后,经查询基金业协会网站后发现,案涉私募基金产品并未在基金业协会备案,意味着投资者交了钱,基金却并未成立。案涉私募基金属于契约型基金,各方权利义务根据基金合同约定,基金如未能成立,基金管理人应在规定时间内返还投资者缴纳的款项,加计银行同期活期存款利息。因此,本案中,基金管理人应当将投资者缴纳的投资款存入资金托管账户,基金成立之前不应使用投资款。案例B中的争议焦点在于,基金托管人是否有义务监管在基金成立前,基金管理人不得使用或者挪用的资金,在案件中,基金管理人在基金成立前将投资者缴纳的款项划拨,托管人有义务对划拨的去向以及合法性进行监督吗?本案中,基金托管人是否需要和管理人承担连带责任?

虽然法律规定,托管人有义务对管理人的投资指令在涉及违法、违规或者违反合同的时候拒绝履行，但是法律并未对基金管理人在基金成立前是否可以划拨基金款项有强制性规定，如果基金合同中也无相关禁止性规定，则基金托管人并无义务拒绝管理人的划拨指令。因此，私募基金中托管人和管理人的职责及义务需要在基金合同中详细列明，根据法院判决书的记载，案例 B 中，应承担赔偿责任的是基金管理人，而非托管人。在私募基金实务中，托管方一般为商业银行，商业银行对于资金的监管主要履行形式审查的义务，对于管理人的投资指令并不作出实质性审查，但法律规定托管方存在的意义和目的是对管理人的监督，金融机构作为资金托管方，如仅仅履行形式审查，是否使资金托管这一制度安排显得毫无意义，在案例 B 中，基金尚未成立，基金管理人则将前期投资者缴纳的资金划拨，最终导致无法归还投资者的投资款，虽然法院审理认为托管方不用承担责任，责任主体是基金管理人，但如何判定托管方已履行审慎托管义务仍值得思考。

案例 C

本案①中，投资者经当地建行的推荐购买了某私募基金产品，但后来证明该私募基金产品是虚假产品，投资者遂起诉至法院。建行株洲分行与华泰基金签订《顾问协议》，约定建行为华泰基金推荐投资者和投资项目，并对推荐的项目做尽职调查，华泰基金向建行支付顾问费用。后来，在建行的协助下，华泰基金相关人员即通过建行的平台和资源对其基金进行推销，向客户发放基金相关资料，并向建行客户经理承诺营销提成，也不按照法律规定对投资者进行审查，违法承诺投资高收益，对销售的私募基金也不向基金业协会备案。本案原告罗某在建行客户经理的推荐下购买了涉案基金。原告缴纳投资款后，被告华泰基金公司仅向原告支付了首期收益款后再未支付后续收益，也未退还投资本金。

本案中，中信银行长沙分行作为基金托管人。后来基金公司的若干工作人员以发放基金的名义变相向社会不特定多数人非法吸收资金，被法院判决构成非法吸收公众存款罪。关于华泰基金公司的赔偿

① 湖南省株洲市中级人民法院民事判决书，(2019)湘 02 民终 2429 号。

责任是毫无争议的,其系吸收原告等若干投资者资金的直接责任主体,对原告的损失应承担全部赔偿责任。本案的争议焦点是建行株洲分行作为基金产品的代销方,以及中信银行作为基金的托管方,是否应对投资者的损失承担赔偿责任。建行作为金融机构,向其客户推荐金融产品时,应利用自己的专业能力判断相关财产的合法性,提供适合的产品给适合的投资者,华泰基金公司发行的涉案私募基金,未经相关部门备案,也没有明确的投资项目,建行株洲分行并未对该情况进行审查,在未进行任何尽职调查的情况下,就向原告销售该私募基金,并违法宣传该基金产品保本保收益,诱导原告作出错误的投资决策。原告虽然作为有经验的投资者,但是基于对建行作为大型商业银行的信任而购买了该私募基金产品,最终造成了投资损失,因此,建行株洲分行的行为对原告构成侵权。而托管方中信银行长沙分行,在保证资金安全和监督基金管理人投资运作方面具有一定责任,加之未提供充分证据证明其在托管过程中进行了合理审查,履行了合理监督,因此法院认为,托管方存在一定过失,应对自己的过错承担一定的赔偿责任,法院审理后酌情认定销售方建行株洲分行承担60%的补充赔偿责任,托管方中信银行长沙分行承担40%的补充赔偿责任。

另外,法院审理认为,案涉私募基金投资者罗某,作为合格投资者,也作为长期购买金融产品的投资者,对合同对象和案涉基金应具备较高的谨慎和注意义务,但其购买案涉基金产品时并未审查清楚,导致自身损失,因此应承担利息损失。作为审理商事案件的法官需要具有商事思维,不能完全使用民法思维进行审理,金融消费者购买金融产品,其与金融机构、基金公司之间会有信息不对称的情况,金融产品发行方应具有商事信用,金融投资者如果在购买任何金融产品之前都需要进行审查,那商事交易就会因缺少信用而变得不再便利,无任何效率可言。因此,金融产品的消费者、投资者并无义务审查交易相对方提供资料的真实性等,不应将投资者的义务与金融机构的义务混淆,审查在销金融产品的真实性、合法性的义务主体是金融机构,如金融机构未尽到审慎责任的,应承担相应法律责任。

结合上述案例不难发现,在投资基金相关诉讼中,基金托管人是商业银行，具有较强的担责能力，而管理人作为基金公司，一旦出现资不抵债的情况，投资者往往会起诉托管人，追究托管方的责任。因此，划分基金管理人和托管方的义务和职责就成了投资基金司法诉讼中的重要问题。

（三）法院对基金管理人违反信义义务的判断

1. 管理人未尽到"审慎投资"义务

由于基金投资的风险较高，特别是证券投资基金，因此，对风险的控制是衡量管理人是否审慎投资的关键，但如果由法律来对管理人的投资决策进行评价也有一定难度。在投资方面，法官不如管理人专业，因此，为了避免"外行人审内行人"的情形，一般法院对管理人的投资决策都是根据基金合同的约定来判断，着重评判管理人是否违反了合同的禁止性约定，或者程序是否符合约定，以及管理人在控制风险时是否有相关的配套措施。例如，是否建立风控机制、投资前是否尽职调查①、管理人的投资权限是否超越合同约定②，以及是否咨询相关中介机构的意见等。因此，同公司法领域中法院的判断机制类似，法院主要从形式、程序、外观上来判断管理人是否履行审慎投资义务。

2. 管理人违反信息披露义务

信息披露义务的重要性一直被低估，商事领域中的信义关系的重要特征之一就是双方的信息不对称，受益人具有脆弱性，由于受托人掌握了财产的管理权和控制权，受益人的财产利益极易遭受受托人的侵害，为了监督受托人信义义务的履行，受托人应对其受托行为进行持续的信息披露。信息披露义务看似是一项独立的义务，实则不会独立存在，一般受托人违反信义义务的，都不会选择公布信息，则会导致信息披露义务的违反，只有极少数情况下，受托人会单独违反信息披露义务，如果一项信息无关紧要，或者公布了对受托人没有损害，则受托人一般不会拒绝公布。司法实践中，因受托人违反信息披露义务而承担

① 北京市第二中级人民法院民事判决书，(2020)京02民终5208号。

② 江苏省苏州市中级人民法院民事判决书，(2018)苏01民终5867号。

责任的前提是直接导致了投资者的损失。①

信息披露义务是投资者和大众监督基金管理人的重要渠道之一,《证券投资基金法》等法律法规规定了管理人的信息披露义务,虽然根据已有判例,如受托人仅违反信息披露义务,或者对基金损失没有直接关系,则法院不支持管理人承担赔偿责任②。这一裁判思路值得商榷,如违反信息披露义务没有法律责任,那这一义务等于形同虚设。并且,违反信息披露义务间接导致投资者损失的情况更为常见,因此,为了保证基金管理人信义义务的履行,应尽快对信息披露义务进行完善以及明确违反这一义务的法律责任。

三、证券投资基金中的信义义务与信托关系中的信义义务的比较

(一)信义义务承担主体的差异

证券投资基金法律关系与信托法律关系类似,是一种特殊的信托关系,两者的受托人都属于商事主体,承担的信义义务的标准都属于"谨慎投资人"标准。只是鉴于监管机构的不同,商事信托中的受托人主要是信托公司,而证券投资基金的受托人是双受托人,包括基金管理人和托管银行。基金公司的形式包括股份有限公司和合伙企业,而信托公司等金融机构均为股份有限公司,并且信托公司在准入限制方面要比基金公司严格。

另外,在商事信托中虽然也存在托管银行,但托管银行并没有太多权限,信托的管理主要由受托人完成,包括选择信托资金存放的银行等,商事信托纠纷发生之后,委托人只会起诉受托人,不会起诉保管信托资金的托管行,托管行不会对信托资金的管理和投资结果有任何影响,托管行也并非信托合同的当事人。而《证券投资基金法》中明确规定了基金托管人的职责,因此,基金托管人也应承担符合其职责的信义义务。

(二)立法术语的区别

《证券投资基金法》第 9 条的规定可以解释为对基金管理人、托管

---

① 广东省广州市中级人民法院民事判决书,(2020)粤 01 民终 15306 号。

② 山东省高级人民法院民事判决书,(2022)鲁民终 579 号。

人信义义务的规范，包括“诚实信用”“审慎勤勉”的义务，还特别规定了在证券投资时的义务，即“审慎经营、合理投资、管理风险”等，由于证券投资的风险性，特别规定了对风险的防范；而《信托法》第25条是对所有类型的信托的受托人信义义务的规范，比较抽象，需要结合具体的案件进行解释。

（三）信义义务的监督机制不同

私募基金法律关系中，对管理人的义务规定主要根据基金合同，相关监管也更依靠行业自律，因此，在监管方面，对信托公司的监管要求更为严格，信托公司除了要受到投资者的监督，还要受到监管机构的监管。从商事信用的角度来看，金融机构的信用级别最高，风险偏好低的投资者可能更倾向于金融机构。

（四）司法实践中并未明确提出基金管理人的“信义义务”概念

根据对商事信托纠纷案件以及基金合同纠纷案件的比较可以发现，法院在没有立法明确提出“信义义务”概念时，已经根据信托理论对商事信托受托人提出了信义义务的要求，而在基金合同纠纷中，法院一般只是提出了管理人职责或者管理人义务，并未总结出信义义务的要求，这源于理论界对基金法律关系属于商事信托法律关系的研究还不够充分，对司法实践还未形成足够的影响。

综上，证券投资基金法律关系属于商事信托法律关系，《证券投资基金法》没有特别规定的，应适用《信托法》的规定，《证券投资基金法》和《信托法》属于特别法和一般法的关系，由于基金法律关系和营业信托法律关系在受托人主体、立法术语、监管、司法实践中有所区别，导致信义义务在适用方面有一定区别。

本章小结

信义关系及信义义务理论产生于英美法系，其发展一直伴随着诸多争议。英美法系主流观点认为，信义关系导致信义义务的产生，违反信义义务则导致信义责任的产生。[①] 在司法实践中，法官更看重信义关系的识别，信义义务是一种区别于合同义务的特定且严格的义务，不能随意施加于非受信人。

信义义务理论在民事和商事领域都有不同程度的适用，我国《信托法》第25条是关于受托人信义义务的规定，但法条采用的术语并非"忠实义务、谨慎义务或者注意义务"，而使用了"诚实""信用"的表达，与民法上的"诚实信用"原则造成了混淆。信义义务不同于诚实信用原则，诚实信用原则属于填补合同漏洞的原则，在有具体规则的情况下应优先适用具体规则，而信义义务虽然概念较为抽象，但其内容属于对受托人的行为标准的规定，并且信义义务仅适用于信义关系，而非所有合同关系。再者，诚实信用原则与信义义务原则相比标准较低，特别在商事领域，受信人承担的信义义务的标准要远高于民法中注意义务标准，并且，即使是忠实义务，强调的也是受托人将个人利益置于受益人利益之下，避免利益冲突和关联交易，这与诚实信用的内涵完全不同。

信义义务在商事领域适用的典型是商事信托关系、公司法以及基金法律关系，本章对公司法、证券投资基金法律关系中的信义义务与商事信托法律关系中的信义义务进行了对比，分别从信义义务的主体差异、立法术语差异、适用标准差异、监管差异、司法实践差异等方面进行分析，信义义务在商事领域中适用的异同值得继续深入研究。

---

① 参见[美]安德鲁·S.戈尔德、保罗·B.米勒编著:《信义法的法理基础》，林少伟、赵吟译，法律出版社2020年版，第77页。

第四章　我国司法实践对商事信托信义义务的认定及判断

信托制度的核心是受托人的信义义务的履行，受托人对信义义务的违反，会造成信托制度之信任本质的崩塌。商事信托制度存在的前提是商业社会的制度信任机制，在商业社会的陌生人交往的范式中，受托人的信义义务并非某一信托关系双方协商的结果，而是一种基于法律规定的固定的模式，一种标准化的模式，可以反复适用的模式，只要商事信托受托人从事了信托行为，其行为模式就应适用商事信托受托人应满足的信义义务标准，委托人无须担心双方签订的合同是否将受托人的行为约定完备，信义义务的强制性可以避免合同的不完备性。商事信托的委托人正是基于对商事信托制度的信任，基于看重受托机构的信用，才选择其作为受托人，因此，受托人的受托行为应满足信托法和商法理论中关于信用的基本要求。

传统信托理论认为，要将信义义务的道德性规范转化为法律上的可以强制执行的法律，需要依靠司法，不能仅依靠受托人本人的良心发现。信托制度的产生与衡平法的救济措施分不开，信托产生的雏形是用益制度，用益制度存在规避当时法律的特性，因此，在 13 ~ 15 世纪的 200 年间，并不被普通法院所承认。按照普通法，受托人在用益关系中已拥有财产的所有权，其是否按照约定管理和处置其控制下的财产，完全凭借其良心，对于受托人的限制完全是道德层面的，在早期的熟人社会中也许有用，但随着经济交往的频繁，出现了大量受托人并不按照约定处理财产，如受托人出现了背信弃义的行为，侵占受托财产，受益人无法获得普通法上的救济。正是因为司法救济途径的缺失，才出现了受益人直接诉诸国王寻求救济,国王又将类似的案件交给大法官审理,到15世纪出现了衡平法院。衡平法院的法官会促使受托人按照委托人的意愿和受益人的利益来利用和管理土地,通过发布禁令要求受托人将土地收益交予受益人,如受托人违抗禁令,则构成对法庭的蔑视,大法官有权将其监禁。[①] 由于衡平法院的司法干预,受托人和受益人的权利义务得到了强制性的保障,不再单纯依靠受托人的良心,受托人的义务也因衡平法院对若干案件的审理形成了体系和学说,因此,可以说信托制度的产生离不开司法救济,信托也是典型的将"诚信""信用"这种道德原则法律制度化的一个例子。[②]

中国商事信托的发展也与司法实践密不可分。根据对中国裁判文书网的搜索可以发现,案由为"营业信托纠纷"的案例在2018年之后逐渐增多,直接原因是随着《资管新规》的出台,信托业一直以来的惯常操作"刚性兑付"逐渐被打破。即使"刚性兑付"短期之内仍然被监管机构所允许,信托公司可以其固有资产来支撑"刚性兑付",但从长期来看也难以为继。信托业虽为仅次于银行业的金融行业,但第二名与第一名的差距明显较大,信托业对银行业的依赖较大,加上普通投资者对信托的不了解与不信任,离开了"刚信兑付",信托公司只能依靠严格履行信义义务来重获投资者的信任。因此,信义义务不仅是信托机构得以存续的关键,也是委托人、受益人起诉受托人要求承担赔偿责任的依据。

第一节　我国商事信托纠纷案件审理概况

以案由为"营业信托纠纷"搜索中国裁判文书网或者北大法宝,可以发现,近年来信托委托人起诉信托公司违约或者侵权的纠纷逐渐增多。通过对相关案例的研究发现,法院判决信托公司承担责任时较为保守。

---

① 参见钱弘道:《英美法讲座》,清华大学出版社2004年版,第291~295页。

② 参见梁治平:《法律与说理》,商务印书馆2022年版,第56~59页。

一、商事信托纠纷审判的难点

（一）行政监管机构的规范性文件与信托基本立法规范抽象性之间的冲突

我国目前的信托基本法律对受托人信义义务的规范具有抽象性，也没有针对商事信托的专门立法，因此法院在审理营业信托纠纷时如果仅依据《信托法》，根本无法满足对复杂专业的案件的裁判。除了《信托法》，有些法院会用到《民法典》的一些原则，但无论是《信托法》还是《民法典》，对于商事信托案件的审判重点，即受托人是否违反信义义务，均没有详细的判断标准。

在信托基本法律相关制度缺失的情况下，金融监管机构颁布的各种监管规定成了商事信托纠纷审判的“救命稻草”，对于商事信托案件的审理大多依据监管规定。例如引发学界热烈讨论的，行政规章是否能作为信托合同无效的依据？以信托合同中约定了“刚性兑付”“保本”“保底”条款的效力为例，无论这些条款的称谓为何，核心是信托公司作为受托人，对委托人承诺最低收益或者本金不亏损。根据《信托法》以及《民法典》的规定，这些条款的存在不当然使信托合同无效，这就涉及信托基本法律和监管规范的冲突。有学者从“内部驱动”和“外部驱动”的角度来分析，认为信托法属于“内部驱动”，信托业法属于“外部驱动”，《信托法》是调整信托基本关系的立法，包括民事信托关系以及商事信托关系，属于调整民商事平等主体之间信托关系的法律，对于民商事信托合同效力的认定，应根据民商事基本法律，而对信托业的管理规范属于金融监管的规则集合，其目的是规范金融机构的内部管理，违反的后果是受托人承担相关行政责任，但对于民商事信托合同的效力，则不能由监管规范来判定。①也有学者提出了不同的意见，金融市场变化较大，由于立法的滞后性，为了应对金融风险，当司法审判无法可依之时，不得不依赖于监管机构的规范。金融市场的特殊性，决定了只依靠私法无法应对风险属性，因此，金融审判与金

① 参见吴至诚：《保底信托效力认定的类型化》，载《法学研究》2022年第6期。

融司法应协同。[①] 还有学者从传统的民商法规则无法适用现代金融交易的角度来分析，认为现代金融交易的结构和法律关系较为复杂，有诸多创新，存在大量信息不对称的问题。如果只依靠私法的意思自治，无法解决信息不对称造成的信息披露不当、欺诈等问题，因此，在金融领域，非常需要依靠政府公权力，即监管机构的介入。与法律相比，金融监管规则相对更具有针对性和灵活性，金融纠纷案件的法官处理纠纷时，不能只依据法律，或者认为监管规则的法律层级较低就不予以适用，金融案件的审理需要注意对金融风险的防控，金融案件的审理需要结合金融监管规范。[②] 另外，由于金融领域过于专业，甚至会出现最高人民法院颁布司法解释[③]，规定由金融监管机构在司法诉讼前对某些事项进行调查，即证券市场虚假陈述的行政前置程序。

再如，信托学界一直争议很大的受托人主体问题，根据信托基本理论，受托人的主体并没有限定为信托机构，但根据监管法规，非持牌照的信托机构不得经营信托业务，那非信托机构签订的信托合同是否有效，法院如何判定？这在我国的司法实践中没有争议，法院会直接认定无效。但从文义解释的角度，《信托法》第 4 条仅授权了国务院对信托机构的组织和形式立法，并无法推导出受托人的主体限制问题。另外，司法实践中，对于非金融信托的受托人主体问题，也一直模棱两可，是否允许非信托公司担任非金融信托的受托人，虽然《信托法》并未禁止，但似乎司法机关也在等待监管机构的回应。

除了学术界对信托基本立法与监管规则之间的关系争论激烈，从各地法院的不同判决结果也可以看出，司法实践也未达成共识。例如，著名的某信托代持保险公司股权无效案件[④]，终审法院和初审法院的观点就不一致，终审法院认为，该案涉及的信托持股协议，持股的目

---

① 参见赵尧:《金融司法监管化的逻辑审视》，载《华中科技大学学报(社会科学版)》2020 年第 5 期。

② 参见鲁篱:《论金融司法与金融监管协同治理机制》，载《中国法学》2021 年第 2 期。

③ 最高人民法院《关于受理证券市场因虚假陈述引发的民事侵权纠纷案件有关问题的通知》。

④ 福州天策实业有限公司诉福建伟杰投资有限公司、君康人寿保险股份有限公司营业信托纠纷上诉案，最高人民法院(2017)最高法民终 529 号民事裁定书。

标公司是保险公司，违反了保监会颁布的行政规章中的禁止代持保险公司股权的规定，[①]因此，终审法院认为该案中的信托持股协议无效。

但随着最高人民法院《九民纪要》的颁布，各地法院对此的态度逐渐趋于统一，《九民纪要》第 73 条[②]虽然是针对金融机构“适当性义务”的，但其观点仍说明了司法机关在处理金融纠纷时，首要依据应是法律法规，当监管机构出台了更有针对性的规范性文件时，如与法律不抵触，可以适用监管规定。《九民纪要》的出台说明了司法审判对金融监管规则的接纳和融合，尊重市场规律，在法律较为抽象的时候，及时汲取实践经验，有利于对具体案件的裁判。

以营业信托纠纷为例，虽然根据《信托法》以及信托理论，“刚性兑付”或者“保底”都不仅不属于信托受托人的义务，也不符合信托法律关系，一直没有被硬性执行，源于《信托法》规范的抽象性使其长期被虚置，但自从“刚性兑付”被监管机构强势禁止之后，信托公司关于“刚性兑付”的承诺或约定被法院认定为无效，因此，可以看出，虽然金融监管的规范与法律并无冲突，但法院在法律规范较为原则性和抽象性的前提下，可能不会直接适用法律的规定，等到有具体的监管规则出台时，会直接适用监管规则。“刚性兑付”被打破并不是信托公司的“保护伞”，并不意味着信托公司可以完全不用为信托产品到期无法兑付来承担责任。法院审理相关案件时，重点应关注信托公司是否履行了受托人义务。[③] 目前商事信托纠纷案件中，信托投资者败诉率较高的原因，并非信托公司履行了受托人义务，而是缺乏有效的司法裁判机制

---

① 2014 年《保险公司股权管理办法》（现已失效）第 8 条规定：任何单位或者个人不得委托他人或者接受他人委托持有保险公司的股权，中国保监会另有规定的除外。

② 《九民纪要》第 73 条规定：在确定卖方机构适当性义务的内容时，应当以合同法、证券法、证券投资基金法、信托法等法律规定的基本原则和国务院发布的规范性文件作为主要依据。相关部门在部门规章、规范性文件中对高风险等级金融产品的推介、销售，以及为金融消费者参与高风险等级投资活动提供服务作出的监管规定，与法律和国务院发布的规范性文件的规定不相抵触的，可以参照适用。

③ 参见汪毅：《营业信托纠纷裁判应重视监管作用》，载《人民法院报》2019 年 8 月 17 日，第 2 版。

来确定和追究受托人的违信行为和赔偿责任。营业信托纠纷审理的难点,主要在于《信托法》作为规范信托基本关系的立法较为原则性,对于受托人信义义务如何认定,赔偿范围、原则等均缺乏可操作性的规定,而虽然监管机构出台的规章很多,但大多为管理信托公司的行政规章,对于审理平等主体之间的信托纠纷不一定起到作用。随着类似案件的增多,最高人民法院结合监管部门的监管规则,再结合具体案件审理过程中产生的问题形成了《九民纪要》,虽然并非司法解释,但却成了目前营业信托纠纷审理的重要依据,第 88 条明确了营业信托以及营业信托纠纷的概念。营业信托中,受托人的主体为信托公司,信托公司的受托行为是需要收取报酬的营业行为,[①]因此,《九民纪要》对营业信托的定义的关注点是受托人的营业性,而学理上对于商事信托的定义,还关注委托人的信托目的,这是两者的差异。从信托的本质来看,委托人设立信托的目的更重要,而不在于受托人的身份,因为信托制度的目的是让受益人受益,但我国引进信托制度的初衷是规范"先天不足"的信托投资公司,其重心也放在了对当时的信托投资公司的管理规制上,这一习惯依然沿袭至今。《九民纪要》第 88 条同时也规定,其他金融机构开展的资产管理业务也可能构成信托关系,因此营业信托的受托人是以信托公司为主,还包括其他金融机构,但核心还是一致的,即受托人受托行为的营业性。

综上,鉴于目前信托基本立法的概括性和抽象性,在未有新法出台之前,审理营业信托纠纷确有难度,法院应根据《立法法》的原则,在对信托基本原则遵守的基础上,借鉴金融监管机构颁布的规范性文件,甚至监管立场。但要彻底解决商事信托审判的诸多难点,仍需要尽快对《信托法》进行修订,尽快针对不同类型的信托的受托人义务进行类型化规范,这样才能真正解决私法层面的权责判断问题。

---

① 《九民纪要》第 88 条规定:信托公司根据法律法规以及金融监督管理部门的监管规定,以取得信托报酬为目的接受委托人的委托,以受托人身份处理信托事务的经营行为,属于营业信托。由此产生的信托当事人之间的纠纷,为营业信托纠纷。

(二)营业信托纠纷案件在程序上往往需要依据监管机构的调查结论

除了在立法上,在诉讼程序上,监管机构也会强势介入。委托人、受益人获得信托公司违反信义义务的证据较难,单个委托人主动申请信托公司进行信息披露有一定的障碍,而监管规定都是监管机构为了实现对信托公司的管理而制定,一般只有监管部门依职权进行调查的,才会获得信托公司的真实的内部管理信息,因此,一般而言,委托人在向法院起诉前都会向信托监管机构投诉举报,借助监管机构来调取受托人存在明显的违法违规行为的证据。

除了金融监管法规和规章成为商事信托审判的主要依据,在审理程序上,金融监管也与商事信托审判密切相连。我国大量的营业信托纠纷案件显示,委托人在起诉信托公司违约或者侵权之前,都会先向监管部门投诉举报,监管部门介入调查后,会对信托公司是否违法违规进行认定,然后给委托人出具调查结果的书面意见。委托人拿到监管部门的书面意见之后,再向法院起诉。虽然我国法律没有规定有这一个行政前置程序,但为何大量的案件都是采取相同的路径?存在即有原因,即委托人与受托人的信息不对称,即使委托人明知受托人的行为违反信义义务的,也难以获取有力证据。当受托人出现违反信义义务的行为时,一般不会主动对其行为进行信息披露,信息披露的内容都是经过受托人筛选的,因此,委托人难以从公开渠道获得受托人违反信义义务的证据。在实践中,一般是委托人掌握了一些线索,取得实质证据有困难,此时贸然起诉可能无法支持自己的主张,因此,委托人往往会借助公权力的帮助,向受托人主管部门求助,由其主管部门依职权进行调查。很多受益人要求受托人披露的信息,实践中受托人往往只会提供给监管部门,受托人不向受益人提供信息也没有实质性的惩罚措施,但受托人不向监管机构提供信息就会面临诸多法律惩罚。对我国大量营业信托纠纷案件进行研究后发现,大多数案件中,委托人方提交的证据中都有受托人监管部门的行政处理结果,而法院进行裁判时也会依据行政调查结果中认定的事实。

委托人要证明受托人违反信义义务需要依靠行政机关,如果监管机构的认定有利于委托人的,确实会给委托人在准备证据时提供便利,免去委托人自行搜集证据的麻烦,但同时也产生其他问题。例如,会造成监管机构实际上拥有准司法裁判权。本来判断受托人是否违反信义义务以及是否需要承担民事责任的权力在于司法机构,但司法机构完全依照行政机关认定的事实进行裁决,会造成司法裁判程序变成“走流程”。假设监管机构在某案中认为受托人并不存在违反法律法规的行为,那委托人还有必要向法院起诉吗?假如委托人对于监管机构的调查结果不满意,也可以进行行政复议,但从程序上又给委托人带来了更多不便利。究其原因,本质上还是我国缺乏基本的信托立法对于信义义务的规范,以及如何保证信义义务得以履行的制度缺失,使委托人、受益人从私法的角度难以通过自己的努力来维护权利。

在专业性方面,金融监管部门积累了长期的管理经验和实践经历,其出台的规章或者其他规范性文件,更具有针对性和时效性,更符合当下的实践需要。法院在审理商事信托纠纷案件时,除了需要对信托基本法律关系有准确的认识,必然会参考,或者直接适用金融监管部门颁布的文件来判断受托人是否履行信义义务。虽然在具体案件中可能会产生冲突,例如,认定某些信托合同条款无效的问题,但目前更重要的是要理顺司法裁判和行政监管的关系,这种关系应更接近于配合。

二、商事信托纠纷的审理需要商事思维的建立

在“刚性兑付”打破之前,法院审理商事信托纠纷的数量较少,难度也较低,主要以民法理论中的合同思维来审理。在“刚性兑付”之下,信托公司唯一的义务是在信托到期后偿还本金及收益,本质上和借款融资合同并无二致,法院在审理的时候也不用考虑信托法律制度的特殊性,也导致法院长期将信托义务等同于合同义务。“刚性兑付”打破之后,受托人信义义务变成了每一个营业信托纠纷都需要审查的重要问题,法院不能再继续沿用以往的民法合同思维来进行审理商事信托纠纷。

我国营业信托纠纷审理中,需要注意一个非常重要的问题,即商事思维在审判中的作用。如前文所述,信托制度在民事领域和商事领域的

特征有较大差别,因此,商事信托纠纷的审理也需要建立在对商事信托本质的认识以及对商事思维的确立之上。虽然信托法并不能区分民事信托和商事信托受托人的信义义务,但司法审判者不应按照同一种思维来审理所有的信托纠纷,信托纠纷有着共性,但商事信托纠纷的审理更需要裁判者具有商事思维,了解商事信托的特性。商事思维是包括立法者、法官、律师等法律共同体成员在从事商事法律职业过程中需要有的特定思维方式,[①]商事思维在商事审判中具有重要的指导性作用。

首先,营利性是商事主体最重要的特征,商法尊重自治,注重商事主体的信用,法律允许商事主体营业,给予了商事主体以特权,因此,商事主体也应兑现自己的承诺,实现信用。商事信托的受托人是信托机构,属于金融主体,信托业的发展长期得益于其信托牌照的"特权"。从权责统一的角度,既然信托公司拥有了极大的权限,其行为也应与其权限匹配,因此,商事信托的受托人的信义义务的标准应高于一般商事主体的标准。

其次,商事信托的受托人是商事主体。与民事信托相比,商事信托一个重要特征就是受托人的组织化特点,商事信托的受托人主要是信托公司,具有商事组织的典型特征,集合了资本、劳动力、技术、管理和其他生产要素,是一个拥有了内在的统一性和有机性的组织。企业的存在减少了交易的个别化,使单个交易可以形成集合交易,减少了个别交易环节,避免了个人交易风险。[②] 商事主体并非个人,是集体决策机制,因此,商事主体都被视为理性的,其决议不存在民事主体所说的重大误解等情况。商法注重外观,商事主体表现出的样子即本来的样子,不去探求商事主体的本来意图。

再次,信托公司作为商事主体,为了实现效率化和规范化,将个体的签约程序转化为格式化的条款,商事信托的合同都是由受托人提供的格式版本,委托人并未事先参与谈判。因此,在商事信托合同的签订

---

① 参见王保树:《尊重商法的特殊思维》,载《扬州大学学报(人文社会科学版)》2011年第2期。

② 参见肖海军:《商法本体论:以营业为切点的展开与重构》,法律出版社2022年版,第283~287页。

过程中,受托人应履行充分的信息披露义务,使委托人在充分知悉的情况下签订合同,这又和双方都是民事主体的情况不同。

最后,由于受托人在管理信托财产的过程中具有较大的自由裁量权,受托人的信义义务在商事信托实践中表现为受托人必须遵守一系列行为规则和管理规范。在自治的前提下,商法也会遵循一些强制性的规则来保证交易的安全性。除了信托法,受托人的行为规范主要参照监管机构颁布的各类规范。即使《信托法》目前规定较为笼统和模糊,法官如按照商事思维对相关法条进行解释,也可以达到理想的裁判结果。但是,在审理商事信托纠纷案件中,法官如缺乏商事思维,按照民事思维来审理,则会出现很多问题。

在刘某诉广东粤财信托有限公司(以下简称粤财信托)营业信托纠纷案中,[①]2015 年 5 月 8 日,委托人刘某与受托人粤财信托签订了信托合同,刘某购买了 3,500,000 元的信托产品,合同约定聘请广州市创势翔投资有限公司(以下简称创势翔公司)为该信托计划的投资顾问。2015 年 7 月至 2016 年 9 月,欣泰电气多次发布其公司股票存在暂停上市风险的提示性公告,而粤财信托在证监会决定对欣泰电气立案调查,欣泰电气披露可能暂停上市的风险提示后,仍然听取创势翔公司的投资建议,大量买入欣泰电气股票。据查证,涉案信托计划账户持有欣泰电气 250 万股,欣泰电气这只股票于 2017 年 8 月 28 日因欺诈发行被终止上市,成为创业板退市第一股,因此导致信托财产的损失,刘某与粤财信托产生纠纷。

委托人刘某认为,粤财信托有如下违反信义义务的行为:首先,粤财信托没有亲自处理信托事务,直接交由创势翔公司来直接操作管理,违背了《信托法》第 30 条的亲自管理义务;其次,粤财信托在欣泰公司披露可能暂停上市的风险提示后依然听取创势翔公司的投资建议大量买入欣泰公司股票,造成信托财产损失,不符合谨慎管理义务,应当进行赔偿。

粤财信托则认为,投资顾问在提出建议买入欣泰电气股票前做了

---

① 广东省广州市中级人民法院民事判决书,(2021)粤 01 民终 416 号。

大量的可行性研究,同时有大量的其他投资机构、券商看好欣泰电气的发展前景,粤财信托基于投资顾问的调研报告结果而看好欣泰电气市场前景,并对退市风险作出评估,认为风险较低,因此,粤财信托决定买入欣泰电气,具有充分的合理性基础,符合谨慎义务的要求。并且,信托合同中对投资顾问的建议导致的风险已提示投资者,欣泰电气最终退市属于难以预见的市场风险,刘某的投资损失属于正常的市场风险,根据风险自担的原则,信托财产的损失应由委托人自行承担。

一审法院认为,欣泰电气退市而导致的信托财产的全部损失是由市场风险和粤财信托的过错共同造成,酌情认定刘某承担全部损失的70%,粤财信托承担全部损失的30%。至于这个比例划分的理由,法院并未作出说明。

二审法院广州中院认为,信托的设立,导致委托人与受托人之间产生了信义关系,受托人的信义义务亦由此而设立,其具体内容应当由法律规定或者信托合同所约定,但至少应当包括忠实义务与注意义务。这是我国司法判决书中少有的明确界定受托人信义义务的表述,基本和英美法的信托理论一致。法院认为谨慎的投资者亦不难得出欣泰电气将因为欺诈发行而被暂停上市或者强制退市的风险相当高的结论。而作为专业机构的受托人粤财信托,如果遵循了审慎原则,尽到了受托人的注意义务,完全可以发现投资顾问给出的大量购买欣泰电气股票的投资建议是风险极大且极不具有合理性的。但受托人粤财信托对这一投资建议的错误性应当发现而未发现,完全漠视了欣泰电气暂停上市和强制退市风险的现实性与紧迫性,贸然接受投资顾问的建议并大量买入欣泰电气的股票,严重违反了谨慎原则和注意义务。粤财信托作为受托人应当对委托人这部分损失承担全部赔偿责任。

本案中,一审、二审法院的判决结果不同,一审法院的审理思维带着明显的民事思维,是一种纯粹的合同思维。而二审法院的思维符合商事审判的思维。本案的焦点是,受托人购买欣泰电气这只股票的行为是否符合受托人的谨慎投资义务,委托人本来可以自己购买股票,但其信任更加专业的机构,因此,受托人应当遵守谨慎义务的规则,不能随意操作,也不能凭借操盘手的个人喜好。二审法官在审理时查阅了证监会的相关规定,认为受托人在投资时是完全可以预料投资的股票是极可能被强制退市的,但受托人罔顾这一事实依然进行重仓投资,因此,违反了谨慎义务。作为专业投资者,更应当具有一定的风险控制能力以及需要熟悉证券的相关法律法规。因此,二审法院以一种"谨慎投资者"的标准进行判断,认为受托人违反谨慎义务。

上述案件中,受托人投资的股票面临即将退市的风险,这属于容易识别的重大风险,但其他股票的投资,如不涉及法律问题,只涉及投资判断问题,则法院一般不会对投资的判断进行认定,即使受托人的投资决策非常荒谬,导致信托财产的损失。因此,在证券投资信托中,对于受托人的投资行为,需要在立法上有一定的规则,法院才能依据相关规则进行判断,否则,并非每个法院的法官都具有相当高的商事思维,又理解信托关系的特殊性,仅凭法官对法律及法理的理解来判案是不现实的,也容易导致各地裁判的不统一。

综上,对商事信托的裁判应结合商事信托的本质,与民法思维相异的商法思维是确立商事信托裁量理念的前提。[①]

三、司法审判中开始重视对信义义务理论的阐述

我国《信托法》中并未明确提出受托人的信义义务概念,虽然相关条款被认为是信义义务条款,但从立法上来说,信义义务概念是抽象的,需要司法裁判中结合具体情况进行阐述,才能更好地理解信义义务。虽然信托立法没有明确提出信义义务的内容,但商事信托纠纷的司法裁判中,很多法院已经运用信义义务的理论,在审判书中明确提出信义义务的内容包括忠实义务和谨慎义务。

(一)营业信托诉讼中已经开始明确提出"信义义务、信托义务"概念

根据中国裁判文书网公布的中国华电集团资本控股有限公司与长

① 参见王建文、张莉莉:《商事信托的司法裁判:理念与规则》,载范健主编:《中国信托法论坛(2014)》,法律出版社 2015 年版。

安国际信托股份有限公司(以下简称长安信托公司)信托合同案①,原审原告、上诉人认为,一审判决对于长安信托公司作为金融机构应承担的诚实信用责任、信义义务及高度注意义务未予关注,依法应予改判。通说认为的《信托法》第25条规定的是受托人的信托义务,包括了为受益人的最大利益处理信托事务,诚实信用原则,以及有效管理原则,注意义务等,和英美法系的信义义务内容基本一致。

(二)司法裁判中用"商事信托"的特征来论述"营业信托"

司法实践中,很多法院在审理营业信托纠纷案中,用商事信托的特征来解释营业信托纠纷的特点,将营业信托等同于商事信托。例如,在与长安信托公司纠纷系列案中②,无论是最高人民法院还是陕西省高级人民法院抑或西安市中级人民法院,在对涉案信托计划是否成立的问题进行判断时,认为营业信托即商事信托,商事信托属于商事行为,具有高风险、高收益的特点。受托人的主体是信托公司,信托公司的行为具有营业性,以营利为目的,因此,商事信托应遵循"卖者尽责,买者自负"的原则。法院在审理时考虑到了商事行为的原则,希望运用商事思维对本案进行审理。因此,法院认为应维护商事交易安全,认定信托合同成立。

法院运用商事思维进行审理时出现了另一个问题。法院认为,商事信托的委托人是合格投资者,合格投资者应具有相关的投资判断能力,和普通投资者不同,因此,法院将商事信托关系的双方都看成行为能力平等的主体。商事信托属于特殊的商事关系,在其他的商事交易中,双方都是商事主体的,应按照自治的原则尊重双方的交易安排,但在商事信托关系中,受托人是商事主体,委托人可能个人,也可能是法人组织,无论怎样,委托人和受托人都处于信息不对称的地位,按照传统信托理论,受益人脱离了对信托财产的控制,极容易受到受托人的侵害,因此,法律才对受托人单方面施加了信义义务,委托人并未有相对

① 最高人民法院民事判决书,(2018)最高法民终780号。

② 最高人民法院民事判决书,(2018)最高法民终780号;陕西省西安市中级人民法院民事判决书,(2020)陕01民终8397号。

应的义务,在商事信托法律关系中,委托人、受益人是需要着重保护的一方。以信义义务为例,不能完全按照商事审判的思维,允许交易双方对权利义务进行自由约定或者排除,由于信托合同是受托人提供的格式版本,信义义务是受托人的法定义务,且商事义务的标准应高于民事义务,受托人不能将其信义义务的标准排除,或者随意降低,至少不能低于民事义务的标准。

(三)信义义务的差异化标准在具体案例中被提出

受托人的忠实义务在不同类型的信托中的要求都是一致的,但谨慎、注意义务的差别较大。首先体现在民事信托和商事信托中,由于受托人的主体资格不同,其承担的商事义务和民事义务的标准不同。民事信托很多是无偿信托,受托人是民事主体,而商事信托主要发生在金融领域,受托人是以营利为主的金融机构,收取报酬,因此,信托公司对信托财产的管理和投资,与民事主体对信托财产的管理的谨慎义务的标准肯定是不同的。即使在商事信托中,不同类型的商事信托,受托人的谨慎义务标准也是不同的。我国的信托立法中并未对受托人的谨慎、注意义务标准在不同信托类型中予以区分,立法的缺失给司法审判会造成难题,当具体案件中,当事人提出应对受托人在不同信托中的谨慎义务标准进行区分时,法院在缺乏规范的情况下,只能结合相关理论进行回应。例如,在一私募基金合同纠纷案中①,证券公司在面对投资者起诉时辩称,涉案资管业务属于通道类资管义务,受托人仅收取 2 万元管理费,费用低廉,受托人无须承担过多义务,投资者不能对其苛求较高的注意义务标准,否则违背了公平等价原则。而在另一非信托纠纷案件中②,青岛海事法院对商事主体的注意义务进行了论述,认为专业的、有偿的商事主体,其承担的注意义务标准更高。

信义义务已经成为商事信托纠纷审判的重要考虑因素,在不同的信托类型中,受托人应承担不同的谨慎、注意义务标准,在立法缺失的

---

① 陕西省西安市雁塔区人民法院民事判决书,(2020)陕 0113 民初 10080 号。

② 金泰发展有限公司诉诺亚天泽保险经纪(上海)有限公司、诺亚天泽保险经纪(上海)有限公司青岛分公司保险经纪合同纠纷案,青岛海事法院(2019)鲁民初 824 号民事判决书。

情况下,法院只能依据经验和法理进行裁量,但各地法院的法官在对信托制度理解上存在差异,会导致各地裁判产生差异,甚至有些地方法官认为法无规定的,就选择忽视这一问题。因此,为了更好地适用信义义务制度,保护受益人的权益,也能让受托人对自己的行为有更好的预见性,以信义义务规则来规范管理,我国信托立法应尽快对受托人谨慎义务的标准作出细化规定。

第二节　我国商事信托纠纷中受托人违反信义义务的情况

一、同一案件中受托人一般同时存在多项违反忠实义务的行为

根据信托理论,受托人忠实义务最核心的要求就是利益冲突的防范,以及不得将信托资产与其固有资产混同,很多国家及地区的信托立法也规定了信托财产管理的独立性要求,禁止财产混同,包括受托人与信托财产的混同,或者受托人将不同的委托人的信托财产混同等。在我国商事信托实践中,经常出现的违反信托义务的情况就是受托人挪用信托资金。信托财产是信托的灵魂,根据英美信托理论,受托人虽然是信托财产的所有权人,但仅仅是名义上的所有权人,其实质是代受益人管理和处分信托财产。英美信托制度的基础在于“信任”“信用”等,在个人信托、民事信托中,委托人是基于对受托人的信任,这种信任来源于亲属、朋友这种私人关系,是一种原始的、初级的信任,而当信托进入商业领域,这种天然的信任当不复存在,信托的目的也变成了对财富的管理、保值和增值,金融机构或者专业机构作为受托人时,除了凭借完善的法律制度保障受益人的权益来赢得委托人的信任,也需要靠对信托义务的坚守,这种坚守是商事信托受托人的“信用”。信用既是金融业的根基,也是信托业的基础,一旦这种信用被打破,信托业将难以发展,而挪用客户的信托资金则属于非常严重的违反信义义务的行为,直接违反了《信托法》要求的受托人忠实义务。

(一)挪用信托资金以及关联交易

商事信托纠纷案件中,受托人挪用资金和关联交易是比较常出现的违反忠实义务的情形。根据2022年北京金融法院发布的十大典型案例,其中关于四川信托有限公司(以下简称四川信托)的案例引人关注。四川信托成立于2010年,目前由于其多个信托产品爆雷,大量信托产品延期,涉诉案件众多,资不抵债,已经被监管机构接管。引爆四川信托流动性危机的直接原因是2020年4月底监管机构对TOT(Trust of Trust,信托中的信托)业务的全面叫停,但更深层次原因是四川信托运用TOT产品逃避监管要求,通过"发新还旧"的形式来隐蔽风险资产,挪用受托资金,违反信息披露义务,不向投资者披露底层信息,最终导致项目资金出现大量问题。

四川宏达股份有限公司(以下简称四川宏达)是四川信托的股东,根据北京金融法院公布的信息,四川信托案件最早是关于股东挪用信托资金的行政案件,即四川宏达起诉国家金融监督管理总局、国家金融监督管理总局四川监管局(以下简称四川银保监局)行政强制措施及行政复议案。北京金融法院认为该案比较典型,是因为该案是首例金融监管部门对于信托公司的股东采取限制股东权利的强制措施后引发行政诉讼的案件。四川信托在其经营过程出现了大量问题,目前的状态已经被监管部门接管。信托公司的项目资金被股东挪用,这明显违反了信托财产独立性的原则,属于明显的受托人违反信托义务。挪用信托公司资金,造成信托公司违反审慎经营规则,拒不整改的,金融监管部门可以对其采取限制股东权利的强制措施。四川宏达作为四川信托的控股股东,存在挪用四川信托项目资金的行为,监管部门认为四川信托的行为属于严重违反审慎经营规则,根据《信托公司股权管理暂行办法》第66条和《银行业监督管理法》第37条,作出限制四川宏达参与四川信托经营管理的相关权利的行政处罚。四川宏达不服,申请行政复议,国家金融监督管理总局复议后维持了四川银保监局的决定[①]。四川宏达对复议决定仍然不服,向法院提起行政诉讼,请求撤销

① 银保监行复决字〔2021〕117号《行政复议决定书》。

复议决定。两级法院经过审理,均驳回了四川宏达的诉讼请求。

根据四川银保监局发布的对四川信托的行政处罚显示,四川信托存在多达13项的违法违规事实,包括违规开展信托业务,资金流向股东及其关联方,即违反忠实义务要求的禁止关联交易;将信托财产挪用于非信托目的用途,即违反信托目的履行受托事务;并且违规开展结构化证券信托业务以及通道类融资业务;向投资者承诺“刚性兑付”;违反信托资金独立性原则,将本公司管理的不同信托计划投资于同一项目;违反监管机构关于单个信托计划的最高人数限制;违规推介TOT集合资金信托计划;未按照要求进行信息披露,信息披露不真实、准确及完整。根据四川信托在其官网披露《风险处置工作进展情况通报》显示,监管机构对四川信托的罚款合计高达人民币3000多万元,创信托公司被罚款数额新高。对刘某龙、陈某亮等15人实施禁止一定期限内从事银行业工作,取消一定期限内董事、高管任职资格,警告并罚款等方式的行政处罚,处罚金额共计672万元。从四川银保监局的行政处罚信息可以看出,冰冻三尺非一日之寒,四川信托造成目前病入膏肓被接管的局面,和其长期缺乏审慎经营思维,对受托人义务严重蔑视,对信托法律制度的本质的严重偏离有关。

以此为契机,四川信托还有诸多其他的涉及管理交易的项目被监管机构发现,①另外,四川信托还存在多个固有贷款项目的部分资金流向了股东及关联方。除此之外,四川银保监局还发现了四川信托“新增项目掩盖存量项目风险”“信托项目期限错配、多层嵌套”等10项问题。四川信托的案例应该绝非个案,在商事信托中,委托人与受托人并非基于个人的信任关系来建立信托关系,而是依靠信托法律制度,委托人并非信任信托机构,而是信任整个金融监管制度,以及当发现信托机

① 例如:2014年4月成立的成都国际商城项目的部分资金被挪用至宏达集团;2013年11月成立的金沙国际商城特定资产收益权集合资金信托计划的部分资金被挪用至宏达股份;2013年6月成立的聚信5号集合资金投资信托计划的部分资金被挪用至宏达集团,其中部分转回至该信托计划专户;2017年3月成立的锦宜3号集合资金信托计划的部分资金转至宏达股份;2012年4月成立的白鹤滩大型水电站配套项目贷款集合资金信托计划的部分资金转至宏达集团关联企业;2019年9月成立的鑫怡凯盛集合资金信托计划的部分资金被挪用至宏达集团。

构违反信托义务时可以得到完全的救济，才能将自己的资产交给信托机构，否则，缺乏了对受托人信托义务的保证和执行，商事信托将因信任的缺乏而不复存在。从涉及四川信托的诸多案例可以发现，我国商事信托的受托人由于具有信托牌照，可以垄断性地经营信托业务，当受托人缺乏信义义务的约束，违背受托人的初衷和承诺，在过程中也缺乏有效监督的情况下，受托人掌握庞大的资金是非常具有风险的，如将信托计划集中起来的资金挪作他用或者侵占，这样的行为从根本上违反了忠实义务，也从根本上动摇了信托制度的信任根基，从四川信托的案例看出，四川信托已然变成了控股股东或者实际控制人的"摇钱树"。对于以信用为基础的信托业来讲，如没有相当的制度保证受托人可以履行信义义务，则要想建立投资者对整个信托业的信心是非常困难的。

安信信托股份有限公司（以下简称安信信托）是上交所唯一一家上市的信托公司，其作为上市公司，又作为金融机构，双重身份本应是投资者眼中的"双重保险"，但其严重违反受托人信义义务的行为，让我们不得不再次审视，受托人信义义务的规范机制问题根源在何处。安信信托存在和四川信托类似的情况，根据上海银保监局的处罚通知①，在2016～2019年间，安信信托共挪用126.56亿元信托财产资金，包括将信托财产违规用于股东、将A信托项目财产用于兑付B信托项目、将信托财产用于置换固有贷款，以及将信托财产用于其他非信托目的，安信信托涉及违反忠实义务的上述项目基本都已逾期或欠息。当信托业"刚性兑付"被打破之后，信托机构难以采用"拆东墙补西墙"的办法来弥补当前某信托计划的损失，当信托计划的资金被挪用，无法偿还的，势必会导致信托计划出现违约。

挪用信托资金用于股东或者其他信托项目，违反了受托人的忠实义务，忠实义务要求受托人不能自我交易，不能侵占信托财产，如自我交易，也需要履行告知义务，且支付市场公平的对价等。四川信托和安信信托的案例均出现了严重的受托人违反忠实义务的情况，并且，从四川信托和安信信托的经营情况来看，两家信托公司均出现了需要监管

① 沪银保监银罚决字［2020］4号《行政处罚决定书》。

机构介入,公司需要进行重组的情况,两家公司的实际控制人也都涉及触犯刑法,被依法追究刑事责任,这两家信托公司能否走出经营困境,履行对投资者的承诺,目前来看还是未知数,诸多投资者的权益能否得到保障,还需要等下一步的处置措施。

(二)受托人违反信托财产的独立性原则

根据信托法理论,信托财产具有独立性,受托人应将自己的固有财产同信托财产分别管理,并且受托人应将其管理之下的不同的信托项目分别管理,不得混同使用。如前所述,很多信托公司存在违规开展TOT业务的情况。例如,四川信托,TOT的运作更像是一种金字塔式的"庞氏骗局"。四川信托的TOT业务没有向投资者真正披露项目潜在的风险状况,并且大量项目资金还被股东挪用。

在"刚性兑付"盛行的时期,信托公司通过发行新项目来偿还旧项目资金,以及将同时发行的项目资金混用的情况常见。例如,根据上述上海银保监局对安信信托的处罚公告,安信信托存在五类违法违规事项,其中也包括违规开展非标准化理财资金池等具有影子银行特征的业务。从监管机构开出的罚单可以看出,虽然不同信托公司经营状况不同,但违反忠实义务的情况都是类似的。

(三)未履行信息披露义务

信息披露义务伴随着整个信托履行过程,受托人应向受益人披露信托从成立到结束的过程中的关键信息。根据对商事信托纠纷相关案例的研究,受托人违反信息披露义务,一般是为了掩盖其他义务的违反。一般来说,信托委托人很少有单独起诉受托人违反信息披露义务这一项义务的,如果受托人的行为是完全合法合规,其并没有必要隐瞒任何事实。因此,一般受托人违反了信息披露义务的,都同时存在其他违法违规事由。

我国《信托法》规定了受托人的信息披露义务和保密义务①。在彭

① 《信托法》第33条规定:受托人必须保存处理信托事务的完整记录。受托人应当每年定期将信托财产的管理运用、处分及收支情况,报告委托人和受益人。受托人对委托人、受益人以及处理信托事务的情况和数据负有依法保密的义务。

某诉中信信托有限责任公司(以下简称中信信托)营业信托纠纷案[①]中,受托人中信信托认为,是否履行了信息披露义务并非关键问题,即使未履行信息披露义务也不会给信托财产造成损失,其承担赔偿责任的前提是未履行信义义务或约定义务,导致信托财产受损,但明显未履行信息披露义务的行为与损失之间没有因果关系,所以不应承担责任。而委托人彭某认为,虽然信息披露没有直接导致信托财产的损失,但有间接作用。如果投资者对信托过程中的事项都予以明晰,会及时对信托公司的不当行为进行监督,或者提前推出信托计划,总之,未履行信息披露义务等于增加了信息不对称的风险,让投资者无法及时止损。法院审理后认为,涉案信托合同约定,受托人应每周在其网站上公布信托管理相关信息,如信托单位净值等,还应每月向委托人、受益人寄送相关书面材料,按季度制作信托资金管理报告,并在受托人官网上进行披露。但中信信托无法提供证据证明其履行了相关的信息披露义务。因此,中信信托存在违反信息披露义务的行为。除此以外,中信信托还存在未履行通知义务,管理财产、清算分配等方面均存在违约行为。受托人的种种违约行为,使得委托人缺乏及时了解涉案信托产品信息的途径,当信托产品触及预警线和平仓线时,也无法及时通过追加增强资金的方式减少损失。虽然即使委托人追加了增强资金也不一定可以减少损失,但委托人享有是否追加增强资金的选择权,由于受托人中信信托没有及时通知委托人,委托人从其他途径也无从得知相关信息,委托人丧失了选择的权利。因此,法院认为中信信托在履行受托职责时,未能尽到谨慎、有效管理的义务。法院认为,受托人未履行信息披露义务这一点并非涉案信托产品遭受损失的主要原因,但也属于次要原因,判决受托人中信信托承担违约责任。

信息在资本市场中的价值巨大,很多时候掌握了信息,就掌握了主动权,信息就是金钱。受托人的信息披露义务长期被忽视,被认为是无关紧要,可有可无的,大多数受托人披露的信息都是经过其筛选的,甚至成为其掩盖违法违规行为的工具。当受托人不真实、不完整、不及时

---

① 北京市第三中级人民法院民事判决书,(2018)京03民终13862号。

地披露信托的相关信息时,委托人对于信托的运行处于完全不知情的情况,也无法履行过程监督职责,当某一信托产品出现延期,或者无法兑付时,委托人再介入进行监督就于事无补了,受托人的诸多违法违规行为已完成,或者已经造成信托财产损失,委托人再进行维权就会处于被动的局面。例如,在四川信托、安信信托系列案中,大量投资者虽然拿到胜诉判决,但受托人早已资不抵债,投资者也难以拿到应有的赔偿。

综上,商事信托纠纷中,受托人违反忠实义务的路径大同小异,但结果对于委托人、受益人来说是致命的。当信托受托人违反忠实义务,侵害了信托行业的商事信用,将投资者的资金侵占或者挪用,导致信托合同到期后无法兑付时,不仅严重侵害信托法律关系的信任根基,同时也会造成金融行业的系统性风险。当信托出现兑付问题时,投资者仅通过司法诉讼往往难以保障权利,监管部门一般会参与到信托公司的治理调整中。除了上文提到的四川信托、安信信托系列案件,还有华信信托、金新信托等,都出现了受托人严重违反忠实义务,导致大量投资者维权的恶性事件,造成信托公司资不抵债,需要监管部门的协调,才能暂时稳定局面。当这样的事件频频发生之后,我们研究信义义务的重点应放在,如何在制度上保障商事信托受托人违反信义义务在过程中可以得到发现并解决,而不是当出现系统性风险时才来补救。

二、商事信托纠纷中受托人谨慎义务的认定及困境

商事信托中,受托人由于是金融机构,委托人选择信托公司作为受托人,主要看重的是信托公司的金融资质以及专业技能,信托公司是以信托为业的机构,其受托行为除了满足忠实义务,还需要满足谨慎义务。与民事信托相比,在商事信托中,受托人在管理信托财产时应具有较高的注意义务。但在司法实践中,对于受托人承担何种程度的谨慎、注意义务却认定不一,很多时候法官也陷入难以认定的困境,投资具有风险,如何认定投资失败的法律后果?如果不以成败论英雄的话,那到底以何种标准来判断受托人是否履行了相应注意义务?

(一)集合资金信托中常出现的几种受托人可能违反谨慎义务的情形

1. 将信托财产投资即将被暂停上市或强制退市的股票

广东粤财信托有限公司(以下简称粤财信托)涉及的某营业信托纠纷案[1]的争议焦点就是粤财信托作为受托人,其投资行为是否违反了注意义务。该案中,粤财信托委托创势翔公司为信托计划的投资顾问,在证监会决定对欣泰电气立案调查,欣泰电气披露可能暂停上市的风险提示后,依然建议粤财信托大量买入欣泰公司股票。最后,由于欣泰电气因欺诈发行被强制退市,造成信托资产的损失。于是,信托委托人刘某向法院起诉粤财信托违反注意义务,应赔偿其损失。

粤财信托认为其不违反注意义务,因其在信托合同中披露了风险,欣泰电气最终退市是无法预见的风险,属于市场风险,信托资金的投资风险应由委托人承担,其无须对信托资产的损失承担法律责任。

该案一审、二审法院的意见不一致,一审法院认为粤财信托对委托人的损失承担30%责任,另外70%属于市场风险。二审法院认定粤财信托承担100%责任,认为受托人违反谨慎投资义务,对于因欺诈行为而暂停上市或强制退市是一个专业投资者不难得出的结论。受托人本应发现投资顾问的建议具有风险且极不合理,但并未发现,仍然接受其投资建议,造成信托资产的损失。因此,粤财信托违反了审慎投资原则,未尽到受托人的注意义务,应当对委托人的损失承担完全的赔偿责任。

从该案的一审、二审判决书可以看出,该案在审理过程中二审法院对于受托人是否违反注意义务认定不一,一审法院主要根据信托合同的约定来判断受托人是否违反合同约定,认为信托合同并未禁止受托人买入被提示暂停上市风险的股票,因此,委托人也需要对损失承担部分责任,这属于纯民法思维,并未考虑到金融投资的特殊性,也没有考虑到金融机构与普通投资者之间的信息不对称、地位不对等情况。而二审法院经过查阅深交所相关规定发现,上市公司欺诈发行且被证监

---

① 广东省广州市中级人民法院民事判决书,(2021)粤01民终416号。

会行政处罚会导致强制退市，[①]因此，认为受托人购买欣泰电气的股票和信托资金损失之间有直接关系，二审法院属于商事思维。对于是否违反注意义务的认定，需要审判人员具备金融相关知识，单凭民法的合同理论很难对此进行认定。

另外，信托公司在抗辩时往往会以投资决策是投资顾问作出来推脱自身职责，而且在信托合同中，可能也约定了投资决策由投资顾问发出，信托公司按照投资顾问的指示来操作。例如，上述广东粤财案，以及在彭某起诉中信信托违约的营业信托案[②]也是如此，彭某因购买中信信托有限责任公司（以下简称中信信托）发行的证券投资类信托计划，信托资产主要用于股票投资。彭某认为投资顾问将信托资金大量购买了"京山轻机""中核太白"等涉嫌违规操作的股票，存在超比例持股等问题，中信信托作为受托人，并未对投资顾问的投资决策行为进行必要的监督，因此受托人应当对投资顾问的行为承担责任。但法院审理认为，该案中投资顾问是委托人指定的，且投资"问题"股票属于正常的投资风险，因此，受托人无须对此承担责任。中信信托案同广东粤财案最大的区别在于，中信信托案中的投资顾问是委托人彭某选择的，而广东粤财案的投资顾问是受托人选任，委托人对于信托财产的决策控制程度，也会影响法院对受托人是否违反注意义务的判断，虽然两个案件的投资顾问都投资了某些涉嫌违规操作的股票。但在中信信托案中，法院并未认定受托人因按照投资顾问的指示将信托财产购买了涉嫌违规操作的股票而违反信托义务，与广东粤财案的认定相反。

2.受托人的拖延导致股票未及时平仓变现

根据王某云与山东省国际信托股份有限公司（以下简称山东国投）信托纠纷的民事裁定书[③]，山东国投应在 2015 年 7 月 3 日对案涉信托计划进行平仓变现，但委托人代表和受托人的拖延变现以及股价的变化，导致了信托财产的损失，法院认定受托人的行为给劣后受益人

① 详见《深圳证券交易所创业板股票上市规则》（2014 年修订，现已失效）第十三章。

② 北京市第三中级人民法院民事判决书，（2018）京 03 民终 13862 号。

③ 山东省国际信托股份有限公司与王某云信托纠纷再审审查与审判监督案，山东省高级人民法院（2020）鲁民申 8571 号民事裁定书。

造成了损失,应承担由此造成的损失。

3. 受托人未按照约定进行清算分配

在上述中信信托案中,根据信托合同的约定,受托人应在信托终止后3个工作日内对信托计划进行清算,并编制信托财产清算报告,最后通知委托人与受益人。但事实上中信信托并未按照信托合同约定时间对信托计划及时进行清算及分配。因此,法院认定中信信托未及时进行清算,构成违约,受托人应对委托人因迟延清算分配所遭受的损失承担赔偿责任。

4. 受托人未及时履行通知义务

在上述彭某诉中信信托案中,法院认定受托人中信信托未按照信托合同约定履行通知义务,应承担违约责任。根据信托合同,中信信托应当在交易日出现信托计划触及预警线时,在下午四点半之前以电话或传真形式通知B类受益人。但实际上,中信信托委托投资顾问福达公司履行实际通知义务,福达公司并未按合同要求通知,仅口头通知,委托人彭某表示并未被通知到。因此,法院认定中信信托未能证明其在规定时间内履行了通知义务,存在违约行为。该案中受托人未及时通知,导致信托计划无增强资金进入,是信托单位净值跌破平仓线的直接原因,因此,受托人应对信托财产的损失承担责任。

根据对类似案件的总结,受托人违反注意义务、审慎投资义务争议最大的领域在于证券投资信托。股票的选择与投资的决策一般很难认定正确与否,不同的投资者有不同的选择,即使是专业人士,对于同一只股票的判断也是不同的,单纯因为选择错误导致信托资产投资失败是很难认定受托人违反注意义务的。即使是明显的过失,也没有统一的判断标准,不同于医疗领域,对于医疗事故的认定,可以组织专家进行鉴定,但在投资领域,并没有这种组织专家来评判和鉴定的可能,因此,法院就更难以对于专业的证券投资进行评判。信托公司对于委托人的抗辩理由基本上都是证券市场系统性风险导致,或者政策调控导致的投资风险,等等,一般来说,法院就投资策略的审查属于比较保守的态度,除非有明显错误,就像广东粤财投资那种已经被监管机构出具可能要暂停上市的处罚之后,依然去投资的,才会被认定为违反注意义务,一般投资其他有瑕疵,或者有监管处罚,但不会导致其暂停上市、强制退市这种后果的,都不会认定为违反注意义务。因此,法院认定受托人违反注意义务的依据一般都是比较明显的过错,如前文总结的几种情况,且只有受托人违反注意义务的行为与信托财产的损失有直接关系,才能要求受托人承担赔偿责任。

5. 受托人未谨慎地控制风险

受托人在对信托财产进行管理和投资的过程中,无论投资标的为何,受托人都需要对投资的项目进行风险控制,做好尽职调查,做到谨慎投资。例如,在刘某与联储证券有限责任公司(以下简称联储证券)营业信托纠纷案[①]中,原告刘某购买了联储证券设立的资管计划,该资管计划将集中的资金投资于第三人昆仑信托有限责任公司(以下简称昆仑信托)作为受托人设立的信托计划,信托计划资金受让东某持有的某公司100%股权受益权,东某承诺在特定时间内回购该股权受益权。后刘某认为联储证券违反了管理人的义务,在募集信托资金时,未充分调查和向投资人披露东某和担保人的财产实际状况和履约能力;在履行合同过程中,未能履行诚实信用和谨慎勤勉的义务;在融资人明显出现风险,可能给投资人带来损失时,未采取任何止损措施,导致损失进一步扩大;前述行为均表明被告未能适当履行管理人义务。被告则认为,其在东某信用风险发生前后,被告作为管理人已经予以密切关注,并以致函、现场考察、洽谈等不同方式督促东某履约,积极要求东某提前回购,也提起相关诉讼,并未拖延时间等。对于融资人的选择是被告基于自己的商业判断,不存在违约行为,不能因后来市场发生变化来质疑当时的商业判断。法院审理后认为,被告作为资产管理计划的管理人,其职责包括对风险的控制,作为专业的金融投资机构,在风险控制方面应尽到专业审慎的注意义务,但被告明显没有及时披露和控制风险,存在一定违约行为。法院最后认定由于联储证券违反了管理人的法定义务,即管理人应尽的谨慎勤勉的管理义务,判决联储证券赔偿

---

① 上海浦东新区人民法院民事判决书,(2019)沪0115民初22337号。

刘某本金的30%。

在此类案件中,法院对于受托人违反谨慎义务以及应当承担责任的比例,是依据法官的自由裁量权,《信托法》并未予以规定,因此,立法在信义义务规则方面的模糊确实给司法审判带来了不确定性。

(二)事务管理类信托中受托人违反注意义务的认定

在事务管理类信托中,受托人的职责是被动的,主要依照信托合同的约定来管理,受托人并无自由裁量权。虽然其注意义务程度较低,但由于信义义务的法定性,受托人处于信托关系中,应满足信托法对于受托人的信义义务要求,信托合同不能将受托人的信义义务予以排除,但受托人的谨慎、注意义务标准可以降低。

信义义务是信托制度的根基,可以减少信托制度的信任成本。受托人违反信义义务的行为是信托制度中最大的交易成本,很多学者都认为信托公司的通道业务属于信托制度与商业结合的"创新产物",无论监管机构的态度如何,其效力是有效的。[①] 通道业务的典型特点是由委托人控制信托,曾经信托业中长期存在一种误解,认为在通道业务中,信托公司仅为名义上是受托人,无须履行信托法中的受托人义务。但无论是司法实践的典型案例[②]还是学界主流观点,都认为无论信托合同如何约定,受托人都处于信托关系中,应承担受托人的信义义务,忠实义务不能约定排除,而谨慎义务、注意义务的标准也应与其职责匹配。因此,只要受托人没有违反忠实义务,按照信托合同的约定履行了义务,也没有明显的违反注意义务的行为,符合一般谨慎人的标准,法院对于事务管理类受托人的谨慎义务的判断标准都较为谨慎和保守,并未有过高标准。[③]

---

① 参见杨秋宇:《信托通道业务的私法构造及其规制逻辑》,载《北京理工大学学报(社会科学版)》2021年第3期。

② 上海金融法院民事判决书,(2020)沪74民终29号。

③ 湖北银行股份有限公司、中国农业发展银行根河市支行合同纠纷上诉案,湖北省高级人民法院(2017)鄂民终2301号民事判决书。

(三)商事信托纠纷中法院对金融机构违反适当性义务、风险提示义务是否属于违反信义义务的认定

1. 适当性义务

在很多营业信托纠纷案件中,委托人起诉受托人违反信托义务的,在诉讼理由中提到了受托人违反金融机构的适当性义务①。适当性义务只存在于营业信托中,并非来源于信托法的规定,而是源于金融监管部门对金融机构提出的要求,为了确保金融消费者对其所购买的信托产品充分了解,对其风险充分了解,防止"重大误解"的产生。适当性义务实则属于"先合同义务",即在营业信托法律关系成立之前的义务,不属于信义义务,但又同营业信托关系的成立息息相关。实践中,信托投资者不管是在银行购买代销的信托产品,还是直接在信托公司购买,购买程序都是在计算机系统上操作,需要提前进行风险测评,风险评估符合等级要求的才能购买相应的信托产品。加上购买信托产品的金额较大,一般来说投资者均符合合格投资者的要求,信托相关文件的风险告知也属于格式条款,客户都会被要求签署,即使投资者提出其不了解信托产品和风险,法院也基本不会采纳。因此,委托人以金融机构违反"适当性义务"来起诉受托人违反信义义务相关案例较少。

2. 风险提示义务

金融产品具有风险性,委托人购买信托产品是一种投资行为,投资风险由投资者承担。因此,金融机构在与投资者签订相关合同之前,需要告知投资者其购买的金融产品的风险系数,让投资者知道投资是有风险的,不能承诺或者诱导信托产品"保本"或"无风险"等。目前基本信托公司和委托人签订的合同文件都包括三大类,即《信托合同》、《信托计划说明书》和《认购风险申明书》,信托公司为了规避风险,在格式合同中约定了大量风险提示和责任排除的条款。投资者在一些起诉信托公司的案例②中,都将未履行风险提示义务作为理由,认为虽然签订

---

① 陈某诉中建投信托股份有限公司营业信托纠纷案,杭州市西湖区人民法院(2019)浙0106民初8580号民事判决书。

② 彭某与中信信托有限责任公司等营业信托纠纷上诉案,北京市第三中级人民法院(2018)京03民终13862号民事判决书;卢武江诉山西信托股份有限公司营业信托纠纷再审案,最高人民法院(2019)最高法民申6857号民事裁定书等。

了相关信托文件,但实际上并未仔细阅读合同内容,受托人也没有对需要注意的条款进行特别提示。但事实上,信托公司提供的格式合同文本冗长,委托人往往不会仔细阅读,大多数都是按照工作人员指示直接在计算机上签字。因此,委托人认为单凭在载有风险提示内容的格式文本上签字并不能证明受托人履行了风险提示义务。但这样的理由均不被法院接受,法院认为,作为合格投资者,在风险告知书或者载有风险告知的文件上签字即等同于受托人履行了风险提示义务。

委托人单独以受托人未履行适当性义务,或者风险告知义务而认为受托人违反信义义务,要求受托人承担赔偿责任的,法院一般不会支持。

三、法院对受托人信义义务减轻或免除的认定

(一)委托人/受益人为商事主体,是否会减轻受托人的注意义务标准?

购买信托产品的投资者并不限于个人,也包括法人机构。根据信托理论,受托人主体的差异会对谨慎、注意义务标准有影响,那委托人主体的差异会造成影响吗?这个问题在《信托法》中并未涉及,因为民事信托的委托人不可能是法人,只能是自然人。信托理论认为,信义义务是施加于受托人一方的一种义务,和委托人的主体无关,因此,信托理论并未关注委托人的主体对信托关系的影响,但在司法实践中却出现了对委托人是商事主体和民事主体是否需要区别对待的讨论。

以长安信托系列案为例,长安国际信托股份有限公司(以下简称长安信托)作为受托人,因其发行的一款涉及投资煤炭资源产业的信托产品到期无法兑付,被众多投资者起诉在某些营业信托纠纷案件中。长安信托设立的信托计划,信托资金用于受让郭某所持有楼俊集团30%股权的收益权。楼俊集团向受托人长安信托出具《承诺函》,承诺同意将其下属三座煤矿的采矿权抵押给长安信托。后《承诺函》被证明无法办理强制公证执行,争议的焦点在于长安信托作为受托人,是否违反谨慎、注意义务,是否对投资者的损失承担责任?

在周某诉长安信托营业信托纠纷案[1]中,周某认为,当委托人为个人时,受托人应承担更高标准的注意义务。长安信托系列案件中,长安信托作为受托人发行的信托计划出现到期无法兑付的情形,面临大量投资者起诉,其中包括个人投资者以及机构投资者。周某起诉时,另一案件的委托人中国华电集团资本控股有限公司(以下简称华电公司)起诉长安信托的案件[2]已经审理结束。华电公司作为委托人的案件中,最高人民法院认为,虽然受托人长安信托在明知承诺函不能办理强制执行公证的情况下,仍然将其作为信托合同成立的条件,具有一定过错,但是,委托人华电公司作为合格投资者,具有一定的投资经验,在签订信托合同时也应尽到必要的注意义务和审查义务,应当知道承诺函无法办理强制公证。委托人周某认为,虽同为长安信托系列案件,但其作为个人投资者,和机构投资者不同,因此法官不能类比委托人是华电公司的判决来裁判本案。虽然最高人民法院认为华电公司应在签订合同时尽到必要的审查义务,但个人投资者对相关法律法规不了解,只能相信信托公司的承诺,信托合同也是由信托公司提供,个人投资者没有能力,并且没有义务去审查信托合同中规定的事项是否符合法律。因此,周某认为应当由受托人来为承诺函不能办理公证承担责任,并且,如果委托人知道承诺函不能办理公证,就不会购买涉案信托产品,法院应探求当事人的真实意思表示来进行裁判。此外,周某认为其作为自然人,属于民事主体,非商事主体,即使属于合格投资者,也仅代表有足够的经济能力,并不代表其应承担相应义务。

上述两个案件的被告都是长安信托,基本案情相似,唯一的区别在于委托人分属民事主体(自然人)和商事主体(法人),最高人民法院在780号案的判决书写道,判断涉案信托计划是否成立应结合商事信托特点和商事主体的特点。华电公司属于专业投资机构,与系列案中的其他自然人投资者在决策、判断能力上明显不同,应当进行区分。认为信托合同委托人及受托人双方应本着诚实信用的原则履行法定或约定

① 陕西省西安市中级人民法院民事判决书,(2019)陕01民终4307号。

② 最高人民法院民事判决书,(2018)最高法民终780号。

义务。长安信托作为受托人,应当履行对投资项目的尽职调查、风险揭示和真实信息披露的义务,同时,华电公司作为专业投资机构,具有投资资金量大、收集分析信息能力强、投资管理较为专业的特点,具备相当程度的审查合同、管控投资风险的专业能力,其在从事投资业务时,亦应开展相应风险调查评估程序,在全面了解投资风险的基础上做出决策。因此,在判断本案长安信托是否适当履行了信息披露、告知说明等义务及其对信托计划是否成立的影响时,应当将机构投资者与自然人投资者相区分,充分考虑本案华电公司系专业投资机构的具体情况,对委托人和受托人双方予以平等保护。

长安信托系列案件中,法院在审理营业信托案件时以商事思维进行审理,将机构投资者和受托人作为商事主体进行平等保护,注重外观主义,不探求商事主体的内心真实想法,但商事信托案件的审理除了需要具备商事思维,还需要了解信托法律关系的本质,由于委托人和受托人的信息不对称情况,以及委托人失去了对信托财产的控制,极易遭受受托人的侵害,法律对受托人施加了信义义务,委托人不因其是自然人或者法人而有所区别。无论委托人是何种主体,是否具有相关经验、资质,只要信托一成立,就会脱离对信托的控制,再有技能、经验和资质都没有用。在长安信托系列案件中,长安信托作为受托人,其有义务对其提供的信托合同载明的事项承担责任,这是一种商事主体信用,如果投资者在签订信托合同时,都需要逐条去进行合法合规审查,这就脱离了商事交易的效率要求,并且,金融机构提供的合同中列明的事项符合法律法规的要求,是其基本的义务,如其中出现有违法违规事项导致合同无效、被撤销或者违约,应由合同提供方承担责任,而不是由投资者来买单。因此,在商事信托纠纷中,受托人的主体会影响信义义务的标准,但委托人的主体不应对受托人履行信义义务的标准造成影响。

另外,“合格投资者”的要求是让有风险承受能力的,具有一定经济基础的投资者来购买信托金融产品,属于对投资者设置的门槛,主要原因是有一定经济实力的人一般可以承受一定的经济损失,但合格投资者的要求并非给投资者设定义务,让其在签订合同时有“火眼金睛”,对金融合同的内容进行严格审查,以免某些约定不符合法律法规或者监管部门的要求。因此，投资者的义务是保证资金的合法性，各国的信托立法都没有对信托产品的委托人需要审慎审查信托合同作出规定，因此，提供合法合规的信托合同应是受托人的义务。

（二）受托人的信义义务能否被免除——以“通道业务”为例

通道业务曾经是信托公司的重要业务之一，在通道业务中，受托人并不承担主动管理信托的职责，而是由委托人主导信托的设立、信托财产的管理和处分，信托合同中也一般会约定，受托人不对信托财产的损失承担任何责任。通道业务的存在主要是信托公司凭借其信托牌照，为其他机构实现资金的融通。《资管新规》第22条禁止金融机构从事为了规避监管的通道业务。通道型信托中，受托人只承担被动管理职责，受托人可以说毫无管理权限，受益人也不可能受到受托人滥用裁量权的侵害，因此，通道型信托与传统的信托关系特征差异较大。理论界对通道型信托是不是信托也存在质疑，认为通道业务会导致本不受重视的信义义务更加被忽视。但无论如何，在法律没有明确否认通道型信托的效力之前，其仍属于商事信托的一个种类。在通道业务中，如果信托合同约定受托人无须承担任何信义义务，受托人真的就可以免除所有责任吗？

最高人民法院公布的2020年度全国法院十大商事案件中，有一个涉及通道信托的案件被称为“通道业务第一案”①，受托人为华澳国际信托有限公司（以下简称华澳信托），华澳信托在通道业务中对合同审查不力，未尽谨慎义务，加上相对人非法集资，成为我国信托公司第一例因通道业务而赔偿的案件，也是我国第一例认定信托公司在通道类信托业务中向委托人、受益人等信托关系人之外不特定的对象承担赔偿责任。本案的基本案情并不复杂，2013年6月，上海寅浔投资管理中心（以下简称上海寅浔）与华澳信托签订了《单一资金信托合同》，该信托属于通道型信托，委托人是上海寅浔，信托资金2.8亿元，用于向浙江联众建设有限公司（以下简称浙江联众）发放贷款。华澳信托与浙江联众签订了《流动资金贷款合同》，华澳信托根据信托合同约定，

① 上海金融法院民事判决书，（2020）沪74民终29号。

将上海寅浔委托的信托资金向浙江联众发放了贷款。而上海寅浔的信托资金也并非其固有资产,而是来源于向公众募集的资金。上海寅浔以“浙江联众杭州保障房投资基金项目”为名向社会公众募集资金,募集文件中载明产品类型为“华澳信托联众单一资金信托贷款有限合伙基金”。投资者吴某认购了100万元。但基金到期后,上海寅浔未向吴某返还本金。

后来经调查发现,吴某的投资款被上海寅浔管理人员挪作他用。2018年6月29日,根据上海市第一中级人民法院的刑事判决,上海寅浔的相关人员犯集资诈骗罪。该刑事判决认定的事实是,上海寅浔假借浙江联众为融资主体,伪造浙江联众承建杭州保障房项目的合同,伪造浙江联众虚假财务报告等一系列文件,与华澳信托签订信托合同,以高额利息为诱饵向社会不特定公众销售基金产品,非法集资2.8亿余元。整个项目都是虚构出来的,但华澳信托作为金融机构,对于这个虚构项目竟然毫无警觉,也没有做任何的尽职调查。虽然在信托内部关系中,华澳信托作为受托人对受益人无须承担信义义务,但信托公司具有金融机构的公信力,导致华澳信托在这一骗局中被用作“金字招牌”来行骗,投资者还专门致电华澳信托询问是否有浙江联众这一产品,华澳信托还出具了书面报告,对浙江联众的公司情况作出了保证,因此,基金投资者才放心进行投资。

基金投资者吴某等人,因购买上海寅浔虚假的基金产品而导致损失,遂向法院起诉要求华澳信托承担侵权赔偿责任。吴某虽然并未与华澳信托直接产生法律关系,但却是基于对华澳信托的信赖而进行投资,华澳信托在对基金投资者询问进行回复时作出了误导性的错误回应。华澳信托没有对信托项目进行有效监管,导致吴某等投资者损失。华澳信托称,该信托产品是通道型信托,受托人承担被动管理职责。华澳信托只需要按照委托人的指令发放贷款即可,对委托人的资金来源无审查义务,也无须对贷款项目进行尽职调查,更没有担保可以全部收回信托贷款资金。基金投资者的损失源于犯罪分子的集资诈骗,与华澳信托无关,华澳信托并未参与基金销售和集资的过程,不应承担任何责任。

因此,本案的争议焦点在于信托公司在通道类业务中是否能够完全免责?外部投资者基于对信托公司的信任,而购买相关金融产品的,信托公司对外部投资者的责任边界如何界定。法院判决华澳信托对投资者吴某无法追回的损失承担赔偿责任。法院认为,上海寅浔与华澳信托直接成立商事信托法律关系,属于通道类信托,委托人和受托人之间的权利义务应当依据信托文件的约定加以确定。虽然信托公司在通道类信托中仅负责事务性管理,但仍应秉持审慎原则开展经营,并履行必要的注意义务。华澳信托在开展单一资金信托业务中,明知信托资金来源于社会募集,应对资金募集的行为采取必要防控措施,在基金投资者询问时并未对社会投资者作相应警示和告知风险,甚至还出具内容明显失实的《项目风险排查报告》,足以误导案外投资者。华澳信托虽然没有直接参诈骗行为,但上述行为客观上帮助了犯罪分子的集资诈骗行为,并导致了损失的发生,应承担一定责任。判决华澳信托应就投资者刑事追赃程序追索不成的损失在其投资本金损失 20% 的范围内承担补充赔偿责任。

信托公司的通道类信托业务偏离了商事信托的"受人之托,代人理财"的本质,受托人义务也区别于传统信托。虽然信托合同约定受托人不承担主要管理职责,但其法律关系属于信托法律关系,信托公司作为金融机构具有商事信用,在社会上有一定公信力,因此,信托公司在通道类信托中依然应履行谨慎义务和必要的注意义务,不得随意出具未经查证的证明文件,以及随意误导相关投资者。

综上,法院一般对委托人无论是民事主体还是商事主体都一视同仁,都认为其属于合格投资者,委托人的主体情况不会对受托人的信义义务标准有所影响。"通道业务"属于商事信托中的事务类管理信托,在信托业中长期存在,无论监管部门对此的态度如何,从私法的角度来看,都是信托制度与商业结合的产物。法院一般根据当事人的约定来判断受托人义务的履行,但忠实义务仍然属于不能免除的情况,谨慎义务可以约定降低。由于受托人的主体是金融机构,属于商事主体,其谨慎义务的标准仍应满足最低标准的商事主体的注意义务标准。

第三节　违反信义义务的救济

研究信义义务的目的是更好地保护受益人的权益,当受托人作出违反信义义务的行为时,除了会违反信托合同的约定,也会违反法律法规的规定,即责任的竞合。在商事信托中,受托人违反信义义务的,对内需要对受益人承担民事责任,同时受托人还处于金融监管之下,因此同时还会受到来自监管机构的外部惩罚,承担行政责任。如受托人违反信义义务的行为足够严重,触犯刑事法律的,相关责任人还需要承担刑事责任。而在民事信托中,由于受托人为个人或者非金融机构,受托人只可能承担民事责任或者刑事责任,无须承担行政责任。行政责任是带有惩罚性质的法律责任,其目的并非给予受到损害的一方以补偿,而是由行政主管部门对受托人的违规行为给予惩处。根据《信托公司管理办法》,当信托公司违反信义义务的,例如利用受托人地位谋取不当利益;不按信托合同约定的方式使用信托财产;向受益人承诺信托"保本"或者"保收益";用信托财产提供担保;违反保密义务、信息披露义务等,由国家金融监督管理总局根据《银行业监督管理法》等法律法规的规定,采取相应的处罚措施。[①]

除了行政责任,受托人的外部责任还包括刑事责任。由于信托业属于金融业,受托人涉嫌的犯罪主要属于金融犯罪,可能涉嫌的罪名包括背信运用受托财产罪、违法运用资金罪、非法吸收公众存款罪等。例如,四川信托实际控制人刘某龙因涉嫌背信运用受托财产罪被刑拘。而民事信托的受托人侵占信托财产的,涉嫌的犯罪主要是侵犯财产权的犯罪,如侵占罪等。为保证法律责任的一致性和连贯性,《信托法》进行修订时,应针对商事信托中受托人可能面临的外部责任与内部责任进行梳理,对责任边界予以明确。

当代新古典主义经济理论认为人类是理性地追求功利最大化的个体,单纯追求私利最大化并不可能建立和谐的秩序,而相互依赖和相互

① 《信托公司管理办法》第60条。

支持的关系是靠分配权利和义务以及借以解决纷争和创造合作的纽带的秩序来调节。[①] 信义义务的产生来源于信义关系,受益人的脆弱地位需要法律来规范受托人的行为,以确保信任不会被滥用。信义关系中,无论是民事关系还是商事关系,受益人与受托人在法律地位上都是平等的,但双方无论在信息掌握还是对信托财产的控制方面,都是不对等的。信托成立后,受益人失去了对信托财产的控制,天然处于弱势地位,因此,对受托人违反信义义务后的救济显得更加重要,无救济则无权利,信托制度的产生也得益于衡平法提供的救济。

一、救济的提出主体

当受托人违反信义义务时由谁来提出救济,不同国家的规定有所不同,例如美国《信托法重述》(三)规定,在私益信托中,救济的提出主体是受益人、共同受托人、继任受托人或其他代表受益人利益的一方。日本旧《信托法》规定,救济提出方为委托人、委托人的继承人、受益人以及其他受益人,而新《信托法》对此进行了修改,除了信托合同有特别规定的,救济的提出方只有受益人。我国《信托法》将请求权同时赋予委托人和受益人,如受益人和委托人意见不一致,只能申请法院进行裁决。我国《信托法》的规定[②]体现了对委托人的重视,这种模式源于我国信托立法中对信托财产的所有权的"模棱两可"的规定,信托成立后,信托财产所有权依然归属于委托人,委托人依然保持着对信托财产的监督和控制。但按照英美法系的信托理论,信托成立之后,委托人即退出信托关系,因此,只有受益人才有权提出救济,从法理上来讲,享有请求权的一方应是处于信托关系中,享有信托财产利益的人,如委托人一旦设立信托则退出信托关系,则委托人不享有请求权。

我国《信托法》在修订的时候应摒弃委托人将信托财产"委托"给受托人的立法用语,以避免将信托关系与委托关系混淆。我国的信托

---

① 参见[美]哈罗德·J.伯尔曼:《法律与宗教》,梁治平译,中国政法大学出版社2003年版,第77页。

② 《信托法》第2条。

制度要想成为真正的信托制度,实现资产隔离的法律效果,就应将信托财产的归属论证清楚,如委托人仅仅是将财产“委托”给受托人,那受托人无须履行信义义务,只需要履行委托关系中的受托人义务即可,委托关系中的受托人义务比信托关系中受托人义务标准低很多。然而商事信托实践不同于《信托法》第 2 条的规定,商事信托的委托人购买受托人发行的信托产品,直接将资金交于受托人,所有权即转移给受托人,委托人享有信托份额的受益权,信托资金由受托人统一管理,委托人实际上失去了对信托资金的控制,如按照《信托法》第 2 条的规定,委托人只是将资金“委托”给受托人,那在信托存续期内,委托人可以解除委托,让受托人返还信托资金吗?答案明显是不能的,因此,《信托法》第 2 条的规定,也许对于民事信托可以适用,但并不适用于商事信托,无法真正保护商事信托中委托人、受益人的权益,反而会导致信托关系与委托关系的混淆,更会导致不同法律关系中受托人的义务边界不明。

信托立法将救济的提出主体完全赋予受益人及其继承人、监护人更符合信托理论和实践需要,目前来看,我国信托公司发行的除家族信托以外的信托产品中的委托人和受益人是重合的,因此,在这类信托中,不会出现委托人和受益人的争议,没有必要将请求权同时赋予委托人和受益人,即使在家族信托中,委托人一般也会同时将自己作为受益人,因此,委托人和受益人身份也是重叠的。民事信托中,委托人设立信托的目的是将信托财产有条件地赠与受益人,由受托人暂时管理,因此,信托财产从本质上来说,确实与委托人无关,信托财产只与受益人产生利害关系,如受益人是未成年或者不具有完全民事行为能力,其监护人可以代为主张权益。从另一方面讲,如果委托人希望完全控制信托财产,也无须采用信托制度来对自己的财产进行管理,完全可以直接采用委托的形式。因此,将违反信义义务的救济请求权完全赋予受益人一方,也有利于让信托回归信托的本质。

二、救济的方式及措施

受托人违反信义义务以及其他合同约定义务是受托人承担法律责

任的前提,受托人责任是与受托人义务相对应的概念,也与受益人的救济权相对应,[①]受托人责任的设置是受托人履行信义义务的法律保障。根据信托理论,信托救济一般包括如下请求:(1)恢复信托财产原状;(2)损害赔偿请求;(3)撤销权;(4)强制执行财产异议;(5)推定信托。推定信托是信托制度特有的救济方式。

我国《信托法》基本沿袭了英美信托理论中的救济措施,该法第22条规定了受托人承担责任的方式包括恢复信托财产原状及损害赔偿,也赋予了委托人、受益人撤销受托人行为的权力,第26条规定了受托人违反忠实义务时将所得利益"归入"信托财产,但在商事信托纠纷中,第26条规定的"归入权"适用并不广泛,委托人的主要诉讼请求仍是损害赔偿及恢复信托财产原状,即使存在受托人违反忠实义务的行为,由于受托人的获利的计算较为困难,且将获利归入整个信托财产,对于起诉的单个委托人说,其关注的重点是受托人对其本人的赔偿,而非对于整个信托财产的赔偿。在商事信托纠纷诉讼中,恢复原状与损害赔偿作为两种不同的诉求,虽然在大多数情况下的法律效果都是一致的,但在具体案件中仍有不同。例如,当受托人违反信义义务时,委托人可以起诉受托人对其损失进行赔偿,但委托人如选择撤销合同,恢复原状,可能就不会得到法院的支持。

在某单一资金信托纠纷案件中[②],宋某作为委托人,将1亿元信托资金委托给中国对外经济贸易信托有限公司(以下简称外贸信托),信托合同约定信托资金用于向某目标公司提供流动资金贷款。外贸信托作为受托人,主要负责贷款的发放及后续管理事宜,后受托人告知委托人,目标公司无法按期还款,导致信托到期后无法按约兑付。外贸信托已申请法院对目标公司进行强制执行。委托人宋某向法院提起诉讼,认为受托人违反信义义务,违规将信托资金挪作他用,并非用于目标公司的流动资金贷款,而是用于某房地产项目,且受托人在发放贷款后也

---

① 参见张军建主编:《信托法纵横谈——写在我国信托法修改之前》,中国财政经济出版社2016年版,第114页。

② 北京市第二中级人民法院民事裁定书,(2016)京02民初173号。

并未履行尽职义务,未对贷款的使用进行后续监管。但本案的委托人的诉讼请求并非要求受托人承担赔偿责任,而是要求撤销受托人的发放贷款的行为,恢复其信托财产的原状。在庭审中,委托人对其诉讼请求进行了解释,认为其要求撤销受托人发放贷款的行为表述不准确,应是撤销其与受托人之间签订的信托合同。委托人宋某认为,要求受托人赔偿信托财产的损失同恢复信托原状都是一样的效果,但法院要求其选择确定的诉讼请求,委托人宋某最终选择要求受托人偿还信托全部本金。法院审理后认为,委托人宋某与受托人签订的信托合同合法有效,宋某现申请撤销信托合同,要求受托人返还信托资金不符合法律关于合同撤销的相关要求,驳回了宋某的诉讼请求。从该案的判决书来看,法院并未针对受托人外贸信托是否违反信义义务进行实质性审查,这是由于委托人选择的诉讼请求错误而导致,如委托人认为信托资金的无法收回是由于受托人违反信托目的,违规使用信托资金导致的,其不应主张撤销信托合同,而是直接主张受托人承担损害赔偿责任。否则,法院审查后发现信托合同并非属于可撤销的情况,则不会支持委托人的诉讼请求。在另一单一资金信托案件①中,委托人起诉认为受托人违反信义义务,违反信托目的和信托合同使用信托资金,导致信托财产的损失,委托人的诉讼请求是撤销受托人的某项违规使用信托资金的行为,并恢复信托财产原状,以及赔偿损失。

在集合资金信托计划中,委托人、受益人往往有多个,受托人对整个信托计划进行管理,受托人违反信义义务,造成的损害是针对整个信托资金而言的,也等于是侵害了所有受益人的权益,但每个受益人都是单独的个体,需要单独向法院提起诉讼,要求受托人赔偿损失,法院也只会就单个受益人与受托人之间的信托法律关系进行审理,如认为受益人的信托财产的损失是由受托人违反信义义务造成的,则会判决受托人对该受益人进行赔偿,这种赔偿仅仅是针对该受益人的,如果信托计划的其他受益人不起诉,则无法获得赔偿。但如该受益人起诉要求恢复信托财产原状,撤销受托人的某项违反信义义务的行为,前提条件

① 北京市高级人民法院民事裁定书,(2017)京民辖终412号。

是信托仍在存续期内，或者信托仍有继续存续的必要，否则，如信托期限到期，损失已经确定了，就没有必要再撤销受托人的行为了，在已公布的案例中，法院支持受益人撤销权的案件较少。

另外值得注意的是，在信托结束之前，受托人赔偿的对象是信托财产，并非直接赔偿给受益人或委托人，只有在信托结束之后，委托人或受益人起诉受托人的，受托人承担赔偿责任的主体才是委托人或受益人。

三、受托人违反信义义务的赔偿责任

受托人的赔偿责任源于其做出了违反信托义务的行为，导致信托财产的损害，由于《信托法》属于民商法领域，因此，受托人的赔偿责任属于民事责任。关于受托人违反信托的责任性质，日本学界认为是属于债务不履行的责任。[①] 我国有学者认为具有复合型特征，兼具债务不履行及侵权责任双重属性；[②]也有学者不同意上述观点，认为应是一种独立的，与债务不履行责任以及侵权行为并列的，属于第三种民事责任。[③]

受托人责任的承担源于对义务的违反，包括对狭义义务的违反，即违反信义义务，以及对广义义务的违反，广义义务除了信义义务，还有合同约定的其他义务。合同义务高于法定义务的情况，在民事信托合同中可能会出现，但实践中鲜见于商事信托的合同。由于我国商事信托目前的主要形式都是金融信托，合同版本都来源于受托人提供的模板，因此，受托人一般不会在合同中将己方的义务约定过多，一般情况下都是直接摘抄《信托法》以及监管规范的内容。在商事信托中，合同义务和法定义务很大情况下是重合的。

按照侵权法理论，注意义务的违反一般以过错原则为主，受托人违反谨慎义务、注意义务的，按照过错原则进行归责，而受托人违反忠实

① 参见[日]四宫和夫：《信托法》，日本有斐阁株式会社 1979 年版，第 133 页。

② 参见赖源河、王志诚：《现代信托法论》，中国政法大学出版社 2002 年版，第 148 页。

③ 参见张淳：《试论受托人违反信托的赔偿责任——来自信托法适用角度的审视》，载《华东政法学院学报》2005 年第 5 期。

义务的,主观上只能是故意。一方面,《信托法》规定了拟制信托的制度,也称“归入权”救济,将受托人由此获得的收益归入信托财产;另一方面,如受托人并未获利,甚至投资失败,但由于其主观是恶意的,也应承担比违反谨慎义务、注意义务更重的法律后果。关于受托人违反信托的赔偿范围,英美法系的规定包括直接损失和间接损失,间接损失指假如受托人不违反信托,信托财产可获得的利益,而大陆法系的代表日本,则并未规定赔偿的范围包括间接损失。我国《信托法》的规定与日本相似,关于商事信托,委托人购买信托产品或者设立信托的目的是投资,受托人违反信义义务而造成的结果,不仅给委托人的本金造成了损失,也会给委托人的可得利益造成损失,委托人的投资机会受到了损害,如只赔偿直接损失,并不利于保护受益人的权益,在《信托法》修订时,应针对商事信托中受托人的赔偿责任范围予以明确,也有利于各地法院裁判的统一。

本章小结

由于我国信托立法对于受托人信义义务规范得笼统和抽象,在司法裁判中,判断商事信托受托人的行为是否符合信义义务规则的重任就落在了各地法院身上。我国是制定法国家,法官在对具体案件进行裁判时需要解释法律,相比忠实义务,对谨慎义务的判断更为抽象和不确定,因此,各地法院对于受托人的行为是否符合谨慎义务的判断不一,即使认为违反了谨慎义务,应承担责任的比例也各有不同。虽然我国法院对于营业信托纠纷的审理已积累了足够经验,《资管新规》和《九民纪要》的出台给法院的审判带来了指引,但基本立法的缺失仍然是造成我国商事信托审判困难的主要原因。随着“刚性兑付”的打破,法院受理了大量的商事信托纠纷案件,积累了较多实践经验,本章总结了法院在审理商事信托纠纷案件中对信义义务的认定及判断,从司法实践的角度对信义义务进行研究,以期给信托立法提供些许借鉴。

第五章　对我国信托立法的修改建议

——以商事信托受托人信义义务为视角

第一节　《信托法》对信义义务制度的规范构建

信托作为一项特殊的民商事制度存在,各国对商事信托立法的重点放在对受托人信义义务的规范和对受托人投资的限制上。商事信托和民事信托一个重大差异在于商事信托受益人的复合性,一个信托计划可能涉及若干受益人,一个受托人又管理多个信托计划,因此,如果受托人违反信义义务,除了会涉及对个体受益人的利益的侵害,也会影响金融的稳定。鉴于我国过去在商事信托实践中存在的"刚性兑付"问题,信义义务长期受到忽视,不仅受托人自身忽视对信义义务的履行和规范建设,投资者对受托人是否履行信义义务也毫不关心,信义义务在"刚性兑付"时期并未受到过司法的审查和裁判。另一个长期受到理论界批评的"通道业务",让信托制度沦为政策规避的工具,使得信托公司作为受托人无法提升自己的管理水平,也无法在受托过程中履行谨慎义务。[①] 因此,我国信托制度要想正本溯源,让信托回归本质,必须首先从立法上对受托人信义义务进行规范。

一、在信托立法中明确信义义务的基本法律地位

(一)明确信义义务的适用范围

信义义务仅适用于信义关系中的受托人,由于信义义务的严苛性,

---

① 参见夏小雄:《"得形"、"忘意"与"返本":中国信托法的理念调整和制度转型》,载《河北法学》2016 年第 6 期。

信义义务不能随意施加在非受信人身上。首先,应明确商事领域中的信义关系应由《信托法》统一调节,即将《信托法》作为资产管理法律关系的基本法。虽然监管机构联合出台的《资管新规》在一定程度上承认了《信托法》可以成为资产管理的基本法律,但《资管新规》属于临时性的监管规范,且监管规范无法定义《信托法》的地位,因此,《信托法》在修订时应明确,对于各种具有信托实质的资产管理关系,是否应纳入信托法律规范予以统一调整,我国资管市场的诸多问题,也与缺乏统一的受托人信义义务规范有关。

其次,我国目前允许从事营业信托的商事主体主要是信托公司,其他还包括开展公募基金业务以及证券投资基金业务的基金管理公司,以及可以经营企业年金信托的保险公司、银行等。实践中,银行、保险公司、证券公司、基金公司等从事的资产管理业务,都需要适用各自的监管部门发布的规定,没有适用《信托法》的规定或者信托法的原则,而信托公司适用的针对信托业的规定也无法适用于其他金融机构。资产管理行业应属于广义的信托业,在适用法律上应当有一部基础的位阶较高的法律,否则会导致业界适用规则的混乱,对整个行业的健康发展也不利。《资管新规》体现了监管部门对资管行业的统一监管倾向,是对实践中出现的问题的经验总结,立法具有滞后性,在修订《信托法》时,应对监管部门的实践总结进行回应,将商事信托受托人信义义务适用范围进行明确。实质性担任受托人的金融机构类型并不限于信托公司,为了最大限度保障投资者的权益,应扩大商事信托法律关系的适用范围,对实质上属于信托法律关系中的受托人施加信义义务。因此,应将《信托法》作为资产管理领域的基本法律,在时机成熟时制定"信托业法",对整个资产管理行业统一进行规范,按照业务类型进行划分,完善资产管理行业的顶层设计。[1]

(二)区分信义义务在商事信托和民事信托中的差异性

《信托法》的立法初衷是规范信托业,但实际立法时又试图规范信

---

① 参见中国人民大学信托与基金研究所:《2020中国信托业发展报告》,中国经济出版社2020年版,第246~250页。

托基本关系,我国民事信托基础薄弱,缺乏配套机制,因此,《信托法》的出台并未实质性推动民事信托的实践。与民事信托的缓慢发展相对应的是,商事信托在《信托法》颁布之后发展迅速,信托业成为我国第二大金融行业。商事信托实践的发展让信托制度被一部分投资者所熟悉,使得信托制度的土壤在我国开始发育,但信托制度在商事领域,尤其是金融领域的运用与传统信托制度区别较大,给信托法制带来了挑战。《信托法》是对基本信托关系的规定,基本信托关系以民事信托、个人信托为模型,但令人遗憾的是,《信托法》竟然没有对信托制度的根基——信义义务予以法定化、概念化,只是在第25条以描述性的语言规定了受托人的义务,这一条被信托学者解释为信义义务。我国既然引进了信托制度,就必须在信托立法中对受托人信义义务进行详细规定。即使是英美法国家,对于信义义务已经经过了多年的判例解释,仍然会就受托人义务专门制定法律,因此,无论是英美法系国家抑或是大陆法系国家,对于受托人信义义务的规则建立都非常重视。

《信托法》第25条是对所有信托类型中的受托人信义义务的基本规定,即共性化的规定。商事信托与民事信托在不同方面均呈现出差异性,特别是受托人的主体身份不同,民事信托受托人承担的是民事义务,商事信托受托人承担的是商事义务,民事义务与商事义务标准不同。例如,民事信托可以采用"谨慎人"的标准,商事信托则应采用"谨慎投资人"标准,以体现民事义务和商事义务的标准不同。如不加以区分而适用同一标准,会导致对民事信托受托人要求过高,对商事信托受托人要求过低。另外,由于商事信托的类型较多,《信托法》还需要对不同类型的商事信托受托人的信义义务标准作出回应。

(三)明确信义义务的法定属性,信托合同中不能约定排除

信托制度从民事领域转向商事领域之后,受托人与委托人之间的关系从私人感情转变成了商业经营,受托人的专业性以及营利性最终确立。商事信托中受托人以其金融信用为基础,仍需为了受益人的最佳利益行事,在瞬息变幻的金融市场中,受托人需要有足够的自由去对信托财产进行投资,以满足委托人的信托目的,但由于在金融市场中,受益人属于信息掌握的弱势方,时刻有遭受受托人违反信义义务的风

险,因此,加强对受托人的监督不仅是信托立法的重点,也是金融监管的重点。当然,对于受托人的限制并不体现在对其管理和投资决策的限制,司法裁判时,法院一般也不会因受托人的商业判断失败而认为其违反谨慎义务。

我国商事信托实践中较为突出的问题在于,商事信托合同是由受托人提供的模板,其中有大量对其风险的排除和对信义义务标准的降低,有些仅仅引用了《信托法》的基本规定。而《信托法》主要是针对民事信托而言,如商事信托受托人履行的信义义务标准同民事信托一样,那其作为金融机构的专业性则无法体现,又如何让普通投资者信任其能够胜任受托人的职责呢?为了保护受益人的利益,信托立法应当明确信义义务的法定属性,无论是何种信托,受托人的忠实义务的遵守都是信托制度的根基,如果受托人连忠实义务都做不到,那信托制度就会成为彻底的欺诈,在商事领域中就会成为信托公司圈钱的手段。由于很多民事信托的受托人是无偿的,也不具有专业技能,因此,民事信托受托人的谨慎义务标准可以降低,但也不能完全排除。而在商事信托中,受托人专业度就体现在其谨慎投资方面,如信托合同仍将这一功能弱化,表面上看是维护了信托业的利益,从长远看,反而会损害信托业在投资者心中的信用和形象。

商事交易追求便捷和效率,商事信托产品都是标准化的金融产品,商事信托合同并非信托当事人之间协商的产物,而是由受托人一方提供的格式版本,里面有诸多对受托人的免责条款,一般单个委托人也无权对合同条款进行修改。由于我国整体的社会信用体系正在建立和完善过程中,商事信用制度也未建立起来,委托人与受托人之间缺乏信任,也缺乏信用机制的保护,因此,为了保护委托人、受益人的权益,信托立法将商事信托受托人的信义义务规定为法定义务,不能在合同中予以免除。特别在格式合同中,不能随意降低谨慎义务的标准,在经过充分协商的非格式合同中,以及受托人仅承担被动管理职能的信托中,经双方充分协商,并结合受托人的自由裁量权大小,可以适当降低谨慎义务的标准,但至少不能低于商事义务的最低标准。

二、对我国信托立法中商事信托受托人忠实义务的规范建议

有学者认为，在我国商事信托实践中，受托人的信义义务一直没有受到理论界和实务界的重视，特别在实务界，很多信托、基金从业者对信义义务是什么甚至都缺乏基本的了解。由于立法对信义义务规定的抽象性、模糊性，实务中也缺乏相关的指引，监管机构也并未将信义义务的履行程度作为评价信托公司内部管理水平、市场地位的重要参考标准，因此，建议将商事信托受托人信义义务予以具体化和实质化，①避免信义义务的规定只是一句口号或者流于形式。

（一）《信托法》第25条应明确提出受托人的"忠实义务"概念

我国商事信托实践中，出现了大量受托人违反忠实义务的案例，受托人忠实义务规范是信托的基础，没有信任就无法"托付"，《信托法》第25条不能再以"诚实、信用"这样的民法原则来替代忠实义务，应明确提出"忠实义务"的概念。目前我国《信托法》没有明确规定受托人负有"忠实义务"，但相关法条实质上又规定了受托人履行忠实义务的行为规范。例如，第26条禁止受托人利用信托财产谋取利益。《信托法》对于忠实义务的规定无需以一种"遮遮掩掩"的态度，忠实义务是信义义务的基础，信义义务是信托制度的基础，因此，建议《信托法》修改时应明确提出受托人的"忠实义务"概念，对忠实义务按照一般条款和特别条款的形式进行规范。

（二）对《信托法》第26条禁止受托人利用信托财产谋利的规定的修改建议

《信托法》第26条是关于禁止受托人利用信托财产谋利的规定，如前文所述，"利用信托财产"的范围过于狭窄，与商事信托实践中复杂的情况不相符，如仅按照法条文义解释，受托人很多行为都不会被认定为违反忠实义务。因此，为了保护受益人的权益，建议对第26条进行修改，将禁止受托人谋取利益的范围扩大，参照美国《统一信托

---

① 参见夏小雄：《"得行""忘意"与"返本"：中国信托法的理念调整与制度转型》，载《河北法学》2016年第6期。

法典》和其他成文立法,属于受托人的忠实义务至少应包括:(1)根据信托合同的目的及约定,为了受益人的利益,善意、诚信地执行受托服务。这是受托人忠实义务的原则性规定,且信托合同不能约定排除。(2)通常情况下,受托人需要亲自处理受托事务。但信托合同有其他约定的,按照信托合同约定。根据信托合同约定的不同情况,如受托人委托第三方对信托进行管理,受托人对第三方的行为承担责任,或与第三方一起承担共同责任。(3)没有特别约定的情况下,禁止受托人的自我交易行为,自我交易应当以按照公平价格进行。(4)禁止受托人侵占、挪用信托财产,信托财产应与受托人个人财产相隔离,这里的受托人个人财产应做扩大解释,并非限定于受托人个人,还包括利益相关方。(5)禁止受托人利用受托身份为自己谋利,包括直接利用信托财产,利用获取的商业机密、商业机会。(6)当受益人为一人以上时,公平对待受益人。(7)对与信托相关的事项进行保密,包括因从事受托行为而获取的受益人的信息等。(8)其他损害受益人权益的行为。

无论是民事信托还是商事信托,受托人的忠实义务都是受托人义务的核心,是信任的基础。因此,对于禁止受托人利用信托谋利的情况应尽量规定周延,才能更好地保护受益人的权益。

(三)对受托人关联交易规则完善的建议

现代社会人与人之间的信任从个人信任转向制度信任,委托人选择某信托公司担任受托人,主要考虑的是信托机制是否完善,该信托公司内部管理制度是否完善,其业务能力是否专业,等等,而并非基于人格信任。在传统的民事信托中,受托人是个人,与委托人一般是亲属或者朋友,委托人信任受托人的道德质量,因此,在熟人社会中,受托人会基于道德来约束自己的行为。而在商事信托中则难以用道德要求去约束信托机构,而应从制度的角度来避免和防范受托人违反利益冲突、进行关联交易,侵害受益人的利益。忠实义务具有道德性,忠实义务的名称也具有迷惑性。似乎忠实义务,或者忠诚义务是一种人的主观思想,但忠实义务并非人的内心活动,而是一种外在表现。受托人的"个人思想不得和信托目的发生冲突”[①]只存在于民事信托中，商事信托的受托人没有个人思想，只有集体决策。对商事主体的忠实义务判定与个人道德无关，商事主体的行为注重外观性，商事主体也没有民事主体的“重大误解”的情况，商事主体外在展现出什么样的行为，就代表其主观是什么样的。因此，对于商事信托受托人忠实义务行为的规范，应从制度层面去防范受托人侵占信托财产，利用关联交易进行利益输送等情况。

从目前的信托立法的情况来看，我国关于受托人忠实义务的具体规定与英美信托立法中的忠实义务相比尚有差距，主要在于对受托人及关联人与信托财产之间的关联交易的规定。在商事信托中，受托人与信托财产之间的关联交易框架较为复杂，关联交易呈现出隐蔽的趋势，公开而直接的交易越来越少见，由于交易的隐蔽性，受托人也规避了将这类信息进行披露。受托人违反忠实义务的后果一般都是极其严重的，对于信托财产都是致命性打击，在前面分析的诸多信托公司系列案中，当信托产品到期无法兑付时，委托人寻求监管部门的帮助进行调查发现受托人存在诸多违反忠实义务的行为，后果就是信托公司早已资不抵债，委托人即使拿到法院胜诉判决，也无法顺利追回自己的损失，并且还要面临多年的维权以及司法诉累，除了本金的损失，时间和精力的损失更是难以估量。

我国《信托法》作为信托的基本立法，并未对受托人的关联交易进行规定。虽然信托业的两部部门规章对此有所涉及，但规章规定了信托公司信息披露的对象是监管机构，并未规定是否需要向受益人进行披露。例如，《信托公司管理办法》第 35 条规定，信托公司进行关联交易的条件是以公平的市场价格进行，重点是提前向监管部门报告，并履行信息披露。这条的目的是保证信托公司对关联交易的报告义务。但关于信息披露的程序，以及受托人应对委托人、受益人进行关联交易披露和告知的范围、时间等，法律法规并未涉及。因此，受益人如果不依

---

① 刘正峰：《信托制度基础之比较与受托人义务立法》，载《比较法研究》2004 年第 3 期。

靠监管部门的调查结果很难证明受托人施行了违反忠实义务的行为。从私法的角度来看,受托人履行忠实义务的对象是受益人,受托人进行的关联交易是否是公平的、合理的,除了需要向监管机构备案,更应当向受益人进行披露,由受益人和市场进行评判。《信托公司集合资金信托计划管理办法》第 27 条规定了信托公司不得将委托人的信托资金直接或者间接地用于其股东或关联方。第 9 条规定,在设立集合资金信托计划前,信托公司应对项目的关联方交易等事项进行尽调,并予以披露。但对于信托计划成立之后,信托资金的关联交易问题,并没有予以明确。另外,如果是信托公司发行的其他非集合资金信托,是否有义务在信托计划设立之前就对项目的关联交易作出说明并披露呢?值得注意的是,目前可以搜索到江苏银监局出台的一个关于关联交易的风险管理①,里面对于关联交易的防范规定得较为详细,值得借鉴。

针对司法案例中出现的受托人利用关联交易违反忠实义务的情况,信托立法应从以下方面来保证受托人忠实义务的严格履行:

1. 受托人对关联交易应通过公开渠道进行信息披露和告知受益人,在已经发生的四川信托系列案件中,四川信托作为受托人将委托人的资金转移给实际控制人使用,这属于严重违反《信托法》的行为,也是明显违反受托人忠实义务的行为,受托人当然不会主动对其违法行为进行信息披露,为了不让信息披露这一制度变成虚置的制度,《信托法》应将受托人的关联交易的信息披露作为强制义务,并且将违反这一强制义务的法律后果予以明确,是否像受托人利用信托财产获利的情况一样适用将收益归入信托财产。

2. 对于受托人未按照规定披露的关联交易,赋予受益人单方撤销权。如基于客观情况无法撤销的交易,受托人以及关联方应对信托财产的损失承担共同赔偿责任。

3. 法院对于关联交易的认定,不应局限于形式审查,而应进行实质审查。很多关联交易都会以表面合法的形式掩盖,设计多重交易框架来掩人耳目,因此,应探求交易的本质。

---

① 江苏银监局发布的《信托投资公司关联交易风险管理指引》(苏银监发〔2005〕82 号)。

三、我国商事信托受托人谨慎义务规范及判定标准的完善建议

在英美法系中，商事信托受托人的注意义务具体表现为谨慎投资义务，从早期的“法定清单”，对受托人投资方向予以限制，控制风险，到后来的“谨慎人”规则，要求信托受托人像一名谨慎的、理性的人在管理其自己事务那样管理信托财产，在“法定清单”的基础上有所进步，但“谨慎人”标准并未区分民事信托和商事信托，对于专业受托人而言，仅以谨慎人标准来要求并不能体现其专业技能。再后来是“谨慎投资人”阶段，要求受托人基于受益人的最佳利益，按照信托目的，像一个谨慎的投资人一样对信托进行管理。“谨慎投资人”的标准属于对商事信托受托人谨慎投资义务的判断标准，该标准引入了现代投资组合理论，更加注重投资的整体性，而不以单个投资来判断。但投资组合理论仅适用于投资类信托，对于商事信托其他类型不一定完全适用。

大陆法系的立法对于商事信托中受托人的注意义务使用的是“善管注意义务”，标准比处理自己的事务应有的注意义务要高。① 在判断受托人的行为是否达到谨慎义务时，需要结合其专业技能、行业标准等。由于商事信托的受托人并非个人，都是机构，主要是信托公司、基金管理公司、证券公司、保险公司、银行等金融机构，应根据金融行业的普遍标准来判断受托人是否违反了谨慎义务。金融行业的准入门槛高于其他行业，具有一定垄断性，因此，金融行业的从业者的专业度应当高于其他行业。在信托商事化趋势明显的今天，商事信托的功能已经成为一种投资理财的金融工具，立法对于受托人注意、谨慎义务的规定过于原则性，司法实践也难以一直利用学理进行判案，因此，应尽快立法对商事信托受托人的注意义务判定标准予以完善。

无论是英美法系的注意、谨慎义务，还是大陆法系的善良管理人义务，其立法语言都比较抽象和概括，商事信托纠纷的裁判难点集中在谨慎义务的判断标准上，因此，受托人的谨慎义务及判断标准是信托立法

---

① 参见赖源河、王志诚：《现代信托法论》，中国政法大学出版社 2002 年版，第 124 页。

应该予以明确的重点。商事信托类型日益繁多,金融创新的产品也越来越多,不同类型中受托人的权限不同,其谨慎义务的标准也不同,仅依靠法条的一般性描述给法官裁判造成了很大的困境。英美法系的信义义务标准经过几百年判例的不断论证和阐述已经形成了成熟的评判体系,对于纯法律移植的大陆法系,本来就缺乏信托传统,加之立法也没有详细地制定标准,司法裁判时就需要法官具备相关的知识储备,即使某些地方的法官理论水平较高,在个案中对谨慎义务的标准作出了阐述,除非是指导性案例,否则也难以推广,对其他法院的审理也没有指导意义。

相比忠实义务而言,谨慎义务的认定和判断标准相对复杂,对于慈善信托而言,《慈善法》在第 48 条规定了慈善信托的受托人负有谨慎管理的义务,但没有将谨慎义务的内容具体化,所以谨慎义务到底是何种义务,谨慎义务在立法中的模糊性、抽象性可能会导致实践中受托人行为错位。[①] 在实践中,谨慎注意义务与行业整体水平、模式、标准有关,就像判断一名医生对病人的手术操作是否违反注意义务,需要结合当地的平均医疗水平以及当时医学的发展水平来判断,现在认为很简单的手术,十年前可能是无法攻破的难题,发达地区的医生能做的手术,落后地区的医生可能没有条件完成。

(一)建议我国信托立法明确提出受托人的"谨慎义务"概念

我国信托立法以及其他涉及注意义务的立法,在一般条款上都选择的是"谨慎""有效""勤勉"等表述方式,并未使用大陆法系"善管义务"的表述,可以看出,我国信托立法受到英美法系的影响更大,也是因为信托制度本身就来源于英美法系。有学者建议我国信托法可以借鉴大陆法系的善良管理人注意义务,更有利于把握信托受托人注意义务的含义,[②]但鉴于立法的延续性,我国《信托法》在修订时,可以继续适用"谨慎义务"的立法术语,明确提出受托人的谨慎义务。谨慎义务

---

① 参见周乾:《论慈善信托受托人制度的完善》,载《学术研究》2020 年第 12 期。

② 参见李建伟、谢晓松:《商事信托受托人注意义务判定标准研究——从信托公司"刚性兑付"困境切入》,载赵万一主编:《市场创新背景下的公司法与信托法》,法律出版社 2017 年版,第 158 ~ 167 页。

作为信义义务时,其内涵丰富,是一个综合的法律概念,是一种对受托人行为标准的判断规则,而非其简单字面意思,因此,谨慎义务不等于“谨慎的义务”,谨慎义务是一系列的行为方式,是一揽子的义务集合,只有明确提出“谨慎义务”的概念,才不会和“受托人应谨慎地处理受托事务”这样的理解混淆。谨慎义务应包括一般性条款以及特别条款,由于谨慎义务的内容以及判断标准相较于忠实义务难度较大,因此,谨慎义务的特别条款数量较多。作为一般性条款,立法语言应明确、清晰、有一定概况性,这样在进行法律解释的时候,也能尽量符合立法本意。

(二)以类型化来划分谨慎义务的标准

我国《信托法》第25条被认为是受托人谨慎义务的一般性条款,由于谨慎、有效等词汇本身是属于描述性的词汇,仅凭词汇本身难以对行为是否符合标准作出评判。纵观世界各国的信托立法,分别采用了不同的标准,包括:(1)英国采用的“像处理自己事务的同一注意义务的标准”;(2)大陆法系采用的“善良管理人的注意标准”,这种是对信托业中受托人的标准,比普通人的标准高一些,属于商人在处理自己财产时应遵守的注意标准;(3)中等纯粹标准,即要求受托人在管理第三人财产时,不应当受到任何道德、情感、情绪的非理性因素的牵绊而做出违背常理的行为;(4)宣誓标准,即根据受托人为自己宣称的承诺而设定的谨慎标准;(5)专业标准,即要求受托人按照专业人士在处理第三人事务时应遵守的注意标准。[①] 受托人的注意义务判断标准需要结合受托人的经验、能力、专业程度、收费标准等,以及结合经济形势进行综合考量,伸缩性较大,难以进行统一规定。此外,在受托人是有偿提供受托服务和无偿提供受托服务的情形下,注意、勤勉义务的标准也应是有所差别的。因此,建议我国《信托法》在对受托人注意、谨慎、勤勉义务进行规范时候,注意区分不同类型的信托,特别是民事信托和商事信托;对于商事信托,不同类型的商事信托下,受托人注意义务也应有

① 参见钟向春:《我国营业信托受托人谨慎义务研究》,中国政法大学出版社2015年版,第76~82页。

所区别,具体考量因素至少包括受托人的自由裁量权大小、受托人的专业程度、同类专业人士的判断、收取费用的高低、信托合同的约定等。

法学方法论的类型化是指运用"类型"来掌握或解释法律现象的一种方法。类型化思维模式的特点并不是通过定义的方法,而是通过对法律规范所涉及的对象按照事物的根本特征为标准进行分类,[①]从而实现法律规范的具体化。从法律适用的角度看,类型化思维模式主要是针对不确定概念和一般条款的特殊解释,由于不确定概念和一般条款具有抽象性和模糊性的特点,通过类型化能使不确定概念和一般条款变得更为具体与明确,法官能够使不确定概念与一般条款与特定案件相连接。类型化思维模式可以分为法律适用中的类型化思维和法律制定中的类型化思维。[②] 我国《民法典》合同编将合同划分为若干有名合同和准合同,就属于法律制定中的类型化思维。类型化思维是解释法律的有效方式,在类型化的过程中,法官通过归类的方式,对不确定概念和一般条款的含义与内容进行不完全的、比较具体的列举,以便进行适用。

根据不同的划分标准,根据受托人对信托财产的管理权限大小,可以划分为主动管理信托和被动管理信托,我国信托实践中的"通道类信托"这种类型就属于被动管理信托。根据信托业协会的统计数据,事务管理类信托在我国信托业中曾经扮演着重要角色。2015 年度,事务管理类信托规模达到 6.31 万亿,占信托公司管理资产规模的 38.69%。随着信托业向主动管理转型,事务管理类信托会越来越少,但也并不会消失。在事务管理类信托中,受托人对受托财产并没有自由裁量权,委托人根据信托合同的约定,继续保持对信托财产的实际控制,受托人按照委托人的指示行事。虽然很多学者认为这类信托并非真正的信托,英美法系的信托理论也认为信托一旦设立,委托人就退出信托,如果委托人继续保持对信托的控制,则信托的独立性就不存在

---

① 参见李可:《类型思维及其法学方法论意义——以传统抽象思维作为参照》,载《金陵法律评论》2003 年第 2 期。

② 参见杨峰:《商法思维的逻辑结构和司法适用》,载《中国法学》2020 年第 6 期。

了，但我国目前依然认可这类商事信托的信托属性，因此，在立法的时候也应将事务管理类信托受托人的谨慎义务予以明确。在事务管理类信托中，委托人与受托人之间的关系更接近于委托合同关系，受托人的行为完全根据委托人的指示，委托人对信托财产的管理具有主导作用。因为受托人没有决策权，委托人也不担心受托人会决策失败，所以，在事务管理类信托的内部责任中，受托人的注意义务仅体现在对信托合同的执行上，标准和民事信托的受托人一样。但由于外在依然披着"信托"的外衣，信托公司作为受托人，对于外界来讲具有公信力，很多投资者虽然没有直接与信托公司发生联系，但看到其投资的金融产品中有信托公司的参与，也会产生一定的信赖。即使是事务管理类信托，由于受托人的金融属性，以及对公众投资者会产生一定的信用作用，对于广大投资者来说，信托公司参与即代表了一定的信用背书，在我国通道信托第一案[①]中，对信托公司主张赔偿的并非合同相对方，而是信赖信托公司的投资者。因此，在事务类信托中，受托人仍应具备一定的注意义务，对其发布的通知、公告应保证真实性，不得误导投资者，并非仅利用其信托牌照赚钱。

非事务管理类信托根据投资标的的不同可以分为投资类信托、融资类信托和混合类信托。投资类信托需要受托人履行对信托财产的主动管理，以实现信托财产的增值，包括证券投资、非公开市场金融产品投资以及非上市公司股权投资等，在《资管新规》颁布之前，受托人会承诺保底和预期收益，自从"刚性兑付"被打破之后，大量营业信托诉讼爆发，其中大部分针对受托人违反信义义务的案件都集中于投资类信托，因为这类信托的受托人注意义务是最难以把握和衡量的。对于证券投资信托，证券发行人均为上市公司，信息披露机制较为完善，信托公司履行尽调的成本较低，重点是受托人的组合投资义务。例如，《证券投资基金法》第 71 条规定了基金管理人运用基金财产进行证券投资的，应当采用资产组合的方式。因此，对于资产组合的具体方式和投资比例等衡量指标应有相关的指引予以明确。《信托公司集合资金

---

① 上海金融法院民事判决书，(2020)沪 74 民终 29 号。

信托计划管理方法》第25条也规定了信托资金的组合投资方式,应有明确的运用范围和投资比例。但如果投资对象是证券的,应当采用资产组合的方式,事先制定投资比例和投资策略,有效防范风险,但投资比例的限制并没有规定。《中国银监会关于加强信托公司结构化信托业务监督有关问题的通知》[①]也规定信托公司在结构化证券投资信托中,可以根据情况设置不同的投资比例,也对单个信托产品持有股票的上限进行了限制。这是由于证券投资的风险较大,不可控因素较多,再加上根据司法实践中产生的案例,对于证券投资信托中受托人注意义务的判断众说纷纭,虽然不能从结果的盈亏来判断,但受托人是具备专业技能的信托公司,还会聘请专业投资顾问,因此,在证券投资中也不能任意而为,应当以英美法系的谨慎投资人标准来适用。

在结构化证券投资信托业务中,很多信托公司并无专门从事证券投资的工作人员,投资策略通常由作为劣后级受益人的证券公司制定,信托公司并不实际进行投资,在这种情况下,信托公司只是证券公司的通道提供方,在结构化证券投资信托中,应结合信托文件的具体规定来判断,如信托公司仅提供通道作用,则其注意义务的内容仅限于谨慎执行合同约定事项。

对于投资标的是非上市公司股权的信托,以及融资类信托,信托公司的注意义务体现在对目标公司的筛选上,第一步就是尽职调查,目标公司并非上市公司,信息披露的内容有限,需要信托公司认真谨慎地履行调查职责。信托业协会在2009年和2013年分别发布了两个尽职调查工作指引,但行业协会的工作指引并非强制性的,在诉讼中也只能作为法院的一个判断参考,没有法律效力,因此,建议在今后的立法中,应对这类信托中的受托人尽职调查规范和标准作出更详细的规定。

我国《信托法》在制定商事信托受托人信义义务时,建议按照类型化思维,按照不同的商事信托类型,对受托人的谨慎义务进行区别

---

① 《中国银监会关于加强信托公司结构化信托业务监督有关问题的通知》第9条也规定,信托公司在开展结构化证券投资信托时,可以根据各类证券投资品种的流动性差异设置不同的投资比例限制,但单个信托产品持有一家公司发行的股票最高不得超过该信托产品资产净值的20%。

要求。

(三)商事信托受托人在信托不同阶段应履行的谨慎义务

受托人的谨慎义务应贯穿信托设立到终止的全过程,在信托管理的各个阶段,受托人履行谨慎义务的重点有所不同。

1. 信托设立时

以集合资金信托为例,委托人作为金融产品的投资者,对于信托产品的信息缺乏了解,因此,这一段的受托人需要履行适当性义务,将合适的信托产品推介给适合的投资者,并且,需要提供完善的信托产品尽职调查报告,对信托资金的投向、标的等风险进行评估。例如,信托资金投向是某企业股权,信托公司应首先对拟投资的企业作尽职调查,将企业的所有情况进行披露,如信托公司在选择投资标的时较为草率,未做尽职调查,或者尽职调查中有严重错误,导致信托资金的损失,信托公司属于违反谨慎义务,应承担赔偿责任。另外,受托人应对相关信息进行充分披露,对投资者告知风险,对信托合同的相关条款作出解释和说明。

2. 信托管理时的谨慎义务

首先,受托人的谨慎管理义务是规范的重点,受托人应对信托财产进行分别管理,不能将不同的信托产品进行混同,另外,还应遵守监管机构规定的财务、人员、组织上的分别管理。其次,在管理过程中,受托人应对信托的管理记录进行保存,以便监管机构的检查以及受益人的监督。再次,受托人如需要聘请第三方担任投资顾问的,需要谨慎挑选。最后,受托人的谨慎管理义务贯穿信托持续的全过程。

3. 信托投资时的谨慎义务

商事信托的目的主要是信托财产的保值和增值,因此,受托人的任务主要是对信托财产进行投资和管理,下文专门对信托投资时的谨慎义务进行论述。

4. 信托终止时的谨慎义务

信托终止时,受托人应当对信托财产进行清算,做出清算报告。对信托财产的债务进行追缴,如果受托人未积极追缴的,也属于违反谨慎义务,这个阶段也是出现纠纷较多的。

(四)对受托人投资时的谨慎义务特别规定

我国目前商事信托的受托人主要以信托公司为主,即使未来将其他金融机构担任受托人的资产管理法律关系统一纳入《信托法》的调整范围,受托人也均为金融机构,商事信托受托人的牌照仍属于垄断状态。受托人的营业性、金融性和专业性特征,应体现其区别于普通商事主体的特点,应对其有高于民事主体、普通商事主体的要求。谨慎投资是体现受托人专业性的要求,加上投资具有复杂性,也是最容易产生争议的领域,信托立法应对受托人投资时的谨慎义务予以特别规定。

1. 受托人对投资风险的控制和管理

我国《信托法》中原则性地规定了受托人在管理信托财产时应履行的谨慎义务,其他法律如《证券投资基金法》和信托机构的监管部门发布的规章中都规定了受托人、管理人的谨慎义务,但基本模式和《信托法》一致,比较抽象和笼统,具体实践中难以把握。我国信托业的规模仅次于银行业,商事信托也逐渐成为人们管理财富和传承财富的方式,但我国信托立法又远落后于信托实践和信托需求,因此,解决主要矛盾的方法是对我国信托法律法规中受托人的谨慎投资义务予以明确,类似于美国谨慎投资者规则这样的立法。①

美国是判例法国家,其信托立法最开始对受托人谨慎投资义务的规定也比较抽象和原则,需要结合具体判例才能把握。随着美国社会保障基金投资信托的发展,受托人需要对社会保障基金进行投资,由于社会保障基金的公共属性,对其投资需要谨慎,美国开始专门对受托人谨慎投资义务进行立法。美国 1974 年颁布了《雇员退休收入保障法案》(ERISA)作为回应,对养老金基金投资信托受托人的谨慎投资义务作出了专门的规定。ERISA 是一项联邦法律,它为私营企业中自愿制订的退休和健康计划设定了最低标准,以便对这些计划中的个人提供保护。ERISA 主要有以下要求:企业向参与者提供计划信息,包括有关计划特征和资金的重要信息;为管理和控制计划资产的人施加信

① 参见王众:《美国信托受托人投资行为规范及其对我国的启示——以谨慎投资者规则为视角》,载《科学·经济·社会》2014 年第 1 期。

义义务;计划中要建立一个申诉和上诉程序,让参与者从他们的计划中受益;赋予计划参与者对管理人违反信托义务提起诉讼的权利。ERISA 制定后还进行过多次修订,扩大了对计划参与者及受益人的保护。ERISA 第一章规定了私人企业雇员福利计划的最低标准,包括信托责任规则,第 404 条规定受托人应谨慎行事,并且分散投资,以尽量减少损失的风险。第 403(c)、404(a)条还要求受托人应为计划参与者和受益人的利益而行事,向参与者和受益人提供福利,对管理计划费用的支出应合理。在适当的情况下,为了获得投资回报之外的利益,受托人可以根据气候、环境、社会变化,选择合适的投资。2020 年美国劳工部针对投资义务进行了修改,并且在 2021 年还颁布了《选择投资计划时应考虑的金融因素》(Financial Factors in Selecting Plan Investments),要求受托人根据风险变化等金融因素来选择投资方案。虽然该法仅适用于私人养老金基金,并非适用所有类型的信托,也不适用于公共养老金基金,但其规定却成了参照模板,其特别之处在于,对于投资风险控制的规定非常详细,结合了现代投资组合的理论,为受托人是否谨慎投资提供了全面具体的评判标准。这种对受托人的要求标准明显高于个人信托或者一般信托的标准。另外值得肯定的是,ERISA 第 410 条规定,免除受托人因违反谨慎义务的赔偿责任的约定无效。1995 年颁布的美国《统一谨慎投资人法》(UPIA),是针对所有信托类型的对于规范受托人谨慎投资者的单行立法,成为信托领域的一般性规定,当然也适用于社会保障基金投资信托。UPIA 在 ERISA 的基础上,对受托人应考虑的因素规定得更加具体,[①]将立法中的"抽

① 美国《统一谨慎投资人法》第 2 条第 3 款规定:下列与信托及其受益人有关的因素是受托人在管理信托财产和将该项财产运用于投资时所应当考虑的因素:(1)整体经济条件;(2)通货膨胀或紧缩可能造成的影响;(3)由投资决策和策略产生的预期的税收负担;(4)每项投资或每项诉讼对信托档中规定的投资在整体上所能起到的作用,包括对金融资产、从紧密控制企业获得的利润、有形资产、无形资产和不动产所造成的影响;(5)从收益和增值中产生的预期的总回报;(6)其他与受益人有关的因素;(7)资产流动性、收益的规律性以及资产保值和增值的要求;(8)如果存在某项资产对信托目的或者某些受益人有特殊关系或者特殊价值的情况,应当考虑这种特殊关系或特殊价值。

象谨慎”真正向“具体谨慎”转变,极大地增强判断的可操作性。[①]

我国目前的商事信托主要以金融信托为主,极大地依赖于受托人的管理能力和内部管理的规范程度,在缺乏信托传统和判例指导的情况下,如需发展商事信托,应制定专门的针对受托人投资义务的规则,但我国缺乏这样的规定,在营业信托纠纷中,对于一些明显的受托人投资考虑欠佳的情况,法院不认定其违反注意义务,这对于信托投资者来说是非常不利的。根据信托业的数据统计,[②]2019 年信托业发行证券投资集合资金信托 20,071,753 个,同比增速为 14.49%,募集资金1357.16 亿元,同比增速为 6.24%,发行规模呈现小幅增长态势。鉴于我国金融业实施分业监管,信托公司参与证券投资业务的竞争劣势较为明显,例如,无法进行债券正回购、金融衍生品交易,信托资金参与上市公司定增受限,因此,信托公司正积极发展债券投资。《资管新规》颁布之后,信托机构开始探寻让信托回归本源,纷纷开始加快布局证券投资业务,增加主动管理业务的比例。随着我国信托业的发展,信托的主要类型逐渐清晰,应结合司法实践中出现争议的主要案件类型进行分析,对受托人的谨慎投资义务进行细化。

我国应结合本国的实际,针对投资类信托受托人的谨慎投资义务进行规范,并对合同中约定的排除谨慎投资义务的赔偿责任是否有效进行规定。虽然有些受托人的投资行为违反了谨慎投资义务,但结果可能还实现了盈利,这样是否需要承担法律责任也需要明确。

2. 受托人谨慎注意义务的主要内容

美国在这方面的立法比较详细,这也反过来促进了美国商事信托的发展。总体来说,美国目前的信托立法中对受托人谨慎义务的要求包括:(1)目标标准,即受托人的各项行为应符合信托的目的、条款。(2)投资组合要求,这是对受托人投资方向的要求,将风险分散才是最谨慎的投资选择,投资多样化有助于降低风险。(3)控制成本,受托人

---

① 参见张淳:《美国社会保障基金投资信托受托人的谨慎投资义务》,载《同济大学学报(社会科学版)》2010 年第 6 期。

② 参见中国人民大学信托与基金研究所:《2020 中国信托业发展报告》,中国经济出版社 2020 年版,第 139~140 页。

在投资过程中,应避免与信托目的无关的费用发生,减少信托的成本支出。(4)技能要求,商事信托的受托人一般都是收取报酬,且具有专业技能和知识的主体,例如投资顾问、基金管理人这种专业投资者,其投资的专业程度应高于普通投资者。如专业受托人在受托过程中没有尽到高于普通人的注意义务,则应为其过错承担责任。当然,这种判断并非基于结果的判断,而是一种行为模式的判断。对于受托人的谨慎投资义务的判断标准,需要法院在审理时具有商事思维,除了根据法律的规定审理,还需要结合相关经济理论和投资实践综合判断。①

我国目前已经有部门规章提到了当信托资金投资于证券市场时,受托人应当进行组合投资,设定各种投资的比例和投资策略,以分散风险,②虽然已经比《信托法》的规定更进一步,但依然缺乏可操作性,并且,该办法属于监管机构出于监管的目的发布,而并非从法律层面对信托受托人基本义务进行规范,立法的层级较低。此外,受托人的各项投资行为也需要指引,需要提前判断其行为是否符合法律规定的谨慎投资义务。在商事信托实践中,因缺乏受托人谨慎投资义务的规定,当发生受托人违反谨慎投资义务,损害受益人利益时,受益人无法利用法律来主张权利。例如,在著名的"银广夏案件"中,"基金景宏"和"基金景福"两个基金的基金管理人未对上市公司银广夏实业股份有限公司(以下简称银广夏)的相关信息进行审慎调查,作出重仓持有银广夏的投资决策,掉入"银广夏陷阱",最终导致数亿元的损失。实际上,银广夏使用的是大肆伪造单据的简单手段,欺骗了大量以专业理财为业的基金管理人。虽然后来基金公司以虚假陈述为由起诉银广夏,但法院的判决也未能弥补投资者的损失。由于缺乏对受托人谨慎投资义务的法定判断标准,法院无法裁决基金公司的投资行为是否符合谨慎标准,投资者的利益无法得到保障。从投资者的角度来讲,聘请专业投资人来对资金进行管理和投资,最后的投资决策还不如普通人,法律如果无法作出回应,短期来看是维护了受托人的利益,受托人不用因此承担法

---

① 参见陈学文:《论信托受托人谨慎投资义务》,载《政法学刊》2011 年第 6 期。

② 《信托公司集合资金信托计划管理办法》第 25 条。

律责任,但从长远来看,会破坏投资者的信心,一旦一个行业失去信用,可能花若干倍的努力都无法重建金融的基础的信用,因此,为了让投资者对信托行业以及相关资产管理行业重新建立信心,对受托人谨慎投资义务的立法也刻不容缓。

(五)构建我国信托受托人谨慎投资义务标准的相关建议

1. 明确受托人谨慎投资的目的及要求。例如,在证券投资信托中,受托人应采取组合投资方式进行投资,分散风险,但是否适用其他类型的商事信托并未明确。首先,除了投资对象的多样化,受托人对于投资对象的选择应谨慎和慎重,对于投资对象应做好尽职调查,对于投资对象明显的虚假陈述,作假等应具有一定的分辨能力。其次,对于投资对象应作出风险判断,尽量选择优质投资对象,如果选择的投资对象风险系数较高,应提前告知投资者。

2. 将现代投资组合理论作为受托人谨慎投资的理论基础,在具体运用方面,信托立法应明确受托人的多样化投资义务。当然,多样化投资义务的目的是控制投资风险,我国目前的案例中,很多营业信托纠纷以及委托理财纠纷中,委托人都认为受托人并未谨慎评估风险,[①]投资风格较为激进,因此,将多样化投资义务明确作为受托人谨慎义务的明确要求之一,有利于风险的控制。

3. 明确风险防范的要求。投资是一项风险行为,一般人不具备投资的专业知识和时间,因此将资金委托给专业机构和专业人士来进行,这是社会分工的表现。美国的谨慎投资人立法中有大量关于风险防范和预测的内容值得借鉴,我国立法应结合自身实际,总结相关案例的经验,对受托人风险防范的标准予以列举。

4. 降低投资成本。受托人在管理信托的过程中发生的费用由信托财产承担,不同的信托公司管理的成本不同,但可以肯定的是,内部管理规范的和专业的信托公司的管理成本更低。因此,控制投资成本和花费也是受托人的职责。

商事立法应注重效率,很多学者认为宜粗不宜细,不能将受托人的

---

① 唐建辉:《美国信托法之受托人投资标准初探》,载《上海金融》2006 年第 4 期。

投资权限规定过于详细，让受托人在管理过程中无所适从。因此，对于受托人谨慎投资义务的判断主要以行为标准为主，不能以投资结果进行判断。

第二节　商事信托受托人信义义务立法模式的选择及重构

一、域外模式考察

（一）受托人单独立法模式——以英国及我国香港特区为例

英美信托理论认为受托人信义义务的履行是信托成败的关键，所有的信托立法都围绕着受托人制度，以英国为例，虽然是判例法国家，对受托人信义义务的论述主要在判例中，但英国从19世纪末期开始，陆续以成文法的形式颁布了若干关于受托人的法案，最著名的就是《受托人法》（Trustee Act），分别有1893年、1925年和2000年的版本。虽然英国的个人信托、民事信托较为发达，但并不影响其商事信托的发展。在商事信托中，尽管人们通常可以自由地以任何方式设定信托条款，但英国信托法的传统比较保守，且注重对信托资产的保护，很多信托立法都旨在保护受益人的利益或者规范信托关系。英国在信托领域的制定法包括《受托人法》、《1961年受托人投资法》（Trustee Investment Act 1961）、《2000年金融服务和市场法案》（Financial Services and Markets Act 2000）、《1995年养老金法案》（Pensions Act 1995）、《2004年养老金法案》（Pensions Act 2004）和《2011年慈善法案》（Charities Act 2011）等。英国的养老金信托和投资信托基金属于商事信托，且涉及大多数人的利益，因此受到严格监管，以保护人们的储蓄，受托人或基金经理承担信义义务，对受益人负责。英国信托法中，除了明示信托，还有作为不当得利救济手段的归复信托（resulting trust）和拟制信托（constructive trust）。尽管使用了“信托”一词，但归复信托和推定信托不同于明示信托，主要是为了提供财产的救济，以保护受益人的权利，无须像合同或明示信托一样需要当事人的合意。英国信托法中，受托人对其受益人负有一系列义务，即使信托文件没有规定，受托人也应履行信义义务。例如，避免任何利益冲突的可能性，以合理的谨慎和技能管理信托事务，并且行为应符合信托的目的。

英国是信托的发源地，目前对受托人信义义务的规定主要见于《2000年受托人法》。《2000年受托人法》并没有关于忠实义务的规定，反而第一部分是关于受托人注意义务、谨慎义务的规定，明确了谨慎义务的标准、要求及适用情形。新加坡在2004年修改其《受托人法》时基本借鉴了英国《2000年受托人法》的规定。第二部分是关于受托人投资权限的规定。在《2000年受托人法》颁布之前，英国还有《1961年受托人投资法》(Trustee Investment Act 1961)、《1925年财产法》(Law of Property Act 1925)，上述法案都未对忠实义务进行专门规定，并不是因为忠实义务在立法过程中被忽视，而是鉴于英国的传统，信义义务最早就等同于忠实义务，忠实义务的规定早已在历史的各种判例中得到了阐述，因此，英国后来的受托人法案就没有专门就受托人的忠实义务予以规定。英国将忠实义务看成是消极性的被动义务，即禁止做某事，如禁止利益冲突，禁止获利等，而注意义务是主动地去作为，因此，成文法着重规定了注意义务的标准。注意义务的标准以及考量因素较多，伸缩性强，不确定因素也多，需要立法规定一些基本的范围和指导性规则来给予司法适用一些指导，但忠实义务也许没有这方面的问题。①

此外，我国香港特区的信托立法参考了英国模式，关于受托人的信义义务主要见于《受托人条例》(Trustee Ordinance)中，《受托人条例》于1934年制定，主要借鉴了英国《1925年受托人法》。由于新加坡在2004年对其受托人法案进行了改革，为了与新加坡争抢信托客户，吸引更多的离岸委托人来我国香港特区设立信托，②香港特区从2007年着手修改《受托人条例》相关规定，旨在将信托法现代化。这次修订增强了受托人的默认权力，以应对现代复杂的商业环境中受托人管理信

---

① 参见徐化耿：《信义义务研究》，清华大学出版社2021年版，第31~32页。

② Lusina Ho, *Trust Law in Hong Kong*, Japan Association of the Law of Trusts Anniversary Conference 2015 Trust Law in Asia.

任的灵活性，提升管理的效率，包括受托人可以授权第三方对信托进行管理，但处置权、在收入和资本之间分配资产的权力，任命受托人、代理人、保管人、托管人的权力不能委托他人行使，依然由受托人保有，受托人对其委托的第三方的管理和安排进行审查，在必要时需要进行干预，受托人以及其委托的第三方都应遵守法定的注意义务。[①] 首先，这次修订将受托人的法定报酬条款修改了，以前英国信托法的规则是，信托文件没有约定的，受托人不得收取报酬，但现在随着商事信托的发展，受托人不可能免费对信托进行管理，因此，将这一普通法规则废除，新的《受托人条例》规定即使信托文件没有约定的，受托人提供职业或专业受托服务的，都可以要求合理的报酬。其次，关于受托人的投资权限，我国香港特区这次修订并未采用英国或者新加坡的以默认方式授权受托人进行投资的模式，而是保留了法定清单的方式，以附件的形式列举受托人可以投资的领域，由于条例在修订过程中经历了国际金融危机，以及雷曼迷你债券事件，因此立法者采取了更加谨慎保守的模式。再次，受托人条例的修订也更加注意对受托人权力的制衡。新的受托人条例采用了法定注意义务的标准，规定受托人应行使合理的谨慎，并考虑到受托人的专业知识、技能、经验等，并且考虑人们一般对这类专业人员的期望。最后，这次修订中，最令人关注的是受托人责任豁免的条款。对于收取报酬的专业受托人来说，因欺诈、故意不当行为和重大过失而产生的法律责任是不能豁免的。[②] 这超越了英国 Armitage（阿米蒂奇）诉 Nurse（护士）一案中的规则，即对于收取报酬的专业受托人不能因重大过失的责任是不能豁免的。这一修订可以加强人们对专业受托人的信任感，法律不允许专业受托人一边收取报酬，一边又免除自己的责任，但司法实践中对于重大过失的把握仍然需要判例法的帮助。

（二）美国模式

美国没有专门的受托人法，美国信托立法属于州法，除了各州的信托判例，美国法律协会在普通法的基础上，由信托法专家通过《信托法

---

① Section 41, Trustee Ordinance.

② Section 41W, Trustee Ordinance.

重述》对信义义务予以明确。另外,全国性的信托法规还有统一州法委员会制定的《统一信托法典》,但各州并非强制使用,而是需要自行采纳。《统一信托法典》对于受托人的权力和义务的规范比较详细。例如,第105条规定,受托人必须善意地管理信托,并符合信托目的,这项要求是不能约定排除的,这是忠实义务的底线,如果受托人不能善意地管理信托,那无论信托怎么发展,都会脱离其本质——信任。因此,任何信托立法,都应该保证不偏离信托的本质。第802条对受托人的忠实义务的规定十分详细:(a)项原则性规定受托人应为了受益人的唯一利益管理信托。(b)项规定了受托人的利益冲突,以及哪些情况下的利益冲突是被允许的。(c)规定了和哪些对象交易被认为是受托人的自我交易,如受托人和其近亲属,律师等的交易就可以被推定为利益冲突。(d)项规定了受益人可以主张撤销受托人的某些可能从中获益的交易。(e)项明确了受托人不得侵占本来属于信托的交易机会,这一规则在公司法领域运用广泛,公司法禁止公司董事、高管篡夺公司的商业机会。(f)项是针对共同基金(mutual fund)不再调查规则的例外,证券投资基金在美国被称为共同基金,在英国被称为单位信托(unit trust)。(g)项是关于股权信托受托人的规定,受托人应为了受益人的最佳利益行事,这里使用的是"最佳利益",而非"唯一利益",体现了信托法与公司法的结合,受托人不能以公司法的规定来规避信托法的忠实义务。(h)项对于忠实义务的例外作出了一般性的列举,前提条件是对受益人公平,如受托人可以与受益人协议报酬;可以自我交易,可以将信托资产存入由受托人运营的、受监管的金融服务机构,但《信托法重述》(二)规定禁止将信托资产存入由受托人运营的、受监管的金融服务机构。另外,第803条规定了受益人为多人的情况下,受托人应公正地对待每个受益人的利益,官方评论认为这属于受托人忠实义务的范围。《统一信托法典》第804、806条是对受托人谨慎管理行为的规定,并且特别针对专业受托人进行了规定。

(三)大陆法系模式

日本作为率先引进信托制度的大陆法系国家,于1922年制定了《信托法》以及《信托业法》,对受托人的要求采用"善良管理人的注意义务”。韩国借鉴了日本的立法模式，对商事信托受托人的规范见于《信托业法》。

二、对我国商事信托受托人信义义务规范的立法形式建议

如前所述，我国金融行业实行分业监管。虽然银行、证券、保险、基金等金融行业都从事和信托业一样的资产管理业务，但监管部门不同，导致监管不一，管理人、受托人的义务标准不一，因此，为了保护投资者权益，立法应将实质上属于信托关系的商事法律关系予以明确定性，扩大商事信托受托人的主体范围，不应局限于信托公司，还应包括从事商事信托行为的其他金融机构，在监管方面，也应按照“行为监管”的原则，将包括信托公司在内的广义的从事商事信托业务的金融机构纳入统一监管范围。《资管新规》①无论从发布主体，还是规范内容方面，都对实质性信托关系进行统一规范作出了努力，《资管新规》第 8 条规定了金融机构的管理人职责，总体表述为“诚实信用、勤勉尽责”的受托职责，可以理解为受托人、管理人的信义义务，该条还进行了细化，包括分别管理、信息披露等义务。《资管新规》第 12 条对不同类型的资管金融产品管理人的信息披露义务作出了分别规定，这种规范模式比较有针对性，易于实施。《资管新规》第 27 条确定了几大监管原则，例如，除了机构监管，还提到了功能监管，即按照产品类型而非金融机构类型进行功能监管，对同一类型的资产管理产品适用同一监管标准，这样可以减少监管真空和套利，切实保护投资者权益。《资管新规》的出台具有较大意义，但其属于行政法规，并非法律，且并未从根本上对这一问题进行全面论述，因此，要彻底解决这一问题，需要从立法上予以明确。我国应尽快制定“信托业法”或者“受托人法”，对实质上属于商事信托关系的法律关系进行统一规范，统一适用受托人的信义义务。另外，由于不同的信托类型中，受托人的权力不同，义务标准也不同，在专门立法之前，还需要将目前的信托立法和民商事立法的相关内容进

---

① 中国人民银行、中国银行保险监督管理委员会、中国证券监督管理委员会、国家外汇管理局《关于规范金融机构资产管理业务的指导意见》，银发〔2018〕106 号。

行梳理。例如,将信托、公司、证券投资基金、证券、保险等相关立法中涉及信义义务规则的,以及民法中委托代理制度中涉及受托人义务的内容进行系统性梳理,将信义义务的表达方式进行统一,将适用标准进行完善,这样才能更好地解决金融业中的监管套利问题,最终目的是更好地保护投资者,促进资管行业的健康发展,[①]提高金融行业的整体信用和口碑。

另外,也有学者提出出台《信托法》解释是解决目前诸多信托法律问题的最高效路径。重新专门制定一部"信托业法"需要较长的周期,且立法成本较高,难度系数大,可以通过修改《信托法》,以及由司法机关在总结营业信托纠纷解决的基础上出台相关司法解释。[②] 2019 年最高人民法院在《资管新规》的基础上出台的《九民纪要》的第七章是对营业信托纠纷审理的规定,对统一营业信托纠纷的裁判具有促进作用,但鉴于篇幅有限,仅对司法裁判中一些热点问题作出了回应,对于受托人的信义义务并未进行规定和解释。《信托法》是我国民商事法律制度的重要组成部分,但由于信托制度属于"舶来品",商事信托主要存在于金融行业,民事信托发展不充分,普通老百姓对其认识不足,即便是审理民商事案件的法官,如没有深入研究过信托法,对信托案件的把握也有差距,导致信托案件审判结果差异较大。我国《信托法》制定距今二十余年,诸多规范过于原则性,特别是受托人信义义务,在实践过程中容易引起人们理解和认识上的分歧。在《信托法》修订之前,以及专门的"信托业法"制定之前,由司法机关组织信托法学者和专家,对信托法立法本意予以研究和理解,再结合我国的商事信托实践出台相关司法解释也不失为一种权宜之计。

立法总是滞后于现实,《信托法》制定时的社会经济情况与二十多年后的今天已出现了较大差别,商事信托的发展经历了二十余年,也出现了若干新问题,因此,确实有必要对我国的商事信托实践中出现的诸

---

① 参见黄辉:《资产管理的法理基础与运行模式——美国经验及对中国的启示》,载《环球法律评论》2019 年第 5 期。

② 参见周乾:《中国信托业刚性兑付的法律成因、影响与对策》,载《内蒙古社会科学(汉文版)》2016 年第 3 期。

如信义义务的认定和标准问题作出专门的规定。专门立法有助于信托按照行为类型进行规制,而非按照受托人的机构属性进行规制。为了更好地保护委托人、受益人的权益,保证司法裁判的统一,我国应根据实际情况尽快制定"信托业法"或"受托人法"。

第三节　商事信托受托人信义义务的实现路径

管理权力与利益享有主体的分离,不可避免地让信托产生代理成本与道德风险的问题,实践中也确实出现了大量的信托公司侵犯投资者权益的案例。为了保护受益人的利益,信托法对受托人施加了信义义务,但信义义务是否履行需要监督主体。鉴于受益人是受托人行为结果的直接承担者,最具有监督动因,因此,应赋予受益人监督的权力以及可执行的制度。受益人监督受托人行为的前提是充分了解和知悉信托管理的情况,如果受益人对信托管理的过程一无所知,则其无法判断受托人是否严格履行了信义义务。以前的商事信托实践中,由于"刚性兑付"的存在,委托人和受益人对信托的管理过程并不十分关心,"刚性兑付"被打破之后,受托人不再对信托收益承担保证责任,受益人开始自负盈亏,越来越多的信托产品到期无法兑付,受益人开始承担信托财产的损失。为了保证信托财产的安全,受益人需要对信托管理过程进行持续监督,以免受托人违反信义义务。受托人具有天然的信息优势,直接操控着信托财产,作为一个庞大的金融机构,受益人也无法随时对受托人实行监督,因此,立法需要制定完善、可操作的监督机制来帮助受益人实现其监督权,即完善受托人的信息披露制度以及受益人大会的决议机制,否则,受托人的道德风险会加剧,导致各种侵害受益人的案件频发。

一、信息披露制度的完善

(一)信息披露制度对信义义务履行的监督作用

信息披露制度在于解决商事信托中受托人与委托人、受益人的信息不对称问题,信息不对称是由一方掌握的市场信息,所处的市场地位导致。信息优势的占有方在交易中可以获得更多利益,即信息租金。[①]信息不对称会影响交易各方利益安排,占有信息优势的一方可能在交易中利用他方信息弱势地位,严重损害交易方的利益。在商事关系中,一方是商事主体,而另一方是非商事主体的,更容易出现信息不对称的情况,商事单行法中很多规则都要求强制信息披露,最典型的就是商事主体登记制度,证券法中的持续信息披露制度,等等。民事信托中,受托人信托财产进行被动管理,并无太多自由裁量权,受益人可能遭受受托人侵权利益的情形一般是受托人违反忠实义务,侵占、挪用信托财产或者自我交易等,在商事信托中,受托人除了违反忠实义务的情形,还可能违反谨慎义务,而且情况比民事信托更为复杂。在民事信托中,受托人可能是受益人的亲友,一般为个人,受益人如需要了解信托管理信息的,可以直接询问受托人。而商事信托中,受托人是金融机构,并非个人,是商事组织,受益人需要了解信托运行情况的,并非随意询问就可以,而需要受托人依照法律法规以及合同的约定程序来履行告知义务,同时受托人内部也有一定的管理流程,因此,商事信托中,受益人需要获得信托信息的难度要大于民事信托。商事信托属于特殊的商事关系,在集合资金信托中,委托人和受益人为同一人,人数较多,委托人将资金交于受托人后,便失去了对信托财产的控制,委托人与受托人处于信息不对称的状态。在信托运营过程中,受益人无法接触到受托人的管理行为,单个受益人也无权进行干涉,如没有信息披露制度,受益人对其财产的运营状态一无所知。即使过程中受益人认为受托人的行为会对信托财产造成侵害,导致信托资产到期后无法得到足额兑付,但由于未清算也无法证明损失,受益人只有在信托终止时才能主张权益,往往为时已晚。

信托法赋予受益人的一系列对信托的权利,都需要依靠信息披露制度予以实现。当受托人出现违反忠实义务的行为时,例如,将信托资金违规借贷给信托公司的实际控制人,或者出现关联交易等情况,受益

---

① 参见蔡秉坤:《对我国信托信息披露法制完善的思考》,载《兰州学刊》2015 年第 11 期。

人及时发现之后就可以行使撤销权。实践中，上述行为违反信托法和信托合同的规定，受托人不会进行信息披露，怕被投资者发现，因此，信息披露制度会让受托人的不法行为暴露在阳光下。另外，履行信息披露义务也是判断受托人是否履行信义义务的标志，在某些自我交易中，如受托人已履行告知义务，将自我交易的信息予以披露，则不会违反忠实义务。

各国信托法都将信息披露作为重要内容予以规定，日本《信托法》规定，受托人的信息披露义务是信义义务的衍生义务，受托人必须明确信托事务与信托财产的处理状况，并且为了便于信托当事人可以随时了解，受托人负有制作信托事务账簿与财产目录的义务。委托人、受益人有权向受托人请求阅览或复制与信托财产相关的账簿以及与处分信托财产相关的合同书等。除非受托人要有正当理由，否则不得拒绝受益人的要求。例如，受益人是以其他目的提出的查询要求；请求查询的时间不当；妨碍受托人处理信托事务；损害受益人的共同利益；该受益人与该信托业务有实质性竞争关系；有可能将知悉事项向第三人通报并从中牟利；等等。①

美国信托法对于受托人的信息披露对象区分了可撤销信托和不可撤销信托。不可撤销信托中，委托人和受益人都可以作为监督和知情的权利主体，在不可撤销的信托中，委托人一旦设立信托便退出了信托法律关系，不再干预信托事务，也不享有信托利益。在可撤销信托中，委托人可以随时撤销信托，保留了对信托的实质控制，受托人所负的信息披露义务对象是委托人，而非受益人。② 并且，美国信托法中对于不同类型的受益人，受托人负有不同层次的披露义务。一般而言，受益人与信托财产利益越有利害关系、越相关，就越有权知悉信托管理处分财产的信息，③我国《信托法》特别注重委托人的权利，就监督权而言，并未区分信托类型，委托人和受益人同时享有对信托的监督权。对于民

① 日本《信托法》第 29 ~ 38 条。

② Restatement (Third) of Trusts, § 82.

③ See Philip J. Ruce, *The Trustee and the Remainderman: The Trustee's Duty to Inform*, 46 Real Prop. Tr & Est. L. J. 173,188 (2011).

事信托来讲，委托人和受益人并非完全重合，很多受益人可能是老弱病残等无法保障自身权益的人，因此，需要赋予委托人同样的权利。而商事信托中，委托人和受益人一般是重合的，只有具有商事属性的家族信托不一定重合，因此，将受托人信息披露对象规定为委托人及受益人是合理的。

（二）我国信托信息披露立法评析

我国《信托法》没有明确规定受托人的信息披露义务，仅在第33条规定了受托人对处理信托事务的资料和记录应保存，应将信托财产的管理运用、处分以及收支情况告知委托人、受益人，并对相关资料负有保密义务。这一条的规定过于原则性，实践中缺乏可操作性，特别是在商事信托中，需要更详细的规则制定。商事信托中的信息披露制度主要见于监管部门发布的部门规章中，主要是从监管的角度来进行规范，监管机构出于对维护金融安全、控制金融风险的角度要求金融机构对信息予以披露，但就信托法律关系而言，需要从信托法的角度予以规范。监管机构对信托公司信息披露的规定十分详细，信托机构可能面临繁杂的监管要求，但其提交的信息和资料的对象都是监管机构，而信托关系中最需要保护的主体——受益人，却可能无法得知相关信息。加上我国《信托法》缺乏对受益人的询问权的规定，受益人如需了解商事信托的相关信息时，可能缺乏可以操作的渠道，被信托公司敷衍回应。

阳光下没有秘密，商事信托中委托人和受托人虽然法律地位是平等的，但信息却不对等。信托财产处于受托人的管理和使用之下，受益人本就是信托的“局外人”，如信息披露制度还不健全，则受益人权益更难以得到保障，给本就处于弱势的受益人带来更多不安全感和不信任感。对于信托的信息哪些需要强制披露，需要立法予以明确，受托人违反信息披露义务的法律责任也需要明确。在很多案例中，受托人违反了信息披露义务，但由于并未直接造成信托财产的损失，就没有承担实质的法律责任，即使后面补充披露，也没有任何实际意义。因此，应将信息披露予以制度化，将受托人必须披露的内容明确，受托人的信息披露义务并非只是针对监管机构的，更重要的是针对受益人的，受益人监督受托人是否履行信义义务，需要通过日常的信息披露来了解，虽然受托人少数几次不进行信息披露不影响信托财产的管理，也可能不会直接造成信托财产的损失，但受托是一个持续性的过程，受益人对受托事项的持续了解，需要通过不断的信息披露。另外，在单一信托中，委托人只有一个主体，在这类信托中，应当允许当事人在信托合同中对信息披露事项进行自由约定，如果受托人只是扮演通道角色，则无须过多信息披露。此外，受托人除每年需要报告以外，应增加临时性的信息公告，以及应受益人要求而进行的公告。因此，我国信托法在修订时应将受托人的信息披露义务制度化，将信息披露的内容要求、时间、途径、受益人的询问权予以详细规定。信息披露不仅是受托人应对监管机构的要求，更是其履行信义义务的要求，而对象应当是信托关系的委托人、受益人。

在司法实践中存在大量受益人起诉受托人不履行信息披露义务的案例，即使法院查明事实后认定受托人并未按约履行信息披露义务。例如在王某与山东信托营业纠纷案[①]中，委托人、受益人王某在2015年购买了受托人山东信托发行的证券投资信托产品，王某成为劣后级受益人，信托合同中对于受托人的信息披露义务作出了详细约定，信托计划规定了单位净值警戒线、止损线和追加线，当估值低于警戒线或止损线时，受托人和委托人代表应通知劣后委托人追加资金直至追加线，或者强行平仓变现。在涉案信托运行期间，信托计划净值先后低于警戒线和止损线时受托人没有按约通知受益人追加资金，2016年，在委托人没收到通知时，信托计划已被清算，导致了委托人资金的损失，因此委托人起诉至法院，要求受托人进行赔偿。委托人起诉的理由其中一点是受托人未按照约定进行信息披露，没有提供实际证券经纪人信息，没有投资计划，追加资金条款变更后也未通知等，因为没有提供相关信息，增加了委托人的投资风险。法院审理后认为，山东信托没有按照信托合同的约定，履行信息披露义务，山东信托虽然提供了网页截图证明其发布了相关信息，但截图没有发布时间，证据的来源是山东信托

① 山东省济南市历下区人民法院民事判决书，(2018)鲁0102民初3511号。

官网,因此,山东信托完全可以修改和更正其官网发布内容,证据的真实性存疑。后来,法院在判定受托人应承担的赔偿责任时认为,受托人违反的信息披露义务是在损失发生之前,委托人的损失是后来受托人拖延变现造成的。本案中,虽然法院判决了受托人承担委托人遭受的部分损失,但驳回了委托人主张的不予支付受托人报酬的诉讼请求,从判决书的内容来看,虽然受托人违反了信息披露义务,信息披露不符合约定,但和最终实际的损失没有直接因果关系,因此,受托人就违反信息披露这一义务没有相应的民事法律后果。信息披露是一种持续性的行为,为了保证受益人知悉信托管理过程,如果受托人违反信息披露义务却没有实际的法律后果,则这一义务形同虚设。可能某次的信息披露不符合要求无法直接导致信托财产的损失,法院也无法认定受托人基于违反信息披露义务应承担的赔偿数额,但至少可以认定的是,受托人没有按约履行受托人义务,不妨将减少受托人收取的报酬作为其违约的赔偿。

而在另一涉及受益人的知情权的案件[①]中,案涉信托合同没有专门对委托人的查询、抄录的文件范围予以约定,因此,委托人的相关权限按照信托法及相关规定。法院认为,委托人可以查询的范围只能与其信托财产相关,不能对所有委托人的信托财产的信息予以查询,本案中,受托人国民信托提供了其官网关于涉案信托的相关公告、管理报告、向委托人分配收益的电子回单等,法院人认为受托人的行为可以已经可以满足委托人的知情需求。但委托人提出,其需要受托人披露相关项目的尽职调查报告、工作底稿、向监管部门备案提交的资料等,但法院认为委托人提出的资料是信托计划成立前的资料,不属于信托计划成立后的资料,因此,法院对委托人的请求不予支持。另外,本案委托人还要求受托人提供涉案信托计划完整的银行账户收支明细、信托财产的划拨指令等关键信息,但法院认为,委托人作为信托计划的若干投资者之一,其查询的事项涉及整个信托计划的资金,已远远超过其个人的投资金额,因此,对这项要求也不予支持。

---

① 北京市高级人民法院民事判决书,(2019)京民终1600号。

本案是营业信托纠纷中为数不多的,委托人诉讼请求仅要求受托人提供相关信息的案件,从这个案件可以看出,委托人的知情诉求和受托人主动公开资料之间的矛盾和差距。受托人主动公开的资料,一般属于格式版本,其中的内容对受益人监督信托是否有用值得商榷。在集合商事信托中,一般委托人的人数都是2人及以上,单个投资者的资金只占整个信托的一小部分,任何一个投资者要求查询信托资金的情况,都不可能只查自己那一部分,因为货币资金属于种类物,不属于特定物,也不能分割。基金资金信托就是为了集中多数人的资金来进行投资,单个投资者想查询信托资金使用情况或者账户的,都不可能只查询自己那一小部分,并且整个信托计划的资金使用情况关系到每一个投资者,因此,不能因为单个委托人的资金只占信托计划的一小部分,就认为其不能查询整个信托计划的资金使用情况,只要受托人将其他委托人的个人信息保护好即可。单个投资者将资金交给受托人之后,资金就脱离了委托人的管控,因此,查询信托计划的资金不会涉及委托人的个人信息,也不会侵犯其他人的隐私。当投资者遭遇资金损失之后,首先面临的问题是寻找受托人是否违反信义义务的证据,单是通过受托人自行公布的资料难以收集到有利证据,因此,委托人向受托人申请查询其认为有效的资料,包括工作底稿等。由于对此规定得笼统,我国《信托法》需要在今后的修订中,明确受益人申请受托人提供资料的内容,是否包括信托计划募集期间的资料,以及信托计划的财务信息、划拨信息,等等。

(三)完善受托人的信息披露义务相关法律规定

受托人的信息披露义务应分为主动披露和被动披露。主动披露义务即受托人不用受益人申请或者监管机构要求,主动对信托财产管理过程中的相关事项进行披露,我国《信托法》第33条规定,受托人应按年度定期将信托财产管理、运用的相关情况告知委托人和受益人,这属于主动披露义务,但这一规定过于笼统,不具有可操作性。受托人往往回避披露那些受益人希望知道的关键敏感信息,而选择性披露一些筛选后的信息。特别是涉及受托人违反信义义务的情况,例如,与受托人交易的利益相关方,利益冲突,等等,更不可能进行主动披露。另外,受托人主动披露的内容一般都是格式条款,并且很多信息受益人都可以从公开渠道获知的,并没有太多价值。从受益人角度,更希望知悉受托人管理信托财产过程中的涉及利益冲突、关联交易方面的内容,因此,除了主动披露,受托人还应根据受益人的申请作出回应,即被动披露。虽然我国《信托法》对此并未作出充分规定,但目前可以适用监管机构颁布的部门规章和指导意见来处理。例如,《资管新规》中规定了金融机构的信息披露应充分。金融机构作为受托人应当向投资者主动披露投资信息,保证披露内容的真实、准确、完整和及时,主要包括资产管理产品的募集信息、资金投向、杠杆水平、收益分配、托管安排、投资账户信息和主要投资风险等内容。[①] 一般来说,受托人提供的信托格式版本中都包括了《资管新规》所列的事项,从搜索到的信托公司违反信义义务,被监管机构处罚的案例可以看出,信托机构一般对规定的需要主动披露的事项都会进行披露,对于自我交易、关联交易、利益输送等这些交易内容选择性不披露,但这些都是事关信托财产安全的重要事项。因此,从信托法的角度,应当着重规范受托人的被动披露义务。同时,为了防止受益人滥用权利损害信托或者其他受益人的权利,可以参照日本《信托法》第 38 条的规定,对受托人拒绝信息披露的事项明确列举。

二、信义义务的监督机制与受益人会议

对商事信托受托人信义义务的研究,最终目的是保障受益人利益。受益人会议在集合资金信托中被称为受益人大会,在证券投资基金中被称为基金份额持有人会议,在资产证券化特定目的的信托中被称为资产支持证券持有人会议。本质上,无论什么类型的受益人会议都体现了商事信托组织化和营利性的特征。信托法律关系以信任为基础,以保护受益人权益为目的,以受托人信义义务为支撑,目前很多信托学者将商事信托视为拟制团体,而受益人会议必然是信托组织框架内的一个重要机构,在商事信托中,受益人始终处在信托管理的外围,而受益

---

① 中国人民银行、中国银行保险监督管理委员会、中国证券监督管理委员会、国家外汇管理局《关于规范金融机构资产管理业务的指导意见》(银发〔2018〕106 号)第 12 条。

人会议是受益人唯一可以通过行使投票权来参与信托事项的途径，也可以在信托管理过程中监督受托人信义义务是否履行，因此受益人会议作为受益人监督受托人的过程管理，而非结果管理的途径，立法应予以重视。

在商事信托中，委托人和受益人很多时候是重合的，在某些家族信托中，也有不重合的情况，受益人在信托关系存续期间，如何保证受托人履行其义务，需要一种长效机制，而非事后的监督，当信托结束后发现受托人违反义务再去起诉时，可能受托人已无偿还能力，加上信托一般持续时间较长，受益人难以及时维护自己的权益。因此受益人会议是一种持续的、及时的机制，可以实现受益人对受托人的监督。例如，商事信托中，如受托人想延长信托期限，受益人在受益人会议上可以行使反对权，及时阻止受托人的行为。

在集合资金信托中，受益人数量较多，受益人大会是受益人行使权利，参与监督的最重要途径之一，类似公司的股东会。我国目前法律并未将商事信托看作拟制法人，受益人大会难以像公司股东会一样成为固定机关，难以发挥应有的监督权力行使的作用，受益人众多的，会出现“搭便车”的心理，同时，也使一些受益人容易被持有信托单位较多的受益人控制，类似小股东被大股东控制的情况。信托并非公司一样的组织，受益人大会并非一定要召开，也不一定需要定期召开，加上受益人参与投票的积极性不高，对于受托人提出的投资决议事项也并非很专业，因此，受益人大会的参与度并非很高。

日本2006年《信托法》第四部分中增加了对受益人大会的详细规定，包括总则和分则部分①，总则规定，当受益人有两个及以上时，受益人的决定需要经全体受益人一致同意，但允许信托条款可以另有约定，包括规定受益人的决定可以采用多数决的方式。受益人会议可以随时召开，由受托人或信托监督人召集，受益人也可以要求受托人召集，在某些特定情况下可能对信托财产造成损失的，受益人可以自行召集受益人会议。对于一般事项，受益人会议的决议由出席会议的受益人的

① 日本《信托法》第105～122条之规定。

多数票通过;对于特定事项,决议必须由出席会议的持半数以上表决权的受益人,2/3 以上或者 3/4 以上票数通过。受益人会议通过的决议对所有受益人有效。

我国《信托法》中并未对商事信托作出专门规定,因此,没有受益人大会的相关规定。无论何种类型的信托,受益人都可能有两人及以上,受托人对受益人应公平对待。对于民事信托,美国信托立法也考虑到了受益人,体现在受益人对信托的变更和终止上。例如,《信托法重述》(二)第 337 条规定,信托的全部受益人如果都具有行为能力,并且所有受益人一致同意,可以强行终止信托。英国 1841 年的 Sanders(桑德斯)诉 Vautier(沃蒂埃)案也确立了经全体受益人一致同意可以终止信托的规则。①

《信托公司集合资金信托计划管理办法》在第七章中规定了受益人大会,包括受益人大会的组成是全体受益人,以及应当由受益人大会决定的事项,召集程序、决议程序等。② 但对于受益人大会决议的效力、争议的救济并没有规定,即当出现某些受益人对受益人大会的决议有异议时应如何处理。根据现有法律,受益人无法请求法院撤销或申请法院宣告无效;再者,上述管理办法是原银监会颁布的部门规章,效力层级不高。对于受益人大会决议效力以及救济这类规定,日本在其《信托法》中专门对受益人大会进行了规定,因此,受益人大会决议的效力及救济应在信托基本法律中予以明确。另外,原银监会作为信托公司的主管部门,其发布的管理办法主要目的是对信托公司进行监管,而委托人、受益人作为信托法律关系的一方,其权益的保护应当由信托基本法律来规定,因此,建议在修订《信托法》时,应参照股东会相关制度,对受益人大会予以明确规定。除了集合资金信托,其他类型的信托也会出现多个受益人的情况,受益人认为受益人大会决议的事项侵犯其权益的,不能申请法院撤销,只能向法院起诉,证明受托人的行为违反了合同约定,或者违反了信义义务,这样不仅增加了受益人的诉讼成

---

① 参见[英]D. J. 海顿:《信托法》,周翼、王昊译,法律出版社 2004 年版,第 77 页。

② 《信托公司集合资金信托计划管理办法》第 41 ~ 46 条。

本,也不利于及时阻止受益人大会的决议造成的危害后果,另外,受托人违反信义义务的证明难度较高,并且受益人大会通过的将信托期限延长,或者变更投资方向等决议,并未违反信托合同,但有可能侵犯某些受益人的权益,因此,是否应赋予受益人对受益人大会决议的诉权,是信托法值得考虑的问题。例如,在熊某诉四川信托案①中,委托人以受托人严重违约为由起诉至法院,要求解除信托合同,要求受托人承担因违约改变投资范围、违反投资限制,导致委托人投资款无法收回的损失。委托人熊某与受托人四川信托签订信托合同,约定信托计划资金的投资方向是新三板拟挂牌公司股权、挂牌公司股票、信托业保障基金。2015 年 5 月 8 日,四川信托发布关于涉信托计划召开受益人大会的公告,理由是根据三板投资市场环境的变化,投资顾问提请拟将信托资产投资范围和投资限制进行调整。2015 年 5 月 22 日,四川信托发布案涉信托计划受益人大会表决结果的公告,该次受益人大会的参加者代表 3530 万份信托单位,参加大会的受益人全体通过受益人大会审议事项。委托人熊某称其未在受托人的官网上查询到召开受益人大会的公告,也未收到受托人的相关通知,四川信托并未告知其召开受益人大会及审议事项,根据相关规定,其有权反对变更投资范围、投资限制,因为这些事项的变更需要全体受益人的同意。但受托人举证可以在其官方网站搜索相关公告,也电话通知了委托人。法院审理认为,信托合同中约定了受益人大会可以审议决定改变信托计划项下的信托计划财产运用方式,四川信托作为受托人,其对受托人大会的召集程序、表决方式合法,参加受益人大会的人数符合要求,并且参加受益人大会的全体受益人同意了表决事项,因此,法院认为受托人调整信托财产运用方式符合法律法规以及信托合同约定。另外,受益人大会召开之后,案涉信托计划的投资范围改变,受托人依据投资顾问的建议购买川矿集团的股权,符合投资范围约定,在投资时,川矿集团并未被列为失信联合惩戒对象,而是在一年后才被列为执行人,因此,法院通过审理认为,受托人对川矿集团的投资符合信托合同约定。加上涉案信托计划并未结

① 四川省成都市锦江区人民法院民事判决书,(2019)川 0104 民初 9829 号。

束,委托人无法证明其损失,法院驳回了委托人的全部诉讼请求。

从上述案例可以看出,在目前的法律规定下,受益人起诉的理由是受托人违反信托合同的约定改变资产运用方式,而非受益人大会的决议侵犯其权益。一般来说,受益人大会决议的事项都是由受托人提出,当经济形势发生变化时,涉及改变信托计划期限或者改变投资方向、范围等都是很常见的,有些受益人并未获得参加的通知,或者对决议事项并非十分了解,受益人大会的决议结果有可能会侵犯某些受益人的利益,因此,应赋予受益人对受益人大会决议效力的救济,可以及时防止更大的损失出现。

《信托法》颁布之后,我国金融监管部门在 2005 年颁布的管理办法[①]中首次规定了资产支持证券持有人大会,《证券投资基金法》第九章中对公募基金持有人大会也作出了规定,总体来说,规定比较原则,在受益人行使权利的方式、途径以及可操作性方面,缺乏符合商事信托结构以及和实践特征的详细规定。[②] 结合相关案例以及域外的立法,我国《信托法》在修订时,为了保障受益人的权益可以切实得到实现,受托人的信义义务可以得到严格执行,需要建立完善的受益人大会制度,可以参照大陆法系中日本《信托法》的立法体例,将受益人大会分为总则和分则进行规定。商事信托中,受托人作为金融机构,其天然地具有信息、资源优势,委托人、受益人缺乏相关专业知识,商事信托的主导权主要在于受托人,而受益人大会作为信托事项更改的决策机构,可以平衡受托人的权力,防止受托人滥用权力、操纵信托,可以在信托履行期限内,防范受托人违反信托合同的情况。

本 章 小 结

本章在前几章研究的基础上,针对商事信托受托人信义义务提出

---

① 中国人民银行、中国银行业监督管理委员会颁布的《信贷资产证券化试点管理办法》(〔2005〕第 7 号)。

② 参见蔡秉坤:《商事信托受益人权利保护的法律研究》,中国社会科学出版社 2015 年版,第 176~177 页。

了立法建议,我国《信托法》应对信义义务的基本法律地位予以明确,明确提出信义义务的内容包括忠实义务以及谨慎义务,并将上述义务规则予以细化,本章对忠实义务和谨慎义务分别提出了完善建议。另外,鉴于信义义务在商事信托和民事信托中的差异性,应针对商事信托的特殊性,对商事信托受托人的信义义务规范进行单独规定。受托人是否严格履行信义义务规则需要利益相关者——受益人的监督,因此,除了需要建立完善的信义义务规范,还需要确立信义义务的监督路径,让信义义务规则变成可以履行的"活规则",监督的最佳路径包括完善受托人的信义披露制度以及受益人大会制度。

结论和建议

本书以商事信托中的信义义务为研究对象,信义义务是英美法中最难以捉摸的概念之一。信义义务起源于信托,是为了防止受托人滥用自由裁量权而施加于受托人的一种义务。信义义务在英美法系国家经历了几百年的理论和实践发展已经相对成熟,并伴随着信托制度被他国移植而相继传播,移植的法律概念需要了解其起源以及历史发展,才能更好地了解其实质内涵以及存在价值。

信义义务区别于其他义务,具有特殊性,并非受托人的所有义务都可归类为信义义务,本书详细分析了信义义务在我国民法和商法中的定位,将信义义务与其他容易混淆的法律概念进行了区分,将不同法律概念中的受托人义务进行了对比,分析了信义关系中受托人义务的特殊性。由于是移植的法律概念,一直以来,我国理论界和实务界不同程度地存在对于信义义务的误解,在立法语言上常将信义义务与其他法律概念(如民法中的诚实信用原则等)混淆。信义义务并非合同义务,忠实义务使信义义务具有道德属性,区别于合同义务;信义义务具有强制性,具有填补合同不完备的功能,不能在合同中予以排除。

信义义务产生于信义关系,随着信义义务和信义关系理论的发展,信义关系不再局限于信托关系,还包括其他金融机构担任受托人的各种资产管理法律关系,以及公司法律关系。其中,公司法学者对董事信义义务的研究最为深入。《公司法》与《信托法》中的信义义务理论具有相同的理论基础,但略有差异,主要表现在受托人的主体以及谨慎、勤勉义务的表达以及标准方面。英美法系中的董事信义义务是一种管理责任,董事履行义务更像一种职务代理行为,与商事信托中受托人以自己的名义履行受托行为有一定区别,因此,商事信托受托人的信义义务标准要高于公司董事和高管的信义义务标准。研究商事信托中的信义义务,离不开对商事领域中其他信义义务的横向研究比较,找出共同点和特殊之处,更有利于丰富信义义务的理论研究。

我国引进信托制度的初衷和其他大陆法系国家和地区一样,主要为了发展商事信托,商事信托进入我国即作为一种金融工具被使用。《信托法》的制定并非为了发展民事信托,民事信托也由于相关制度的欠缺始终没有得到发展,而《信托法》也并非专门针对商事信托的规范,因此,导致了《信托法》制定之后长期处于闲置状态。衡平法信托理论产生于信托的初始形态,但信托制度在商事领域和民事领域的适用具有巨大区别,信义义务的研究更应看到商事信托与民事信托的区别。我国《信托法》对信托的分类受到了很多学者的质疑,建议对私益信托按照民商二分的类型进行划分。我国商事信托的实践经历了多个发展阶段,在回归信托本源的过程中,更应注重对信义义务的建设。

商事信托中,受托人的特殊商事主体身份,具有一般民事信托中受托人所不具有的商事信用,这种商事信用以全国性的信用公示系统、信托公司的金融监管以及资金充足率作为支撑,商事信用构成了现代商事信托的基础,这与民事信托中的个人信任是两种完全不同的信任机制。商事信托的受托人是拥有信托牌照的信托机构,信托牌照在信托业来讲仍具有稀缺性,因此,信托机构经营信托业务具有一定的垄断性。相比一般机构,投资者对于金融机构的信任度更高,信托公司也因此获得了投资者的信任。权限越大责任也越大,在商事信托中,虽然信义义务常常以合同的形式展现,但并不代表合同提供者方可以随意降低其义务标准。合同义务来源于合同规定,在商事信托合同中,双方可以对受托人信义义务中的谨慎义务的标准进行约定,但不能排除,也不能任意无限降低。金融机构是我国准入门槛最高的商事主体,具有垄断性,金融机构的信用应高于一般商事主体。在投资类信托中,信托合同是由受托人一方提供的格式版本,委托人购买信托产品时只需要勾选和签字即可,单个委托人也无权对信托合同的某些条款进行修改。从商事信托的实践可以看出,我国商事信托合同并非在合同双方充分协商和谈判基础上形成的,而是出于对效率的追求,由受托人一方提供格式模板,委托人只有选择全部接受,或者放弃进入信托关系两种选择。委托人的合格投资者身份,只是其购买信托产品的一种准入限制,并不附加任何对合同审查方面的义务,受托人应对其提供的合同的合法合规性负责。受托人作为金融机构,内部拥有法律部门,其提供的信托合同出现了任何违法违规的情况都应当由受托人来承担责任,而不能因委托人是合格投资者而免责。当委托人与受托人同为商事主体时,受托人因居于信义关系中受信人的位置,依然具有信息优势地位,因此,在商事信托关系中,委托人是不是商事主体,不影响受托人信义义务的履行。

我国商事信托长期存在"刚性兑付"的实践,导致受托人信义义务受到忽视,在《资管新规》等规范性文件实施后,法院也受理了大量的涉及商事信托的纠纷,受托人是否违反信义义务成为受益人能否主张权利的关键,因此,信义义务的研究也是信托纠纷裁判的关键。信义义务概念的抽象性和复杂性,加上我国目前信托立法并未对信义义务作出详细规定,给商事信托纠纷的司法审判造成了一定困难。理论研究应以实践为基础,本书在对我国商事信托案件进行分析归纳后总结了受托人常见的违反信义义务的情形,以及司法审判中对受托人违反信义义务的认定的相关问题,以我国商事信托实际案例作为基础,使得我国《信托法》在修改时,除了借鉴英美法系的成熟信托理论,更能专注于我国的本土情况,解决本土问题。

我国信托立法对于商事信托受托人信义义务的重构,不宜直接将英美法系的信义义务立法或者理论拿来使用。我国的商事信托实践时间并不长,仍处于发展过程中,我们需要找到一种平衡,既不能像传统英国信托立法那样对受托人信义义务规定过于严苛的标准,对受托人权限限制过多,阻碍商事信托的发展,导致商事信托受托人的工作难度过高,损害受托人的积极性;也不能对受托人的信义义务规定过于松散,而损害投资者的信心。对商事信托受托人信义义务的规范,主要在于明确受托人的义务范围和责任边界,信义义务理论是一个大箩筐,但运用到商业领域中,需要明确的义务边界,否则,没有人会冒险从事受托业务,商事领域中的责任需要明确性,可预见性。确定受托人信义义务的内容以及责任边界,既可以给受托人的受托行为提供保障,防止受托人陷入无法穷尽的信义义务责任中,也可以在受托人违反信义义务后,明确责任的承担,给司法机关审判以指引,让委托人、受益人可以更好地保护自己的权益。因此,我国信托立法在商事信托受托人义务和责任的设定上,一方面需要考虑商事活动中的效率,赋予商事信托受托人广泛的自由裁量权,让其可以在瞬息万变的市场中,为了受益人的利益而灵活、有效地管理信托财产;另一方面,明确以及细化受托人的信义义务,可以有效防止受托人滥用受托地位。目前我国商事信托受托人主体主要是金融机构,金融机构天然具有信息优势和地位优势,信托牌照也具有垄断地位,就我国目前的实际情况而言,受托人违反信义义务的现象频发,导致投资者对信托业信心不足。因此,明确信义义务制度以及相关配套措施是我国信托立法应首先解决的问题。

为了我国商事信托的有序发展,以及保护处于信息劣势地位的受益人的权益,规范受托人的行为,我国在今后的信托立法中,应对以下几个方面予以重视:

第一,在《信托法》中明确信义义务的基本法律地位,明确提出受托人的信义义务概念,将信义义务规范作为信托立法的重中之重。由于目前我国信托立法中对信义义务概念的模糊性,虽然理论界已经有诸多学者开始重视对信义义务相关基本理论的研究,但学理并不能作为司法判案的依据,信托立法应在结合理论研究成果和信托纠纷司法审判的经验基础上,对信义义务基本理论作出规定,包括信义义务的概念、性质、特征、承担主体、内容、不同类型信托中的不同标准等。

在我国商事信托实践中,委托人与受托人存在信息不对等的情况,受托人掌握信息优势,委托人对信托财产的管理难以实现实时的监督,信托合同也是由受托人提供的格式模板,一般情况下,单个委托人不能对信托合同进行修改,因此,商事信托中的信托合同并非双方充分协商的结果,而是交易便捷和金融监管的产物。鉴于委托人在商事信托法律关系中的弱势地位,更应强化受托人的信义义务的法定性,不能允许信托合同随意排除或者降低受托人信义义务,受托人作为合同的制定者,具有排除自身义务的可能性。因此,信义义务作为保护委托人、受益人的有力保障,具有强制性,即使信托合同中受托人排除或降低了信义义务标准,法院在审理相关案例时,也应认定这种约定无效。只有明确信义义务的法定性质,才能确保信义义务填补合同约定不足、预防代理风险的功能。

第二,《信托法》应明确规定受托人对受益人负有信义义务,包括忠实义务以及谨慎义务。目前我国《信托法》中并未明确使用“信义义务”的概念,也未明确规定受托人负有“忠实义务”,《信托法》第 25 条采用的立法术语容易导致将忠实义务等同于民法中的诚实信用原则,但两者是完全不同的,既然引进了信托制度,就应当将信托制度的核心一同引进,“信义义务”这一法律概念并非只属于英美法系,大陆法系同样可以加以使用。

忠实义务是信义义务的最初模式,在信托产生之初,忠实义务等同于信义义务,忠实义务构成了信义义务的全部内容,忠实义务也是信义义务区别于其他义务的重要标志。《信托法》修改时应明确提出受托人的忠实义务概念,对忠实义务按照一般条款和特别条款的形式进行规范。目前我国《信托法》第 26 条关于禁止受托人利用信托财产谋利的规定的范围过于狭窄,与商事信托实践中复杂的情况不相符,按照法条文义解释,受托人很多行为都不会被认定为违反忠实义务。因此,为了保护受益人的权益,建议对第 26 条进行修改,将禁止受托人谋取利益的范围扩大。信托制度始于人与人之间的人格信任,随着信托制度运用到商业领域,个人信任逐渐转变为制度信任。委托人选择受托人所考虑的重点首先是信托法律是否完善,对投资者的保护是否有利,以及信托公司内部管理制度是否完善,其业务能力是否专业等,只有完备的制度建设以及法律保障措施才能增强委托人的信任感。无论在传统的民事信托还是以财产增值为目的的商事信托中,受托人的忠实义务都是基础,在商事信托中,基本难以用道德要求去约束信托机构,从司法实践中的案例可以看出,避免和防范受托人利益冲突以及关联交易是忠实义务规范的重点。忠实义务无疑具有道德性,忠实义务的名称更具有迷惑性,忠实义务并非关注于人的内心活动,而是一种外在表现,在个人信托中,人们可以对受托人违反忠实义务进行道德评价,但在商事信托中,受托人是商事主体、金融机构,忠实义务判定和个人的道德判断无关,商事主体的行为具有外观性,对忠实义务的履行的判断着重关注其是否履行相关规则,因此,应从制度层面防范受托人侵占信托财产,利用关联交易进行利益输送等情况的发生。

从目前的信托立法的情况来看,我国关于受托人忠实义务的具体规定与英美信托立法中的忠实义务相比尚有差距,主要在于受托人与信托财产之间的关联交易的规定。受托人与信托财产之间的关联交易框架越来越复杂,也越来越隐蔽,很多情况下,当委托人购买的信托产品到期无法兑付,去监管部门举报后,监管机构调查后才会发现存在诸多关联交易,但如果此时信托公司已资不抵债,委托人的资金安全则无法得到保障,面临无法追回的风险。因此,受托人违反忠实义务的危害后果是非常严重的,甚至会影响金融的稳定和安全。另外,受托人履行忠实义务的对象是受益人,受托人进行的关联交易是不是公平的、合理的,除了需要向监管机构备案,更应当向受益人进行披露,由受益人和市场进行评判。信托公司将委托人的信托资金直接或者间接地用于其股东或关联方的情况在实践中频频发生,但往往都是信托产品"爆雷"后才发现,因此可以证明过程监督的缺失与不力。目前的规定是在设立集合资金信托计划前,信托公司应对项目的关联方交易等事项进行尽调,并予以披露。但信托计划成立之后,对于信托资金的关联交易问题,并没有予以明确。而对于非集合资金信托,受托人是否有义务在信托计划设立之前就对项目的关联交易作出说明并披露也未明确。因此,我国《信托法》在修订时对关联交易规则应重点予以关注。

第三,信托立法需对商事信托中受托人谨慎义务的标准予以明确。谨慎义务是信义义务在商事领域与民事领域运用的主要区别,传统的个人信托主要关注受托人的忠实义务,受托人无须对信托财产进行投资,谨慎义务更像一般的消极的注意义务,而需要受托人主动进行管理的商事信托的情况更为复杂,因此,对商事信托中受托人的信义义务应予特别规定,按照类型化思维进行规定,细化谨慎义务的判断标准和内容,以便于投资者更好地监督受托人的行为,也有利于司法机关统一适用信义义务来裁判受托人的行为,更好地保护投资者的权益。我国各地的司法资源不均,审判水平尚有一定差异,有些发达地区的法院聚集了诸多金融审判经验丰富的法官,具有一定的理论分析水平,可以结合信托理论进行分析,但很多地方的法院并不具备这样的能力,因此,作为制定法国家,应首先从立法上进行完善。

另外,信义义务在商事领域运用广泛,其中公司法学者对信义义务的研究甚至早于信托法学者,因此,信义义务的研究离不开对公司法相关研究成果的借鉴。《信托法》在修订时应注意与《公司法》等相关法律在立法语言上进行协调,对于谨慎义务,不同的立法采用了"谨慎""有效""勤勉"等表述方式,"谨慎义务"属于信义义务的法定概念,谨慎义务并非"谨慎的义务",而是由一系列的规则组成的集合体,《信托法》应对"谨慎义务"的概念以及标准进行明确,对于不同类型的信托的受托人谨慎义务进行细化,并且,在信托的不同阶段,受托人应履行不同的谨慎义务,对于谨慎义务的立法应采用一般条款和特别条款相结合的方式。

第四,《信托法》应对民事信托和商事信托的信义义务标准进行区分,不宜将两者合二为一进行规定。民事信托和商事信托存在于民事和商事领域中,商事主体是从事营利活动的主体,商事信托中,受托人是以信托为业的商事主体,具有较高的门槛,一般商事主体不能担任商事信托的受托人。德国商法理论认为,商事义务的标准应高于民事义务的标准,商事信托的受托人是以营利为目的的商事主体,收取了经营信托的报酬,具有专业性,一般主体无法从事信托业务,因此,商事信托受托人的信义义务标准应高于民事信托,商事信托内部也因受托人主动管理和被动管理而产生不同的分类,在受托人担任被动管理职责的商事信托中,信托由委托人主导,委托人不易遭受受托人滥用管理权限的侵害,因此,在这一类商事信托中,应当允许信托合同对受托人的信义义务标准降低,但即使降低,也应高于民事信托。根据英美信托理论,信义关系中的受信人的行为标准,要高于市场道德标准,以及普通人的行为标准。商事义务的标准要高于民事义务,加上商事信托中,目前只有金融机构才能担任受托人,金融机构无论是资质还是信用,都要高于一般商事主体,因此,商事信托受托人的信义义务标准应显著高于民事信托。

第五,信义义务产生于信义关系,"信义义务"并非"万金油",不能随意施加于法律主体之上,信义义务的严苛性决定了只有信义关系中的受信人才承担信义义务,因此,信义义务理论的研究绕不开对信义关系的分析,信义关系是广义的信托关系,信托关系是狭义的信义关系,除了信托法律关系,在商事领域中,还存在其他的信义关系,例如公司法律关系、基金法律关系以及由不同金融机构担任受托人的资产管理法律关系。信任是信义关系的基础,也是信义关系区别于其他法律关系的特质,信义关系具有道德属性,因此,信义义务也具有道德属性,这也是信义义务区别于合同义务的特点。在《资管新规》颁布之前,我国司法实践中仅将信托公司作为受托人的商事信托看作信托法律关系,而将其他金融机构担任受托人的资产管理法律关系认定为委托法律关系,导致了法律适用的混乱。虽然《资管新规》对于纠正这一问题有重要作用,但毕竟《资管新规》是金融监管部门基于解决监管中存在的问题而出台的临时性的规范,并非私法中平等主体之间的规范,因此,对于信义关系的认定,以及信义义务的承担主体等方面的规定,应由基本信托立法予以规范,只有从法律上进行了明确,才能更好地保护委托人、受益人的利益。

2018 年《资管新规》的颁布意味着从监管部门的视角开始准备统一规范金融业中的资产管理业务,将资产管理法律关系统一视为信托法律关系,以《信托法》为基础法律。《资管新规》的颁布,给我国商事信托的发展带来了重大挑战,最重要的就是明确提出了对商事信托实践中,一直存在的受托人"刚性兑付"行为的禁止以及对"通道业务"的禁止,"刚性兑付"一度是信托业发展的"潜规则",信托业的发展壮大一定程度上也依赖于"刚性兑付",在"刚性兑付"时代,委托人只关心受托人是否履行了兑付承诺,而不关心受托人是否履行了信义义务,"刚性兑付"成了受托人唯一的义务。在后《资管新规》时代,信托公司作为受托人面临着转型,从过去的作为银行业的附属,通道的角色转变为积极管理客户财富的角色,这种转变离不开信义义务的建立和重构。

英美法系传统理论认为信义义务是最难以界定的概念之一，信义义务高度抽象化给信托实践带来了困难，信义义务在商事信托，以及资管业务中处于核心地位，当投资者权益受损时，受托人是否违反信义义务就是责任划分和承担的关键，因此，信托立法中，应针对商事信托建立专门的受托人信义义务行为规范，将抽象的法律概念具体化。只有明确了信义义务承担主体、信义义务的内容，以及信义义务行为规范、标准等，委托人、受益人才能更好地监督受托人，受托人也能更好地规范自身行为，提升主动管理受托财产的能力。另外，《资管新规》的颁布也并不意味着所有的通道业务都是无效的，监管机构并非禁止所有的通道业务，根据已有案例，即使在通道业务中，受托人也并非不承担任何信义义务，只是信义义务中的谨慎义务的标准相对于主动管理的信托类型标准较低，但信托公司在通道业务中依然使用了其商事信托受托人的身份，按照法理，其应当承担的义务属于商事主体的义务，其信义义务标准依然应当高于民事主体承担的义务，即至少高于民事信托中受托人的信义义务标准。

第六，为了保证商事信托中受托人信义义务的履行，应建立完善的信息披露制度。信息不对称是商事信托法律关系各方最突出的特征，一旦受托人违反信义义务，造成的后果可能是委托人的信托财产遭受巨大损失，对于委托人来说，除了在信托期限到期后通过司法途径追究受托人的责任，更重要的是在信托存续期间对受托人的行为进行持续监督，这就需要信托立法对受托人的主动披露和被动披露机制进行完善。在商事关系中，一方是信托机构，另一方是普通投资者，一旦委托人购买了信托产品，便失去了对信托财产的控制，目前我国商事信托实践中，普通投资者参与的主要是集合资金信托，单个投资者想要了解整个信托运行的全貌有一定困难。而民事信托中，受托人并非以信托为业，可能一个受托人管理的是一个委托人的信托财产，受益人有需要可以随时找到受托人进行查询，但商事信托中的受托人并非个人，而是商事主体，委托人无法随时找到某个具体的人进行查询，需要履行烦琐的手续，因此商事信托中的委托人想要获得信托信息的渠道只有通过受托人的信息披露。

我国《信托法》并未明确规定受托人的信息披露义务，仅规定了受托人对资料的保存义务，以及将相关信息告知委托人、受益人。这一规定过于原则性以及缺乏可操作性，不利于保障受益人的信息知情权。另外，我国商事信托中的信息披露制度主要见于监管部门发布的部门规章中，信托机构的信息披露对象主要是监管机构，但信托法律关系是私法，受托人履行信义义务的对象是受益人，因此，《信托法》应明确规定受托人的信息披露义务和相关制度，尤其是信托公司对单个委托人的问询的回应和披露制度，即被动披露的完善，一般来说，信托公司主动披露的内容都是其希望公布的内容，但委托人希望知道的信息可能并未被披露，立法应对于单个委托人的问询制度进行完善。

另外，受益人大会也是监督受托人信义义务履行的有效机制，《信托法》在修订时，应参照股东会相关制度，对受益人大会的规定予以完善。例如，当受益人认为受益人大会的决议侵犯其权益时，受益人的撤销权应如何行使等。我国商事信托中，普通投资者参与最多的类型是集合资金信托，受益人人数众多，单个受益人难以对整个信托的管理进行干预，但受益人大会可以监督受托人的重大决策，如延长信托期限，变更投资方向等进行监督。受益人大会是受益人在信托存续期间监督受托人信义义务是否履行的有效机制。商事信托中，受托人作为金融机构，其天然地具有信息、资源优势，委托人、受益人缺乏相关专业知识，使商事信托的主导权主要在于受托人，而受益人大会作为信托事项更改的决策机构，可以平衡受托人的权力，防止受托人滥用权力、操纵信托，至少可以在信托存续期内，防范受托人随意变更信托合同约定的事项。

参考文献

一、著作类

(一)中文著作

1. 林少伟:《董事义务研究》,法律出版社2023年版。

2. 梁治平:《法律与说理》,商务印书馆2022年版。

3. 肖海军:《商法本体论:以营业为切点的展开与重构》,法律出版社2022年版。

4. 徐化耿:《信义义务研究》,清华大学出版社2021年版。

5. 王建文:《商法总论研究》,中国人民大学出版社2021年版。

6. 王伟等:《金融信托概论》,经济科学出版社2021年版。

7. 孟翔韬:《影子银行监管研究》,法律出版社2021年版。

8. 中国人民大学信托与基金研究所:《2020中国信托业发展报告》,中国经济出版社2020年版。

9. 中国信托业协会编:《中国信托业发展报告(2019-2020)》,中国金融出版社2020年版。

10. 邢成、袁吉伟编著:《资金信托理论与实务》,经济管理出版社2020年版。

11. 范健、王建文:《商法总论》(第2版),法律出版社2019年版。

12. 王道远等:《信托的逻辑》,中信出版社2019年版。

13. 王受春:《公司实际控制人诚信义务》,中国法制出版社2019年版。

14. 赵廉慧:《信托法解释论》,中国法制出版社2019年版。

15. 朱晓喆主编:《中国信托法评论》,法律出版社2018年版。

16. 杨仁寿:《法学方法论》(第 2 版),中国政法大学出版社 2018 年版。

17. 何旭艳:《上海信托业研究(1921 - 1949)》,上海远东出版社 2018 年版。

18. 楼建波:《金融商法的逻辑:现代金融交易对商法的冲击与改造》,中国法制出版社 2017 年版。

19. 张军建主编:《信托法纵横谈——写在我国信托法修改之前》,中国财政经济出版社 2016 年版。

20. 谢哲胜:《信托法》(修订 5 版),台北,元照出版有限公司 2016 年版。

21. 李智等:《商事主体与商事信托法律制度研究》,上海三联书店 2016 年版。

22. 赵廉慧:《信托法解释论》,中国法制出版社 2015 年版。

23. 范健、王建文:《商法学》(第 4 版),法律出版社 2015 年版。

24. 蔡秉坤:《商事信托受益人权利保护的法律研究》,中国社会科学出版社 2015 年版。

25. 钟向春:《我国营业信托受托人谨慎义务研究》,中国政法大学出版社 2015 年版。

26. 徐国栋:《民法哲学》,中国法制出版社 2015 年版。

27. 蒲坚等:《论信托》,中信出版社 2014 年版。

28. 季奎明:《组织法视角下的商事信托法律问题研究》,法律出版社 2014 年版。

29. 王众:《信托受益人保护研究:基于商事实践的视角》,法律出版社 2014 年版。

30. 张淳:《信托法哲学初论》,法律出版社 2014 年版。

31. 徐国栋:《民法基本原则解释:诚实信用原则的历史、实务、法理研究》(再造版),北京大学出版社 2013 年版。

32. 王泽鉴:《债法原理》(第 2 版),北京大学出版社 2013 年版。

33. 何宝玉:《信托法原理与判例》,中国法制出版社 2013 年版。

34. 于朝印:《特定目的信托法律规制研究》,厦门大学出版社 2013 年版。

35. 张淳:《中国信托法特色论》,法律出版社 2013 年版。

36. 周小明:《信托制度:法理与实务》,中国法制出版社 2012 年版。

37. 汪其昌:《谈判力——信托制度的形成与应用》,上海远东出版社 2012 年版。

38. 刘韶华:《信托原理在民商事法律实务中的应用》,法律出版社 2012 年版。

39. 高凌云:《被误读的信托——信托法原论》,复旦大学出版社 2010 年版。

40. 张军建:《信托法基础理论研究》,中国财政经济出版社 2009 年版。

41. 彭插三:《信托受托人法律地位比较研究》,北京大学出版社 2008 年版。

42. 余辉:《英国信托法:起源、发展及其影响》,清华大学出版社 2007 年版。

43. 余卫明:《信托受托人研究》,法律出版社 2007 年版。

44. 何宝玉:《信托法原理研究》,中国政法大学出版社 2004 年版。

45. 方嘉麟:《信托法之理论与实务》,中国政法大学出版社 2004 年版。

46. 钱弘道:《英美法讲座》,清华大学出版社 2004 年版。

47. 中野正俊、张军建:《信托法》,中国方正出版社 2004 年版。

48. 张天民:《失去衡平法的信托——信托观念的扩张与中国信托法的机遇和挑战》,中信出版社 2004 年版。

49. 卞耀武主编:《中华人民共和国信托法释义》,法律出版社 2002 年版。

50. 赖源河、王志诚:《现代信托法论》(修订 3 版),中国政法大学出版社 2002 年版。

51. 王清、郭策:《中华人民共和国信托法条文诠释》,中国法制出版社 2001 年版。

52. 何宝玉:《英国信托法原理与判例》,法律出版社 2001 年版。

53. 何勤华主编:《英国法律发达史》,法律出版社 1999 年版。

54. 施天涛、余文然:《信托法》,人民法院出版社 1999 年版。

55. 周小明:《信托制度比较法研究》,法律出版社 1997 年版。

56. 张淳:《信托法原论》,南京大学出版社 1994 年版。

57. 范健:《德国商法》,中国大百科全书出版社 1993 年版。

58. 沈宗灵:《比较法研究》,北京大学出版社 1987 年版。

59. 史尚宽:《信托法论》,台北,台湾商务印书馆 1946 年版。

(二)中文译著及英文原著

1. [德]赫尔穆特·科勒:《德国民法总论》,刘洋译,北京大学出版社 2022 年版。

2. [加拿大]莱昂纳尔·史密斯主编:《重塑信托:大陆法系中的信托法》,李文华译,法律出版社 2021 年版。

3. [德]海因·克茨:《英美信托与德国信托的比较法研究》,白媛媛译,法律出版社 2021 年版。

4. [英]斯蒂芬·加拉赫:《衡平法与信托法:数世纪的结晶》,冷霞译,法律出版社 2020 年版。

5. [英]菲力浦·H. 佩蒂特:《佩蒂特衡平法与信托法》(上、下),石俊志译,法律出版社 2020 年版。

6. [英]阿拉斯泰尔·哈德逊:《衡平法与信托的重大争论》,沈朝辉译,法律出版社 2020 年版。

7. [英]保罗·S. 戴维斯等主编:《衡平法、信托与商业》,葛伟军译,法律出版社 2020 年版。

8. [美]安德鲁·S. 戈尔德、[美]保罗·B. 米勒编著:《信义法的法理基础》,林少伟、赵吟译,法律出版社 2020 年版。

9. [英]威廉·斯威林主编:《特殊目的信托:Quistclose 信托的争议评述》,季奎明译,法律出版社 2019 年版。

10. [日]日本商事信托研究会编:《日本商事信托立法研究》,朱大明译,法律出版社 2019 年版。

11. [英]格雷厄姆·弗戈:《衡平法与信托的原理》,葛伟军译,法律出版社 2018 年版。

12. [日]田中和明、[日]田村直史:《信托法:理论与实务入门》,中国人民大学出版社 2018 年版。

13. [英]大卫·约翰斯顿:《罗马法中的信托法》,张淞纶译,法律出版社 2017 年版。

14. 葛伟军等译:《历史的经典与现代的典范:英国信托成文法编译》,法律出版社 2017 年版。

15. [美]劳伦斯·M. 弗里德曼:《遗嘱、信托与继承法的社会史》,沈朝晖译,法律出版社 2017 年版。

16. [日]新井诚:《信托法》(第 4 版),刘华译,中国政法大学出版社 2017 年版。

17. [美]爱德华·C. 哈尔巴赫:《吉尔伯特信托法》,张雪梅译,法律出版社 2017 年版。

18. [德]茨威格特、[德]克茨:《比较法总论》,潘汉典等译,中国法制出版社 2017 年版。

19. [德]拉德布鲁赫:《法学导论》,米健译,商务印书馆 2013 年版。

20. Lusina Ho & Rebecca Lee, *Trust Law in Asian Civil Law Jurisdictions: A Comparative Analysis*, Cambridge University Press, 2013.

21. [日]能见善久:《现代信托法》,赵廉慧译,中国法制出版社 2011 年版。

22. [日]三菱日联信托银行编著:《信托法务与实务》,张军建译,中国财政经济出版社 2010 年版。

23. Tamar Frankel, *Fiduciary Law*, Oxford University Press, 2010.

24. [英]F. W. 梅特兰:《国家、信托与法人》,北京大学出版社 2008 年版。

25. Gary Watt, *Trusts*, Oxford University Press, 2004.

26. [英]海顿:《信托法》,周翼、王昊译,法律出版社 2004 年版。

27. [德]卡尔·拉伦茨:《德国民法通论》(上册),王晓晔等译,法律出版社 2003 年版。

28. [美]伯尔曼:《法律与宗教》,梁治平译,中国政法大学出版社

2003 年版。

29. Lusina Ho, *Trust Law in China*, Sweet& Maxwell Asia, 2003.

30. Joshua Getzler, *Duty of Care*, *in Breach of Trust*, Peter B. H. Birks & Arianna Pretto eds., 2002.

31. Alastair Hudson, *Equity & Trusts*, 2nd edition, Cavendish Publishing Ltd., 2001.

32. A. J. Oakley, *Trends in Contemporary Trust Law*, Clarendon Press, 1997.

33. Frank H. Easterbrook & Daniel R. Fischel, *The Economic Structure of Corporate Law*, Harvard University Press, 1996.

34. [英]梅因:《古代法》,沈景一译,商务印书馆 1959 年版。

二、论文类

(一)期刊论文(中文)

1. 黄辉:《独立董事的法律义务与责任追究:国际经验与中国方案》,载《中外法学》2023 年第 1 期。

2. 王建文:《我国董事信义义务制度的扩张适用:一般规定的确立》,载《当代法学》2023 年第 1 期。

3. 蒋大兴:《头痛医脚——公司法修订草案中的关键缺失》,载《中国法律评论》2022 年第 5 期。

4. 许多奇:《论全周期视野下私募基金管理人的信义义务》,载《武汉大学学报(哲学社会科学版)》2022 年第 5 期。

5. 赵廉慧:《作为民法特别法的信托法》,载《环球法律评论》2021 年第 1 期。

6. 姜雪莲:《信托指示人的法律地位探析》,载《中国政法大学学报》2021 年第 1 期。

7. 柏高原:《试析医患信义关系——以信义义务起源和扩张为进路》,载《中国医学伦理学》2021 年第 5 期。

8. 鲁篱:《论金融司法与金融监管协同治理机制》,载《中国法学》2021 年第 2 期。

9. 夏小雄:《家族办公室的监管:香港经验》,载《银行家》2021 年第 4 期。

10. 夏小雄:《信托业监管体系重构:问题剖析、理论反思与制度完善》,载《金融监管研究》2020 年第 9 期。

11. 徐化耿:《信义义务的一般理论及其在中国法上的展开》,载《中外法学》2020 年第 6 期。

12. 吴晓灵:《完善法律体系、确保大资管市场健康发展》,载《清华金融评论》2020 年第 8 期。

13. 楼建波:《区分信托合同与信托:昆山纯高案的另一种说理路径》,载《社会科学》2020 年第 11 期。

14. 赵廉慧:《从法律角度认识家族信托》,载《银行家》2020 年第 6 期。

15. 朱晓喆:《意定监护与信托协同应用的法理基础——以受托人的管理权限和义务为重点》,载《环球法律评论》2020 年第 5 期。

16. 周小明:《完善信托法律制度全面发挥信托的财富治理功能》,载《清华金融评论》2020 年第 2 期。

17. 杨秋宇:《信托通道业务的私法构造及其规制逻辑》,载《北京理工大学学报(社会科学版)》2020 年第 9 期。

18. 赵旭东:《公司治理中的控股股东及其法律规制》,载《法学研究》2020 年第 4 期。

19. 汪毅:《营业信托纠纷裁判应重视监管作用》,载《人民法院报》2019 年 8 月 17 日,第 2 版。

20. 黄辉:《资产管理的法理基础与运行模式》,载《环球法律评论》2019 年第 5 期。

21. 张凇纶:《民法典时代的信托融入的路径选择》,载《交大法学》2019 年第 2 期。

22. 王涌:《信义义务是私募基金业发展的“牛鼻子”》,载《清华金融评论》2019 年第 3 期。

23. 王建文:《我国商事代理制度的内涵阐释及立法构想》,载《南京社会科学》2019 年第 2 期。

24. 黄辉:《资产管理的法理基础与运行模式》,载《环球法律评论》2019 年第 5 期。

25. 魏婷婷:《金融信托"刚性兑付"风险的法律控制》,载《法学杂志》2018 年第 2 期。

26. 缪因知:《资产管理内部法律关系之定性:回顾与前瞻》,载《法学家》2018 年第 3 期。

27. 姜宇:《论资产管理业务法律规制的第三支柱:信义义务规则——兼评〈关于规范金融机构资产管理业务的指导意见〉》,载《上海金融》2018 年第 12 期。

28. 曾大鹏:《民法典编纂中商事代理的制度构造》,载《法学》2018 年第 8 期。

29. 李建伟、谢晓松:《商事信托受托人注意义务判定标准研究》,载赵万一主编:《市场创新背景下的公司法与信托法》,法律出版社 2017 年版。

30. 楼建波、姜雪莲:《信义义务的法理研究——兼论大陆法系国家信托法与其他法律中信义义务规则的互动》,载《社会科学》2017 年第 1 期。

31. 徐化耿:《论私法中的信任机制——基于信义义务与诚实信用的例证分析》,载《法学家》2017 年第 4 期。

32. 谈李荣:《金融信托交易模式演进的法律逻辑》,载《华东政法大学学报》2017 年第 5 期。

33. 夏小雄:《"得形"、"忘意"与"返本":中国信托法的理念调整和制度转型》,载《河北法学》2016 年第 6 期。

34. 朱圆:《论信义法的基本范畴及其在我国民法典中的引入》,载《环球法律评论》2016 年第 2 期。

35. 季奎明:《论金融理财产品法律规范的统一适用》,载《环球法律评论》2016 年第 6 期。

36. 姜雪莲:《信托受托人的忠实义务》,载《中外法学》2016 年第 1 期。

37. 李宇:《论作为法人的商业信托》,载《法学》2016 年第 8 期。

38. 薛贝妮:《论家族信托受托人义务的立法完善》,载《江汉论坛》2016 年第 5 期。

39. 邢会强:《金融机构的信义义务与适合性原则》,载《人大法律评论》2016 年第 3 期。

40. 樊云慧:《公司高管义务与董事义务一致吗?——美国的司法实践及其对我国的启示》,载《环球法律评论》2014 年第 1 期。

41. 刘正峰:《财产独立管理委托的信托性质与信托制度融入民法典研究——从财产管理委托的类型化分析展开》,载《北方法学》2014 年第 6 期。

42. 朱小川:《银行理财业务中的法律适用——从保护客户权益的角度》,载《银行家》2014 年第 7 期。

43. 王众:《美国信托受托人投资行为规范及其对我国的启示——以谨慎投资者规则为视角》,载《科学·经济·社会》2014 年第 1 期。

44. 王建文、张莉莉:《商事信托的司法裁判:理念与规则》,载范健主编:《中国信托法论坛 2014》,法律出版社 2015 年版。

45. 李萌、李峣:《信托受托人信义义务及我国立法现状分析》,载《河北科技大学学报(社会科学版)》2013 年第 3 期。

46. 赵磊:《信托受托人的角色定位及其制度实现》,载《中国法学》2013 年第 4 期。

47. 翁贞、朱敏:《公司高级管理人员违反勤勉义务的司法认定》,载《人民司法》2013 年第 6 期。

48. 李安安:《金融创新与董事信义义务的重塑》,载《证券法苑》2012 年第 2 期。

49. 范世干:《信义义务的概念》,载《湖北大学学报(哲学社会科学版)》2012 年第 1 期。

50. 神作裕之:《日本信托法及信托相关法律的最新发展与课题》,载《中国政法大学学报》2012 年第 5 期。

51. 于海涌:《中国信托业陷入低迷的法律分析——写在〈信托法〉实施以后》,载《政法论丛》2011 年第 10 期。

52. 刘迎霜:《论信托的本质——兼与“信托异化论”商榷》,载《法学评论》2011 年第 1 期。

53. 陈学文:《论信托受托人谨慎投资义务》,载《政法学刊》2011 年第 6 期。

54. 李勇、陈学文:《信托产品的制度解析——兼与〈信托制度异化论〉作者商榷》,载《广东金融学院学报》2010 年 2 期。

55. 李红海:《自足的普通法与不自足的衡平法——论英国普通法与衡平法的关系》,载《清华法学》2010 年第 6 期。

56. 张淳:《美国社会保障基金投资信托受托人的谨慎投资义务》,载《同济大学学报(社会科学版)》2010 年第 6 期。

57. 孙义刚、郑阈:《信托制度异化论——对我国现行信托产品法律结构之评判》,载《法律科学(西北政法大学学报)》2009 年第 4 期。

58. 肖海军:《信托投资机构信托义务的释义与认定》,载《社会科学》2009 年第 2 期。

59. 施天涛、周勤:《商事信托:制度特性、功能实现与立法调整》,载《清华法学》2008 年第 2 期。

60. 徐卫:《信托监督多元化构造的法律分析》,载《厦门大学法律评论》2008 年第 1 期。

61. 能见善久、赵廉慧:《日本新信托法的理论课题》,载《比较法研究》2008 年第 5 期。

62. 宋琳、邹泰:《信义义务在我国的缺失及其根源探析》,载《山东社会科学》2007 年第 10 期。

63. 任自力:《美国公司董事诚信义务研究》,载《比较法研究》2007 年第 2 期。

64. 彭心倩:《从美国公司法信义义务变革看我国的制度完善》,载《湖湘论坛》2007 年第 6 期。

65. 高民尚:《审理证券、期货、国债市场中委托理财案件的若干法律问题》,载《人民司法》2006 年第 6 期。

66. 赵磊:《商事代理与民事代理之区分——兼谈我国商事代理制度的立法完善》,载《西南大学学报(人文社会科学版)》2006 年第 5 期。

67. 刘继虎、王巍:《受托人义务的若干基本理论问题研究》,载《武汉大学学报(哲学社会科学版)》2006 年第 4 期。

68. 江平:《信托制度在中国的应用前景》,载《法学》2005 年第 1 期。

69. 沈四宝:《商事信托制度的现代发展》,载《甘肃政法学院学报》2005 年第 4 期。

70. 王连洲:《中国信托制度发展的困境和出路》,载《法学》2005 年第 1 期。

71. 其木提:《论行纪合同委托人的取回权》,载《环球法律评论》2005 年第 1 期。

72. 范健:《商行为论纲》,载《南京大学法律评论》2004 年第 2 期。

73. 朱慈蕴:《资本多数决原则与控制股东的诚信义务》,载《法学研究》2004 年第 4 期。

74. 张淳:《信托合同论——来自信托法适用角度的审视》,载《中国法学》2004 年第 3 期。

75. 刘东亚:《论英国信托法受托人的信义义务》,载《河北科技大学学报(社会科学版)》2004 年第 2 期。

76. 刘正峰:《信托制度基础之比较与受托人义务立法》,载《比较法研究》2004 年第 3 期。

77. 顾元:《中国传统衡平司法与英国衡平法之比较——从"同途殊归"到"殊途同归"》,载《比较法研究》2004 年第 4 期。

78. 孙静:《德国信托法探析》,载《比较法研究》2004 年第 1 期。

79. [美]约翰·H. 兰贝恩:《信托法的合同基础》,何美欢译,载《清华法学》2004 年第 1 期。

80. 盛学军:《中国信托立法缺陷及其对信托功能的消解》,载《现代法学》2003 年第 6 期。

81. 中野正俊、张军建:《从比较信托法看中国信托法的立法及其解释》,载《中南大学学报(社会科学版)》2003 年第 1 期。

82. 刘正锋:《美国信托法受托人谨慎义务研究》,载《当代法学》2003 年第 9 期。

83. 钟向春、周小明:《信托活动中的主要法律问题与对策》,载《中国金融》2001 年第 11 期。

84. 李群星:《信托的法律性质与基本理念》,载《法学研究》2000 年第 3 期。

85. 江平、程合红:《论信用——从古罗马法到现代社会》,载《东吴法学》2000 年第 11 期。

86. 王萍:《大陆法代理制度与英美法信托制度之比较》,载《甘肃政法学院学报》1998 年第 3 期。

87. 张楚:《论商事代理》,载《法律科学(西北政法大学学报)》1997 年第 4 期。

88. 戴新华:《试论民国时期信托业》,载《华北电力大学学报(社会科学版)》1996 年第 3 期。

89. 张淳:《英国信托法浅论》,载《南京大学法律评论》1995 年第 1 期。

90. 江平、周小明:《论中国的信托立法》,载《中国法学》1994 年第 6 期。

91. 施天涛:《信托法初探》,载《中外法学》1994 年第 2 期。

(二)英文论文

1. Qu Jian, *Trust Law in Chinese Courts: Judicial Decisions as Data (2001 - 2017)*, Trusts & Trustees, Vol. 25(7)(2019).

2. Pawlowski Mark, *Unconscionability in Modern Trust Law*, Trusts & Trustees, Vol. 24(9) (2018).

3. Alan Newman, *Trust Law in the Twenty-First Century: Challenges to Fiduciary Accountability*, Quinn. Prob. Law Journal, Vol. 29 (2016).

4. Guoqing Liu, *Trust without Equity: The Commercial Nature of Chinese Trust Law*, Trusts & Trustees, Vol. 22(10) (2016).

5. Tofaris Stelios, *Trust Law Goes East: The Transplantation of Trust Law in India and Beyond*, Journal of Legal History, Vol. 36(3) (2015).

6. Stephen Tensmeyer, *Modernazing Chinese Trust Law*, New York University Law Review, Vol. 90 (2015).

7. Ahern William, *Trust Law in Hong Kong*, Trusts & Trustees, Vol. 20(1 -2) (2014).

8. Thomas P. Gallanis, *The New Direction of American Trust Law*, Iowa Law Review, Vol. 97 (2011).

9. Lee-ford Tritt, *The Limitations of an Economic Agency Cost Theory of Trust Law*, Cardozo Law Review, Vol. 32 (2011).

10. Frances H. Foster, *American Trust Law in a Chinese Mirror*, Minnesota Law Review, Vol. 94 (2010).

11. David A . Diamond & Todd A. Flubacher, *The Trustee's Role in Directed Trusts*, Trusts & Estates, Vol. 149 (11) (2010).

12. John H. Langbein, *Trust Law as Regulatory Law: The Unum/Provident Scandal and Judicial Review of Benefit Denials under Erisa*, Northwestern University Law Review, Vol. 101 (3) (2007).

13. Melanie B. Leslie, *Trust Law in the 21st Century: Common Law, Common Sense: Fiduciary Standards and Trustee Identity*, Cardozo Law Review, Vol. 27 (2006).

14. Gregory S. Alexander, *Trust Law in the 21st Century: Trust Protectors: Who Will Watch The Watchmen?* Cardozo Law Review, Vol. 27 (2006).

15. Karen E. Boxx, *Trust Law in the 21st Century: Distinguishing Trustees and Protecting Beneficiaries: A Response to Professor Leslie*, Cardozo Law Review, Vol. 27 (2006).

16. Joseph F. Johnston, *Natural Law and the Fiduciary Duties of Business Managers*, Markets & Morality, Vol. 8 (1) (2005).

17. John H. Langbein, *Questioning the Trust Law Duty of Loyalty : Sole Interest or Best Interest ?* Yale Law Journal , Vol. 114 (5) (2005).

18. Hayton, D. , *Trusts and Their Commercial Counterparts in Continental Europe*, Trusts & Trustees, Vol. 8 (5) (2002).

19. Gregory S. Alexander, *A Cognitive Theory of Fiduciary Relationships*, *Cornell Law Review*, *Vol.* 85 (2000).

20. Gretton George L. , *Trusts without Equity*, International and Comparative Law Quarterly, Vol. 49(3) (2000).

21. Hayton David, *English fiduciary standards and trust law*, Vanderbilt Journal of Transnational Law, Vol. 32(3) (1999).

22. Worthington Sarah, *Fiduciaries: When is Self-denial Obligatory?*, Cambridge Law Journal, Vol. 58 (3) (1999).

23. Young Grahame, *Trust Protectors—An Australian Perspective*, Trusts & Trustees, Vol. 22(4) (1996).

24. J. Alan Nelson, *The Prudent Person Rule: A Shield for the Professional Trustee*, Baylor Law Review, Vol. 45 (1993).

25. Louis D. Laurino, *Investment Responsibility of Professional Trustees*, St. John's Law Review, Vol. 57 (4) (1977).

26. Austin Wakeman Scott, *The Trustee's Duty of Loyalty*, Vol. 49 (4) (1936).

27. Scott, Austin W. , *The Trust as an Instrument of Law Reform*, Yale Law Journal, Vol. 31(5) (1922).

附　录

一、部分案例

1. 广东高级人民法院民事判决书,(2021)粤 01 民终 416 号。

2. 黑龙江省哈尔滨市中级人民法院民事判决书,(2021)黑 01 民终 5782 号。

3. 北京市东城区人民法院民事判决书,(2021)京 0101 民初 23386 号。

4. 上海金融法院民事判决书,(2021)沪 74 民终 1336 号。

5. 上海金融法院民事判决书,(2020)沪 74 民终 29 号。

6. 山东省烟台市中级人民法院民事裁定书,(2020)鲁民申 8571 号。

7. 山东省烟台市中级人民法院民事判决书,(2020)鲁 06 民终 2522 号。

8. 陕西省西安市雁塔区人民法院民事判决书,(2020)陕 0113 民初 10080 号。

9. 济南铁路运输中级法院民事判决书,(2020)鲁 71 民初 48 号。

10. 北京市第二中级人民法院民事判决书,(2020)京 02 民初 302 号。

11. 上海市高级人们法院民事判决书,(2020)沪民再 1 号。

12. 北京第三中级人民法院民事判决书,(2020)京 03 民终 7060 号。

13. 北京市高级人民法院民事判决书,(2019)京民终 1600 号。

14. 上海市第二中级人民法院民事判决书,(2019)沪 02 民终

11313 号。

15. 上海浦东新区人民法院民事判决书,(2019)沪 0115 民初 22337 号。

16. 云南省高级人民法院民事判决书,(2019)云民终 425 号。

17. 最高人民法院民事裁定书,(2019)最高法民申 6857 号。

18. 陕西省西安市中级人民法院民事判决书,(2019)陕 01 民终 4307 号。

19. 陈某与中建投信托股份有限公司营业信托纠纷一审民事判决书,(2019)浙 0106 民初 8580 号。

20. 四川省成都市锦江区人民法院民事判决书,(2019)川 0104 民初 9829 号。

21. 湖南省株洲市中级人民法院民事判决书,(2019)湘 02 民终 2429 号。

22. 北京市第二中级人民法院民事判决书,(2019)京 02 民终 10655 号。

23. 北京市东城区人民法院民事判决书,(2019)京 0101 民初 1289 号。

24. 山东省济南市历下区人民法院民事判决书,(2018)鲁 0102 民初 3511 号。

25. 最高人民法院民事判决书,(2018)最高法民终 780 号。

26. 最高人民法院民事判决书,(2018)最高法民再 82 号。

27. 北京市第三中级人民法院民事判决书,(2018)京 03 民终 13862 号。

28. 成都市中级人民法院民事判决书,(2018)川 01 民终 5287 号。

29. 江苏省南通中级人民法院民事判决书,(2017)苏 06 民终 1813 号。

30. 湖北省武汉市中级人民法院民事判决书,(2017)鄂 01 民终 4228 号。

31. 重庆市第一中级人民法院民事判决书,(2012)渝一中法民终字第 4533 号。

32. 上海市闵行区人民法院民事判决书,(2009)闵民二(商)初字第1724号。

33. 浙江省杭州市西湖区人民法院民事判决书,(2008)杭西民一初字第1740号。

34. 浙江省嘉兴市中级人民法院民事判决书,(2008)嘉民二初字第67号。

35. Bristol & West Building Society v. Mothew [1998]1 Ch1,18.

36. Society v. Wheeler [1994]14ACSR109at157.

37. Bartlett v. Barclays Bank Trust Co Ltd [1980] 1 All ER 139.

38. Keech v. Sandford [1726] EWHC J76.

39. Boardman v. Phipps [1967] 2 AC 46.

40. Bell v. Lever Brothers Ltd. [1931] UKHL 2.

41. Harvard College v. Amory,26 Mass. (9 Pick.) 446 [1830].

42. RE THOMSON [1930] 1 CH 203.

43. Regal (Hastings) Ltd v. Gulliver [1967] 2 A. C. 134.

44. Queensland Mines v. Hudson [1978] 18 ALR 1. pc.

45. Meinhard v. Salmon,249 N. Y. 458,164 N. E. 545 [1928].

46. Southern Pacific Co. v. Bogert(1919),250U. S. 483.

二、部分法律法规及其他规范性文件

1.《中华人民共和国民法典》

2.《中华人民共和国信托法》

3.《中华人民共和国公司法》(2023年修订)

4.《中华人民共和国公司法》(修订草案)(2021年版)

5.《中华人民共和国公司法》(2018年修正)

6.《中华人民共和国公司法》(2005年修订)

7.《中华人民共和国公司法》(1999年修正)

8.《中华人民共和国证券投资基金法》(2015年修正)

9.《信托公司集合资金信托计划管理办法》(2009年修订)(中国银行业监督管理委员会令2009年第1号)

10.《信托公司管理办法》(中国银行业监督管理委员会令2007年第2号)

11.《信托公司治理指引》(银监发〔2007〕4号)

12.《保险公司股权管理办法》(中华人民共和国保监会令〔2018〕5号)

13.《期货公司居间人管理办法(试行)》

14.《中国银保监会信托公司行政许可事项实施办法》(中国银行保险监督管理委员会令2020年第12号)

15.《证券投资基金托管业务管理办法》(中国证券监督管理委员会、中国银行保险监督管理委员会令第172号)

16. 最高人民法院《关于审理证券市场虚假陈述侵权民事赔偿案件的若干规定》(法释〔2022〕2号)

17.《信贷资产证券化试点管理办法》(中国人民银行、中国银行业监督管理委员会公告〔2005〕第7号)

18. 中国人民银行、中国银行保险监督管理委员会、中国证券监督管理委员会、国家外汇管理局《关于规范金融机构资产管理业务的指导意见》(银发〔2018〕106号)

19. 中国银监会《关于加强信托公司结构化信托业务监督有关问题的通知》(银监通〔2010〕2号)

20.《全国法院民商事审判工作会议纪要》(法〔2019〕254号)

21.《上市公司治理准则》(2018年修订)(中国证券监督管理委员会公告〔2018〕29号)

22.《上市公司章程指引》(2023年修正)(中国证券监督管理委员会公告〔2023〕62号)

23. 中国银监会《关于规范银信类业务的通知》(银监发〔2017〕55号)

24. 中国银行业监督管理委员会办公厅《关于信托公司风险监管的指导意见》(银监办发〔2014〕99号)

25.《信托投资公司关联交易风险管理指引》(苏银监发〔2005〕82号)